Gütersloher Taschenbücher / Siebenstern 188

Gerhard von Rad

Die Botschaft der Propheten

Gütersloher Verlagshaus
Gerd Mohn

Von Eduard Haller im Auftrag des Verfassers
aus der »Theologie des Alten Testamtents«
ausgewählt und gemeinsam mit dem Verfasser überarbeitet.

ISBN 3-579-03904-0
3. Auflage 1977 (20.–25. Tsd.)
Lizenzausgabe des Chr. Kaiser Verlages, München
© Chr. Kaiser Verlag, München 1957 und 1960
Gesamtherstellung: Clausen & Bosse, Leck
Umschlagentwurf: Dieter Rehder, Aachen unter Verwendung
eines Fotos von Friedrich Hewicker
Printed in Germany

VORWORT ZUR TASCHENBUCH-AUSGABE

Der vorliegende Doppelband enthält in allem Wesentlichen das, was ich im 2. Band meiner »Theologie des Alten Testaments« über die Botschaft der »Schriftpropheten« ausgeführt habe. Zur Einführung ist ein Abschnitt aus dem 1. Band desselben Werkes vorausgestellt worden.

Um die Darlegungen für Nichttheologen lesbarer zu machen, sind sie von wissenschaftlichen Einzelerörterungen, vor allem auch von Verweisen auf Fachliteratur entlastet worden. Auch sind theologische Fachausdrücke und seltene Fremdwörter soweit wie möglich sachgerecht umschrieben. Unvermeidliche sind am Ende des Bandes in einem kurzen Register erklärt. Diese ganze Umgestaltung, die erhebliche Anforderungen an Stilgefühl und literarischen Takt stellte, hat Herr Pfarrer Eduard Haller besorgt. Für seine große Mühe sei ihm auch hier an dieser Stelle herzlich gedankt.

Heidelberg, Anfang Juni 1967   Gerhard v. Rad

5 Vorwort des Autors

7 Einführung

13 Die Überlieferungen von den Propheten

28 Berufung und Offenbarungsempfang

48 Die Freiheit der Propheten

58 Die Auffassung der Propheten von dem Wort Gottes

75 Die Entstehung des hebräischen Geschichtsdenkens

87 Die Eschatologisierung des Geschichtsdenkens
durch die Propheten

93 Der Tag Jahwes

98 »Die Botschaft« der Propheten

100 Amos

108 Hosea

115 Jesaja und Micha

142 Das Neue in der Prophetie des 8. Jahrhunderts

153 Der Übergang zur babylonischen Epoche.
Nahum, Habakuk, Zephanja

157 Jeremia

185 Hesekiel

202 Deuterojesaja

224 Das Neue in der Prophetie der babylonischen
und frühpersischen Zeit

240 Die Propheten der späteren persischen Periode.
Tritojesaja, Haggai, Sacharja, Maleachi, Jona

253 Die Weissagungen von dem neuen Jerusalem

258 Das prophetische Wort und die Geschichte

265 Die Apokalyptik

269 Daniel

276 Das Buch der Erwartung

279 Erklärung von Begriffen

285 Abkürzungen

1 Einführung

Als die Männer, die wir mit einem leider sehr abgegriffenen Wort »Propheten« nennen, auftraten, hatte Israel schon eine lange Geschichte mit seinem Gott hinter sich. An den Erzählungen von den Erzvätern, von der Sinaioffenbarung, von der Einwanderung in das Land Kanaan, von der Richter- und Davidzeit haben viele Generationen geschrieben und – wie könnte es anders sein! – Erfahrungen von Gott von einer geradezu verwirrenden Vielschichtigkeit und Vielgestaltigkeit literarisch festgehalten. Auf diese Erfahrungen, also auf ein ungeheures religiöses Erbe, konnten die Propheten ihre Zeitgenossen ansprechen. Aber diesen Zeitgenossen war durch mannigfache politische und religiöse Einflüsse dieses Erbe fast schon ein wenig fremd geworden. Gewiß, sie haben die älteren Überlieferungen von den »großen Taten Gottes« (Apg 2,11) nicht ohne Pietät gepflegt und auch nach wie vor in den Gottesdiensten ihren Gott verehrt und angerufen. Aber abgesehen von den spezifisch religiösen Veranstaltungen hatte Israel – es war ja inzwischen ein Staat geworden – gelernt, seine sozialen und vor allem seine politischen Angelegenheiten selbst in die Hand zu nehmen und nach seinem Gutdünken zu gestalten. Die geschichtlichen Quellen geben wohl einige Anhaltspunkte dafür, daß schon früh da und dort oppositionelle Gegenbewegungen, wie z. B. die Leviten, gegen diese religiöse Emanzipation aufgetreten sind. Aber was wäre aus dem Glauben Israels geworden, wenn es bei diesen verstreuten und vielleicht nicht sonderlich einflußreichen Bestrebungen geblieben wäre!

Hier stoßen wir auf das erstaunlichste Phänomen der ganzen Geschichte Israels: In einer Zeit fortschreitender Aushöhlung und Zersetzung war es dem Jahweglauben möglich, sich noch einmal geradezu eruptiv in einer ganz neuen Gestalt auf den Plan zu stellen, nämlich in der Verkündigung der Propheten. Das Auftreten der Propheten verknüpft sich für den rückschauenden Historiker sehr eng mit vier Gegebenheiten, die sich alle von langer Hand vorbereitet haben: Die Verwilderung des Jahweglaubens durch Religionsmischung war die eine; die andere war politischer Art, es war die durch die Staatenbildung zum System gewordene Emanzipation von Jahwe und dem Angebot seines Schutzes. Durch seine Rüstungen und seine Bündnisse, m. a. W. durch seine politische Taktik hatte sich Israel der führenden Hand Jahwes entwunden und war politisch autonom geworden. Der dritte Anlaß lag in der wirtschaftlich-sozialen Entwicklung, die die Verhältnisse in beiden Staaten inzwischen genommen hatten. Der Staat mit seinem Abgabewesen und seinem Beamtentum hatte die alte Sozialordnung innerhalb der Stämme Israels einer weiteren Auflösung entgegengetrieben. Ein besonderer Schaden war dabei die Verlagerung des wirtschaftlichen Schwergewichts in die Städte. Die schon stadtsässigen Großgrundbesitzer gewannen die Herrschaft über die Landbevölkerung, und es kam zu schweren sozialen Mißständen. Der wirtschaftlich schwache Bauer konnte sich unter der Last der Abgaben immer weniger als freier Mann auf seinem Grundbesitz halten; seine alte Macht- und Ehrenstellung, die er als Freier und Heerbannpflichtiger in der alten Zeit des freien israelitischen Stämmeverbandes innehatte, schwand dahin, und immer mehr Landbesitz vereinigte sich in den Händen weniger kapitalkräftiger Städter. Die Landbevölkerung war von einer zunehmenden Proletarisierung bedroht (Jes 5,8; Mi 2,1 f).

Die letzte Gegebenheit, ohne die wir uns die großen Propheten nicht denken können, war ganz anderer Art; sie war keine innerstaatliche Fehlentwicklung, sondern zeichnete sich als eine politische Gewichtsverlagerung im Raum der großen Geschichte ab; es war das Aufsteigen der Assyrer zu dem Gipfel ihrer Macht und ihre Bedrohung Palästinas seit dem 8. Jahrhundert. Man muß es sich klar machen, daß die Landnahme und vor allem die Staatenbildung der Israeliten in Palästina überhaupt nur möglich wurde durch eine Phase gleichzeitiger Ohnmacht der großen Weltreiche. Um 1200 hörte Ägypten endgültig auf, seine alten politischen Ansprüche auf Palästina wirksam durchzusetzen. Ungefähr um dieselbe Zeit war das Hethiterreich im Norden dem Ansturm der »Seevölker« erlegen. Assyrien war zwar schon vorher zu großer Macht aufgestiegen, aber auf den ersten Höhepunkt unter Tukulti Ninurta I. (1235–1198) folgte ein starker Rückgang. Wohl setzte es schon im 9. Jahrhundert zu seiner letzten Machtentfaltung an, aber diese neuerliche Expansion wurde zunächst für Palästina noch nicht spürbar. Erst unter Tiglatpilesar III. (745–727) wandte sich Assyriens länderfressende Politik planmäßig Palästina zu, und das war die Zeit des Hosea, des Amos und des Jesaja. Von da ab war es mit der staatlichen Selbständigkeit Israels und Judas zu Ende; es war nur eine Frage der Zeit und der Taktik Assurs, bis die tödlichen Schläge fielen. Um 733 riß Tiglatpilesar die Nordprovinzen des Reiches Israel an sich (2. Kön 15,29 f), um 721 fiel Samarien und mit ihm wurde das ganze Nordreich dem assyrischen Provinzialsystem eingegliedert. Um 701 erzwang Sanherib die Kapitulation Jerusalems (2. Kön 18,13–16), und um 664 stand Assurbanipal sogar in der oberägyptischen Hauptstadt Theben. Der seit der Mitte des 7.

Jahrhunderts einsetzende rapide Verfall Assurs und sein endgültiger Zusammenbruch um 612 brachte Palästina keine Minderung des politischen Druckes, denn die rasch zur Macht gekommenen Neubabylonier vollstreckten unter Nebukadnezar das politische Testament der Assyrer in Palästina: um 597 und 587 wurde das übriggebliebene judäische Staatswesen zerschlagen. Das war die Zeit der Propheten Zephanja, Habakuk, Jeremia und Hesekiel.

Was ist das Gemeinsame in der Botschaft dieser Propheten? Das eine Charakteristikum ist ihre Verwurzelung in den grundlegenden sakralen Überlieferungen der Frühzeit. Es bestehen zwar in der Heranziehung der alten Traditionen bei den einzelnen Propheten die größten Unterschiede. Man vergleiche nur die in dieser Hinsicht extrem verschiedenen und doch zeitgenössischen Propheten Hosea und Jesaja, von denen der eine auf der alten Israel-Bundestradition steht, der andere diese nicht einmal zu kennen scheint und sich ausschließlich auf die Zions-Davidtradition beruft! Die große Beweglichkeit und die Unterschiede in dem Rückgriff auf die alten Erwählungstraditionen müssen bei jedem Propheten sorgfältig untersucht werden; hier liegen im einzelnen manche Probleme. Eine solche Verwurzelung in der religiösen Tradition gehörte offenbar zum Wesen eines Propheten; ohne sie war sein Beruf undenkbar, ja, sie war, wie ihre Polemik zeigt, bei den Propheten viel echter und ursprünglicher als bei ihren Zeitgenossen. Sie mühen sich ab und bedienen sich der seltsamsten Mittel, um ihre Hörer von der Verbindlichkeit und unverminderten Gültigkeit von Ordnungen zu überzeugen, von denen jene sich länger gelöst hatten, ja, von denen sie vielleicht gar nicht mehr wußten. In diesem Rückgang auf die alten unverfälschten Jahweüberlieferungen hat das Wirken der Propheten durchaus etwas Reformatorisches. Es fällt freilich auf, daß die Propheten das Alte oft sehr eigenwillig aktualisieren, d. h. daß sie es nicht immer getreu in seiner alten Gestalt erneuern, sondern es so heranziehen, wie sie es eben verstanden, d. h. oft genug in einer kühnen Radikalisierung. Man denke nur an die Art, wie Amos oder Jesaja die Forderung des alten Gottesrechtes in ihre Zeit hinausgerufen haben.

Das andere Charakteristikum ist der ebenso intensive Blick der Propheten in die Zukunft. Sie sehen nämlich – und zwar durchweg für die nahe Zukunft – in den drohenden Komplikationen der Weltgeschichte, sonderlich in dem Auftauchen der Assyrer, der Neubabylonier, der Perser am Horizont Palästinas, ein ganz neues Geschichtshandeln Jahwes auf Israel und Juda zukommen. Diese Ankündigungen der Propheten sind nun freilich alles andere als das Ergebnis einer verständigen Beurteilung der politischen Weltlage, denn sie bezeichnen dieses drohende Unheil als eine Veranstaltung Jahwes, um die Sünde seines Volkes zu strafen. So hatte also das sich am politischen Horizont abzeichnende Geschehen für die Propheten höchste Eindeutigkeit: die fremden Völker, die auf Israel zukamen, wurden ausschließlich als die Werkzeuge des göttlichen Zorns angesehen, abgesehen von diesem ihrem Auftrag keines Interesses wert. Das Kommen dieser Völker tritt nämlich als politisch-militärisches Ereignis deshalb in den Hintergrund, weil die Propheten der Meinung waren, daß Israel in den bevorstehenden Katastrophen zu einer ganz neuen Begegnung mit Jahwe geführt wird. Es war also Jahwe selbst, dessen Aufbruch sich in der Unruhe der Geschichte ankündigte. Ihn sahen die Propheten kommen und auf die Höhen der Erde herabsteigen, – »wegen des Frevels Jakobs und wegen der Sünde des Hauses Juda« (Mi 1,2–5). Das ist nun das schlechterdings Neue, daß die Propheten neben dem Handeln Jahwes an Israel und seinen Begegnungen mit Israel, von denen die alte Überlieferung meldete, von noch einem Handeln und noch einer Begegnung reden, die Israel noch bevorstanden, und daß dieses Neue an Gewicht und Bedeutung völlig gleichrangig neben das von der sakralen Tradition Überlieferte tritt. Ja, es überbietet sogar das Alte an Aktualität, insofern es das unwiderrufliche Ende der ganzen bisherigen Geschichte Jahwes mit Israel bezeichnet. Die Propheten haben das Todesurteil Jahwes über Israel ausgerufen; ja, sofern sie durch ihre Verkündigung die Verstockung Israels noch verstärkten, traten sie sogar in den Kreis der Vollstrecker dieses Urteils ein. Etwas ganz Neues und in Israel bisher noch nicht Erhörtes war aber die Verkündigung der Propheten dadurch, daß sie – noch mitten im Vollzug der Gerichtsbotschaft – schon die Ansätze einer ganz neuen Heilszuwendung erkennen ließ. Als dann auch das Reich Juda vernichtet und alle politischen Garantien völlig zerbrochen waren, da hat Deuterojesaja unter den Exulanten seinen Trost ausgerichtet und ist angesichts des neuen Heils, das er schon ganz nahe sah, in einen Jubel ausgebrochen, der sich seltsam widersprüchlich zu der trüben Wirklichkeit vor und auch nach der Rückwanderung verhielt. So haben die Propheten die bisherige Existenz Israels vor Jahwe aufgebrochen und zerschlagen, und sie haben mit wachsendem Eifer die Grundrisse eines neuen und die älteren Erwartungen überbietenden Heils für Israel und sogar für die Völker vorgezeichnet.

Die Abtrennung der Botschaft der Propheten Israels von den Vorstellungen des älteren Jahweglaubens und ihre eigenständige Darstellung besagt also nicht, daß·mit den Propheten etwas völlig Neues in Erscheinung getreten sei, das sich zu den bisherigen älteren Glaubensüberlieferungen Israels nur gegensätzlich verhielt. Im Gegenteil; der Aufweis der tiefen Verwurzelung der Propheten in den alten und ältesten Traditionen Israels bleibt eine Hauptaufgabe der Darstellung der klassischen Propheten. Ja noch mehr: Die Möglichkeit, daß es in Israel zu einer solchen religiösen Eruption, wie sie die Prophetie darstellt, kommen konnte, die Möglichkeit, daß diese Männer überhaupt verstanden wurden, ja daß Israel an dieser Eruption religiös nicht zugrunde ging, das alles war tief von den Erfahrungen her bedingt, die schon das vorprophetische Israel mit Jahwe gemacht hatte. Und doch hat die gesonderte Darstellung der israelitischen Prophetie ihr Recht.

Die Prophetenforschung ist jung. Erst im 19. Jahrhundert ist die Prophetie als eigenständiges religiöses Phänomen entdeckt worden; und damit ist – seltenes Ereignis in der Geschichte der Bibelauslegung! – ein ganzer und großer Bereich der Bibel ganz neu ins Licht der Erkenntnis gerückt worden; ja er begann sogleich weit über die Grenzen des Fachwissenschaftlichen hinaus zu der Zeit zu reden. Von größter Bedeutung für dieses neue Verständnis der Prophetie war die Ablösung ihrer Botschaft von dem ihr vermeintlich vorausgegangenen »Gesetz«.[1] Ein neuer Zugang zu ihr war in dem Augenblick frei, als man durch die Ergebnisse der Quellenkritik der Nötigung enthoben war, bei den Propheten auch die Kenntnis der jüngeren und jüngsten pentateuchischen Überlieferung vorauszusetzen. Mit einem Schlag traten so die Propheten aus einer Beschattung heraus, in der sie in ihrer Eigenart gar nicht deutlich werden konnten. Aber das Pendel schlug daraufhin zu weit aus; denn so original, so persönlich und gottunmittelbar, wie man es sich daraufhin dachte, waren die Propheten doch nicht. Heute sehen wir sie auf und ab von alten Überlieferungen abhängig, die sie aktualisieren und interpretieren. Wir sehen uns sogar vor die Aufgabe gestellt, den Propheten auch ihren Anteil am »Gesetz« wiederzugeben. Diese inzwischen nötig gewordenen Korrekturen an dem Bild der »klassischen Prophetenforschung« greifen tief; denn die erste Entdeckerfreude sah gerade in der geistigen Unabhängigkeit und in der religiösen Unmittelbarkeit dieser Männer das Wesen des Prophetischen überhaupt. Gerade hier aber sind, wie heute völlig deutlich geworden ist, moderne Vorstellungen von der Freiheit und Geistigkeit der religiösen Persönlichkeit von den Auslegern eingetragen worden. Die Forschung hat inzwischen gezeigt, daß der sub-

[1] Die Auffassung, daß die Propheten die Ausleger des mosaischen Gesetzes waren, wurde im Protestantismus von Luther bis in die Mitte des 19. Jahrhunderts durchgehalten.

stantielle Anteil der Propheten an den antik-orientalischen Vorstellungen, an Kultus und Mythus, ja auch an primitiv-»magischen« Vorstellungen (wie man es damals nannte) doch viel größer war. Und diese Gebundenheit an die ihnen vorgegebenen Überlieferungen und allgemeinen religiösen Vorstellungen betraf keineswegs etwa nur die Ränder, sondern reichte bis ins Zentrum ihrer Botschaft. Damit ist aber die Definition des Prophetischen überhaupt, die jene Männer als gottunmittelbare geniale religiöse Persönlichkeiten verstehen wollte, im wesentlichen hingefallen. Hingefallen ist ferner der ganze Begriff einer »prophetischen Religion«, die man als den geistigen Gegenpol gegenüber der »priesterlichen Kultreligion« verstehen zu müssen glaubte. In dem Maße aber, in dem die Forschung von dem Psychologismus, Personalismus und Idealismus dieses Prophetenbildes abrückte, ist sie aber auch in der Bestimmung dessen, was denn nun in der Botschaft dieser Männer *das Neue* war, zunehmend unsicher geworden. Gerade die Erkenntnis von der überaus starken Überlieferungsgebundenheit der prophetischen Botschaften hat die Forschung fast wieder auf die alte Frage, von der sie ausgegangen war, zurückgeworfen. Sie muß das, was in Anbetracht dieser ihrer neuen Sicht als das spezifisch »Prophetische« zu gelten hat, neu zu bestimmen suchen. Die Frage nach dem Zustandekommen der prophetischen Botschaft stellt sich ja anders, wenn man sie nicht mehr einfach auf das unmittelbare Gotterleben dieser Männer zurückführen kann. An welchem theologischen Ort betätigte sich also ihre einzigartige Unabhängigkeit und religiöse Vollmacht?

Zur Beantwortung dieser elementaren Fragen ist es unerläßlich, daß wir uns die Botschaften der Propheten in ihrer geschichtlichen Abfolge vergegenwärtigen.[2]

2 Die in diesem Taschenbuch dargebotene Auswahl aus meinem größeren Werk kann dabei auf die sogenannte »vorklassische Prophetie« nicht eingehen. Vgl. *G. v. Rad*, Theologie des AT, Bd. I Die Theologie der geschichtlichen Überlieferungen Israels (4. Aufl. 1962), Bd. II Die Theologie der prophetischen Überlieferungen Israels (4. Aufl. 1965). — Gesamtdarstellungen: *G. Hölscher*, Die Propheten (1914); *B. Duhm*, Israels Propheten (1916); *T. H. Robinson*, Prophecy and the Prophets in Ancient Israel (1923); *A. Jepsen*, Nabi (1934); *M. Buber*, Der Glaube der Propheten (1950); *C. Kuhl*, Israels Propheten (1956); *A. Neher*, L'Essence du prophétisme (1955); vgl. auch *R. Rendtorff*, ThWBNT VI S. 796 ff; *G. Fohrer*, Neuere Literatur z. alttestam. Prophetie, ThR 1951, S. 277 ff; 1952, S. 193 ff. 295 ff; ders., Zehn Jahre Literatur zur atl. Prophetie (1951—60), ThR 28 (1962) S. 1—75, 235—297, 301—374; *J. Lindblom*, Prophecy in Ancient Israel (1936[2]); *A. Heschel*, The Prophets (1962); *J. Fichtner*, Propheten, RGG[3] V Sp. 613 ff.

2 Die Überlieferungen von den Propheten

Amos, Hosea, Jesaja und Micha sind etwa hundert Jahre nach Elia aufgetreten. Vergleicht man das Quellenmaterial dieser Propheten mit dem der früheren, so stößt man bei den Propheten des 8. Jahrhunderts auf etwas Neues: Der erzählende Bericht – bei Elia und Elisa der einzige quellenhafte Niederschlag – tritt auffallend zurück; statt dessen steht im Vordergrund die Sammlung aneinandergereihter Prophetensprüche, Worte, Reden, Gedichte. Diese Verschiedenheit der literarischen Tradierung nötigt uns, die äußere literarische Form zu bedenken, in der die Erinnerung an das Wirken und die Botschaft der Propheten schließlich auf uns gekommen ist; denn von einer solchen Erkenntnis hängt nicht zum wenigsten das Verständnis im strengen Sinne ab.

Die prophetische Überlieferung liegt in zum Teil sehr unförmigen Traditionsballungen vor, die all der Gesetze zu ermangeln scheinen, die uns aus dem Wachstum abendländischer Literatur bekannt sind.[1] Erst bei Hesekiel begegnen wir der Wohltat einer chronologischen Anordnung. Indessen drängt sich dem Leser in der riesigen Stoffmasse doch sogleich eine Unterscheidung auf, die sehr einfach und zugleich von großer theologischer Bedeutung ist, nämlich die von poetischen und prosaischen Abschnitten. Die prophetische Rede ist – Ausnahmen bleiben hier beiseite – im Regelfall poetische, d. h. vom Rhythmus und Parallelismus geprägte Rede. Demgegenüber gehen die Erzählungen von Propheten in Prosa einher. In doppelter Weise sind also die Propheten literarisch oder doch jedenfalls überlieferungsbildend geworden: In Gestalt von Erzählungen und Erzählungssammlungen einerseits und von Sprüchen und Spruchsammlungen andrerseits. Zweierlei war demnach den Zeitgenossen und Nachfahren dieser Männer bemerkenswert: Einerseits natürlich die Inhalte ihrer Botschaft, andrerseits aber auch die Umstände ihres Auftretens, die Konflikte, in die sie dabei verwickelt wurden, die Wunder, die sie verrichtet haben, und besondere Begegnungen mit besonderen Menschen. Es leuchtet ein, daß in den Fällen, wo wir von einem Propheten sowohl Sprüche wie Erzählungen zur Hand haben, dies beides nicht immer wie

1 Von dem verwirrenden Eindruck, den die literarische Hinterlassenschaft der Propheten auf den Nichteingeweihten macht, sagt Luther: »Sie (die Propheten) haben eine seltsame Weise zu reden, als die keine Ordnung halten, sondern das Hundert ins Tausend werfen, daß man sie nicht fassen noch sich drein schicken mag.« WA XIX S. 350.

die zwei Seiten der gleichen Wirklichkeit zur Deckung gebracht werden kann; denn die Auffassung des Erzählers, der den Propheten im dramatischen Spannungsfelde der Öffentlichkeit sieht, kann eine andere sein als die des Schülerkreises, in dem sich das Interesse auf die Fixierung der aus der geschichtlichen Situation herausgelösten Logien beschränkte. So klafft z. B. das Bild, das wir aus den Jesajaerzählungen (Jes 36–39) gewinnen, und dasjenige, das uns die Sprüche Jesajas vermitteln, ganz erheblich auseinander. Das erstere ist viel volkstümlicher und läßt den ungeheuren geistigen Umfang der Botschaften, wie sie in den Sprüchen niedergelegt sind, kaum ahnen. Es muß ferner einleuchten, daß von diesen beiden Grundformen prophetischer Literatur die Erzählung die ältere ist. Es bedurfte erst einer gewissen Zeit und einer gewissen Vertrautheit mit dem Phänomen der Prophetie, einer gewissen Erziehung zu einer geistigeren Auffassung, bis man allein die Worte der Propheten sammelte und gelernt hatte, von ihrer jeweiligen geschichtlichen Situation abzusehen und sie für sich zu betrachten.

1. Sicher begann man zuerst damit, daß man von den Propheten erzählte.[2] Sehr altertümlich wirken in dieser Hinsicht die Elisaerzählungen. Aber gerade die eben angestellte Erwägung sollte uns doch warnen, uns den wirklichen Elisa allzu einfach nach diesen volkstümlichen Wundererzählungen vorzustellen. Elisa hat förmliche Lehrvorträge vor Schülern gehalten (2. Kön 4,38; 6,1). Hätten wir eine Sammlung seiner Logien oder seiner Lehrvorträge, so wäre unser Bild von ihm möglicherweise ein völlig anderes. Dasselbe wird von Elia gelten. Aber erst seit Amos hat man gelernt, die Sprüche des Propheten gesondert zu nehmen und aufzuzeichnen. Damit verlagerte sich der Schwerpunkt der prophetischen Überlieferung auf die Sammlung und Weitergabe der Logien. Gleichwohl führte die weitere Entwicklung keineswegs zu einer Verkümmerung und einem schließlichen Verschwinden der Prophetenerzählungen. Diese Gattung hat ihre Bedeutung behalten, denn Israel ist im Zusammenhang mit seiner geistigen Erfassung des Phänomens doch nicht dazu übergegangen, die Prophetie vom Ereignishaften abzulösen, um die prophetische Botschaft auf ihren ideellen Wahrheitsgehalt zu reduzieren; vielmehr hat es nie aufgehört, die Propheten an ihrem jeweiligen Ort in der Geschichte zu sehen: sei es als solche, die geschichtliche Bewegungen ausgelöst haben, sei es als solche, die in geschichtlichen Konflikten zer-

2 Aber auch die Erzählungen kann man sachgemäß scheiden in Prophetentatgeschichten (z. B. 1. Kön 17,1–7.8–16.17–24) und Prophetenwortgeschichten (z. B. 1. Kön 21,17–20; 2. Kön 1,3 f).

rieben wurden! Die umfangreichsten Prophetenerzählungen finden sich im Jeremiabuch; sie handeln also von einem verhältnismäßig späten Propheten.[3] Es wird noch davon die Rede sein müssen, welch wichtige Botschaft gerade diese weitausgreifende Jeremiaerzählung neben der Spruchsammlung Jeremias darstellt. Der moderne Leser muß freilich wissen, daß er mit seinem vorwiegend biographischen Interesse einen Gesichtspunkt an diese Erzählungen heranträgt, der ihnen fremd ist. Schon der Begriff der »Prophetengestalten«, der sich bei uns so gerne einstellt, entfernt sich von dem, was die Quellen darbieten. Wahrscheinlich lag es den Erzählern viel ferner, als wir denken, den Propheten als »Gestalt«, d. h. als ein einmaliges menschliches Phänomen von bestimmten geistigen Umrissen darzustellen. Ähnlich verhält es sich mit dem biographischen Interesse. Dem Versuch, »Lebensbilder« der Propheten nachzuzeichnen, setzen doch die Quellen einen spürbaren Widerstand entgegen. Hätte der Erzähler von Amos 7,10 ff die Absicht gehabt, etwas von dem Lebensgang des Amos mitzuteilen, wie hätte er dann seinen Bericht so schließen können, wie er ihn geschlossen hat, nämlich ohne den Leser darüber zu informieren, ob der Prophet dem Ausweisungsbefehl nun Folge geleistet hat oder nicht. Läse man diesen erzählenden Abschnitt als Bruchstück einer Biographie, so müßte man diesen Abschluß als unbefriedigend beurteilen. Aber dieser Erzähler sieht in Amos nur den Propheten, also einen Amtsträger; und deshalb ging sein Interesse nicht über die Darstellung des Zusammenstoßes des Charismatikers mit dem Oberpriester und über das Drohwort hinaus, das Amos anläßlich dieses Zusammenstoßes gesprochen hat. Aus den Elia-, Elisa- oder Jesajaerzählungen ließen sich genug ähnliche Beispiele einer solchen biographischen Uninteressiertheit und einer solchen Konzentration auf das berufliche Handeln der Propheten beibringen. Erst bei Jeremia wandelt sich der Aspekt, indem nun wirklich der Mensch Jeremia mit seinem Leidensweg ein selbständiger Gegenstand der Darstellung wird. Das hängt aber mit der Tatsache zusammen, daß mit Jeremia die Prophetie überhaupt in eine Krise trat und sich eine neue Auffassung von dem, was ein Prophet ist, anbahnte: Baruch war vielleicht der erste, der klar erkannt hat, daß das Leiden als ein integrierender Bestandteil des prophetischen Dienstes anzusehen war. Zum Prophetsein gehört noch mehr als die Botschaft des Mundes. Baruch hat eine ganz neue Seite des Prophetenamtes gesehen. Auch das private Ge-

3 | Von dem Ereignis der sog. Tempelrede des Jahres 609 enthält die Überlieferung die Prophetenworte (Jer 7,1—15) und unabhängig davon die beschreibende Erzählung (Jer 26).

schick, das ganz persönliche leibliche und seelische Ergehen des Propheten wird von dem Prophetenamt in Beschlag genommen, und damit wird die steil in Leiden und Gottverlassenheit abfallende Kurve seines Lebens zu einem Zeugnis eigener Art. So wird also doch auch in den Jeremiaerzählungen das Leben des Propheten nicht um seiner selbst willen dargestellt, eben weil es bei Jeremia in den Prophetenberuf mit hineingenommen und ein Stück dieses Berufes selbst geworden war. Aber das sind, wie gesagt, Erkenntnisse, die erst in einer verhältnismäßig späten Phase aufgebrochen sind und von denen später noch die Rede sein muß.

2. Den unmittelbarsten Ausdruck ihres Wirkens hat die Prophetie im »Botenspruch« gefunden. Angesichts des uneinheitlichen Charakters, den die Prophetie schon bei ihrem frühesten Auftreten in Israel aufweist, wird es kaum möglich sein, in formgeschichtlicher Hinsicht eine Grundform des Prophetenspruches zu benennen, von der die Prophetie ursprünglich ausgegangen sei.[4] Auch von dem sogenannten »Botenspruch« wird sich das so nicht behaupten lassen. Aber da er von Elisa bis Maleachi tatsächlich so etwas wie ein Kontinuum innerhalb der alttestamentlichen Prophetie bildet, und da bei der Fülle und Beweglichkeit der von den Propheten verwendeten Gattungen keine andere so konsequent gebraucht wird wie der Botenspruch, muß von ihm hier zuerst die Rede sein. Es war bekanntlich im Altertum ein weit verbreiteter Brauch, daß der mit irgendeiner Meldung entsandte Bote sich seiner Botschaft bei dem Empfänger derart entledigte, daß er im Ichstil seines Auftraggebers sprach, daß er also sein eigenes Ich ganz auslöschte und so sprach, als spräche sein Herr aus ihm den Empfänger selbst an. Beispiele für diese mit »so spricht...« eingeleitete, also ganz weltliche Botenrede finden sich auch im Alten Testament noch.[5] Dies also ist die Form, deren sich die Propheten vor allen anderen bedient haben, um ihre Botschaft auszurichten, und diese Tatsache ist für das prophetische Selbstverständnis wichtig. Sie haben

4 Eine alte Form, vielleicht eine der ältesten, hat sich in den prophetischen Rufen erhalten, die in den Zusammenhang von sakral-kriegerischen Unternehmungen gehören. Es handelt sich dabei erstens um die stereotype Aufforderung, sich zum Kampf zu rüsten (vgl. 1. Kön 20,13 f; Hos 5,8; Jes 13,2; Jer 46,3 f; 49,14.31; 50,14 f.21.29; 51,11.27); zum anderen um die Aufforderungen zur Flucht, die an solche Gruppen gerichtet werden, gegen die man keine feindlichen Absichten hat, die aber in dem militärischen Operationsgebiet wohnen (vgl. 1. Sam 15,6 ff; Jer 4,6 f; 6,1; 49,8.30; 50,8; 51,6).
5 Z. B. Gen 32,4 ff; 45,9; Nu 22,16; 1. Kön 2,30; 20,3; 2. Kön 18,29; Jes 37,3.

sich als Abgesandte, als Boten Jahwes verstanden. Diesem Botenspruch haben aber die Propheten in der Regel einen Spruch vorangestellt, der die Angeredeten zum Aufmerken bewegen sollte, ja der die von der eigentlichen Botschaft Gemeinten überhaupt erst genauer bezeichnete. Dem göttlichen Drohspruch wurde eine »Scheltrede«, dem göttlichen Verheißungsspruch eine »Mahnrede« vorausgestellt. Erst aus dieser zweigliedrigen Aussage setzt sich die Gattung des Prophetenspruches zusammen. Um sie zu verstehen, muß man bedenken, daß die Propheten – erst bei Jeremia ändert sich das – zwischen dem eigentlichen Botenspruch und der ihm voraufgehenden Schelt- und Mahnrede deutlich unterschieden haben. Unmittelbares Gotteswort war nur jener; diese dagegen war hinführendes, vorbereitendes, erläuterndes Menschenwort. Im Sinne der zeitlichen Abfolge war für den Propheten natürlich der Gottesspruch das Primäre; ihn hatte er in einer Eingebung empfangen, um ihn an diejenigen weiterzugeben, die er anging. Das geschah eben dadurch, daß ihm der Prophet eine die Angeredeten gleichsam festnagelnde Scheltrede voranstellte. Die innere Verbindung zwischen der Scheltrede und dem Drohwort vollzieht das im Prophetenspruch so charakteristische, begründende »darum«, das zu dem »so hat Jahwe gesprochen« hinführt.[6]

Aber der Botenspruch ist nur eine, wenn auch besonders häufig gewählte Form prophetischer Verkündigung.[7] Tatsächlich haben die Propheten bedenkenlos zu irgendwelchen Formen gegriffen, um in sie ihre Botschaft zu verkleiden. Keine profane oder sakrale Form war davor gesichert, daß sie nicht einmal von einem Propheten zum Gefäß seines Auftrags gemacht wurde. Diese Männer wollten ja auffallen; ja gelegentlich wollten sie ihre Zuhörer – etwa durch das Aufgreifen altgeheiligter sakraler Spruchformen – geradezu vor den Kopf stoßen. So gehen ihre Aussagen gelegentlich im Stil eines priesterlichen Opferbescheides einher (Jes 1,16 f; Am 5,21 ff), oder eines kultischen Hymnus oder einer Gerichtsrede.[8] Deuterojesaja hat das priesterliche Heilsorakel auf breiter Basis zur Form seiner Verkündigung umgestaltet. Die bekannten Sätze: »Fürchte dich nicht, ich habe dich

6 Vgl. etwa Am 3,11; 4,12; 5,11.16; 6,7; 7,17; Hos 2,8; Jes 5,13; 10,16; Mi 2,3; 3,12; Jer 2,9; 5,6.14 u. ö.
7 Nach L. *Köhler* findet man ihn bei Amos 14mal, bei Jesaja 44mal, bei Jeremia 157mal und bei Hesekiel 125mal.
8 Jes 1,2 f.18–20; 3,13–15; Hos 4,1–4a; Mi 1,2–7; 6,1–8; Jer 2,4–9; Jes 41,1–5.21–29; 43,8–13.22–28; 44,6–8; 48,1–11; 50,1–2a. Besonders merkwürdig sind die Fälle, wo Jahwe als Angeklagter spricht: Mi 6,3–5; Jer 2, 4–13.29 f; Jes 50,1–2a.

erwählt, losgekauft, ich rufe dich beim Namen, du bist mein«, sind der liturgisch-kultischen Rede nachgeahmt, mit der der Priester auf das Klagegebet des einzelnen antwortete (Jes 41,10 ff; 43,1 f; 44,1 f u. ö.). In anderen Fällen wurde die Botschaft in die Form weisheitlicher Lehrrede gekleidet (Jes 28,23 ff; Am 3,3 ff) oder in eine volkstümliche Liedform (Jes 5,1 ff). Wie solche übernommenen Gattungen sich dann in den Händen der Propheten verändern, ja sich zu wahrhaft grotesken Gestaltungen zerdehnt haben, das sieht man am besten an der Gattung des Leichenliedes, die von späteren Propheten sogar ins Parodistische verkehrt wurde.[9] In der Ausübung ihres Amtes haben sich die Propheten zu brillanten Stilisten herangebildet, deren Rhetorik beim Hörer die merkwürdigsten Effekte zu erzielen vermag. Hier muß also die Auslegung besonders wachsam sein, denn auf die richtige Bestimmung der Form, vor allem auf die richtige Abgrenzung der jeweiligen literarischen Einheit kommt viel an. Ein irrtümlich ihr zugesprochener oder abgesprochener Vers kann ihr ganzes Sinngebäude verändern.[10]

Die Frage nach der Form, in die die jeweilige Botschaft gekleidet ist, ist jedoch in einem noch strengeren Sinne wichtig, denn keine Form ist nur etwas Äußerliches, Formales; in der Tiefe der Sache sind Form und Inhalt doch ein untrennbares Ganzes. Die Inhalte waren es doch, die die Wahl der Form bestimmten. Diese überbordenden und schlechthin alles, was Israel bisher von Jahwe wußte, überschreitenden Inhalte konnten ja überhaupt nicht in einer hergebrachten, auch nicht in einer spezifisch prophetischen Form geborgen werden. Es liegt tief in ihrem Inhalt begründet, daß solche Botschaften nur in gewagten und immer nur gewissermaßen in improvisierten ad-hoc-Formulierungen ausgesprochen werden konnten, eben weil die prophetische Botschaft an allen Ecken über die großen sakralen Institutionen Israels (Kultus, Recht, Königtum) hinausstieß. Und ebenso liegt es tief in ihrem Wesen begründet, daß sich die Prophetie – als wäre da gar kein Unterschied! – gleicherweise auch völlig profaner Formen bedienen konnte, denn in ihrer letzten Tendenz führte sie über diese bisherige Scheidung hinaus, indem sie, sofern sie Gericht weissagte, auch das Ende des sakralen Apparats ankündigte und, sofern sie Heil weissagte, mehr und mehr von einem Zustand sprach, in dem Jahwes Ordnung alle Lebensgebiete bestimmen und tragen wird, in dem

9 Am 5,1 f; Jes 23,1 ff; Hes 19,1 ff.10 ff; parodistische Leichenlieder: Hes 27,2 ff; 28,11 ff; 32,17 ff; Jes 14,4 ff.
10 In dieser Hinsicht bedürfen die alttestamentlichen Perikopenreihen einer eingreifenden Korrektur.

also der Unterschied zwischen sakral und profan aufgehoben sein wird.

3. Diese Spruch- oder Liedeinheiten sind dann sicher bald in kleinen Überlieferungskomplexen zusammengeschlossen worden. Ob solche »Diwane« noch von dem Propheten selbst angeordnet wurden oder von einem Jüngerkreis, das entzieht sich allermeist unserer Kenntnis. Obwohl wir von diesen Jüngerkreisen, die sich um die Propheten gesammelt haben mögen, nur sehr wenig wissen, tut die neuere Forschung doch recht daran, wenn sie ihnen bei der Sammlung und Überlieferung der prophetischen Botschaften eine entscheidende Funktion zuschreibt. So findet sich in Jes 5,8–24 eine Sammlung von Weherufen, die gewiß ebensowenig wie die von Matth 23,13 ff hintereinander gesprochen wurden, sondern nachträglich zusammengestellt sind. Ebenso verhielt es sich mit den Sprüchen über die falschen Propheten (Jer 23,9 ff) oder den »Königssprüchen« (Jer 21,11–23,8). Der Zusammenhang Jes 6,1–9,6 ist unter zeitgeschichtlichem Gesichtspunkt redigiert, denn er enthält, abgesehen von der vorausgestellten Berufungsgeschichte, Sprüche und Begebenheiten aus der Zeit des syrisch-ephraimitischen Krieges. In Hes 4–5 sind die sogenannten Symbolhandlungen dieses Propheten zusammengestellt.[11] Aber in vielen Fällen können wir durchaus keine Logik in der Aneinanderreihung der Einheiten erkennen; das gilt vor allem da, wo es sich um die Anreicherung zu größeren Komplexen, also schon um die Sammlung von Sammlungen handelt. Einige Überschriften innerhalb der Prophetenbücher sind so ziemlich die einzigen Hilfen, die uns etwas von dem Fortschreiten dieses redaktorischen Prozesses ahnen lassen.[12]

In der fast unübersehbaren Fülle der prophetischen Überlieferun-

11 Auch das »Prinzip« der Stichwortanreihung mag gelegentlich wirksam gewesen sein. Bei Deuterojesaja ist freilich die theologisch begriffliche Basis der Botschaft viel schmaler als etwa bei Jesaja, Jeremia oder Hesekiel, und im gleichen Maße ist es natürlich leichter, einen Zusammenhang unter den Einheiten zu erkennen. Immerhin mag in Jes 1,9 und 10 das Stichwort »Sodom«, in Jes 8,8 und 9 f das Stichwort »Immanuel« die Anreihung bestimmt haben. Auf ähnliche Beobachtungen ist die Forschung bei Hosea gestoßen. Aber diese und andere Fälle sind zu vereinzelt, als daß man von da aus den redaktorischen Prozeß im allgemeinen auflichten könnte.

12 Es kann Fälle gegeben haben, in denen die Weitergabe der prophetischen Hinterlassenschaft zunächst auf dem Weg der mündlichen Überlieferung erfolgte. In anderen setzte die schriftliche Fixierung schon zu Lebzeiten des Propheten ein. Schon das Palästina des 2. Jahrtausends gehörte einem Kulturkreis an, in dem das Schreiben eine wichtige Funktion des geistigen Lebens und Verkehrs war.

gen sind es eigentlich nur zwei Abschnitte, im Buch des Propheten Jesaja und einer im Jeremiabuch, die einläßlicher über Aufzeichnung und Weitergabe der Botschaft handeln (Jes 8,16–18; 30,8–17; Jer 36). Sie lassen tatsächlich so weittragende Schlüsse über das Wesen der prophetischen Botschaft überhaupt und über die Auffassung, die die Propheten von ihr hatten, zu, daß hier in gebotener Kürze von ihnen die Rede sein muß.

»Zusammenbinden will ich die Bezeugung, versiegeln die Weisung in meinen Jüngern, und will harren auf Jahwe, der sein Antlitz verbirgt vor dem Hause Jakobs, und auf ihn hoffen. Siehe, ich und die Kinder, die mir Jahwe gegeben hat, sind Zeichen und Vorbedeutung von Jahwe Zebaoth her, der auf dem Berge Zion wohnt« (Jes 8,16–18).

Innerhalb des Zusammenhanges Jes 6,1–9,6, in dem von spannungsgeladenen Ereignissen des syrisch-ephraimitischen Krieges die Rede ist, von drohenden, warnenden und verheißenden Sprüchen Jesajas aus dieser Zeit, muß es verwundern, daß und wie der Prophet mit einemmal von sich redet, daß er die Gedanken des Lesers auf sich selbst lenkt und auf einen Kreis von Menschen, der sich um ihn gesammelt hat. Das wird aber ohne weiteres aus der besonderen Lage heraus verständlich, in die der Abschnitt führt, denn »versiegeln« und »zusammenbinden« soll der Prophet seine »Lehre«, so wie man von einem Geschehen nachträglich noch ein Protokoll aufnimmt und dann die Urkunde amtlich verschließen läßt. Der Satz bedeutet also nichts anderes, als daß sich Jesaja in dem Augenblick, in dem er ihn niederschrieb, als entamtet betrachtet. Das ist in der Tat das Einzigartige dieses Abschnitts, daß er uns Einblick gibt in die Gedanken und Erwartungen, mit denen sich Jesaja aus seiner ersten öffentlichen Wirksamkeit zurückgezogen hat. Er hat die Botschaft ausgerichtet; nun liegt alles Weitere bei Jahwe, der – dessen ist Jesaja ganz sicher – der Wortoffenbarung seines Boten die Tatoffenbarung folgen lassen wird. Die Botschaft hat im Volk eine tiefe Kluft aufgerissen, sie hat verstockt (Jes 6,9 f), durch sie ist Jahwe selbst seinem Volk zum Fallstrick geworden (Jes 8,14), aber – ungeheure Paradoxie! – gerade auf diesen Gott, der sein Angesicht vor dem Hause Israel verborgen hat, hofft Jesaja! Welche Gelassenheit dem Unglauben gegenüber! Verwunderlich ist vielmehr, daß die Botschaft doch Glauben gewirkt hat, wenn auch nur in einem ganz kleinen Kreis. Und deshalb bleibt dem Propheten auch nach seinem Zurücktreten in die bürgerliche Anonymität eine zeichenhafte Bedeutung, insofern nämlich, als dieser kleine Kreis eine Garantie dafür ist, daß Jahwe auf dem Plane bleibt und seine Absichten in der Geschichte nicht aufgegeben hat. Es ist bedeutsam genug, daß Jesaja diese Absichten Jahwes im letzten doch für heilvoll hält, wie könnte er sonst auf diese Selbstoffenbarung Gottes »hoffen«. Obwohl der Prophet in diesem Zusammenhang von dem »Versiegeln« und »Einbündeln« seiner Botschaft nur in schwebenden und bildlichen Ausdrücken redet, ist doch anzunehmen, daß Jesaja im Zusammenhang mit dieser Entamtung seine bisherige Botschaft auch wirklich schriftlich niedergelegt hat, und daß diese Aufzeichnung des Propheten den ältesten Kristallisationspunkt des Jesajabuches bildet. –

»Jetzt geh hinein und schreib es vor ihnen auf eine Tafel und verzeichne es in ein Buch, daß es für einen künftigen Tag zum ›Zeugen‹ werde auf ewig, denn ein widerspenstiges Volk sind sie, verleugnende Söhne, die nicht hören wollen auf die Weisung Jahwes . . . Darum spricht der Heilige Israels also: Weil ihr dies Wort verworfen habt und vertraut auf Verkehrtes und Ränke und euch darauf verlaßt, darum wird euch diese Verschuldung werden wie ein einsturzdrohender Riß, der sich an einer ragenden Mauer ausbaucht, deren Bruch plötzlich, urplötzlich kommt . . . Denn so hat der Herr Jahwe, der Heilige Israels, gesprochen: Durch Umkehr und Ruhe sollt ihr gerettet werden; im Stillsein und Vertrauen liegt eure Kraft. Aber ihr habt nicht gewollt . . .« (Jes 30,8–15).

In diesem Abschnitt, der aus der Spätzeit Jesajas stammt, ist der Schritt von der mündlichen Verkündigung zu ihrer Niederschrift, ihr Übergang in eine zweite Form ihrer Existenz, nämlich in die literarische, noch viel deutlicher. Nicht entsandt wird hier der Prophet, er soll nicht hinausgehen, sondern »hineingehen« in sein Haus, und nicht reden soll er, sondern schreiben »für einen künftigen Tag«. Die Situation ist offenbar dieselbe, wie sie in Jes 8,16 ff vorauszusetzen war. Die Botschaft war ausgerichtet. Wieder war ein Abschnitt im prophetischen Wirken an sein Ende gekommen. Wieder war das Ergebnis ein Mißerfolg. Jesaja hat keinen Glauben wecken können; seine Zeitgenossen waren viel zu sehr mit ihren politischen Plänen beschäftigt, um hören zu können; ja noch mehr: sie haben »nicht gewollt«, sie haben sich willentlich gegen Jahwe und sein Angebot entschieden. Der tröstliche Hinweis auf den kleinen Kreis der Jünger fehlt hier; dagegen ist das Wort von der Ablehnung hier viel deutlicher als vordem. Es ist also dunkler geworden um den Propheten. Der Abschnitt lädt viel breiter aus als Jes 8,16 ff, insofern er sowohl die Entscheidung gegen Jahwe wie auch sein Angebot grundsätzlich skizziert. Besonders im Blick auf die von Jesaja ausgerichtete Botschaft ist das wichtig; denn wir haben hier eine der ganz seltenen Stellen, an denen der Prophet selbst die Essenz ihres Inhalts noch einmal in wenige Worte und Begriffe zusammenfaßt. Zur Umkehr zu Jahwe wollte er sie bewegen, zur Geborgenheit in seinem Schutz und zu Vertrauen und »Gelassenheit«. Nun, da sie alles ausgeschlagen haben, wird die Haltlosigkeit ihr Teil sein, was Jesaja in dem Bild von einer sich plötzlich ausbauchenden und dann berstenden Mauer prächtig ausmalt.

Warum aber schreibt der Prophet seine Botschaft als ein »Vermächtnis«, wie man gern sagt, nieder? Inwiefern gilt sie »für einen künftigen Tag«? Gewiß ist damit zunächst an die Erfüllung der prophetischen Drohung gedacht. Spätere werden es rückschauend erkennen können, daß der Prophet nicht Leeres geweissagt hat. Aber wahrscheinlich gehen die Gedanken Jesajas bei der Niederschrift doch noch wesentlich weiter. Diese seine Generation hat er abgeschrieben; »plötzlich, urplötzlich« wird sie vom Verderben ereilt (Jes 30,13). Aber erfüllt sich an ihr das geweissagte Geschick, so war das doch nur der eine Teil der prophetischen Botschaft. Auch ihr heilsverheißender Inhalt, ihre Einladung in die Geborgenheit bei Jahwe, behält seine Kraft. Er fällt nicht hin, wenn eine Generation sich der Einladung verschließt. Jahwe gibt seine Pläne nicht auf; nur greifen sie jetzt in viel größere geschichtliche Fernen hinaus, und deshalb mußte die Botschaft aufgeschrieben werden. Die Stelle ist deswegen so interessant, weil sie zeigt, daß unter Umständen schon der Prophet selbst den Bezug seiner Worte zu ihren ersten Empfängern gelöst und seine Botschaft (in ihrem ganzen bisherigen Wortlaut!) auf fernere Hörer und Leser übertragen hat. Damals, als Jesaja seine Botschaft niederschrieb (möglicherweise nach 701), waren gewiß schon manche seiner Weissagungen von der Geschichte überholt; auf ihren nächsten und vordergründigen Verlauf gesehen mußten jene als überfällig erscheinen. Aber das war kein Grund, sie als erledigt zu betrachten, denn sie behielten ihre Bedeutung über die Stunde hinaus, für die sie zunächst gesprochen waren. Das war aber auch kein Grund, sie inhaltlich zu ändern und für ihre neuen Empfänger umzuformen. So ist ja auch die gesamte ehedem im Nordreich ausgerichtete Botschaft des Hosea später durch eine ganz geringfügige Redaktion – nämlich durch die mehrmalige Einführung des Namens »Juda« – an das Südreich umadressiert worden. Kein Mensch wird annehmen, diese Prophetensprüche hätten nur einen Adressaten gehabt und seien dann, in ihren Buchrollen verschlossen, in Archiven gelegen. Es muß Kreise gegeben haben, denen das Wissen um die fortdauernde Aktualität der prophetischen Botschaften nie abhanden gekommen war, ja die selbst zu ihrem Teil an der Aktualisierung gearbeitet haben, denn in vielen Fällen kann man die Arbeit dieser Späteren an allerlei sekundären Zutaten deutlich erkennen. Einen Fall, wo wir diesen Traditionsprozeß etwas deutlicher erkennen können, ist Tritojesajas Verhältnis zu Deuterojesaja. Die Abhängigkeit Tritojesajas ist so auffällig, daß man mit Recht ein unmittelbares Schülerverhältnis vorausgesetzt hat. Aber das Wort Deuterojesajas ist nun von dem Jüngeren in eine erheblich veränderte Situation hineingesprochen, und die Prägungen des Meisters haben demgemäß tiefgreifende Abwandlungen erfahren. — Auch Jeremia steht in der ersten Epoche seines Wirkens in einem deutlichen Schülerverhältnis zu Hosea. Innerhalb des Jeremiabuches hat die Forschung schon lange eine breite Schicht von prosaischen Texten abgegrenzt, die sich in Sprache und theologischer Begrifflichkeit stark der deuteronomisch-deuteronomistischen Überlieferung annähern. Offenbar haben wir es hier mit einer besonderen Gestaltung der jeremianischen Überlieferung von zweiter Hand zu tun, deren Herkunft und Anlaß wir freilich noch nicht übersehen.

Der breit ausladende Bericht Baruchs von der Niederschrift der Botschaft Jeremias und von der mehrfachen Verlesung der Rolle geht den beiden oben besprochenen Jesajatexten darin parallel, daß auch er den Weg von der Botschaft zum Buch beschreibt. Darin aber, daß er von den seltsamen Schicksalen dieses Buches erzählt, geht er weit über jene hinaus (Jer 36). Auch Jeremia hat die Niederschrift auf einen ausdrücklichen Befehl Jahwes zurückgeführt. Von großer Bedeutung ist aber das, was der Bericht über den Zweck dieser Unternehmung erkennen läßt. Es handelt sich nämlich um einen letzten Versuch, Israel zur Umkehr zu bewegen und damit Jahwe die Vergebung zu ermöglichen. Dies ist aber nur die Exposition für die nun anhebende Erzählung von den Schicksalen dieses erstellten Buches. In kunstvoller Steigerung berichtet Baruch von einer dreimaligen Verlesung. Über die erste vor dem Volk anläßlich eines Fastengottesdienstes des Jahres 605 geht die Erzählung verhältnismäßig rasch hinweg. Die zweite in der Kanzlei des Staatsschreibers vor den hohen Staatsbeamten ist schon ausführlicher dargestellt. Die Männer erschrecken, sie verhören den Baruch, und die Rolle selbst wird »behördlich sichergestellt«. Durfte Baruch in diesem Kreis persönlich ein ausgesprochenes Wohlwollen erfahren, so mußte die Sache doch dem König gemeldet werden. Der Erzähler hat also mit großem Geschick auf den Höhepunkt seiner Geschichte vorbereitet. Wie wird sich der König verhalten, mit dessen Entscheidung auch das ganze Volk stand oder fiel? Hier geht der Erzähler nun ganz ins einzelne: der König im Winterpalast, am Kohlenbecken sitzend, um ihn seine Minister —, aber letztlich ist es doch nicht der König, sondern die Rolle, die im Mittelpunkt des Interesses steht, wie sie vom König zerschnitten und Stück um Stück ins Feuer geworfen wird. Daraufhin diktiert Jeremia seine Botschaft dem Baruch aufs neue und läßt diese Rolle noch umfangreicher werden als die erste.

Einzigartig ist diese Erzählung im Alten Testament insofern, als sie weder von einem Menschen handelt noch von einer Führung oder Setzung Jahwes, sondern von einem Buch. Aber in dem, was mit diesem Buch geschah, spiegelt sich das ganze Schicksal seiner Botschaft. Es ist das Jeremiathema von dem großen Scheitern, das hier in einer Abwandlung besonderer Art wiederkehrt. So könnte man hier beinahe auch von einer Passion des prophetischen Buches sprechen. Aber in einem entscheidenden Punkt versagt die Parallele zu der Leidensgeschichte Jeremias: die zerrissene und verbrannte Buchrolle ersteht aufs neue. Jahwes Wort läßt sich nicht vernichten.

Diese drei herangezogenen Texte zeigen uns freilich nur den ersten Schritt in der Traditionsbildung, nämlich den von der mündlichen Botschaft zu ihrer Aufzeichnung, den einige Propheten noch selbst vollzogen haben. Aber damit war der Prozeß der Fixierung der prophetischen Botschaft noch lange nicht zum Stehen gekommen; eher kann man sagen, daß er jetzt erst eigentlich begann. Wir sahen es ja, daß die Botschaft eines Propheten nicht an ihren ersten Empfängern haftete; daß sie mit Israel weiter durch die Zeiten ging, auch wenn sich die geschichtlichen Verhältnisse, auf die sie abgestellt war, inzwischen verändert hatten. Die Grundüberzeugung, die hinter diesem Überlieferungsprozeß stand, war die, daß ein einmal ergangenes Prophetenwort unter keinen Umständen hinfallen kann. Wann es in Erfüllung ging und wie es in Erfüllung ging, das stand bei Jahwe; die Menschen hatten über seiner Weitergabe zu wachen. Besonders merkwürdig ist aber, daß sogar solche Weissagungen, die offensichtlich in der Geschichte an ihr Ziel gekommen waren, deren Erfüllung also am Tage lag, daß auch solche Worte weiterhin als Weissagung über Israel stehen blieben und immer neue Inhalte aus sich zu entlassen imstande waren.

Die sogenannte Nathanweissagung ist ein besonders anschauliches Beispiel für diese rastlose, sich über viele Jahrhunderte hin erstreckende und immer neu deutende Arbeit an der Überlieferung (2. Sam 7). In den Versen 11 und 16 läßt sich vielleicht die älteste Schicht einer Weissagung erkennen, die sich unmittelbar an David gerichtet hat. Ihr gegenüber ist die Auffassung, die aus den Versen 12 a, 14–16 spricht, jünger; der vorgerückte Zeitpunkt zeigt sich an dem Interesse an der »Nachkommenschaft, die von deinen Lenden kommen wird«, wenn David »sich zu seinen Vätern gelegt haben wird«; ihr geht es also um das Verhältnis Jahwes zu den Nachfahren Davids. Die viel spätere deuteronomistische Geschichtstheologie hat nun diese ganze Weissagung mit dem Tempelbau Salomos in Verbindung gebracht (v. 13), während Deuterojesaja sie von den Davididen ablöst und auf das Volk Israel als Ganzes überträgt (Jes 55,3 f). Dem noch später schreibenden Chronisten genügt es nicht mehr, daß dieses Heilswort ehedem auf die »Nachkommen« Davids bezogen war; er spricht von »der Nachkommenschaft, die von deinen Söhnen kommen wird« und hat damit die Reichweite der Weissagung noch um eine weitere Stufe verlängert (1. Chron 17,11). So sprach also das uralte Prophetenwort auch noch in seine spätnachexilische Gegenwart hinein.

Dieser produktive Traditionsprozeß läßt sich in den Prophetenbüchern auf Schritt und Tritt beobachten. Ohne Zweifel muß es unsere Prophetenexegese noch mehr lernen, diese langsame Anreicherung der prophetischen Überlieferung unter einem anderen Gesichtspunkt zu betrachten als dem der »Unechtheit« und einer unerfreulichen Entstellung des Ursprünglichen. Ist dieser Prozeß doch vielmehr ein Zeichen für die Lebendigkeit, mit der die alte Botschaft weitergegeben und neuen Situationen angepaßt wurde. Diese Anpassung geschah etwa durch Hinzufügung von Drohworten gegen Völker, die inzwischen in den Gesichtskreis Israels getreten waren. So ist z. B. die sehr altertümliche Weissagung Bileams zu guter Letzt sogar noch auf die Griechen bezogen worden (Nu 24,24). In Jesaja 23 ist ein älteres Orakel gegen Sidon durch einige Zusätze nachträglich auf Tyrus bezogen worden. Die messianische Weissagung Jesaja 11,1 ff ist später durch den hinzugefügten Vers 10 auf die Heidenwelt bezogen worden, und in dieser Umprägung ist sie von Paulus aufgenommen worden (Röm 15,12). Ganz ähnlich ist die messianische Weissagung im Amosbuch in der von der Septuaginta entschränkten Fassung ins Neue Testament eingegangen (Apg 15,16 f: Adam; Am 9,12: Edom). Hatte Jesaja in Jes 9,11 von Aram und den Philistern gesprochen, so bezieht die Septuaginta das Wort auf Syrien und die Hellenen. Viel bedenklicher scheint uns dieser Vorgang der Anpassung da, wo ein altes Prophetenwort in sein Gegenteil, also wo etwa ein Gerichtswort in ein Heilswort verwandelt wird. Hatte Jesaja den Ägyptern, »dem Volk, hochgewachsen und blank, gefürchtet weit und breit« sein Wehe zugerufen und ihm Vernichtung angedroht (Jes 18,1–6), so geht dieser Spruch jetzt über in die Weissagung, daß »an jenem Tage« Jahwe Gaben dargebracht werden von dem »Volk hochgewachsen und blank, gefürchtet weit und breit« (v. 7). Aber auch diese Umsetzung einer alten Gerichtsbotschaft in ein Heilswort ist nicht ein unerlaubter geistiger Diebstahl oder eine Fälschung durch einen, der keine eigenen Einfälle hatte. Auch hier waltet eine echte Kontinuität mit dem alten Prophetenwort, auch eine echte Vollmacht, die sich in einer veränderten geschichtlichen Stunde auch zu einer Umprägung der alten Botschaft ermächtigt weiß. Schon die Tatsache, daß sich die Umsetzung alter Prophetenworte so häufig belegen läßt, zwingt uns, den Vorgang dieser produktiven Traditionsbildung in seinem theologischen Gewicht zu würdigen und ihn ernster zu nehmen, als das lange Zeit geschehen ist. Z. B. in dem Textzusammenhang Jes 22,15–25 heben sich deutlich drei Stufen des Wachstums ab. In dem ersten Abschnitt v. 15–18 hat sich Jahwes und des Propheten Zorn gegen Schebna, einen der höchsten Beamten des judäischen Staatswesens, entladen. Er wird dereinst nicht in seinem neugehauenen Grab zur Ruhe gebracht werden, sondern Jahwe wird seine Mumie wie einen Ball in ein fremdes Land werfen. Damit hatte der Jesajaspruch geendet. Nun aber fährt der Text fort:

»Ich werde dich aus deinem Amte stoßen und von deinem Posten wegreißen.
Geschehen wird's an jenem Tage, da berufe ich den Eljakim, Sohn des Hilkia, als meinen Diener.
Mit deinem Rock werde ich ihn bekleiden
 und mit deiner Schärpe umgürte ich ihn, und deine Macht übergebe ich ihm,
daß er ein Vater sei für die Bewohner Jerusalems
 und für das Haus Juda.
Ich werde ihm den Schlüssel des Hauses David auf die Schultern legen.
Wenn er öffnet, so wird keiner zuschließen,
 und wenn er zuschließt, wird keiner öffnen.
Als Nagel an einem festen Ort will ich ihn einschlagen
 und zum Ehrenstuhl wird er seinem Vaterhaus« (Jes 22,19–23).

Schon der Stilwechsel – der Spruch geht unvermittelt in die Ichform über – verrät den Neueinsatz; außerdem ist Vers 19a ein schlechter Übergang, denn Schebna ist ja schon verworfen; das Wort von seiner Absetzung kommt zu spät. Hier steht nun der Nachfolger Eljakim und seine Installation im Mittelpunkt des Interesses (der kleine Text ist eine wahre Fundgrube höfischer Zeremonialsprache). Aber von diesem Eljakim ist noch mehr zu sagen, was man freilich am Tage seiner Amtseinsetzung noch nicht wußte, und damit treten wir in die dritte Phase des Schebna-Textes ein:

»Aber es wird sich an ihn hängen das ganze Gewicht seines Vaterhauses, die Sprossen und die Auswüchse, alles Kleingeschirr, alles Beckengeschirr, alles Kruggeschirr. An jenem Tage, spricht Jahwe Zebaoth, wird der Nagel, eingeschlagen an einem festen Ort, nachgeben, er wird abbrechen und fallen, und vernichtet wird die Last, die an ihm ist; denn Jahwe hat's geredet« (Jes 22,24—25).

Diese Weiterung knüpft an das Wort von dem Nagel in Vers 23 an, versteht aber das Bildwort ganz anders. Ein Nagel wird dieser Eljakim schon sein, seine ganze Sippe wird sich nämlich an ihn hängen; und deshalb wird es ihm gehen wie einem Nagel, an dem man allzuviel Töpfe und Küchenkram aufgehängt hat. Er wird nachgeben und der ganze Plunder zerschellt am Boden. Eine köstliche Satire auf die Vetternwirtschaft bei hohen Beamten!

Dieser Traditionsprozeß stellt uns vor ein Problem der Auslegung, das hier nur kurz angedeutet werden kann. Sind die Prophetenworte derart mit Israel durch die Geschichte gegangen und haben sie auch über ihre erste Verkündigung hinaus ihren Charakter als Botschaft behalten, so muß ihre Weitergabe und Deutung durch die Späteren eine elastische gewesen sein; denn das Wort erreicht die späteren Empfänger nur durch eine Anpassung seines Gehaltes an die geschichtliche Aufgabe jener Späteren. Unsere wissenschaftliche Exegese der Prophetenworte setzt alles daran, ihren Gehalt nach dem Selbstverständnis des Propheten zu ermitteln. Ohne davon abzulassen, sollte sie sich vielleicht doch noch deutlicher machen, daß dieses Selbstverständnis des Propheten doch nur eine Möglichkeit seines Verständnisses ist. Durch den Bezug auf spätere Generationen und ihre Situationen entstanden neue Möglichkeiten des Verstehens bis hin zu der letzten Bezugnahme auf prophetische Worte im Neuen Testament. Und muß man nicht damit rechnen, daß für eine Weissagung von dem Augenblick an, da sie in die Hände der Tradenten kam, die Zeit, da sie nach ihrem strengen Selbstverständnis aufgenommen werden konnte, schon vorüber war?

3 · Berufung und Offenbarungsempfang

Durch ihre Berufung, von der noch besonders zu reden sein wird, sahen sich die Propheten in einen Aufgaben- und Pflichtenkreis gestellt, einerseits in strenge Bindungen, andererseits in Freiheiten und Vollmachten, die wir mit dem Begriff »Amt« zu bezeichnen ein Recht haben. Natürlich bedarf dieser sehr allgemeine Begriff von Fall zu Fall der näheren Bestimmung. Es ist ja von vornherein nicht anzunehmen, daß jeder dieser Propheten sein Amt im gleichen Sinne aufgefaßt hat. Hier gab es die mannigfachsten Schattierungen, von denen in den folgenden Erörterungen nur einiges angedeutet werden kann. Es gab ja nicht nur deutliche Wandlungen in der Auffassung der Propheten von ihrem Amt; es gab auch die Möglichkeit, daß ein Prophet selbst mit seinem Amt in Konflikt geriet; es konnte sich aber auch ergeben, daß er mit einer Auffassung in Konflikt geriet, die andere ihm gegenüber vertraten. Die Vorstellung, die Jesaja von seinem Amt hatte, ist keineswegs identisch mit derjenigen, die hinter den Jesajaerzählungen (Jes 36–39) steht. Die letztere ist eben bestimmt von derjenigen, die der Erzähler hatte. Im Grunde steht hinter jeder prophetischen Überlieferung, auch der unscheinbarsten Erwähnung, eine bestimmte Auffassung von dem, was ein Prophet ist und was seines Amtes ist. Würde sich unsere Auslegung dieser immer neu zu stellenden Frage noch offener halten, so würde die Beweglichkeit und die Spannweite der Vorstellungen vom Propheten noch wesentlich deutlicher werden.

1. Im Zuge eines neuen Verständnisses des Kultus ist man neuerdings auf die Frage gestoßen, ob nicht auch die Propheten in einem viel engeren Verhältnis zu der Institution des Kultus gestanden haben, als man ehedem für möglich hielt, und hat aufgrund von z. T. sehr neuartigen Interpretationen inner- und außeralttestamentlicher Belege die Meinung vertreten, daß die Mehrzahl der im Alten Testament erwähnten Propheten beamtete kultische Sprecher waren und damit zum Kultuspersonal der Heiligtümer gehört haben.

Daß die Propheten mit Vorliebe Heiligtümer aufgesucht haben, weil hier die Menge der Wallfahrer zusammenströmte, und auch deshalb, weil ihnen in der religiös erregten Menge, die sie allein dort so massiert antreffen konnten, die Stichworte und Anknüpfungspunkte für ihre Gottessprüche gegeben wurden, hat nie jemand bestritten; aber um dieses Umstandes willen läge kein Grund vor, von »Kultpropheten« zu sprechen. Auch das ist anzunehmen, daß die Kultorte an den Festzeiten je länger je mehr umlagert waren von Schwärmen von prophetisch Begeisterten, die zeitweise auch den Priestern zur Last wurden, so daß sogar besondere Aufsichtsorgane bestellt werden mußten (Jer 29,24 ff). Die Frage ist vielmehr die, ob die Propheten als autorisierte Kultsprecher zu dem Kultuspersonal im engeren Sinne gehört haben. Richtet man diese Frage an die vorklassische Prophetie, so ist es, einfach aufgrund des spärlichen Überlieferungsmaterials, überaus schwer, sie eindeutig zu beantworten. Hinzu kommt, daß wir auch dieses frühe Stadium der prophetischen Bewegung meist für einheitlicher halten, als es war. Elisa war offenbar in einem anderen Lebenskreis verwurzelt als Elia; und wie fern stehen beide einem Typus wie Nathan! Die Ekstatiker von 1. Sam 10,10 f kommen von einer Kultstätte, aber daß sie dort selber kultisch geamtet haben, ist schwer vorstellbar, und dasselbe gilt doch auch von den Genossenschaften um Elisa und erst recht von Elia. Elia hat zwar gelegentlich geopfert (1. Kön 18,30 ff); das konnte aber damals jeder Israelit, besagt also nichts. Anders wird das Bild, wenn wir die ziemlich fest verwurzelte Vorstellung heranziehen, daß mindestens eine Hauptfunktion des Propheten die der Fürbitte war.[1] Da nun diese Fürbitte, soweit wir sehen, bei öffentlichen Notständen erbeten wurde, da sie »Israel« betraf, so muß man damals in der Tat den Propheten für einen bevollmächtigten Sprecher der Gesamtheit gehalten haben; auch ist es durchaus möglich, daß diese Fürbitte vom Propheten gelegentlich im feierlichen Rahmen einer offiziellen Kulthandlung zelebriert wurde. Es könnte auch sein, daß bei solchen Gelegenheiten von ihm Völkerorakel verkündet und Fluchworte gegen bestimmte Feinde ausgerufen wurden. Außerdem haben wir Grund zu der Annahme, daß einer gewissen Art von Propheten bei der Führung der Kriege eine entscheidende Rolle zuerkannt wurde, insofern von ihnen der Befehl zum Angriff ausging (1. Kön 20,13 f; 22.28; 22,6.12.15; 2. Kön 3,16 f; 6,9). Auch die offizielle ultimative Warnung der Nachbarn und der Schutzbürger des Volkes, gegen das man zu Felde zog, die Aufforderung, aus dem bedrohten Raum zu fliehen (1. Sam 15,6), war Sache der Propheten. Auch hier sehen wir sie als ermächtigte Sprecher der Gesamtheit, und zwar im Rahmen eines Geschehens, das zu der Zeit wohl noch als sakral-kultisch aufgefaßt wurde.

Diese und andere Wahrnehmungen lassen erkennen, daß Propheten des 9. Jahrhunderts noch mannigfach in den Bereich des offiziellen Kultus einbezogen werden konnten. Und doch kann man sich nicht

---

1 1. Sam 12,19.23; 15,11. Anders aber bei Jesaja und Jeremia: 2. Kön 19, 1 ff; Jer 7,16; 42,2.

vorstellen, daß ihre Funktion eine so geregelte war wie die der Priester. Ihr Beruf war ja auch nicht erblich, sondern er war charismatisch und stand schon deshalb von vornherein auf anderen Voraussetzungen. Ist es nicht auch merkwürdig, daß das Deuteronomium die Einkünfte der Priester und Leviten regelt; von denen der Propheten findet sich nichts dergleichen. Auch die Tatsache, daß man unbefangen von weiblichen Propheten sprach (Ex 15,20; 2. Kön 22,14; Neh 6,14), daß aber die Vorstellung von weiblichen Priestern ganz unvollziehbar war, spricht eher gegen die These. Immerhin hat es solche Tempelpropheten noch zur Zeit Jeremias offenbar in großer Zahl gegeben, und es ist auch anzunehmen, daß sie dort auch als Sprecher Jahwes und als Sprecher des Volkes aufgetreten sind. Jedoch die Propheten, die man als »Schriftpropheten« bezeichnet hat, Amos, Jesaja, Micha, Jeremia und die anderen, haben nicht zu ihnen gehört, wie ihre erbitterten Anklagen gegen jene ja auch genugsam erkennen lassen. Sie gehören einem radikalen Flügel zu, der sich immer weiter gegenüber dem offiziellen kultischen Betrieb verselbständigt hat.[2] Der Beweis für diese Behauptung muß natürlich vor allem aus dem Inhalt ihrer Verkündigung geführt werden und aus deren Gesamtverständnis. Er kann aber ebenso schon von dem formalen Befund aus geführt werden: Diese ihre rhetorischen Prägungen oder Vergleiche von äußerster Gewagtheit, nur gewählt, um anzustoßen und aufzurütteln, dieses Einhergehen der Botschaften oft genug in ganz profanen Gattungen, die nur ad hoc gewählt sind und darnach wieder fallengelassen werden, ja überhaupt diese unglaubliche Beweglichkeit und schlagfertige Wendigkeit der Form ihrer Verkündigung, dieses Wildern auf dem weiten Feld der Ausdrucksformen, die den damaligen Menschen überhaupt zu Gebote standen, – ein solches Improvisieren ereignet sich nicht im Raum des Kultus, der alles göttliche oder menschliche Sprechen einer typisierenden, peinlich zu beachtenden

2 »Insofern wir meinen, daß die Freiheit des prophetischen Amtes prinzipiell festgehalten werden muß, leugnen wir nicht, daß zuzeiten viele Propheten mit dem Tempel verbunden waren ... Wohl aber stellen wir in Abrede, daß die Propheten als solche offizielle Kultdiener gewesen sein sollen. Nicht allein die Gestalt des Elia, die Bemerkung des Amos (7,14), die Figur der Hulda, der Frau eines Palastbeamten (2. Kön 22,14), sondern weiterhin der ganze Tenor der Prophetie des Micha, das Auftreten Haggais (2,12 f) und vor allem die bekannte Erzählung von Eldad und Medad in Nu 11, die Erwartung Joels (2,28 ff) und ähnliches zeigen zur Genüge, daß Prophetie und Priesteramt keineswegs unlöslich miteinander verbunden waren.« *Vriezen*, S. 223 f. Vgl. dazu auch *J. Fichtner* in RGG[3] V Sp. 620 f.

Förmlichkeit unterwirft, ganz abgesehen davon, daß in diesem Kultus die Vorstellung von einem Gericht Jahwes am eigenen Volk gewiß nicht beheimatet war.[3] Diese Freiheit im Formalen ist nun aber bei den großen Propheten doch nur ein Symptom für einen sehr grundsätzlichen Vorgang im Innersten ihrer Verkündigung, nämlich für ein ganz neues Verständnis von Gott, Volk und Welt, das die Propheten in steigendem Maße über alles bisher Bestehende hinausgeführt hat. Vor allem aber sprechen die Berufungsberichte dafür, daß wir es mit Männern zu tun haben, die viel mehr auf sich selbst gestellt waren, als das von denen gesagt werden kann, die im Organismus eines Heiligtums fest beamtet waren.

2. Wie sehr die Berufung eines Propheten für Israel ein Ereignis war, das aus dem Kreis der religiösen Erfahrungen herausfiel und das man eben nicht seit eh und je bei den Trägern der Jahwereligion kannte, das kann man besonders daran sehen, daß im Alten Testament so oft von ihm erzählt wird und daß diese Berichte alle aus einer verhältnismäßig umschränkten Epoche der Geschichte Israels stammen, nämlich aus der Königszeit. Bedenkt man ferner, daß man in der orientalischen Antike nicht schrieb, wenn man Lust und Laune hatte, daß vielmehr jede Niederschrift einem bestimmten realen Zweck diente, so rückt das Ereignis einer Berufung allein durch die Tatsache, daß es auch schriftlich niedergelegt wurde, noch in ein besonderes Licht. Das Ereignis der prophetischen Berufung ist zur Geburtsstunde einer neuen literarischen Gattung geworden, eben der Berufungserzählungen. Der Zusammenhang zwischen den Erfahrungen, die der Mensch in seinem religiösen und kultischen Leben machte, und zwischen der Art und Weise seines sprachlichen und schriftlichen Ausdrucks war eben in Israel ein so lebendiger und unmittelbarer, daß sich jede neue Erscheinung von Rang sofort auch auf dem Gebiet des Formalen, nämlich in einer Veränderung oder Neuprägung, aussprach. Wir meinen damit das entscheidend Neue des prophetischen Berufungsberichtes im Ichstil. Gewiß, der hebräische Mensch hat auch vor dem Auftreten der Propheten vor Gott »Ich« gesagt, — etwa in den Klage- und Dankliedern. Aber das war doch ein anderes Ich als dasjenige, das hier zu Wort kommt. Das, was in den alten kultischen Formen im Ichstil über die Dinge zwischen Gott und dem Menschen

---

3 Auch die Fälle, in denen Propheten von einer offiziellen Abordnung befragt oder um Fürbitte angegangen wurden (2. Kön 19,1 ff; Jer 37,3), lassen nicht erkennen, daß ihre Bescheide im kultischen Rahmen ergangen sind. Jeremia mußte einmal zehn Tage lang auf den göttlichen Bescheid warten und konnte dann erst die Abordnung zu sich rufen (Jer 42,1 ff).

gesagt wurde, das konnte und sollte mehr oder minder jeder von sich sagen; es war mehr ein kollektives, andere Beter in gleicher Lage einschließendes Ich, während das der prophetischen Aufzeichnungen ausgesprochenermaßen ein ausschließliches Ich ist. Diejenigen, die in diesen Berichten zu uns reden, waren ja Männer, die in einem entscheidenden Sinn aus den religiösen Ordnungen, die die Vielen noch für gültig hielten, herausgerufen waren (und was bedeutete das für einen antik-orientalischen Menschen!) und die deshalb vor der Notwendigkeit standen, sich in ihrer neuen und mit keiner früheren vergleichbaren Situation vor sich und vor den anderen zu rechtfertigen. Der Prophet berichtet von einem Ereignis, das ihn mit einem Auftrag, mit einem Wissen und einer Verantwortung belud, das ihn vor Gott ganz allein auf sich selbst stellte. Und das zwang den Propheten dazu, sich in dieser seiner Sonderstellung gegenüber den Vielen zu legitimieren. Damit wird deutlich, daß die Niederschrift des Berufungsberichtes neben der Berufung selbst ein zweites Ereignis war, das eine andere Abzweckung hatte als das erste. In der Berufung selbst wurde dem Propheten sein Auftrag übermittelt; die Niederschrift dagegen geschah im Hinblick auf eine gewisse Öffentlichkeit, der gegenüber der Prophet sich zu rechtfertigen hatte. Ohne Zweifel gestatten diese Berichte einen wichtigen Einblick in den Bereich des primären prophetischen Erlebens, und zwar unvergleichlich direkter als alle Kultlyrik; – aber gleichwohl muß sich der Ausleger immer der Tatsache bewußt bleiben, daß er in ihnen doch wahrscheinlich nicht einen ganz unmittelbaren und völlig erlebnisechten Niederschlag des Berufungsgeschehens vor sich hat, sondern eben eine Niederschrift, die einem bestimmten Zwecke diente und in der der Vorgang zweifellos schon in einer gewissen Stilisierung wiedergegeben wird. Es ist durchaus denkbar, daß sich die Berufung unter allerlei Umständen ereignete, die zu wissen für uns von höchstem Interesse wäre, die aber in Vollständigkeit aufzuführen gar nicht in der Absicht des Propheten lag.[4] Im Blick auf die oben erörterte Frage nach einer regulären kultischen Beamtung dieser Propheten geben diese Berufungsberichte u. E. ein entschieden negatives Argument. Wäre es denn zu erwarten, daß ein im Kultus beamteter Prophet derart seine Berufung betont? Das

4 Das gilt ebenso von der Frage, ob dem Offenbarungsempfang eine meditative Bereitung voraufgegangen ist, wie von der nach der besonderen seelischen Verfassung (Ekstase), in der sich der Prophet während des Offenbarungsempfanges befunden hat. Vor allem aber wüßten wir gerne Genaueres, in welcher Gestalt dem Propheten die einzelnen Offenbarungsinhalte entgegenkamen und wie er sich ihrer vergewisserte.

Gewicht, das diese Propheten ihrer Berufung beimessen, macht es deutlich genug, wie sehr sie sich von dem religiösen Besitzstand der Menge geschieden und ganz auf sich gestellt wußten.

Das Quellenmaterial für unsere Erörterung ist bekannt genug; es handelt sich zunächst um die prophetischen Ichberichte in Amos 7–9, Jesaja 6, Jeremia 1, Hesekiel 1–3, Jesaja 40,3–8, Sacharja 1,7–6,8. Aber auch eine Erzählung wie die von der Berufung des Elisa (1. Kön 19,19 ff) oder die des jungen Samuel zu einer Zeit, da Jahwes Wort »teuer geworden war im Lande«, muß herangezogen werden (1. Sam 3,1 ff), denn, gleichviel was für ein Amt der geschichtliche Samuel innehatte, – der Erzähler hatte die Absicht, die Erweckung eines jungen Menschen zum Propheten zu erzählen (v. 20). Dasselbe gilt von der Berufung des Mose in Ex 3–4, sonderlich in der elohistischen Fassung; denn diese Beauftragung, die göttliche Zusicherung »ich will mit deinem Munde sein« (Ex 4,12) und dieses Zurückweichen des Mose, – das alles ist doch sichtlich nach dem Modell einer prophetischen Berufung, wie man sie sich damals vorstellte, erzählt. Es ist erstaunlich, wie nuanciert die Vorstellungen ebenso in psychologischer wie in theologischer Hinsicht damals schon – im 9. Jahrhundert? – waren, und wie stark sich schon das Legitimationsproblem in den Vordergrund geschoben hat (»wenn sie mir aber nicht glauben?« Ex 4,1), das bei den Propheten doch eigentlich erst bei Jeremia in ganzer Schärfe aufbrach. Ebenso erstaunlich ist, wie offen auch schon mit der Möglichkeit einer Weigerung des Berufenen gerechnet wird (Ex 4,10 ff). Endlich mag man auch an 1. Kön 22,19–22 denken. Die Art und Weise, wie sich Micha ben Jimla das Zustandekommen einer prophetischen Beauftragung dachte – nämlich als das Ergebnis einer Beratung im himmlischen Thronrat – war schwerlich etwas Einmaliges, sondern entsprach wohl allgemeineren Vorstellungen. Gerade diese Belege aus dem 9. Jahrhundert warnen vor einer Unterschätzung dieser Prophetie und vor der Annahme, als hätte das Auftreten des Amos oder Jesaja für Israel etwas ganz Neues gebracht.

Das Ereignis, durch das einer zum Propheten berufen wurde, wird sehr verschiedenartig geschildert und hat sich auch, wie deutlich zu sehen ist, keineswegs auf irgendeine förmlich höfische, kultische oder rechtliche Art vollzogen. Hinzu kommt, daß sich dieses Ereignis auch beim Propheten, bedingt durch dessen besondere innere Veranlagung, auf sehr verschiedene Weise gespiegelt hat. Trotzdem lassen sich einige Züge benennen, die allen Propheten, wo sie überhaupt von ihrer Berufung sprechen, gemeinsam sind. Ziemlich abseits von ihnen steht allerdings die Berufung Elisas, weil in der Erzählung 1. Kön

19,19 ff die Beschlagnahme von einem Menschen, von Elia, ausgeht. Elisa wird zur »Nachfolge« eines Menschen berufen, also zunächst zu einer Jüngerschaft. Aber auch die Erzählung von dem Übergang des Charismas von Elia auf Elisa (2. Kön 2,15) steht isoliert; denn die Propheten von Amos an verstehen sich merkwürdigerweise nicht als Geistträger, sondern als Verkündiger des Wortes Jahwes. Der Geistbegriff, der offenbar noch für das Prophetsein Elisas konstitutiv war, tritt aus Gründen, die wir nur vermuten können, fast völlig und, wie es uns scheinen möchte, ziemlich unvermittelt in den Hintergrund. Für die Propheten des 9. Jahrhunderts war die Gegenwart des »Geistes Jahwes« schlechterdings konstitutiv. Elisa muß sich den Geistbesitz von Elia erbitten (2. Kön 2,9); erst als sich der Geist auf ihn niedergelassen hat, gilt er als Prophet. Die Feststellung des Geistbesitzes geht aber betonterweise von der Umgebung des Propheten aus, die ihn damit erst ihrerseits legitimiert (v. 15). Eine Betörung kann sich nur ereignen, wenn der »Geist« die Propheten verwirrt. Unter den Propheten entsteht dann die Frage, ob der Geist vom einen auf den anderen »übergegangen« sei (1. Kön 22,21 f, 24). Ja, der Geist konnte einen Propheten plötzlich aus seiner Umgebung entraffen und ihn irgendwohin entführen (1. Kön 18,12; 2. Kön 2,16). Das fast schlagartige Verschwinden dieser in sich sehr geschlossenen Vorstellung ist nicht nur auffallend, sondern auch in theologischer Hinsicht bedeutsam, insofern der Wegfall dieser objektiven Realität des Geistes, deren Vorhandensein auch von der Umgebung festgestellt werden konnte, den Propheten des Wortes noch mehr auf sich und seine Berufung gestellt hat.[5]

Die Berufung der Propheten des 8. und 7. Jahrhunderts geschah, soviel wir sehen, durch eine unmittelbare und ganz persönliche Anrede von Gott her, und diese Anrede schuf für den davon betroffenen Menschen einen ganz neuen Zustand. Er wurde davon ja nicht nur zu einem zeitlich begrenzten Auftrag entboten, sondern mit einem Amt betraut, das vielleicht nicht überall als lebenslänglich gedacht ist, das aber auf alle Fälle diese Menschen mindestens für längere Zeit aus allen bisherigen Verhältnissen heraushob. Prophet sein war ein Zustand, der auch in die äußeren Lebensverhältnisse tief eingriff; wir werden uns später noch daran zu erinnern haben, welche Konsequenzen das hatte, daß von Anfang an nicht nur der Mund, sondern das Leben dieser Menschen von einem besonderen Dienst in Anspruch genom-

5 Vielleicht war die Geistvorstellung ein Charakteristikum der nordisraelitischen Prophetie (vgl. Hos 9,7).

men war. Besonders charakteristisch ist das völlige Fehlen eines Übergangs von dem einen in den anderen Zustand. Das Prophetsein stellt sich ja nicht dar als eine gewaltige Steigerung oder Überhöhung der bisherigen religiösen Existenz. Der bisherige Glaubensstand, aber auch sonstige persönliche Anlagen, – das alles macht den Berufenen vor Jahwe in keiner Weise zu seinem neuen Beruf geeignet. Mag er eine friedliebende Natur gewesen sein, so muß er doch schelten und drohen, wenn ihm dabei gleich, wie es dem Jeremia geschah, das Herz zerbrach; und neigte er von Natur aus zur Härte, so mußte er doch wie Hesekiel den Weg des Rettens und Tröstens beschreiten. Der Bruch, der die Propheten von ihrem früheren Leben trennt, ist so tief, daß keine der früheren sozialen Bindungen mehr in die neue Existenz hinüberreicht. »Ein Schafzüchter war ich und ein Sykomorenritzer; aber Jahwe hat mich hinter der Herde weggeholt und zu mir gesagt: Gehe hin, weissage gegen mein Volk Israel« (Am 7,14 f). Das war mehr als ein neuer Beruf; es war ein ganz neuer Lebensstand, auch in soziologischer Hinsicht, insofern der Berufene aus der Gesellschaft und all den sozialen und wirtschaftlichen Sicherungen, die sie ihm bot, heraustrat und in einen Zustand der Unabhängigkeit, will sagen, der sicherungslosen Abhängigkeit von Jahwe hinüberwechselte. »Nicht sitze ich heiter im Kreise der Fröhlichen. Unter dem Druck deiner Hand sitze ich einsam; denn mit Grimm hast du mich erfüllt« (Jer 15,17).

In einen solchen Dienst kann ein Mensch von Fleisch und Blut nur gezwungen werden; jedenfalls haben sich die Propheten als gewaltsam Bezwungene verstanden. Zwar sprechen die älteren Propheten über diese persönlichen Widerfahrnisse bei ihrer Berufung nur selten. Erst bei Jeremia löst sich ihre Zunge.

> »Du hast mich betört und ich habe mich betören lassen;
> Du bist mir zu stark geworden und hast mich überwältigt« (Jer 20,7).

Was hier in der offenen Empörung ausgesprochen ist, dieses Eingeständnis, genötigt worden zu sein, ohne sich weigern zu können, das hat auch Amos ausgesprochen.

> »Der Löwe hat gebrüllt, – wer fürchtet sich nicht!
> Der Herr Jahwe hat gesprochen, – wer weissagt nicht!« (Am 3,8).

Man hat gewiß mit Recht diesen Spruch als ein sogenanntes Diskussionswort bezeichnet, d. h. als die Antwort auf eine Frage, ob denn Amos die Legitimität seines Redens im Namen Jahwes auch nachweisen könne. Amos weist diese Bezweiflung seiner Weissagung zurück; sein Weissagen ist überhaupt nicht Sache einer Überlegung oder eines Entschlusses gewesen, viel eher eine Selbstverständlichkeit, nicht unähnlich einer unbewußten Reflexhandlung, über die man sich auch nicht erklärt.

3. Die Berufung zum Propheten, die sich, wie gesagt, in einer ganz persönlichen Anrede vollzog, war nun offenbar in der Regel mit einem Ereignis verbunden, das den zukünftigen Boten Gottes auf eine höchst intensive Weise mit dem Willen und den Plänen Jahwes vertraut machte: mit einer Vision. Die prophetische Literatur enthält zwar unter der verhältnismäßig großen Zahl von Visionen keine, die nicht zugleich alsbald in eine Audition überginge und in einer Anrede gipfelte. Gleichwohl ist es doch nicht nebensächlich, daß Gott für das Neue, das er dem Propheten anzeigt, auch das Auge beanspruchte. Dies geschah beileibe nicht, um ihm Erkenntnisse höherer Welten zu vermitteln, sondern um sein Auge zu öffnen für zukünftige Dinge, die nicht nur geistiger Art sind, sondern die sich auch hart im Raum des Gegenständlichen begeben werden. Diese Ausrichtung der Propheten nicht auf innergöttliche Dinge, sondern auf zukünftige Ereignisse, und zwar auf Ereignisse, die sich innerhalb der Welt und in ihrer Geschichte, mehr noch, die sich im engsten Lebenskreis Israels begeben werden, kann gegenüber populären Mißverständnissen nicht stark genug betont werden. Aber auch der Theologe muß immer wieder staunen über das Maß von Konzentration auf das geschichtlich Ereignishafte und das völlige Fehlen irgendwelcher »spekulativer« Gelüste selbst bei denjenigen Visionen, in denen Jahwe persönlich sichtbar wurde. So sagt Amos, daß er einmal Jahwe geschaut habe, ein Bleilot an eine Mauer anlegend. Aber auf die Frage Jahwes, was er denn sehe, hat er geantwortet: »ein Bleilot« (Am 7,7 f)! So ist Amos auch in seiner fünften Vision, in der er Jahwe auf dem Altar stehen sieht, an der Selbstdarstellung Jahwes im Visionsbild erstaunlich uninteressiert (Am 9,1), und das gleiche gilt von Jesajas großer Thronvision (Jes 6). Erst Hesekiel versucht die zu seiner Berufung aus der Transzendenz hereinstürmende »Herrlichkeit Jahwes« näher zu schildern. Aber wie vorsichtig verfährt er dort, wo er das nachzeichnet, was er oberhalb des Thrones wahrgenommen hatte und »was dem Aussehen eines Menschen glich« (Hes 1,26 ff)!

Über den Offenbarungsempfang selbst, d. h. über die näheren Umstände, unter denen sich dieses Ereignis im Innern des Propheten abspielte, finden sich in den Quellen nur gelegentliche Angaben, die manche Fragen offen lassen. In dem einen aber stimmen sie alle überein, nämlich daß Gesichte und Auditionen wie von außen her, und zwar unversehens und durchaus unberechenbar, über die Propheten kamen. Nur einmal ist von einer technischen Bereitung zu einem Offenbarungsempfang, und zwar durch einen Saitenspieler, die Rede (2. Kön 3,15). Das war aber Ausnahme; es konnte geschehen, daß die Inspiration den Propheten während der Mahlzeit überfiel (1. Kön 13,20); es konnte aber auch geschehen, daß der Prophet 10 Tage lang auf einen erbetenen Gottesbescheid warten mußte (Jer 42,7). Daß die Propheten bei ihrem Offenbarungsempfang der Meinung waren, eine worthafte Anrede gehört zu haben, ist außer Zweifel; vielleicht war der Regelfall der, daß sie zuerst ihren Namen haben rufen hören (1. Sam 3,4 ff). Und auch das läßt sich den Quellen entnehmen, daß solch ein Offenbarungsempfang – mindestens häufig – ein Ereignis war, das den Propheten bis ins Leibliche hinein schwer erschüttert hat. Allerdings sprechen die früheren Propheten von dieser Seite ihres Amtes sehr wenig. Heißt es von einem Propheten, daß Jahwes Hand über ihn gekommen oder auf ihn gefallen sei (1. Kön 18,46; Hes 8,1), oder sagt er gar, daß ihn Jahwes Hand gepackt habe (Jes 8,11), so spricht alles dafür, daß sich hinter diesen knappen Bemerkungen Widerfahrnisse verbergen, die den Propheten nicht nur seelisch aufgewühlt, sondern auch körperlich verstört haben. Hesekiel erzählt, daß er nach seiner Berufung sieben Tage in starrer Betäubung, keines Wortes mächtig, auf der Erde gesessen habe (Hes 3,15). Auch Daniel sagt, daß ihm alles Blut aus dem Gesicht gewichen, daß er zu Boden gestürzt sei (Dan 10,8 f) und daß er nach einem solchen Ereignis tagelang krank war (Dan 8,27). Mögen solche Angaben beim Apokalyptiker schon einigermaßen zur herkömmlichen Stilform erstarrt sein; in den älteren Zeiten war derlei noch eine sehr harte Wirklichkeit, die von diesen Männern erlitten werden mußte.

»Wie Stürme vom Südland einherfahrend,
   kommt's von der Wüste, von furchtbarem Lande.
Ein hartes Gesicht ist mir kundgetan:
›Der Räuber raubt, der Verwüster verwüstet.
   Ziehe heran, Elam, belagere Medien!
Alles Seufzen stille ich.‹
Darum sind meine Hüften voll Krampf,
   Wehen haben mich ergriffen wie die Wehen einer Gebärenden.
Verstört bin ich vom Hören, bestürzt vom Sehen,
   Die Sinne taumeln mir, Entsetzen hat mich erfaßt;
Die Dämmerung, sonst mein Begehren,
   hat es mir zum Entsetzen gemacht.
›Man rüstet den Tisch
   Man ißt und trinkt.

Auf, ihr Fürsten, salbet den Schild!«
Denn so hat der Herr zu mir gesprochen:
Geh, stelle auf den Späher;
  Was er sieht, soll er melden.

. . . .

Und siehe, da kommen Wagen,
  Männer, Gespanne von Rossen.
Und er hob an und sprach: Gefallen, gefallen ist Babel,
  alle seine Götterbilder hat man zu Boden geschmettert.
O mein Zerdroschener,
  o mein Sohn der Tenne!
Was ich vernommen habe von Jahwe Zebaoth,
  dem Gotte Israels, das tat ich euch kund« (Jes 21,1–10).

Dieser aus der zweiten Hälfte des 6. Jahrhunderts stammende (also nichtjesajanische) Text läßt besser als irgendein anderer etwas von dem tief erregten und gequälten Zustand des Propheten während des Empfangs eines »harten Gesichts« erkennen. In großer Unruhe schieben sich Bilder vor sein inneres Auge, die aber, kaum notdürftig fixiert, schon wieder abreißen. Dazwischen hinein mengen sich Klagen über unerträgliche Ängste und körperliche Krämpfe, die den Seher überfallen haben (vgl. Hab 3,16). Alles löst sich endlich in dem »Schrei der Erlösung« durch den Fall der gottfeindlichen Weltmacht. Das Letzte, das der erschöpfte Mann aufbringt, ist ein Gefühl des Mitleidens mit dem eigenen zerdroschenen Volk, dem »Tennensohn«.

Die Frage, wie solche und ähnliche Vorgänge im Innern des Propheten psychologisch näher zu bestimmen sind, hat sich mit den Methoden der neueren Psychologie noch nicht befriedigend erklären lassen. Die Auffassung, daß sie als »ekstatisch« zu beurteilen seien, die eine Zeit lang fast allgemein herrschte, will in neuerer Zeit nicht mehr recht genügen, weil der Begriff der Ekstase sich als noch zu unbestimmt und allgemein erwiesen hat; vor allem ließ die Art, wie er angewandt wurde, den Verdacht aufkommen, daß dem Propheten in diesem Zustand sein Ichbewußtsein geschwunden und daß er durch diesen Schwund zum willenlosen Schauplatz persönlichkeitsjenseitiger Vorgänge geworden sei. Damit wären freilich die Dinge auf den Kopf gestellt; denn da in der Prophetie der Einzelmensch mit seiner Verantwortung und Entscheidungsmöglichkeit in einer in Israel und im ganzen alten Orient noch nicht erlebten Weise in die Mitte rückt, fast möchte man sagen: entdeckt wurde, ist es von vornherein zu erwarten, daß sich dieses Neue gerade beim Ereignis ihres Offenbarungsempfangs bewährt haben wird; und soweit die Texte überhaupt Näheres erkennen lassen, ist das auch durchaus der Fall. Schon die literarische

Form des prophetischen Visionsberichtes im Ichstil beweist das. Nur ist mit dieser Feststellung die Annahme eines »außergewöhnlichen Erregungszustandes, währenddessen das normale wache Bewußtsein des Befallenen außer Funktion gesetzt und seine Daseinsbeziehung bis zur Entwirklichung aufgehoben ist«, noch keineswegs ausgeschlossen.[6] Könnte nicht dieses normale Bewußtsein in einem solchen Zustand, d. h. im unmittelbaren Gegenüber zu Gott und seinen Geschichtsplänen, zu einer im Alltag nie erreichten Intensität gesteigert worden sein? So ist vor allem der Begriff »Ekstase« noch viel zu formal. Diesem Mangel hat man dadurch abzuhelfen gesucht, daß man die »Konzentrationsekstase« scharf von der »Verschmelzungsekstase« unterschied. Tatsächlich hat nie ein Prophet in irgendeiner Form ein Einswerden mit der Gottheit erlebt. Indessen begegnet die Vergleichung des Phänomens mit gewissen Erscheinungen der mittelalterlichen Mystik doch erheblichen Bedenken; denn auch in ihren feinsten, äußersten seelischen Erlebnissen blieben diese Mystiker doch immer noch im Bereich der dogmatischen Wahrheiten ihrer Zeit, während die Propheten gerade in ihren Berufungsvisionen über das bisher Geglaubte hinausgeführt werden. Das Material, das eine direkte Auswertung gestattet, ist bei Amos, Jesaja und Jeremia spärlich und auch nicht eindeutig genug. Gleichwohl wird eine unvoreingenommene Überprüfung, allein schon in Anbetracht des gutbezeugten Phänomens bei den vorklassischen Propheten einerseits und in Anbetracht der reichlicheren Belege bei Hesekiel andererseits, zu dem Schluß kommen, daß wohl mehr oder minder alle Propheten solche temporären, abnormalen Bewußtseinszustände und Affektsteigerungen erlebt haben. Mögen diese Dinge bei Hesekiel in einer verschärften Heftigkeit aufgetreten sein, so geht es doch nicht an, ihn in dieser Hinsicht gegenüber den anderen Propheten für einen Sonderfall zu halten.

Haben wir also mit solchen abnormalen Bewußtseinszuständen bei den Propheten zu rechnen, dann ist gewiß die da und dort geäußerte Meinung irrig, daß diese Phänomene für den Theologen ohne besonderen Belang seien. Auch hier wie überall würden wir die zentralen Inhalte des Jahweglaubens verzeichnen, wenn wir sie aus ihren geschichtlichen oder personalen Bezügen herauslösen und lediglich als abstrahierte Wahrheiten gelten ließen. Daß Jahwe einen so ungewöhnlichen Raum im Geist des Propheten gewählt, daß er für sein neues Wort an Israel keine der vorhandenen Institutionen gewählt hat, und

6 Diese Definition ist entnommen dem Aufsatz von *F. Maass*, Zur psychologischen Sonderung der Ekstase (Wissensch. Zeitschr. der K. Marx Universität Leipzig, 1953/54, Gesellschafts- und sprachwissensch. Reihe H. 2/3).

daß er in diesem auf so ungewöhnliche Weise freigehaltenen psychischen Raume so Ungewöhnliches sich ereignen ließ, das alles muß seine besonderen Zusammenhänge haben und kann wohl theologisch nicht belanglos sein. Es ist ja nichts Geringeres, als daß der Prophet in solchen visionär-auditionären Zuständen in sonderlicher Weise von sich selbst, von seinen persönlichen Lust- und Unlustgefühlen abgelöst und in das Pathos Gottes selbst einbezogen wurde, daß nicht nur die Kenntnis von Geschichtsplänen, sondern auch Affekte des göttlichen Herzens auf ihn übertragen wurden: Zorn, Liebe, Sorge, Abscheu und sogar Ratlosigkeit (Hos 6,4; 11,8; Jes 6,8). Von all dem, was sich bei Jahwe zutragen mochte, ist etwas in die prophetische Person übergegangen und hat ihre Seele zum Zerspringen ausgefüllt. Im Gegensatz zu dem Ideal des leidenschaftslosen Gleichmutes des Stoikers hat man den Propheten als den »homo sympathetikos«, als den mit den göttlichen Affekten mitgerissenen Menschen bezeichnet. Diese prophetische »Sympathie« bedeutet einen hohen Grad von persönlicher Selbstaufgabe, ohne daß es doch wie beim Mystiker zu einer Verschmelzung mit Gott käme. Die Vereinigung mit Gott beschränkt sich auf die leidenschaftliche Identifizierung mit Gottes Wille und Affekten. Sieht man dieses Phänomen erst einmal in seinem eminenten theologischen Bezug, so wird erst recht fraglich, ob es hierzu einer besonderen psychischen Bereitung von seiten des Propheten bedurfte, ja ob sie überhaupt möglich war. Bei Jeremia und Hesekiel hat diese Einbeziehung in die Affekte Gottes einen äußersten Grad erreicht; das Phänomen als solches ist aber bei den meisten Propheten vorhanden. Ein solcher außergewöhnlicher Offenbarungsempfang kann also nie Selbstzweck gewesen sein; am wenigsten hat er dem Propheten die Erfüllung der Gottesnähe gewährt; er geschieht, um den Propheten für sein Amt zuzurüsten. Andererseits ist der Offenbarungsempfang immer nur eine Angelegenheit je dieses Propheten geblieben; der Prophet wird durch ihn hoch über die anderen hinausgehoben. Er wird der Erkenntnis göttlicher Pläne und er wird göttlicher Affekte teilhaftig; aber er denkt nicht daran, diese seine Existenz vor Gott nun für die anderen für normativ zu halten. Es ist bezeichnend, daß kein Prophet jemals seine Zeitgenossen angeleitet oder aufgefordert hat, sich zu gleicher Unmittelbarkeit der Gotteserfahrung zu erheben. Die Erwartung, daß einmal ganz Israel wie jene vereinzelten Charismatiker werden könnte, wird erst von Joel ausgesprochen (Jo 3,1 ff); der Wunsch ist in einem älteren Text ganz vereinzelt dem Mose in den Mund gelegt (Nu 11,29 E).

4. In der neueren Prophetenforschung ist die Frage nach den psycho-

logischen Besonderheiten der prophetischen Offenbarungsempfänge merklich in den Hintergrund getreten. Sie fragt entschiedener nach der besonderen Gestaltung des Visionsberichtes durch den Propheten und nach den Traditionen, von denen er sich auch dabei bestimmt zeigt. Und das mit gutem Recht, denn der Visionsbericht ist schon ein Bestandteil der Verkündigung.

Unter den uns in ausgearbeiteter Gestalt im Alten Testament vorliegenden Visionsempfängen gehören die von Micha ben Jimla (1. Kön 22,19 ff), von Jesaja (Jes 6) und von Hesekiel (Hes 1–3) in überlieferungsgeschichtlicher Hinsicht zusammen, denn sie folgen einer ihnen offenbar vorgegebenen Grundvorstellung, nämlich der von der feierlichen Beauftragung durch den inmitten von himmlischen Wesen thronenden Jahwe. Aber in allen dreien ist das »Schema« auf sehr charakteristische Weise abgewandelt. In 1. Kön 22,19 ff kommt es zu einer regelrechten Beratung in der Versammlung der himmlischen Würdenträger (»der eine sagte dies, der andre das« v. 20), bis dann »der Geist« hervortritt und mit seinem Vorschlag, die Propheten des Ahab mit einem Lügengeist zu betören, die Zustimmung Jahwes gefunden hat. Er wird daraufhin sofort entsandt. Auch Jesaja sagt, daß er Jahwe im oberen Heiligtum auf seinem Throne sitzend geschaut habe. Im Visuellen reicht sein Bild freilich nicht weit; er kommt bei der Beschreibung des Geschauten nicht über die Säume des zu Füßen Jahwes hinwallenden Gewandes hinaus. Jesaja hat offenbar die Augen nicht zu erheben gewagt; auch hat sich ihm die Szene bald durch Rauch umwölkt. Um so intensiver sind die akustischen Eindrücke: Er hört das »Heilig, heilig, heilig« der Seraphim, dessen Brausen den Palast erbeben läßt. Jesaja wird sich in dieser Unmittelbarkeit zu der höchsten Heiligkeit und in dieser Atmosphäre reinster Anbetung mit Entsetzen seiner eigenen Sündigkeit bewußt; ja, es scheint sich die Sünde seines ganzen Volkes in ihm zu offenbaren. Auf sein Bekenntnis hin hat Jahwe gewinkt — Jesaja hat das natürlich nicht gesehen — und es wird ein Sühnezeremoniell an seinen Lippen vollzogen, womit er erst instand gesetzt wird, in diesem Raum überhaupt zu reden. Als er hört, wie Jahwe in den Raum hinaus fragt, wen er senden könne (wobei der Begriff des »Sendens« merkwürdig absolut gebraucht wird), hat sich Jesaja knapp und ohne Umstände seinem Herrn zur Verfügung gestellt und hat daraufhin gleich den Auftrag empfangen, nämlich den Auftrag, gerade durch seine Verkündigung sein Volk zu verstocken und sein Herz zu verhärten »bis Städte verheert sind und die Felder draußen als Ödland daliegen«; ein heiliger Same aber wird bleiben. Auch in der prophetischen Literatur, in der doch das Außerordentliche nicht Ausnahme, sondern Regel ist, findet sich nur ganz weniges, das an Großartigkeit den Versen vergleichbar wäre, mit denen Jesaja seine Berufung dargestellt hat. Ist es die hinreißende Pracht der äußeren Umstände, ist es die Urgewalt des seelisch Erlebten? Aber so fragen, hieße gerade die klassische Ausgewogenheit des Draußen und Drinnen zerreißen. In der Schilderung des Draußen ist alles Innere gegenwärtig und in dem Inneren das grandiose Draußen. –

Auch Hesekiel schaut den thronenden Jahwe. Bei ihm ist die Schilderung der Vision nur insofern viel komplizierter, als sich bei ihm die Thronvision mit der stoffgeschichtlich ursprünglich ganz selbständigen Vorstellung von dem Herabkommen der »Herrlichkeit Gottes« zu einem komplexen Ganzen verbunden hat. Hier öffnet sich also der Himmel, und Jahwes Thron, getragen von vier himmlischen Wesen, fährt im Sturm zur Erde herab. Die Berufung des Propheten zu seinem Dienst vollzieht sich dann aber ähnlich der Jesajas; nur ist der Eindruck, daß es sich hier um etwas wie einen Staatsakt handelt, noch stärker, denn dem dienend aufwartenden Botschafter wird von dem thronenden König sogar eine Schriftrolle ausgehändigt, die seinen Auftrag enthält. Aber auch darin berührt sich die Berufung Hesekiels mit der Jesajas, daß der Prophet in der Gottesrede, die die Aushändigung der Note begleitet, immer wieder auf die Schwierigkeit, ja Aussichtslosigkeit seines Dienstes hingewiesen wird: Er wird zu einem Volk von harter Stirn und starrem Sinn gesandt. Diese ganze Beauftragung ist um und um von Worten umgeben, die auf das Scheitern des Unternehmens vorbereiten; nur daß Hesekiel die Freiheit der Hörer zur negativen Entscheidung viel stärker betont als Jesaja (Hes 3,7.11). So endigen also diese drei Visionen mit einem Hinweis auf ein ganz negatives Ergebnis; das prophetische Wirken wird keineswegs zur Rettung, sondern zur Beschleunigung der Katastrophe führen. Es muß doch bei diesen Männern eine Kontinuität in der Auffassung von ihrem Beruf gegeben haben, eine Art gemeinsamer Berufserfahrung, die ihrem Wirken von vornherein eine Prägung gab. Aber diese vernichtend negative Perspektive, diese illusionslose Konfrontation mit dem völligen Scheitern ihres Wirkens ist wieder ein Faktor, der uns dazu zwingt, diese Propheten außerhalb des Kultus zu suchen; denn jeder Kultus setzt doch ein Minimum von Funktionieren und von Kontinuität voraus, einen Ablauf, der irgendwie in einen Heilsempfang ausmündet.

Die Berufung Jeremias vollzieht sich zunächst in einem Gespräch, in dem Jahwe gütig und streng den Widerstand des vor der Beauftragung Zurückweichenden bricht. Ihm schließen sich die beiden Visionen von dem Mandelzweig und dem siedenden Topf an, die freilich an die Gewalt der drei eben besprochenen nicht entfernt heranreichen. Der in anderer Hinsicht so ausdrucksmächtige Jeremia läßt hier deutlich ein Erlahmen der Gestaltungskraft spüren. Schon in dem voraufgehenden Gesprächsteil überrascht uns Jeremia durch den Satz, daß Jahwes Hand seinen Mund berührt habe; denn nichts ließ darauf schließen, daß Jeremia in diesem Zusammenhang Jahwe nicht nur gehört, sondern auch geschaut habe. Aber Jeremia vermag die Anwesenheit Jahwes nicht anschaulich zu machen. In den Gesichten selbst schaut Jeremia zwei ruhende Gegenstände, die für sich genommen gar nichts Bemerkenswertes an sich haben. Erst das dazukommende deutende Gotteswort gibt einen Hinweis auf ihren Symbolcharakter: Jahwe wacht über seinem Wort, er läßt es nicht aus den Augen, und von Norden her wird das Unheil über Juda und Jerusalem hereinbrechen. Auch hier ist etwas von dem großartigen Realismus, mit dem sonst ein Vorgang zwischen Jahwe und dem Propheten zur Darstellung kam, verloren gegangen. Jeremias Visionen enthalten überhaupt keinen Vorgang. Sowohl der Mandelzweig wie der siedende Topf sind ruhende Gegenstände; das Geschaute ist hier nicht viel mehr als ein veranschaulichendes, symbolisches Bild, das der Bekräftigung der dem Propheten aufgetragenen Verkündigung dient. Diese Visionen umschließen nicht mehr ein unumkehrbares, von Jahwe ausgehendes Geschehen; vielmehr ist gegenüber den Visionen von 1. Kön 22, Jes 6 und Hes 1–3 bei Jeremia ein deutlicher Verlust an Geschehen zu konstatieren, denn seine Visionen enthalten mehr eine symbolische Verbildlichung von allgemeineren Erkenntnissen, die die Verkündigung Jeremias fortab bestimmen werden. Andererseits ist doch auch bei der Darstellung der Berufung Jeremias der Rahmen einer offiziellen Amtsübertragung, einer Bestellung zu einem bestimmten Dienst durch einen Höheren noch erkennbar (»ich habe dich zum ... bestimmt«, »ich verordne dich heute über Völker«). Vielleicht ist die Kontur des äußeren Geschehens nur deshalb so unvollkommen markiert, weil sich der Leser ganz von selber das Fehlende ersetzte?[7]

7 Dem oben erwähnten Verlust an Geschehen bei den Offenbarungsempfängen Jeremias entspricht ein Hervortreten der theologischen Reflexion. Schon die erste Vision von dem »wachenden Zweig« mit ihrem sehr allgemeinen Hinweis auf das göttliche Wort (welches?), über dem Jahwe wacht, ist hinsichtlich dessen, was die Vision an konkretem Geschehen ansagt, ganz vage. Sie veranlaßt den Beschauer, sich mit etwas zu beschäftigen, was man eher als eine theologische Wahrheit bezeichnen könnte. Ähnlich verhält es sich mit der Töpferperikope in Jer 18. Auch dieser Text ist charakteristisch

Deuterojesaja hat seine Berufung in zwei Auditionen empfangen; er hat nicht geschaut und ist auch nicht unmittelbar von Jahwe berufen worden. Aber sein Ohr hat etwas von der Bewegung vernommen, die in die himmlischen Räume gekommen war; er hat die an die Engelwesen gerichteten Rufe gehört, über Täler und Berge hinweg die Wunderstraße zu bauen, um das Kommen Jahwes zu seiner Welttheophanie vorzubereiten (Jes 40,3–5). Während also die erste Audition den Propheten nur etwas wahrnehmen ließ von den Vorbereitungen, die im Himmel schon für Jahwes unmittelbar bevorstehende Erscheinung getroffen wurden, und zwar zu einer Zeit, da auf Erden davon noch nicht das Geringste zu spüren war, wurde er in der zweiten – offenbar von einem Engel – unmittelbar angeredet und hat das Thema für seine Verkündigung empfangen: Inmitten der Vergänglichkeit »alles Fleisches« – einer so von dem Gluthauch Jahwes selbst gewirkten Vergänglichkeit – ist Jahwes Wort allein beständig und verbürgt Bestand (Jes 40,6–8).

Über die Häufigkeit solcher außergewöhnlicher Offenbarungsempfänge bei den einzelnen Propheten läßt sich wenig sagen. Sicher gibt die Zahl der literarisch in großer Form ausstilisierten Visions- und Auditionsberichte keinen Anhaltspunkt. Solche nachträglichen Ausarbeitungen geschahen bei den Berufungsvisionen, wie wir sahen, in bestimmter Absicht. In anderen Fällen bestand kein Interesse an einer genauen Ausgestaltung des Geschauten; dann hat sich der Prophet nur auf die Mitteilung der Inhalte beschränkt. Es gibt genug solcher Botschaften, die deutlich erkennen lassen, daß sie auf echte visionäre oder auditionäre Vorgänge zurückgehen. Das wird man doch bei der Schilderung des Ansturms der Völkermassen gegen den Zion und ihrer wunderhaften Abwehr Jes 17,12 ff annehmen dürfen. Ebenso wird das bei der Theophanie Jes 30,27 f oder Jes 63,1 ff der Fall sein, aber auch bei Angstgemälden, wie Nah 2,2 ff, bei denen das Bildhafte, die Schauseite so auffallend im Vordergrund steht. Ebenso verhält es sich mit den allen Ereignissen vorauseilenden Kriegsschilderungen Jeremias (Jer 4–6); sie sind derart durchsetzt mit Hinweisen auf Sinneswahrnehmungen des Propheten, daß an ihrem visionären und auditionären Charakter kein Zweifel aufkommen kann.[8]

Eine präzisere Ausscheidung der wirklich ekstatisch visionären Er-

für die Verlagerung ins Theologisch-Gedankliche, denn was Jeremia beim Töpfer sieht, wird ihm nicht zum Bild für ein ganz einmalig bestimmtes Geschehen, sondern für etwas grundsätzlich je Mögliches. Die Weisung, die Jeremia empfängt, bleibt im Theoretischen stecken.

8 Besonders charakteristisch ist in dieser Hinsicht der Text Jer 4,23–26.

lebnisse von anderen Formen des Offenbarungsempfanges ist nicht möglich. Sicher hat sich Jahwe auf verschiedene Weise den Propheten mitgeteilt; aber es will nicht gelingen, zu klaren Vorstellungen über die psychische Seite der Vorgänge zu kommen. Jesaja sagt, Jahwe habe sich »in seinen Ohren« geoffenbart (Jes 5,9; 22,14); ähnliches liest man bei Hesekiel (Hes 9,1.5) und anderwärts.[9] Demnach gab es auch Jahwe-offenbarung in Gestalt eines reinen Gehörerlebnisses. Jeremia unterscheidet scharf zwischen der Wortoffenbarung und der Traumoffenbarung; die letztere schätzt er gering ein (Jer 23,28). Aber auch das Erlebnis des Wortempfanges hat wohl gelegentlich einen hohen Grad von Heftigkeit erreicht; wie könnte sonst Hesekiel das Rauschen der Flügel der Cherube, das weithin zu hören war, vergleichen mit dem Hall der Stimme Jahwes, »wenn er redet« (Hes 10,5)? Andererseits haben wir Grund zu der Annahme, daß die Propheten auch Eingebungen hatten, die sich ohne irgendeine Veränderung ihrer Bewußtseins-verfassung, also ganz im Raume des Geistigen, ereignet haben. Das gilt wahrscheinlich für die große Mehrzahl der Fälle, bei denen der Prophet nur von dem Wort Jahwes spricht, das zu ihm gekommen war. Indessen darf doch auch bei diesen Fällen das Ereignishafte, das der Offenbarungsvorgang für den Propheten hatte, nicht übersehen werden. Es handelt sich nicht einfach um eine geistige Erkenntnis, sondern um das »Geschehen« des Wortes Jahwes und demgemäß hat auch diese ganz unsensationelle Form des Offenbarungsvorganges für den Propheten ein gewisses Fremdheitserlebnis nie verloren.

Merkwürdigerweise berichtet auch Eliphas, der Freund Hiobs, von einem prophetischen Offenbarungsempfang, den er erlebt hat.

> »Zu mir stahl sich ein Wort,
>   von ihm vernahm mein Ohr ein Flüstern,
> in Ängsten, bei nächtlichen Gesichten,
>   wenn Tiefschlaf auf die Menschen fällt.
> Ein Schreck ergriff mich und ein Beben,
>   alle meine Glieder ließ er erzittern;
> ein Hauch strich mir übers Gesicht,
>   es sträubten sich mir die Haare am Leibe.
> Da stand —; aber ich konnte sein Aussehen nicht erkennen;
>   eine Gestalt war vor mir, ein leises Raunen hörte ich:
> ›Ist wohl ein Sterblicher vor Gott im Recht,
>   oder ein Mensch rein vor seinem Schöpfer?‹« (Hiob 4,12–17).

Dies ist bei weitem die umfangreichste, bis ins einzelne gehende Schilderung der äußeren Umstände eines Offenbarungsempfangs, die wir haben.

9 Jahwe »entblößt« oder »weckt« das Ohr, 1. Sam 9,15; Jes 50,4.

Man kann sie gewiß nicht mit dem Hinweis abtun, daß Eliphas ja gar kein Prophet war. Wie wenig er das war, das zeigt allerdings am besten der »Gottesspruch« in Vers 17, der ja gar keiner ist, sondern gegen alle prophetische Tradition als rhetorische Frage, und das heißt als weisheitlicher Lehrspruch, stilisiert ist. Trotzdem darf man annehmen, daß sich Eliphas in der Darstellung der psychischen Vorgänge auf echt prophetische Überlieferung bezieht. Die Zeit eines solchen Offenbarungsempfangs ist die Nacht; er kündigt sich durch Unruhe und Angstgefühle an; dann kommt der Sinnesapparat nach und nach in Erregung, zuerst der Tastsinn, dann das Schauen und zuletzt das Hören.

Wenn man auch über die Häufigkeit solcher Offenbarungsempfänge, wie gesagt, im einzelnen nur wenig ausmachen kann, so läßt doch ein Überblick über die Prophetie vom 8. bis zum 6. Jahrhundert etwas Wichtiges erkennen. Amos hatte im Grunde einen Auftrag: »Geh und weissage wider mein Volk Israel« (Am 7,15). Gewiß, dieser Auftrag barg in sich eine große Zahl von Wortoffenbarungen, die sich in der Zeit seines Auftretens überstürzt haben mögen. Aber die Zeit seines Auftretens mag doch wohl eine begrenzte gewesen sein, möglicherweise hat es sich nur um Monate gehandelt; dann ist er wieder – vielleicht aufgrund seiner Ausweisung – in seine Heimat zurückgekehrt und sein Charisma ist von da ab erloschen. Bei Jesaja ist das schon anders, denn seine Prophetie verläuft in mehreren Schüben, die jeweils durch bestimmte politische Verwicklungen bestimmt sind. Aber andererseits läßt die prophetische Überlieferung Jesajas doch deutlich genug erkennen, daß auch Jesaja sein Auftreten jeweils nur als zeitlich begrenzt ansah und sich darnach als entamtet betrachten konnte. Bei Jeremia aber bedeutet die Berufung eine Beamtung auf Lebenszeit. Es wird noch eingehend davon die Rede sein müssen, wie stark sich die Auffassung vom Dienst eines Propheten gerade bei Jeremia gewandelt hat, wie er mit seinem ganzen Lebensstand in die Sache Jahwes mit seinem Volke hineinverwickelt und in ihr aufgerieben wurde. Hier gab es – mindestens im Prinzip – keine einzelnen Phasen seines Amtes mehr, kein relatives Ende, nachdem ein Auftrag ausgerichtet war. Jeremia war Prophet, weil Jahwe sein ganzes Leben in Beschlag genommen hatte.[10] Was die Offenbarungsempfänge anlangt, so ist

10 Mit diesem Wandel hängt doch wohl auch die Tatsache zusammen, daß sich bei Jeremia eine formale Abscheidung der eigentlichen Jahweworte von den Scheltreden oder anderen Äußerungen des Propheten weit weniger deutlich vornehmen läßt. Bei Jeremia haben nicht nur die Gottessprüche im engeren Sinne des Wortes die Würde göttlicher Offenbarung; die Tendenz geht bei Jeremia dahin, auch die Prophetenworte und seine Dichtungen als Wort Jahwes auszugeben.

freilich erkennbar, daß auch Jeremia gelegentlich doch auch geraume Zeit auf einen Bescheid warten mußte (Jer 28,12; 42,7). Wenn nun demgegenüber der Gottesknecht bei Deuterojesaja – und er hat vornehmlich ein prophetisches Amt – sagt, daß ihm Jahwe »Morgen für Morgen das Ohr öffnet« (Jes 50,4), so geht das zweifellos noch einen entscheidenden Schritt auch über das hinaus, was selbst Jeremia von sich sagen konnte; ja, es bedeutet das Äußerste, was sich innerhalb der alttestamentlichen Prophetie ereignet hat; denn das, was der Knecht Gottes damit aussagen will, ist doch dies, daß er in einem seiner Person und seinem Amt wesenseigenen Offenbarungsverkehr, in einem ununterbrochenen Gespräch mit Jahwe steht.

4 Die Freiheit der Propheten

Wer von Berufung, von Visionen oder sonstigen Offenbarungsempfängen spricht, hat genug Anlaß, von jenem rätselhaften Zwang zu reden, der die Propheten oft ganz unerwartet überfallen hat, der sie vorübergehend der freien Betätigung ihrer Sinne beraubt hat und demgegenüber jeder persönliche Widerstand völlig nutzlos war. Besonders bei Jeremia begegnen Aussagen, in denen sich der Prophet – fast dinglich – als das Gefäß eines in ihn hineingegebenen Zorns sieht, den er, selbst wenn er es wollte, nicht ersticken kann.

> »Ich aber bin voll des Grimmes Jahwes,
> bin ohnmächtig, es zu verhalten.
> ›Ich‹ gieße ihn aus auf das Kind in der Gasse,
> auf den Kreis der Jünglinge . . .« (Jer 6,11; vgl. 15,17; 20,9).

Die Entdeckung dieser psychisch abnormen Zustände, die Neuheit dieses Aspektes hat aber nicht selten zu einer tiefgreifenden Verzeichnung des Wesens und Amtes der Propheten geführt. Für das Charakteristische hielt man das Zwanghafte ihrer Verkündigung, in der sie starr und fast bewußtlos als Organe der Gottheit gesprochen und gewirkt haben. Diese Auffassung, die so einseitig das Unfreie betonte, dasjenige, was sich grundsätzlich jenseits der normalen seelisch-intellektuellen Betätigungen und Erfahrungen ereignete, war nun freilich selbst wieder ein Gegenschlag gegen jenes allzu biedere Bild von den Propheten als Pädagogen ihres Volkes und den großen Entdeckern des Sittlichen und der Innerlichkeit. Aber sie ist trotzdem irreführend. Ihr gegenüber ist es notwendig, von einer Freiheit der Propheten zu sprechen, die theologisch allen Interesses wert ist. Die Propheten haben sie zwar nicht zum Gegenstand ihrer Verkündigung gemacht; sie haben sie aber aufs großartigste praktiziert.

Besonders deutlich wird das bei ihrer Berufung. Es sind zwar nur die Berichte von Jesaja und Jeremia, die klar erkennen lassen, in wie hohem Maße bei dem ganzen Berufungsgeschehen die freie Entscheidung des Propheten in Anspruch genommen wurde; doch gibt das kein Recht zu der Annahme, daß es sich bei den anderen Propheten in dieser Hinsicht anders verhalten habe.[1] Die Vermutung allerdings,

---

1 Erinnert sei an die Erzählung von der Berufung des Mose (Ex 4). Sie ist doch sichtlich nach dem Modell einer Prophetenberufung gestaltet und läßt der Gegenrede, ja dem Widerspruch erstaunlich viel Raum. Elisa ist durch Elia, also durch einen Menschen, in eine Nachfolge berufen worden (1. Kön

daß sich bei Jesaja etwas ereignet hat, das alles das hinter sich läßt, was anderen Propheten in dieser Hinsicht möglich war, wird der Ausleger festhalten. Jesaja war visionär und auditionär in den himmlischen Thronrat einbezogen worden. Er war aber nicht, wie es bei Berufungen wohl die Regel war, persönlich angeredet worden, sondern hatte nur Jahwes an die himmlische Versammlung gerichtete Frage, wen man denn entsenden könne, gehört und sich daraufhin zur Verfügung gestellt: »Hier, ich! entsende mich!« (Jes 6,8). Allein die allgemeine Frage Jahwes hat Jesaja wie ein Blitz getroffen, und er hat, noch ehe in der Versammlung eine Diskussion in Gang kommen konnte (vgl. 1. Kön 22,20), in dem klaren und schnellen Ruf sich als Sendboten zur Verfügung gestellt. Was ist Freiheit, wenn das nicht Freiheit ist? Aber diese Entscheidung war nun doch keine einmalige; sie mußte vielmehr angesichts immer neuer Komplikationen vom Propheten immer wieder vollzogen werden; denn wer von Freiheit spricht, muß auch die Möglichkeit des Versagens in Rechnung setzen. Auch Jesaja war wohl zu Zeiten davon bedroht, denn er bekennt einmal, daß ihn »die Macht der Hand Gottes gezüchtigt habe, nicht den Weg des Volkes zu gehen« (Jes 8,11). Aber noch viel gefährlicher stand Jeremia lebenslang auf jener Grenzscheide zwischen Gehorsam und Ungehorsam. Indessen haben sich bei ihm die Dinge so verschoben, daß es schwer ist, ihn mit Jesaja recht zu vergleichen. Anders als bei Jesaja ist Jeremia von Jahwe ganz persönlich angeredet und berufen worden. Er ist zwar zuerst erschrocken zurückgewichen; aber er ist dann doch den befohlenen Weg gegangen. Wie wenig er sich dabei seiner Freiheit Gott gegenüber begeben hatte, das zeigen am schönsten die sogenannten Konfessionen, in denen er trotz aller Leiden im intimsten Gespräch mit Jahwe bleibt, fragend, bekennend oder klagend. Wohl stand sein Leben mehr als das anderer Propheten unter einem unvorstellbar harten Zwang, — es wäre aber eine zu einfache Entgegensetzung, wenn man darüber die gerade von diesem Propheten gewahrte und geübte Freiheit Gott gegenüber verkennen wollte. Er hat sie in einem einzigartigen Gehorsam, und doch gelegentlich bis an die Grenze der Lästerung (Jer 20,7.14), praktiziert.

Überprüft man den Vorgang der prophetischen Verkündigung selbst, der nach weitverbreiteter Ansicht in besonderem Maße unter dem Zeichen eines unausweichlichen Zwanges stand, so ergibt sich auch hier bei näherem Zusehen keineswegs ein so einfacher Tatbestand. Ge-

19,19 ff); dieser Vorgang scheint eine bestimmte Ordnung vorauszusetzen, wie sie in den Prophetengenossenschaften herkömmlich war, und ist deshalb besonders zu stellen.

wiß, es spricht alles dafür, daß der Prophet den Zustand des eigentlichen Offenbarungsempfangs in äußerster Passivität erlebt; aber er ist in ihm ja nicht verblieben. Es war oben schon von der außerordentlichen Beweglichkeit der äußeren Formen die Rede, in die die Propheten jeweils ihre einzelnen Botschaften gekleidet haben. Jeder dieser Fälle setzt aber eine Wahl des Propheten voraus, und zwar eine sehr verantwortungsvolle; denn diese Formen, in denen ihre Verkündigung einherzugehen hatte, waren eben doch mehr als etwas nur Äußerliches. Es war für die Botschaft nicht gleichgültig, ob sie in die Form eines Leichenliedes, eines priesterlichen Kultentscheids oder eines Weinbergliedes gegossen wurde; der Prophet wird sorgfältig darauf bedacht gewesen sein, die für die Botschaft jeweils angemessenste Form zu finden. Es gibt Fälle, die die Vermutung nahelegen, daß der Prophet in der Ausformung des ihm überkommenen Auftrags sehr frei und eigenmächtig verfahren konnte.

Lehrreich ist in dieser Hinsicht der Text Hes 24,15–27. Jahwe hatte dem Propheten mitgeteilt, daß er dessen Frau, »seiner Augen Lust«, sterben lassen werde. Er aber, der Prophet, soll sie nicht beweinen und keine Totenklage veranstalten. Als Hesekiel später wegen dieses Verhaltens vom Volk zur Rede gestellt wurde, formulierte er die eigentliche Botschaft: Das Heiligtum in Jerusalem, »eurer Augen Lust«, wird geschändet werden und Söhne und Töchter werden umkommen, ohne daß man ihnen eine Totenklage veranstalten könne. Hier klaffen also der göttliche Auftrag (v. 15–19) und die prophetische Ausführung (v. 20–27) einigermaßen auseinander. Der Prophet hat den Auftrag sehr frei interpretiert. Er hat das Wort von »der Augen Lust« auf den Tempel und das Verbot, eine Totenklage zu veranstalten, auf eine kriegerische Katastrophe bezogen.

Ein ähnliches Beispiel prophetischer Eigentätigkeit findet sich in der Verkündigungseinheit Jer 27. Jeremia erhält die Aufforderung, sich Jochhölzer zu beschaffen und sie sich um den Hals zu legen. Den verborgenen Sinn dieser Zeichenhandlung verkündet der Prophet dreimal, jedesmal einem anderen Adressaten: den Königen einiger Nachbarvölker, dem König Zedekia von Juda und den Priestern von Jerusalem. Jahwe hat fürs nächste die Weltherrschaft dem Babylonier Nebukadnezar übergeben: Fügt euch seiner Oberhoheit und laßt euch nicht von eueren Zukunftsdeutern beirren! Das ist das gemeinsame Thema aller Botschaften. Im einzelnen bestehen aber erhebliche Unterschiede, besonders zwischen der Botschaft an die Völker und derjenigen, die Jeremia an die Priester in Jerusalem ausrichtet. Den Völkern gegenüber argumentiert Jeremia mit dem Schöpfungsglauben (v. 5 ff): Weil Gott die ganze Erde geschaffen hat, kann er die Herrschaft über sie auch frei vergeben. Damit verbindet der Prophet eine Warnung vor der heidnischen Mantik, vor den Wahrsagern, Zeichendeutern und Zauberern. Die Priester in Jerusalem aber redet er auf die Weissagung der falschen Propheten an (v. 9 f), die behaupten, daß die bei der ersten Deportation geraubten heiligen Gegenstände des Tempels bald wieder zurückgebracht würden. Fürbitter hätten diese Propheten sein sollen, denn nun werden auch die noch übrigen Geräte des Tempels nach Babylon gebracht werden.

Etwas anders verhält es sich bei der in der klassischen Prophetie besonders häufig belegten Form des Botenspruches; denn hier bedingte es die Form selbst, daß der göttliche Auftrag genau und ohne Umgestaltung weiterzugeben war. Aber die Propheten haben den Gottesspruch keineswegs so, wie er war, hinausgerufen. Sie haben ihm, der meist ein Drohwort war, eine Scheltrede vorausgesetzt, die auf den empfangenen Gottesspruch hinleitete, ja die ihn erst mit denen in Verbindung brachte, denen er galt. Nur in seltenen Fällen zielte schon der Gottesspruch auf eine bestimmte Person (etwa den König) oder eine bestimmte Gruppe. Meist war er allgemeineren Inhalts; er hatte etwa die Dezimierung des Heerbanns angesagt (Am 5,3), oder die Deportation der Oberschicht (Am 4,2 f), oder die Verödung des Landes (Jes 5,8 ff). Die Adressierung dieser Botschaft an einen einzelnen oder eine eindeutige Gruppe war dann Sache des Propheten. Seinem Urteil, seiner seelsorgerlichen Wachsamkeit war hier ein weites Feld freigegeben. Ja, genau besehen, hatte er das Wichtigste zu vollziehen; denn was ist ein Gottesspruch ohne Empfänger? So spricht der Prophet das Wort von der Deportation der in Völlerei lebenden Oberschicht zu (Am 4,1 ff; 6,1 ff), das von der Verödung des Landes den Bodenspekulanten usw. Diese Mitbeteiligung des Propheten kann in ihrer Bedeutung kaum überschätzt werden, denn erst durch sie erreicht das vom Propheten empfangene Wort sein Ziel und kann sich erfüllen. Die ungeheure Verantwortung liegt darin, daß er es also ist, der Jahwes Willen vollstreckt; Jahwe wird sich dann an die Entscheidung seines Boten binden. Auch über den Maßstab, aufgrund dessen der Prophet die göttliche Botschaft den verschiedenen Gruppen zugesprochen hat, läßt sich einiges sagen. Die Propheten haben ja ihrerseits nicht einfach aus dem sozialen Interesse eines Standes oder gar ihres Standes heraus oder sonstwie als die Gekränkten gesprochen, sondern sie wußten sich an eine ganz bestimmte Ordnung gebunden, die durch ihre Strafworte wiederherzustellen war. Es geht hier also um die Frage nach dem theologischen Bezugsverhältnis von Scheltrede und Drohwort. Daß ein solches vorhanden ist, zeigt das ebenso häufige wie charakteristische »darum«, das die beiden Glieder, die Scheltrede und den Gottesspruch, logisch miteinander zu verbinden pflegt und mit dessen Hilfe eine Begründung des nun folgenden Drohwortes gegeben wird. Ohne Frage zeigt sich hier beim Propheten in einem begrenzten Sinne ein pädagogisches Interesse. Der Empfänger des Drohworts soll erfahren und begreifen, was ihm widerfährt und warum es ihm widerfährt. Gelegentlich knüpft sich daran sogar noch die Hoffnung, daß er sich zur Umkehr bewegen und retten läßt. Was er aber verstehen soll, ist dies, daß das auf ihn zukommende Geschehen als Strafe sehr genau seiner Versündigung entspricht, daß also in der Geschichte von Jahwe her eine »Vergeltung« waltet, oder besser alttestamentlich ausgedrückt: daß das von dem Menschen in Bewegung gebrachte Böse von Jahwe selbst in einer strengen Entsprechung auf sein Haupt zurückgelenkt wird. So hat schon Elia vorhergesagt, daß die Hunde auch Ahabs Blut an der Stelle lecken werden, an der sie Nabots Blut geleckt haben (1. Kön 21,19); »darum« werden die Weintrinker vor Durst umkommen (Jes 5,13); »darum« werden die, die auf Rossen dahinfliegen wollen, fliehen müssen (Jes 30,16); »darum« werden die Latifundienbesitzer das Land verödet sehen (Jes 5,9; Mi 3,12) oder vom Landbesitz ausgeschlossen sein (Mi 2,4 f) und die falschen Propheten ohne Erleuchtung im Dunkel sitzen (Mi 3,6 f) usw. Hier, bei dem Aufweis dieser Logik des Geschehens, waltet kein theologischer Tiefsinn; es ist eine Logik von unheimlicher Vordergründigkeit. In diesem Teil der prophetischen Rede sind keine geheimen Erfahrungen oder sonst auf übernatürlichem Wege empfangene Erkenntnisse im Spiel. Im Grunde praktiziert hier der Prophet ein ganz elementares Wissen, das ihm, das aber im Grunde jedem, der einige Erfahrung von der Welt und dem Leben hat, vorgegeben ist, nämlich ein Wissen um göttliche Grundordnungen, denen das Leben der Menschen unterworfen ist. Hier ist der Ort, wo sich Prophetie und Weisheit eng und lebendig berühren. Gelegentlich ist die Straffheit jenes logischen Bezugsverhältnisses zwischen Scheltrede und Gottesspruch auch lockerer, besonders da, wo – wie etwa in dem Assyrergedicht Jes 10,5–19 – die Scheltrede so riesenhaft auslädt, daß sie gegenüber dem Drohwort das Übergewicht bekommt und thematisch sich verhältnismäßig verselbständigt hat. Aber ihr Grundthema, der zu Fall kommende Hochmut, ist auch hier ein weisheitliches.

»Zum Prüfer in meinem Volke habe ich dich bestellt, daß du erkennst und prüfst ihren Wandel« (Jer 6,27):

Auch dieses Amt des Prüfers, mit dem sich Jeremia betraut sah und das gewiß auch die Propheten von Amos bis Maleachi auf ihre Weise wahrgenommen haben, erforderte eine angespannte Wachheit in der Beurteilung von Menschen und Zuständen. Hier war mit abnormen psychischen Erregungszuständen ebensowenig zu erreichen wie mit einem starren Handhaben gesetzlicher Normen. Hier waren vielmehr Männer gerufen von äußerster geistiger Beweglichkeit, von unbestechlichem Urteil und einem tiefen Wissen um den Menschen, und nicht zuletzt von großer Vertrautheit mit den religiösen Überlieferungen, mit den heilsgeschichtlichen ebenso wie mit den kultisch-hymnischen (Deuterojesaja). Eine Frucht ihrer scharfen Menschenbeobachtung sind die häufigen Zitate, die die Propheten ihren Sprüchen eingefügt haben und mit denen sie ihre Zuhörer und deren religiöse Denkweise charakterisieren und sie als Schuldige festnageln. Wieviel aufmerksames Herumhorchen und Prüfen liegt hinter diesen kurzen Zitaten! Man darf allerdings nicht erwarten, daß die Propheten auf eine objektive und loyale Wiedergabe bedacht waren. Oft haben sie verallgemeinert oder die Rede oder das Verhalten der Angegriffenen ins Extreme verzerrt, um schon das Ziel des bösen Weges sichtbar zu machen, auf dem sie ihre Hörer sahen.[2] Endlich wäre der Gattung der »Diskussionsreden« zu gedenken, von denen oben schon die Rede war. Ihre Analyse ergäbe noch manchen Gesichtspunkt für diese Seite der prophetischen Sendung, bei der alles auf die genaue Entsprechung, auf die Treffsicherheit der theologischen Argumentation ankam; denn hier war der Prophet zunächst in der Defensive. Von seiner geistigen und theologischen Überlegenheit, aber auch von seiner rhetorischen Schlagfertigkeit hing es ab, ob es ihm in dem Spannungsfeld eines unversehens entbrannten Streitgesprächs gelang, zur Offensive überzugehen. Das ist dem Propheten sicher nicht immer gelungen. Jeremia hat einmal in einem solchen Streitgespräch, dem gewiß viele mit Spannung zugehört haben, den kürzeren gezogen. Er hat der Heilsweissagung Hananjas, die dieser als letzten Trumpf ausgespielt hatte, nichts entgegnen können und ist seines Weges gegangen (Jer 28,1–11). Dies alles, und wohl noch manches andere, das hier nicht erwähnt wurde, könnte einen Begriff davon geben, wie das Amt eines Propheten doch zugleich auch im Zeichen einer einzigartigen Freiheit stand, d. h. in einer Freiheit, die Raum ließ zu Entscheidungen von größter Tragweite.

So wichtig die deutlichere Erkenntnis dieser oft unterschätzten Seite des prophetischen Redens und Handelns ist, so kann man doch fragen, ob mit dem, was wir bisher zur Sprache gebracht haben, nicht doch nur Äußerungen einer Freiheit bezeichnet sind, deren Wurzeln noch wesentlich tiefer liegen und die ihrerseits nur ein Hinweis ist auf etwas Letztes und Grundlegendes, das dem Propheten in seiner

2 Beispiele einer solchen vergröbernden Darstellung des Redens und Tuns der Gegner: Jes 5,20; 28,15; Jer 2,20.25.27; Am 2,12; Zeph 1,12.

Begegnung mit Jahwe und seiner Beauftragung widerfahren ist. Dies theologisch recht zu fassen, ist allerdings nicht leicht und wird sich vielleicht nur ertasten lassen, weil ja die Propheten auf diese Dinge bekanntlich keine lange Überlegung verschwendet und schon gar nicht über sie gesprochen haben. Es war oben schon davon die Rede, wie dieses Amt den Propheten von Mal zu Mal totaler in Beschlag nahm, bis es etwa bei Jeremia sein ganzes Menschsein derart in sich hineingenommen hatte, daß keinerlei Trennung mehr bestand zwischen dem übertragenen Beruf und der gewissermaßen außerdienstlichen privaten Existenz dieser Männer, mit der wir doch bei einem Propheten wie Amos immerhin noch rechnen müssen. Wo immer aber sich dieses prophetische Amt mit der menschlichen Existenz des Trägers verband – und mindestens teilweise war das auch schon bei den älteren Propheten der Fall –, da mußte es sich kraft der Gewalt, mit der es diese Menschen traf, prägend und formend auswirken. Das würde also bedeuten, daß bei den Propheten charakteristische Züge eines Menschenbildes von großer Eigenart deutlich werden.

Bei aller gebotenen Vorsicht ist es doch erlaubt, schon von einer sich hier und da abzeichnenden Typik zu reden. Wir sehen das Bild eines Menschen, der zum Hören auf Gottes Wort bestimmt ist, der durch den Empfang dieser Anrede sich mancher Freiheiten begab, derart, daß er sich selbst zuzeiten einem übermächtigen Zwang unterworfen sah, der aber doch paradoxerweise gerade durch die Anrede Gottes in eine ganze neue Freiheit gerufen wurde. Hineingezogen in ein ständig wachsendes Gespräch mit Gott war er Mitwisser der Pläne Gottes und von da aus ermächtigt zu einem einzigartigen Gespräch mit den Menschen. Wir sehen freilich nicht das Bild eines in sich harmonischen Menschen, vielmehr eines zwiespältigen und von der zunehmenden Verborgenheit Gottes hart angefochtenen Menschen, der sich aber doch – angesichts des Martyriums Jeremias darf der Ausdruck gewagt werden – in einer rätselhaften Freiheit zum Leiden bewährte. Wir sahen ferner, wie dieses Amt alle geistigen Möglichkeiten dieser Menschen aufs höchste intensivierte bis hin zu ganz verwegenen dichterischen Gestaltungen. Modern, aber nicht unangemessen formuliert, kann man also sagen: Wir sehen das Bild von Menschen, die durch die Anrede Gottes und in der Entscheidung vor Gott zur Persönlichkeit geworden sind. Das aber war in Israel etwas Neues. Aber diese Männer waren ja auch in einer Intensität dem Worte Jahwes ausgesetzt, wie das vorher in Israel noch nicht erlebt wurde. Der moderne Leser muß sich allerdings bei solchen Erwägungen immer wieder von der Illusion befreien, die Alten hätten, wenn sie »Ich« sagten, damit dasselbe gemeint wie wir. Das Ich, dessen sich die Propheten unter der Anrede durch Jahwe bewußt geworden sind, war ein anderes als das der orientalischen Großkönige und erst recht als das des modernen Abendländers, das vom Idealismus und von der Romantik geprägt ist.

Mit diesem Personwerden der Propheten muß doch ein sehr merkwürdiger Tatbestand zusammenhängen, nämlich die Bindung und Unterstellung der Botschaft des Propheten unter seinen Personennamen. Daß eine literarische Hinterlassenschaft unter dem Namen einer Einzelperson ausging, ist sehr auffällig; ja, es muß nach allem, was im alten Orient, aber auch in Israel Brauch war, als etwas ganz Außergewöhnliches gelten. Bei den Bearbeitungen rechtlicher und kultischer Überlieferungen erwarten wir es nicht anders. Auch die oft große geistige Leistung solcher Männer, die wir etwas hilflos »Redaktoren« nennen, bleibt grundsätzlich anonym. Aber bei Werken wie etwa der Geschichte von der Thronnachfolge Davids oder dem des Jahwisten, die geistig so eigenwillig geprägt sind, daß sie für unser Empfinden schon die Prägung einer individuellen Genialität an sich tragen, ist die Anonymität für uns schon verwunderlich. Sie ist aber im Alten Testament durchweg die Regel. Die Durchbrechung dieser Regel in der prophetischen Überlieferung muß doch von der Tatsache her erklärt werden, daß sich bei diesen Männern in einmaliger Weise eine Botschaft an einen einzelnen gebunden hat, für die nur er allein verantwortlich zeichnen konnte. Dasselbe kann aber vom Jahwisten oder vom Verfasser der Thronnachfolgegeschichte nicht gesagt werden, weil sie bei aller individuellen Genialität, die dabei auch am Werke war, und bei aller Kraft der Vergegenwärtigung doch nicht grundsätzlich aus dem religiösen Besitzstand Israels heraustraten. Das war aber bei den Propheten, sonderlich den vorexilischen, der Fall. Hier hat Gott in einer in Israel bisher nicht erhörten Ausschließlichkeit sich an einen einzelnen gewandt und ihn zum Schauplatz einer einmaligen Offenbarung gemacht. Dieser Mensch war nicht auswechselbar, und dieses ihm anvertraute Wort war auch nicht anderswo zu finden; er war der einzige, der darum wußte und der für die gewissenhafte Ausrichtung der Botschaft verantwortlich war. Das, was hier begann, mußte mit innerer Folgerichtigkeit den Propheten, wenn Jahwe die Stunde dazu kommen ließ, ins Martyrium führen.

Haben wir uns bemüht, das Amt des Propheten von seiner unvergleichlichen Freiheit her zu verstehen, so müssen wir folgerichtig auch die Möglichkeit des Versagens oder des Ungehorsams, die tatsächlich jeden seiner Schritte, jede seiner Entscheidungen bedroht haben wird, bedenken. Ist alle Prophetie, die uns überliefert ist, gehorsame Prophetie? Wenn nicht, nach welcher Seite hin waren die Propheten besonders gefährdet? Als Jeremia sich einmal bei Jahwe über die Leiden und Anfeindungen beklagte, die ihn aufrieben, und über das Ausbleiben der göttlichen Hilfe, hat ihm Jahwe geantwortet:

> »Wenn du umkehrst, darfst du mir wieder dienen.
> Wenn du Edles hervorbringst und nichts Gemeines,
> darfst du wieder mein Mund sein« (Jer 15,19).

Demnach war also die vorausgegangene Klage »Gemeines«. Hier betrifft das speziell einen Ausbruch der Verzagtheit, ja einen Vorwurf gegen Jahwe, der den Propheten im Stich gelassen hat. Aber die Frage drängt doch unwillkürlich weiter: Beschränkte sich ein solches Versagen auf das gewissermaßen private Verhältnis des Propheten zu Gott? Blieb seine Verkündigung davon grundsätzlich frei? Der moderne Leser wird angesichts dieser Frage vielleicht an gewisse Texte bei den nachexilischen Propheten denken, in denen den Feinden eine schauerliche Fäulnis des Fleisches geweissagt (Sach 14,12), in denen aber Israel in Aussicht gestellt wird, daß ihm die Feinde als Knechte und Mägde dienen werden (Jes 14,2), ja, daß es die Gottlosen zertreten (Mal 3,21) und im Blut seiner Feinde waten und davon trunken werden wird (Sach 9,15). Können wir in solchen Fällen von Trübungen sprechen, dergestalt, daß hier menschliche Instinkte, Leidenschaften sich der Botschaft bemächtigt haben, so daß sie dann vielleicht mehr Zeugnis des menschlichen Hasses als des göttlichen Zukunftswillens ist? Aber solche Urteile setzen eine Kenntnis über das Zustandekommen solcher Weissagungen voraus, die wir nicht haben, ganz abgesehen davon, daß solche psychologisierenden Auslegungen, die von einer mutmaßlichen seelischen Verfassung des Propheten ausgehen, von vornherein etwas Mißliches haben. Wir müssen vom objektiven Gehalt solcher Weissagungen ausgehen, sie von der Gesamtbotschaft des betreffenden Propheten her zu verstehen suchen und allenfalls ihre Botschaft mit der anderer Propheten vergleichen. Was dies letztere anbelangt, so gibt es immerhin zu denken, daß sich solche Klänge bei Amos, Hosea oder Jesaja nicht finden. Aber gibt es für diesen Unterschied nur eine Erklärung? Vor allem muß sich der Exeget darüber klar werden, welchen Maßstab er an solche Texte anzulegen gedenkt. Daß unser modern-christliches Humanitätsideal bei solchen Texten, die sich zum Teil schon mit der bizarren Vorstellungswelt der Apokalyptik berühren, auszuscheiden hat, sollte selbstverständlich sein. Aber wenn man sich schon solchen kritischen Fragen offen hält – und es ist kein Grund vorhanden, der es verwehren könnte, auch solche Erwägungen anzustellen! –, so ist es in theologischer Hinsicht eigentlich kein gutes Zeichen, wenn sie sich, wie es meist geschieht, auf Anstöße auf dem ethisch-humanen Gebiet beschränken. Das »Gemeine«, das Jahwe bei Jeremia getadelt hat, betraf sicher nicht dessen unversöhnliche Gesinnung seinen Verfolgern gegenüber, sondern seine Ungebärdigkeit Gott gegenüber und sein Aufbegehren gegen sein ihm übertragenes Amt. Haben die Propheten, sonderlich die, die wir vielleicht zu unbefangen als »Epigonen« zu bezeichnen pflegen, je in ihrer Stunde ihren Beruf recht wahrgenommen, oder sind sie hinter ihrer Aufgabe zurückgeblieben? Aber was wissen wir von ihrer Aufgabe? Immerhin, nachdem uns die Überlieferungsgeschichte gezeigt hat, in wie starkem Maße die Propheten in ihrer Verkündigung von ganz bestimmten Überlieferungen abhängig sind, denen gegenüber sie bei ihrer Aktualisierung weniger in substantieller Hinsicht als in der Setzung bestimmter Akzente frei waren, ließe sich mit großer Behutsamkeit doch gelegentlich über die Art der Vergegenwärtigung, also über das, was der Prophet dabei herausgestellt und was er dabei zurückgestellt hat, ein Urteil fällen.

5 Die Auffassung der Propheten von dem Wort Gottes

Unsere Untersuchung muß jetzt von dem Gegenstand handeln, der bei allen Propheten gleicherweise im Zentrum steht, nämlich dem »Wort Jahwes«. Dieses Wort Jahwes ist zwar Voraussetzung und Inhalt ihrer Botschaft, es ist schlechterdings die Grundlage ihrer ganzen Existenz; aber die Propheten haben es als solches doch nur selten zum Gegenstand einer theologischen Überlegung gemacht. Ihr Umgang mit ihm war ein derart persönlicher und unmittelbarer, d. h. so ausschließlich auf die jeweilige Stunde und den jeweiligen Inhalt abgestellt, daß es ihnen allermeist gar nicht möglich war, sich dieses Wort Jahwes als ein Phänomen von höchst besonderer Art zum Gegenstand des kühlen Nachdenkens zu machen. Sie bedienen uns nur ausnahmsweise mit indirekten Aussagen über das Wesen dieses Jahwewortes; weithin muß der Ausleger auf mehr oder minder indirektem Wege, durch Rückschlüsse aus der Botschaft, sich die Vorstellung rekonstruieren, die die Propheten von diesem Wort Jahwes hatten. Für uns Heutige ist eine kritische Vergegenwärtigung dieser Vorstellung insofern um so notwendiger, als sowohl unsere Vorstellungen vom »Wort Gottes« als auch die von der Funktion des Wortes im allgemeinen nicht ohne weiteres bei den Propheten vorausgesetzt werden dürfen.

In den modernen Sprachen, jedenfalls in denen des Abendlandes, hat das Wort als ein Aggregat von Lauten so gut wie ausschließlich seine Funktion als Bedeutungsträger, d. h. als ein stimmlich-akustisches Phänomen, mit dessen Hilfe sich der Mensch dem Menschen mitteilen kann, also als ein Instrument, dessen sich der Geist bedient, um sich auszusprechen. Mit dieser Auffassung, die im Wort den Träger und Vermittler eines geistigen Sinnes sieht, ist aber die Bedeutung, die die Sprache bei alten Völkern hatte, noch lange nicht erfaßt. Ja, es will scheinen, als sei diese Auffassung des Wortes lediglich als eines geistigen Bedeutungsträgers derjenigen geradezu entgegengesetzt, die wir in der mythischen Kulturstufe voraussetzen müssen. Hier ist das Wort viel mehr als nur eine hinweisende Bezeichnung; es gilt überhaupt nicht als ein dem Gegenstand sekundär angeheftetes Etikett. Der Mensch, auf der Stufe der mythischen Frühzeit stehend, erfährt die ihn umgebende Welt vielmehr als ein Ganzes. Er scheidet das Geistige nicht vom Dinglichen; beides ruht ihm engstens ineinander, und demgemäß vermag er auch nicht eigentlich zwischen Wort und Sache, zwischen Vorgestelltem und Wirklichem, zu scheiden. Das Charakteristische ist also jenes eigentümliche Nicht-unterscheiden zwischen dem Ideellen und dem Reellen oder zwischen Wort und Sache, die sich wie auf einer Seinsebene zusammendrängen. In jedem Wort ist auch immer auf eine rational nicht näher aufzuhellende Weise etwas von der Sache selbst enthalten. Es ereignet sich also in der Sprache in einem sehr realistischen Sinne eine Verwirklichung der Welt. Im Wort erst gewinnen die Dinge Gestalt und Unterschied. Diese bannende Macht des Wortes war dem antiken Menschen sehr wohl bekannt. Auch in der jahwistischen Paradieseserzählung ist ja das Wort des Menschen den Dingen merkwürdig vorgeordnet. Erst mit den Namen, die der erste Mensch den Tieren beilegt, werden sie für ihn existent und verfügbar (Gen 2,19 f).[1] Im Mythus spricht der Mensch der Frühe nicht nur seine Erkenntnis der Welt aus; die Welt geschieht auch durch ihn; der Mythus muß rezitiert werden, weil nur so die Erhaltung der von allen Seiten bedrohten Ordnungen gewährleistet ist. Von hier ist nur ein Schritt zu dem, was wir »Zauber« nennen, was aber für den Menschen der Frühe eine ganz elementare Form seiner Weltbemächtigung war. Das Unheilswort erreicht kraft seiner Mächtigkeit den Feind; der Ritus des Jagdzaubers oder etwa auch eine bildliche Darstellung vermag das Tier in den Machtbereich des Menschen zu bringen, der es durch Wort, Ritus oder Verbildlichung beschwört. Diese und zahllose Beispiele aus der Religionsgeschichte beruhen auf einer Auffassung von der Sprache, die man die dynamistische nennen könnte, insofern hier dem Wort (oder einem Zeichen oder einer zeichenhaften Handlung) eine Mächtigkeit zugeschrieben wird, die sich nicht auf den Bereich des Geistigen beschränkt, sondern sich auch im Bereich des Räumlichen und Dinglichen auszuwirken vermag.

Auf dieser Stufe der magisch-dynamistischen Weltauffassung ist aber der Mensch der frühen Kulturen nicht verharrt; ja, er hat sie nach dem schematischen Bild, das wir uns von den großen Phasen der menschlichen Kulturgeschichte zu machen pflegen, mehr oder minder grundsätzlich hinter sich gelassen. Aber gerade bei der Sprache und ihren mannigfachen Funktionen, die ihr innerhalb der verschiedenen Kulturen und Religionen zufielen, geht dieses Schema keineswegs auf. Wollten wir die Sache entwicklungsgeschichtlich erklären und sagen, daß sich die Auffassung von den dynamistischen Möglichkeiten der Sprache eben gelegentlich noch viel länger erhalten habe, ja, daß sie

1 »Nur weil die Schöpfung des Wortes selbst eine Art von Beschwörung ist, in der Seiendes als solches an den Tag tritt, hat der Mensch zu allen Zeiten das dunkle Gefühl, mit (dem Wort) an die Existenz zu rühren.« W. F. Otto, Die Musen und der göttliche Ursprung des Singens und Sagens (1956), S. 80.

selbst zu vorgerückter kultureller Stunde wieder aufbrechen kann, dann würden wir den jeweiligen Phänomenen kaum gerecht; wir messen sie an einem vorgegebenen Bild von der menschlichen Geistesgeschichte und erwecken den Eindruck, als handle es sich überall da, wo die Sprache »noch« als machthaltig verstanden wird, um Reste, die aus einer im Grunde schon überwundenen Kulturstufe in eine ihr fremd gewordene hineinragen. Derlei gibt es natürlich auch; aber man könnte mit gleichem Recht fragen, ob die Sprache in der Zeit der Spätkulturen nicht Funktionen verloren hat, die ehedem zu ihrem Reichtum gehört haben. Es wäre verhängnisvoll, wenn wir die Sprache der Propheten mehr entschuldigen wollten, weil sich in ihr noch »Reste eines magischen Gebrauchs« des Wortes fänden. Übrigens handelt es sich hier keineswegs um eine besondere Eigenart Israels. Es steht fest, daß sich in vielen alten und zum Teil hochstehenden Kulturen die Sprache nicht einfach auf die Bezeichnung der Gegenstände beschränkt hat; sie konnte in gehobenen Situationen kraft einer geheimnisvoll beschwörenden Mächtigkeit eine neue Wirklichkeit oder eine gesteigerte Form des Wirklichen zur Darstellung bringen, d. h. sie wurde selbst schöpferisch; und das ist eine Möglichkeit, die die Sprache auch heute noch nicht verloren hat. Dem machthaltigen Wort begegnet man in den Kulturen des alten Orients auf verschiedenen Lebensgebieten, vorab natürlich im engeren Bereich des Kultus und bei der Zelebrierung von Beschwörung, von Segen und Fluch, ebenso wie in spezifisch theologischen Überlieferungen. Sowohl im alten Ägypten wie im alten Babylonien spielte die Vorstellung von dem machthaltigen Wort einer Gottheit, bis hin zu der Vorstellung von diesem Wort als einer physisch-kosmischen Potenz, eine nicht geringe Rolle. Aber auch draußen im Alltag wußte man, daß gewissen Worten eine Macht innewohnen konnte, so z. B. den Namen, die Personen trugen. Der Name war nicht ein beliebig auswechselbares Anhängsel; er enthielt vielmehr etwas von dem Wesen des Trägers, so daß man in dem Namen gelegentlich geradezu etwas wie einen Doppelgänger des betreffenden Menschen sah, der dann seinerseits besonders empfindlich allen abträglichen zauberischen Einwirkungen ausgesetzt war. Ein Unheilsname konnte das Leben seines Trägers bedrohen. Jakob hat einmal eines seiner Kinder dem schicksalsmächtigen Dunkel kühn entrissen, das sich durch einen ihm beigelegten Unheilsnamen schon über Ben Oni (»Sohn des Leids«) herabzusenken begann, indem er ihm einen glückverheißenden Namen beilegte (Gen 35,18).

Aber man mag hier – es handelt sich ja nur um Beispiele – auch an ein sprachliches Phänomen denken, dessen Hintergründigkeit oft verkannt wird, nämlich das der etymologischen Ätiologien und der Wortspiele. Die Namen erklärende Erzählung war auch in Israel ehedem gewiß alles andere als ein literarisches oder rhetorisches Spiel, sondern ein sehr ernsthaftes Mittel zur Gewinnung wichtiger Erkenntnisse. Der moderne Leser stößt sich daran, daß hierbei die einander zugeordneten Wörter keinen logisch-sinnhaften Bezug zueinander erkennen lassen, oder doch nur einen für unsere Begriffe ganz willkürlich gewählten. Aber wer sagt denn, daß man sich bei einem Wort nur an den ihm anhaftenden verständlichen Sinn halten dürfe? In solchen »Wortspielen« ist das Wort noch in einer viel urtümlicheren Eigenschaft wirksam; es vermag in gehobenen Situationen Inhalte zu entlassen und geistige Bezüge herzustellen, die in einer viel tieferen Schicht seines – fast möchte man sagen – Wortleibes angelegt sind und die mit der vordergründigen Bedeutung, deren Träger es im Alltag ist, scheinbar gar nichts zu tun haben. Der Vorgang ist seltsam genug: Einerseits vollzieht sich bei solchen erklärenden Wortspielen eine gewisse Sinnentleerung des betreffenden Wortes, es scheint mehr als Klangkörper denn als Sinnträger zu dienen; aber dieser auf seine urtümliche Mächtigkeit reduzierte Klangkörper erfährt zugleich eine mächtige Sinnsteigerung, indem er jetzt förmlich umlagert ist von neuen Vorstellungen und neuen Sinnbezügen. Das Wortspiel in der Vision des Amos »kajiz« – »kez« (»Herbst« – »Ende«) spricht auch uns an; aber doch nur deshalb, weil wir die gedankliche Brücke von »Herbst« zu dem Begriff »Ende« zu schlagen vermögen (Am 8,2). Auch bei dem Wort von dem Mandelbaum (»wachenden Zweig«) und dem Wort von Jahwe, der über seinem Wort »wacht« (»schaked« – »schoked« Jer 1,11 f), liegt für uns nur die begriffliche Verbindung ziemlich an der Oberfläche. Anders ist das schon bei den improvisierten Wortspielen von Micha 1,10–15 und Jesaja 10,29–31; denn hier entlassen die Namen der Ortschaften Assoziationen und Hinweise auf ihr Schicksal, die nur noch an den »äußeren« Klang der Worte anknüpfen. Derlei konnte sich in der Sprache Israels um so leichter ereignen, weil ja der Hebräer auch da, wo er die Sprache als Mittel geistiger Verständigung benützt, im allgemeinen viel weniger, als wir oft annehmen, auf die Eindeutigkeit und Präzision seiner Aussage ausgeht. Wenn sich bei den Propheten in einem Satz oder Wort mehrere Bezugsmöglichkeiten eröffnen, so ist das dem Sprecher gerade recht; denn damit gewinnt die Aussage an Fülle.[2]

2 In diesem Zusammenhang wären aber auch die Unheilsnamen von Hos 1, 4 ff und die Umnennungen von Hos 2,25 oder von Jer 20,3 zu erwähnen. Der Realität des Namens muß die Realität des Geschehens entsprechen. End-

Was hier von der Sprache als von einem Klangphänomen mit einer fast beschwörenden Mächtigkeit gesagt wurde, gilt in anderer Weise auch von der griechischen Sprache. Hier ist es ihre Musikalität und der Rhythmus, wodurch sie den Menschen, ganz abgesehen davon, daß sie auch Sinnträger ist, bis ins Körperhafte hinein ergreift (*Th. Georgiades*, Musik und Rhythmus bei den Griechen (1958), S. 42 ff). Auch in ihr kann sich die Kluft zwischen dem Wort und dem objektiven Einzelding derart verlieren, daß auch der moderne Leser unter dem Eindruck steht, als seien die Objekte mit ihrer ganzen dinglichen Schwere ins Wort eingegangen.

»Die Eigenart des Altgriechischen besteht darin, daß das Wort als eigenständige rhythmisch-musikalische Macht und gleichzeitig als Sprache, als phonetisches Gebilde, als Vorstellungs- und Affektgehalt verwirklicht wird. Das Wort erfüllt nicht nur einen phonetischen Zweck, sondern es ist gleichzeitig etwas anderes, es ist ein um seiner selbst willen gestalteter rationaler Kunststoff. Es ist zwar ›Sprache‹ wie die unsere, sofern es der Festlegung von Bedeutungszusammenhängen dient. Durch eine uns kaum faßbare Eigenschaft wird es aber, wie die Musik, auch unmittelbar auf die Sinne bezogen. Es ist Rhythmus, der unabhängig von der sprachlich bedingten Schalleigenschaft dem Wort eine auch in anderem Bereich gegründete Festigkeit verleiht.« »Wie mag nun der Grieche seine eigene Sprache empfunden haben? Er muß das Gefühl gehabt haben, daß sie mächtiger sei als er« (a.a.O. S. 43). Das griechische Wort »steht da, als ein mit Händen greifbarer fester Körper. Man wird von den Wörtern eines griechischen Verses gleichsam gesteinigt« (a.a.O. S. 45). Das letztere kann wohl mit gleichem Recht von vielen Texten alttestamentlicher Propheten gesagt werden.

So wußte also auch Israel darum, daß seiner Sprache noch andere Möglichkeiten innewohnten, als diejenigen, die ein alltägliches Gespräch von Ohr zu Ohr erforderte. Es wußte um einen Gebrauch der Sprache, bei dem es gar nicht in erster Linie darauf ankam, von einem verstehenden Ohr gehört zu werden, sondern »nur« darauf, daß die Worte »nur« ausgesprochen, daß sie einfach als eine Wirklichkeit von geheimnisvoller Macht hingestellt wurden. Natürlich blieb das nur eine Möglichkeit unter anderen; aber Israel hat sie auch in einer Zeit nicht preisgegeben, als es die Sprache rhetorisch schon sehr kultiviert, etwa im politisch-diplomatischen Gespräch oder im internationalen Austausch der Gelehrten zu verwenden wußte. Wir werden es nicht anders erwarten, als daß Israel dieses Wissen gerade auf dem

lich wäre hier auch das Phänomen der Paronomasie zu nennen; denn mit ihrer Zusammenstellung ähnlich klingender Wörter geht die Redefigur doch auch primär vom Wortklang aus. Sprachlicher Gleichklang ist aber nichts Äußerliches; von dem sprachlichen Leib der Aussage geht eine besondere Mächtigkeit aus. Die Präzision der paronomastischen Aussage verringert sich zugunsten ihrer größeren bedeutungsmäßigen Breite.

Gebiet betätigt hat, auf dem es sich geistig am stärksten in Anspruch genommen wußte, auf dem religiös-theologischen. Sowohl in seinen niedersten Äußerungen wie in seinen höchsten, im Zauber ebenso wie in seinen letzten theologischen oder prophetischen Erkenntnissen ist Israel ausgegangen von diesem Wissen um die schöpferische Mächtigkeit des Wortes. Aber unvergleichlich hoch über allem Menschenwort mit all seinen geheimnisvollen Möglichkeiten stand nach der Überzeugung des Theologen und Propheten Israels das Wort Jahwes. Der Mose des Deuteronomiums warnt sein Volk aufs eindringlichste, dies Wort für »leer« (Dt 32,47) zu halten, was offenbar die Meinung einschließt, daß diesem Gotteswort gegenüber das Menschenwort mehr oder minder als »leer« anzusehen ist. Auch Deuterojesaja spricht einmal davon, daß das Wort Jahwes nicht »leer«, sondern wirksam ist (Jes 55,11). Der Rolle, die die Vorstellung von Jahwes schöpferischem Wort im priesterschriftlichen Schöpfungsbericht spielt, entspricht die Vorstellung, wie sie von der kultischen Dichtung ausgesprochen wird:

> »Durch sein Wort sind die Himmel gemacht,
>   all ihr Heer durch den Hauch seines Mundes.
> Denn er sprach, da ward es;
>   er gebot, da stand es da« (Ps 33,6.9).

Daß Jahwe »die Sterne mit Namen ruft«, sagt der Hymnus (Ps 147,4) und in Abhängigkeit von ihm auch Deuterojesaja, der die Weltschöpfung Jahwes, und zwar als Schöpfung durchs Wort, als Thema in seine Verkündigung einbezogen hat (Jes 40,26; 48,13; 50,2). Besonders interessant ist die Erwähnung dieses schöpferischen Gotteswortes in Psalm 147,15–18, einer lehrhaft weisheitlichen Dichtung, weil hier in einer wissenschaftlichen Realistik das ergehende Jahwewort mit den ebenfalls vom Himmel kommenden meteorologischen Phänomenen des Schnees, des Reifs, des Eises, des Windes zusammengestellt wird. Daß Israel in dieser Hinsicht auf mannigfache Weise teilhat an Vorstellungen, die auf und ab in den Religionen des alten Orients zu belegen sind, ist längst erkannt. Aber diese Erkenntnis darf uns nicht den Blick dafür trüben, daß Israel in seinen Vorstellungen von der Mächtigkeit des Gotteswortes durchaus seine eigenen Wege gegangen ist und gerade in dieser Hinsicht eine theologische Leistung vollbracht hat, die in ihrer unvergleichlichen Großartigkeit für sich genommen werden muß. Unnötig zu sagen, daß alle verallgemeinernden entwicklungsgeschichtlichen Klassifizierungen, die von einer »noch« primitiven oder magischen Auffassung von der Sprache handeln, uns durch ihre kulturgeschichtlichen Relativierungen daran hindern, ein Phänomen von so hoher Besonderheit recht zu verstehen.

Archaismen gab es in allen Religionen, gewiß auch in Israel; aber es muß doch auffallen, daß Israel gerade nicht nur in einer unkritischen, primitiven Gebundenheit, sondern in seinem konzentriertesten Nachdenken zu den wesentlichsten Aussagen über die Eigenart des göttlichen Redens gekommen ist, und daß sich die Aussagen über die »magische« Macht des göttlichen Redens – z. B. bei den Propheten – im Zusammenhang und in nächster Nachbarschaft mit einer sehr fortschrittlichen, ja geradezu revolutionären religiösen Geisteswelt finden. Mit einem Wort: der Grund dafür darf nicht bei allgemeinen religionsgeschichtlichen Erscheinungen, sondern er muß bei der Besonderheit des Gegenstandes gesucht werden, der hier zu Worte kommt.

Die Aussagen der Propheten über Jahwes Wort stehen verhältnismäßig unabhängig neben den priesterlich-theologischen Aussagen. Mit ihnen betritt man offenbar einen in sich selbständigen Vorstellungs- und Traditionskreis. Der Begriff des »Wortes Jahwes« findet sich 241mal im alttestamentlichen Schrifttum; davon bezeichnen allein 221 Belege (92 %) ein prophetisches Gotteswort. Es kann also keinem Zweifel unterliegen, daß diese Wortverbindung in Israel geradezu als ein terminus technicus für die prophetische Wortoffenbarung gebraucht wurde. Besonders charakteristisch ist die Phrase, daß »das Wort Jahwes an ... ergangen war« (123 mal), weil sie die Aufnahme und Wahrnehmung des Gotteswortes als ein Geschehnis, ein Ereignis in der Geschichte bezeichnet, auf das man wartet oder das einen unversehens überfällt, das also in jedem Fall für die Betroffenen eine neue geschichtliche Lage schafft. Bedeutsam ist ja, daß es immer in der genauen Bestimmung als »das Wort Jahwes« erscheint und nicht – was bei oberflächlichem Zusehen angesichts der überaus großen Zahl dieser »Wortereignisse« als das Gegebenere erscheinen könnte – in der unbestimmten Form »ein Wort Jahwes«. Aber damit wäre der Vorgang in der Wurzel falsch verstanden, denn so kurz und gerafft es sein mag, so will es doch für den Empfänger und seine Situation »das« Wort Jahwes sein. Das jeweilig ergangene Wort will nicht mit den anderen Jahweworten zusammengeordnet sein, um dann erst in der Synthese so etwas wie die Botschaft des Propheten zu ergeben; nein, es ist schon für den Betroffenen das ganze Wort Gottes und bedarf nicht der stillschweigenden Ergänzung durch die anderen Worte, die der Prophet sonst noch gesprochen hat. Ein anderes Mal sagt der Prophet zu anderen Menschen das gleiche anders. Im Grunde – so paradox es scheint – sagt der Prophet zu jedem das gleiche; er wendet es nur entsprechend der Verschiedenheit der Verhältnisse des Empfängers. Hier wurzelt die große Schwierigkeit, die der Entfaltung der Botschaft eines Propheten entgegensteht, einer Aufgabe, der wir uns einerseits unmöglich entziehen können und die wir doch nicht so lösen können, daß wir sozusagen die ideelle Quersumme aus der Vielzahl der prophetischen Logien ziehen können.[3]

Wollte nun aber einer angesichts des tatsächlich sehr reichhaltigen und vielseitigen Materials meinen, daß ihn die Propheten allseitig über die Phänomenologie des Jahwewortes unterrichten, so würde er sich enttäuscht sehen; ja, er könnte auf den Gedanken kommen, daß er sich mit dieser Frage an keinen Ungeeigneteren wenden konnte, weil der Prophet weniger als jeder andere dem an ihn ergehenden Worte neutral betrachtend gegenübertritt; denn es dringt ja auf ihn ein, er macht es sich ganz zu eigen und läßt es alle seine Affekte ausfüllen. In ihm begegnet dem Propheten Jahwe aufs persönlichste; wie könnte er dabei von ihm wie von einer neutralen Sache reden? Da wäre es wohl besser, wir wendeten uns nicht an die Propheten, sondern an ihre Zuhörer, die dem Phänomen, um das es uns hier geht, distanzierter gegenüberstanden – wenn uns nur der Eindruck, den dies Wort auf sie gemacht hat, noch erreichbar wäre!

Um so gewichtiger ist das Urteil des Oberpriesters Amazja über die Botschaft des Amos. Er hatte bekanntlich dem König über das Auftreten des Amos in Bethel Bericht erstattet und als ein guter Beamter seinem Bericht auch eine persönliche Stellungnahme beigefügt: »Das Land kann alle seine Worte nicht tragen« (Am 7,10). Das hier verwendete Wort »tragen« wird sonst von dem Fassungsvermögen von Hohlgefäßen gebraucht; der Satz geht also von der Voraussetzung aus, daß das Land – bedeutsam, daß er vom Land und nicht von Israel spricht! – ein gewisses begrenztes Fassungsvermögen hat. Das war also beileibe nicht die Meldung eines beschränkten Funktionärs; sie stammt vielmehr von einem aufmerksamen Beobachter, der ein gutes Gespür für die Macht der Worte des Amos hatte. Man wird Amazja also para-

---

3 Diesem Tatbestand, der für jegliche Auslegung natürlich von großer Wichtigkeit ist, begegnen wir genauso in den synoptischen Evangelien. »Die Evangelien erzählen ... Jesu Geschichte in ›Perikopen‹, kurzen anekdotischen Szenen, die nicht erst zusammengefügt eine Geschichte ergeben, sondern jede für sich Jesu Gestalt und Geschichte gleichsam im Ganzen enthalten. Keine bedarf einer Erklärung aus Geschehnissen, die vorangehen, keine zielt auf spätere Ereignisse, in denen sich Früheres erst entfaltet. Immer werden wir in dem Lichtkegel dieser und nur dieser Szene festgehalten ... Diese Art, seine Geschichte zu erzählen, hat ihre genaue Entsprechung auch in der Überlieferung der Worte. Wieder steht auch hier jedes Wort auf sich selbst, erschöpfend in sich, nicht erst durch einen Zusammenhang sinnvoll und eines Kommentars bedürftig, den erst ein anderes ihm geben müßte.« *G. Bornkamm*, Jesus von Nazareth (1956), S. 22.

doxerweise eine gewisse Sachnähe zu der Botschaft des Propheten zugestehen müssen: insofern er in ihr eine wirkliche Gefahr für das gegenwärtige Israel und sein bisheriges religiöses und wirtschaftliches Leben sah.

Vor allem bei den älteren Propheten, sagten wir, ist eine Reflexion über das Wesen und die Eigenschaften des von ihnen gesprochenen Wortes von vornherein nicht zu erwarten. Sie vollziehen es in gesteigertem Pathos fast noch wie ein Ritual und sind der Wirkungen, die es ausrichtet, völlig gewiß. Von großer Altertümlichkeit ist das von Elia überlieferte Wort, daß in Israel weder Tau noch Regen fallen solle, »es sei denn auf mein Wort« (1. Kön 17,1). An wen aber wird er dann dieses lösende Wort richten? Gedenkt er es Jahwe zu sagen, wenn die Zeit dafür gekommen sein wird, oder dem Himmel und den Wolken? Unmöglich wäre auch das nicht. Wahrscheinlicher aber erwartet er von Jahwe den Auftrag, dem Regen zu gebieten. Der religionswissenschaftlich geschulte Leser mag sich hier an das urtümliche Selbstbewußtsein des »Machtträgers« und an die magische Wirkungskraft seines Wortes erinnert fühlen. Und doch wäre nicht viel gewonnen, wenn man »noch« bei Elia solche Phänomene entdecken wollte. Mit gleichem Recht könnte man nämlich – jedenfalls was die zur Verfügung stehenden Texte anlangt – bei Elia den Anfang einer Vorstellung von dem Prophetenwort sehen, die fortab fast bis hin zum Erlöschen der Prophetie zu verfolgen ist. Ja noch mehr: Es ist leicht festzustellen, daß die alte Vorstellung zusehends an theologischer Breite gewinnt, um dann bei Jeremia und Deuterojesaja ihre letzte Ausgestaltung zu finden.

An der Spitze der Sprüche des Amos, und damit doch offenbar mit programmatischer Bedeutung für die ganze Sammlung, steht das Wort von dem »Brüllen« Jahwes, mit dem der Prophet aus jeder kultischen oder sonstigen religiösen Vorstellung ausbricht (Am 1,2). Es läßt merkwürdigerweise nichts erkennen von einem Inhalt, von einer bestimmten artikulierten Aussage Jahwes, aber ebensowenig etwas von einem menschlichen Ohr, an das es sich wendet. Es ist nur von dem Phänomen einer Stimme die Rede, von der nur gesagt ist, daß sie ertönt; aber doch von einem Ereignis mit ungeheurer Wirkung: denn diese vom Zion ausgehende Stimme läßt die Weiden der Hirten veröden und sogar den Gipfel des fernen Karmel verdorren.[4] Auch der

4 Der Spruch Am 1,2 muß ganz für sich genommen werden; er hat weder nach rückwärts noch nach vorwärts einen Zusammenhang im Kontext. – Auch die Drohworte, die Seraja in Babylon vorlesen sollte, bedurften keines Zuhörers; sie sollten nur laut ausgerufen werden; das Blatt aber war dann im Euphrat zu versenken (Jer 51,59 ff).

ungefähr zeitgenössische Jesaja vermag unter anderem einmal so seltsam von dem Wort Jahwes zu sprechen, als handle es sich vielmehr um etwas Dingliches, das allein kraft seiner materiellen Schwere wirkt:

>Ein Wort hat der Herr wider Jakob gesandt
und es ist niedergefallen in Israel« (Jes 9,7).

Sehr absolut, wie von einer allen bekannten Sache, wird hier von dem »Wort« geredet. Noch merkwürdiger ist freilich, daß von einem auf Verständigung zielenden Inhalt, der von den Menschen zur Kenntnis zu nehmen wäre, gar nichts mitgeteilt wird. Weder von einem prophetischen Mund, der dieses Wort gesprochen hat, noch von einem Ohr, für das es gesprochen wurde, ist die Rede. Da dieses Wort an das Nordreich ergangen ist und da der Vorgang vielleicht schon in der Vergangenheit liegt, ist es gar nicht sicher, daß es von Jesaja selbst gesprochen wurde. Jedenfalls stellt er es so dar, als schildere er ganz objektiv das Niederfallen dieses Wortes und seine Auswirkung in der Geschichte. Denn an dem sonst exegetisch schwierigen Gedicht ist doch das deutlich, daß es in seinen einzelnen Strophen von immer neuen Entladungen dieses Wortes spricht, ohne daß es sich bei seinem Weg durch die Geschichte so bald erschöpft:

>Bei alledem hat sich sein Zorn nicht gewandt,
und seine Hand ist noch ausgestreckt.«[5]

Während bei den Propheten des 8. Jahrhunderts solche Aussagen selten sind und nur erkennen lassen, daß sie das Jahwewort unter Umständen einmal in ganz anderer Weise sich auswirken sehen, werden die Belege bei Jeremia häufig und lassen vermuten, daß sich hier in der Grundkonzeption des Propheten etwas gewandelt hat.[6] Schon in der Berufung, durch die Jeremia »wider Völker und Königreiche« entboten wurde, ist alles auf die Machthaltigkeit des Prophetenwortes abgestellt. Wie kann denn ein Einzelner wie Jeremia in bezug auf Völker »ausreißen und niederreißen, bauen und pflanzen« (Jer 1,9 f)? Offenbar nur durch das Jahwewort, das er in die Geschichte wirft; denn dieses Wort ist anders als das der verkommenen Berufskollegen;

5 Jes 9,11.16.20; 10,4.
6 Auch die Streuung der so charakteristischen Phrase »es geschah das Wort Jahwes zu . . .« gibt zu denken. Sie findet sich — freilich je nur mit ganz wenigen Belegen — fast auf alle älteren Propheten angewandt. Demgegenüber setzt aber schlagartig bei Jeremia (30mal) und bei Hesekiel (50mal) eine Häufung ein. Das muß wohl mit der neuen Betonung des Ereignischarakters des Jahwewortes, ja geradezu einer aufkommenden »Worttheologie« bei diesen Propheten zusammenhängen.

es ist wie Feuer, wie ein Hammer, der Felsen zerschmettert (Jer 5,14; 23,29). Noch während Hesekiel seine inspirierte Rede gegen Pelatja gerichtet hat, ist dieser tot niedergefallen (Hes 11,13). Darum also, um dieser Macht des Wortes willen, waren diese Männer gehaßt und gefürchtet. Die Macht und Möglichkeit, Unheil zu wirken, hat man ihnen nicht bestritten. Wurde der »Zorn Jahwes«, mit dem Jeremia angefüllt war, ausgeschüttet, so bedeutete das Tod und Katastrophen (Jer 6,11 f). Aber für die Propheten war dieses Wort doch nicht nur schrecklich. Bei Jeremia erfahren wir gelegentlich etwas darüber, wie dieses Jahwewort auf den Propheten persönlich gewirkt hat; er sagt einmal, daß es ihm zur Wonne geworden sei und daß er es wie ein Hungriger verzehrt habe. Es ist nicht anzunehmen, daß er davon die Unheilsworte grundsätzlich ausgenommen hat (Jer 15,16). Den Satz von dem Verzehren des Gotteswortes sollte man nicht allzu vergeistigt als einen übertreibenden Vergleich verstehen; es ist durchaus damit zu rechnen, daß sich ein Prophet bis ins Leibliche hinein auf den Empfang des Wortes angelegt und sich von ihm gefristet wußte. Bei Hesekiel kehrt die Vorstellung von dem Verzehren der Jahweworte in ganz radikaler Form wieder; er hatte bei seiner Berufung den Auftrag bekommen, die ihm dargereichte Buchrolle zu verzehren (Hes 2,8–3,3). Es wird noch davon zu sprechen sein, wie sich mit diesem Eingehen der Botschaft in Leib und Leben ein entscheidender Wandel im Selbstverständnis dieser späteren Propheten vollzieht. (Man kann fragen, ob dieses Eingehen des Worts in die körperliche Existenz des Propheten nicht schon in die Nähe dessen kommen will, was der Evangelist Johannes von der Fleischwerdung des Logos aussagt.) Schon Amos hatte ja von dem Hunger nach dem Wort Gottes gesprochen, der den Menschen so zusetzen wird, daß sie erschöpft umhertaumeln, um das Wort zu suchen, und ohnmächtig werden (Am 8,11 ff). Das sieht doch sehr danach aus, daß die Propheten in einer ganz besonderen Weise den ganzen Lebensstand Israels von dem Wort Jahwes abhängig sahen und daß sie es bis in die vitalen Schichten seines Lebens hinab auf dieses Wort gewiesen wußten. Sicher sind es verallgemeinerte prophetische Vorstellungen, die dann das Deuteronomium aufgegriffen hat, wenn es Mose ausrufen läßt: »Dies Wort ist euer Leben!« (Dt 32,47) und wenn es dem Mannawunder die Lehre entnimmt, daß der Mensch doch nicht allein von irdischer Nahrung lebe, sondern auch »von allem, was aus dem Munde Jahwes ergeht« (Dt 8,3). Diese Auffassung vom Menschen und seinem totalen Angelegtsein auf das göttliche Wort ist ihrem Ursprung nach prophetisch; aber es scheint auch, daß sie – mindestens in solcher Zuspitzung – erst im 7. Jahrhundert aufgekommen ist; und gewiß waren die Propheten selbst die ersten, die sich in ihrem ganzen Lebensstand von Jahwes Wort abhängig wußten.

Aus der Überlieferung Deuterojesajas läßt sich über das persönliche Verhältnis des Propheten zum Wort nichts entnehmen. Um so gewaltiger lädt er aber aus, um etwas von der Wirksamkeit des Wortes in der Geschichte auszusagen. In seiner Berufung wird von einer himmlischen Stimme das gesamte Wesen des Menschen (»alles Fleisch«) scharf dem Worte Jahwes kontrastiert. Jenes — der Prophet denkt sicher zuerst und zuletzt an die geschichtliche Selbstdarstellung des Menschen in den Weltreichen — ist ganz hinfällig; der Zorneshauch Gottes wird es völlig zunichte machen. Dieses aber, »das Wort unseres Gottes, besteht in Ewigkeit« (Jes 40,8). Die Aussage ist von höchster Knappheit; aber es ist deutlich genug, daß der Prophet mit dem »Wort unseres Gottes« die andere Macht zeigen möchte, die jener ersten, der menschlichen Geschichtsmächtigkeit, gegenübersteht. Es ist also nicht das Wort gemeint, das, weil es im inneren Bezirk der Herzen weiterklingt, Bestand haben wird, sondern dasjenige, das Jahwe in die Geschichte hineinspricht und das auf diesem Plan schöpferisch wirksam wird; es wird »aufstehn«. Und nur das von diesem Wort Gewirkte wird Bestand haben; einen anderen Halt gibt es für die verzweifelnden Exulanten in Babylon nicht. Mit dieser Botschaft schließt auch das Buch des Propheten.

»Fürwahr, so, wie der Regen und der Schnee vom Himmel herabkommt und nicht dahin zurückkehrt, er habe denn die Erde getränkt, sie fruchtbar gemacht und sie sprossen lassen und Samen dem Sämann und Brot dem Essenden gegeben, — so verhält es sich mit meinem Wort, das von meinem Munde ausgeht. Es kehrt nicht leer zu mir zurück, es habe denn gewirkt, was ich gewollt, und ausgeführt, wozu ich es gesandt habe« (Jes 55,10—11).

Mit diesen Sätzen hat die Prophetie wohl das Umfassendste ausgesprochen über das Wort Jahwes und seine Auswirkung. Wurde in der Berufungsaudition »das Wort unseres Gottes« »allem Fleisch« gegenübergestellt, so bewegt es sich hier von dem Himmel, von Jahwes Mund herab auf die Erde, um dort das ihm Aufgetragene zu »wirken« und »auszuführen«, um dann schließlich wieder zu Jahwe zurückzukehren.[7] Die Vergleichung des Gotteswortes mit meteorologischen Phänomenen legt nur für die modernen Leser die Assoziation des Na-

7 Die Vorstellung, daß das Wort nach alledem wie in einem Kreislauf wieder zu Jahwe zurückkehrt, ist seltsam und läßt sich sonst nicht belegen. Daß der Bildrede von dem den Schoß der Erde befruchtenden Regen (v. 10) eine alte mythologische Vorstellung zugrunde liegt, ist anzunehmen; daß sie dem Propheten noch bewußt war, ist aber sehr unwahrscheinlich.

turgesetzlichen nahe; das alte Israel sah in beidem, in der Spendung des Regens wie des Wortes, ein Geschehen, das allein von Jahwe ausging (Ps 147,15 ff). So stellt Deuterojesaja des Jahwewort in den größten Rahmen; sein Wirken in der Geschichte ist gewiß der wichtigste Teil, aber es ist doch nur ein Teil seiner weltweiten Bewegung. Es gibt überhaupt kein Heilsgeschehen, das nicht geweissagt ist (Jes 42,9; 46,10; 48,5). Daß aber Jahwe seinem Volke dieses den Ereignissen vorauslaufende Wort mitteilt und zu erkennen gibt, das ist nur eine Konzession an Israels Unglauben:

> »Weil ich wußte, daß du hart bist und ein Eisenband dein Nacken und deine Stirne von Erz,
> habe ich es längst dir kund getan; bevor es kam,
> ließ ich dich's hören« (Jes 48,4 f).

Fragt man danach, was dieses Jahwewort denn in der Geschichte wirke, so muß man sich an den Inhalt der Botschaft dieses Propheten wenden; Deuterojesaja denkt vor allem an die Rückführung der Gemeinde, den zweiten Exodus mit allen seinen Wundern. Es ist ja von großer programmatischer Bedeutung, daß Prolog und Epilog dieses Buches, die das Verkündigungsganze dieses Propheten umklammern, so grundsätzlich von dem Jahwewort handeln.

Die herangezogenen Belege legen die Annahme nahe, daß bei Deuterojesaja, aber doch auch bereits bei Jeremia und Hesekiel schon eine starke theologische Reflexion am Werk ist, eine »Worttheologie«, die sich um eine grundsätzliche Klärung des Phänomens des Wortes Jahwes bemüht, um von ihm aus zu nichts Geringerem als zu einer Zusammenschau des Phänomens der Prophetie selbst zu kommen. In Worten wie Jes 55,10 f legt also diese Prophetie doch auch zu einem guten Teil das Ergebnis des Nachdenkens über sich selbst vor; denn durch diese Auffassung vom Wort Jahwes rückte die Prophetie selbst in das Zentrum alles Geschehens zwischen Gott und der Welt. In diesem theoretischen Bemühen um das rechte Verständnis dessen, was das Jahwewort ist und wirkt, steht dem Deuterojesaja ein Werk ganz anderer Art nahe, das aber mit ihm nahezu zeitgenössisch gewesen sein muß, das deuteronomistische Geschichtswerk. Es stellt die Geschichte Israels als eine Geschichte des wirksamen Jahwewortes dar, indem es die wesentlichen Anstöße zu den Ereignissen von einzelnen Weissagungen ausgehen ließ, um dann jeweils an anderem Ort das Eintreffen der jeweiligen Weissagung besonders zu notieren (»das aber war geschehen, um das Wort des Propheten ... aufzurichten«).[8] Daß der Deuterono-

8 Für den Aufweis des Funktionierens dieses Wortes in der Geschichte ist dem Deuteronomisten eine festgeprägte theologische Terminologie zur Hand:

mist hier ursprünglich prophetische Vorstellungen nun auch an die schon abgelaufene Geschichte anlegt, um sie als eine von Jahwe gestaltete Geschichte zu deuten, ist nicht zu bezweifeln. Er ist es doch, der innerhalb des Alten Testamentes die Vorstellung von dem geschichtsschöpferischen Wort theologisch auf die breiteste Basis gestellt hat, indem er das heilsame oder richtende Jahwewort als den eigentlichen Beweger und Schöpfer der Geschichte Israels erkannt hat. Dieses Jahwewort ist in höchster Bewegung, »es läuft schnell« (Ps 147,15), ja »es hastet« auf die Erfüllung zu; man muß nur warten können (Hab 2,3); denn damit, daß Gottes Gedanken und Pläne ins Wort eines Propheten getreten sind, hat schon ihre Verwirklichung in der Geschichte begonnen.

Im Buch der Weisheit Salomos findet sich eine Aussage über das göttliche Wort von großer dichterischer Kraft, die sich in einer Hinsicht mit den oben erörterten prophetischen Aussagen eng berührt. Es ist von der Nacht die Rede, in der Jahwe die Erstgeburt Ägyptens schlug: »Während tiefes Schweigen alles umfing und die Nacht in ihrem Lauf bis zur Mitte gekommen war, da sprang dein allmächtiges Wort vom Himmel, vom königlichen Thron, ein wilder Krieger mitten in das dem Verderben geweihte Land. Als scharfes Schwert dein unabänderliches Gebot tragend, trat er hin und erfüllte alles mit Tod. Den Himmel berührte er, während er auf der Erde dahinschritt« (Weish Sal 18,15 ff). Sichtlich ist hier die Linie, in der sich die Aussagen der Propheten über diesen Gegenstand bewegten, verlassen, denn so verselbständigt, wie von einer selbständigen Persönlichkeit, haben die Propheten von Jahwes Wort nicht gesprochen. Sie haben nicht vermocht, dieses Wort, das sie in höchster Bewegung wußten, derart statisch zu fixieren und zu beschreiben. Hier hat die Spekulation und nicht mehr der Glaube das Wort.

Aber die Propheten haben das Kommende nicht nur ins artikulierte Wort gefaßt; sie haben auch allerlei z. T. höchst seltsame Zeichenhandlungen ausgeführt. Ahia von Silo hat seinen Mantel zerteilt (1. Kön 11,29 ff), Jesaja hat eine mit Namen beschriftete Tafel aufgestellt (Jes 8,1–4) und ist »nackt«, d. h. im Aufzug eines Deportierten, einhergegangen (Jes 20,1 ff), Jeremia hat einen Topf zerschellt (Jer 19,1 ff), hat ein hölzernes Joch getragen (Jer 27,2 ff), hat einen Acker gekauft (Jer 32,6 ff), und vollends von Hesekiel ist eine Reihe von sehr sonderbaren »Symbolhandlungen« überliefert (Hes 4–5). Es hat

Das prophetische Wort »fällt nicht hin«: Jos 21,45; 23,14; 1. Kön 8,56; 2. Kön 10,10; »es wird aufgerichtet«: 1. Sam 1,23; 15,11.13; 2. Sam 7,25; 1. Kön 2,4; 6,12; »es trifft ein«: Jos 23,15; »es wird erfüllt«: 1. Kön 2,27; 8,15. 24; vgl. dazu auch Hes 12,25.28: »So hat der Herr Jahwe gesprochen: Nicht verziehen mehr alle meine Worte; das Wort, das ich rede, geschieht, spricht der Herr, Jahwe.«

verhältnismäßig lange gedauert, bis die Forschung die besondere Bedeutung dieser prophetischen Zeichen erkannt hat, d. h. bis sich die Überzeugung durchgesetzt hat, daß sie nicht einfach als pädagogische Verbildlichungen der mündlichen Verkündigung zu verstehen sind. Mag im einen oder anderen Fall den Propheten auch die Absicht geleitet haben, Gesagtes oder zu Sagendes zusätzlich noch bildlich zu unterstreichen, so steht doch nunmehr fest, daß diese Auffassung der Symbolhandlungen als pädagogischer Veranschaulichungen bei weitem nicht ausreicht. Wie das feierliche Wort, so konnte für die Alten, wie oben schon erwähnt wurde, auch das Zeichen eine Wirklichkeit nicht nur bedeuten, sondern sie geradezu auch verkörpern, und das heißt: schöpferisch bewirken; und wahrscheinlich war für alte Kulturen das Zeichen dazu in einem noch stärkeren Grade ermächtigt als das Wort. Von uns Heutigen ist dieses Verständnis des Zeichens nur schwer nachzuvollziehen, während uns umgekehrt das Wort als eine reale Macht durchaus noch erfahrbar ist; es gibt Situationen, in denen es keineswegs gleichgültig ist, ob ein Wort, selbst wenn alle es denken, ausgesprochen wird oder nicht. Aber feierliches Wort und feierliches Zeichen sind einander, vollends in urtümlicher Kultübung, aufs engste zugeordnet, und dies gewiß nicht nur in dem Sinne, daß das Zeichen dem Worte dient und es nur zusätzlich begleitet; es kann ihm vielmehr – etwa in der Gestalt des sakralen Ritus – ganz selbständig gegenübertreten. So wußte auch Israel um die Wirkungskraft der sakralen Zeichen, nicht nur der Riten im engeren Bereich des Kultus, sondern vieler Praktiken auf dem Gebiete des Rechtslebens (Rechtssymbolik, Schwursymbolik), der sakralen Medizin, bis hin zu der Gebärdensprache des Tanzes. Die Zeichenhandlung an sich war also beileibe kein Privileg der Propheten. Nicht daß sie Zeichenhandlungen ausgeführt haben, war ihren Zeitgenossen verwunderlich, sondern allein das, was sie durch solche Veranstaltungen zum Ausdruck gebracht haben. In den Zeichen handelt ja durch die Vermittlung des Propheten Jahwe selbst an Israel. Das Zeichen war eine schöpferische Vorausdarstellung des Kommenden, dem die Verwirklichung auf dem Fuße folgen mußte. Damit, daß der Prophet das Kommende zeichenhaft im Kleinen in die Geschichte stellt, wird die Verwirklichung des Kommenden in Lauf gesetzt, und so ist das prophetische Zeichen nichts anderes als eine erhöhte Form prophetischen Sprechens. Nur darin ist ein Unterschied, daß beim Zeichen die Frage, ob das Zeichen jeweils von den Zeitgenossen in vollem Umfang zu begreifen war, viel mehr in den Hintergrund tritt. Scheinen die Zeichenhandlungen nicht gelegentlich mehr zu verhüllen als zu offenbaren? Bei den beiden Symbolhandlungen

Jesajas geht der Auftrag zur Ausführung des Zeichens der eigentlichen Deutung um Jahre voraus (Jes 8,1 ff; 20,1 ff)! Will man nicht die extreme Auffassung vertreten, daß selbst dem Propheten der Sinn der aufgetragenen Zeichenhandlung anfänglich verborgen war (der Text scheint sie aber bei den beiden erwähnten Fällen nahezulegen), so war doch dem Volk das Gebaren des Propheten lange Zeit unverständlich. Daran wird nun die Auffassung von der pädagogisch illustrativen Funktion der Zeichen vollends zunichte; denn jene unterstellt doch einen vorgegebenen Sinn, für den der Prophet dann zum Zweck der Verdeutlichung eine Verbildlichung wählt.

Von diesem durch die Religionswissenschaft erst erschlossenen Verständnis der Zeichenhandlungen muß also jede Auslegung ausgehen. Sie wird dann freilich auf die Tatsache stoßen, daß die Auffassung von der geschichtsschöpferischen Mächtigkeit des Zeichens keineswegs überall in reiner Gestalt vorliegt. Überprüft man das Verhältnis des gesprochenen Wortes zu dem Zeichen, so treten verschiedene Auffassungen von der Funktion des Zeichens zutage, so daß der Exeget in jedem Fall die Frage nach der Bedeutung einer Zeichenhandlung neu stellen muß. War die prophetische Zeichenhandlung ursprünglich einem zukünftigen Geschehen zugekehrt (2. Kön 13,14 ff), so wendet sich bei den klassischen Propheten das Zeichen nun doch zugleich auch an die Zeitgenossen und bekommt damit etwas Zwittriges. Offensichtlich ist die Vorstellung von der geschichtsgestaltenden Macht des Zeichens noch vorhanden; aber daneben enthält das Zeichen auch eine Verkündigung. Kraft seines nun stärker auf Verstehen angelegten Gehaltes wendet es sich an die jetzt Lebenden, um sie auf das Kommende vorzubereiten. So wird doch das Nacktgehen Jesajas, nach dem Eintreffen der Deutung durch Jahwe, dem Volk als ein »Zeichen«, es wird als die Demonstration einer noch bevorstehenden Deportation bezeichnet (Jes 20,3). Ganz ähnlich wird auch Hesekiel, der seiner Frau keine Totenklage hält, seinem Volke »zum Zeichen«, zum Hinweis auf eine Katastrophe, in der keiner seine Angehörigen rituell beklagen wird (Hes 24,15 ff). Diese Zeichenhandlungen stehen ihrem Bildwerte nach dem Ereignis, auf das sie hinweisen, viel näher; sie weissagen nicht wie Ahias zerteilter Mantel nur das Daß, sondern sie bilden das Künftige geradezu ab (Nacktgehen der Gefangenen, Fehlen des rituellen Begräbnisses) und sind in demselben Maße dem Zuschauer verständlicher.

Aber noch viel tiefer hat sich die Vorstellung vom Zeichen in der Geschichte von dem Jochtragen Jeremias gewandelt; denn dieses Zeichen hat Jeremia zur Warnung aufgerichtet: Nur die Völker, die sich Nebukadnezar unterwerfen, werden der Deportation entgehen (Jer

27,1 ff). Hier ist also die Gestalt der Zukunft noch ganz offen, und die Entscheidung zum Guten oder zum Bösen wird durch die Symbolhandlung den Zuhörern aufgebürdet. Die sakramentale Bedeutung des Zeichens ist hier im Schwinden. Man kann allerdings fragen, ob diese innere Auflösung der Zeichenvorstellung nicht mehr zu Lasten des Erzählers geht; denn bei Jeremia finden sich anderwärts Zeichenhandlungen ganz im alten Stil (so besonders Jer 19,1–2a, 10–11a, 14–15 und Jer 32,1 ff).

6 Die Entstehung des hebräischen Geschichtsdenkens

Mit der Frage nach dem spezifisch hebräischen Zeit- und Geschichtsverständnis betreten wir das Gelände, auf dem sich viel für das rechte Verständnis der Propheten entscheidet. Die älteren Ausleger haben hier noch gar kein Problem gesehen und haben naiv ihr abendländisch-christliches Zeitverständnis auch bei Israel vorausgesetzt. Heute beginnt sich die Erkenntnis durchzusetzen, daß Israel das, was wir »Zeit« nennen, anders erlebt hat. Es fällt uns über die Maßen schwer, aus unserem Zeitverständnis, das wir naiverweise für das allein mögliche halten, herauszutreten und die Besonderheit eines anderen derart zu verstehen, daß wir es auch mitvollziehen können. Die Vorstellung von der Zeit, in der der Abendländer mehr oder minder naiv lebt, ist linear; die Zeit gleicht einer unendlich langen Strecke, auf die er alle Ereignisse, die vergangenen und die zukünftigen, soweit sie ihm als sicher feststehen, eintragen kann. Diese Zeitstrecke hat eine Mitte: das ist unsere Gegenwart; von ihr aus erstreckt sich nach rückwärts die Vergangenheit, nach vorwärts die Zukunft. Das aber gehört nun zu dem wenigen, das heute sicher feststeht, daß Israel diese Vorstellung von der absoluten Zeit, die allem Geschehen vorgegeben ist und die nur, wie das Formular eines Fragebogens, mit den inhaltlichen Angaben auszufüllen ist, nicht gekannt hat. Die synchronistischen Angaben von den jeweils einander parallel gehenden Regierungszeiten der Könige in Juda und Israel im deuteronomistischen Geschichtswerk setzen zwar schon ein hohes Maß von geistig-wissenschaftlicher Arbeit voraus (sie haben in den synchronistischen Listen der babylonischen und assyrischen Könige eine Parallele, vielleicht ein Vorbild). Aber den Schritt, den wir als den nächsten und folgerichtigen erwarten, haben diese Chronisten nicht vollzogen: sie haben es nicht unternommen, diese beiden chronologischen Reihen zusammenzunehmen, um sie in die »eine« Zeitstrecke einzutragen. Jede der beiden Königsreihen behält »ihre« Zeit. Soll man sagen, man habe aufgrund gewisser Grenzen des damaligen Erkenntnisvermögens zu dieser einfachen Schlußfolgerung nicht hingefunden? Viel wahrscheinlicher ist, daß sie den Alten von ihrem Zeitverständnis aus von Grund auf unvollziehbar war. Der Exeget verbaut sich das Verständnis, wenn er dieses Zeitverständnis nur als ein kulturgeschichtliches Frühstadium ansieht. Er muß sich vielmehr dafür offen halten, daß Israel das Phänomen der Zeit von einer anderen Seite her wahrgenommen hat.

Hat Israel die Vorstellung der absoluten und sich einlinig erstreckenden Zeit nicht gekannt, so scheint weiter festzustehen, daß es außerstande war, die Zeit von dem jeweiligen Geschehen zu trennen. Es konnte sich eine Zeit ohne ein bestimmtes Geschehen gar nicht denken; es kannte nur »gefüllte Zeit«. Für unseren abendländischen Begriff »Zeit« hat das Hebräische überhaupt kein Wort. Sieht man von dem hebräischen Wort für »Ewigkeit« ab, das die ferne Vergangenheit oder Zukunft bedeutet, so ist der wichtigste hier in Frage kommende Begriff das Wort, das »Zeit« im Sinne von »Zeitpunkt«, »Zeitabschnitt« bedeutet. Es gibt eine Zeit des Gebärens (Mi 5,2), eine Zeit des Vieheintreibens (Gen 29,7), eine Zeit, da die Könige ins Feld ziehen (2. Sam 11,1). Bei einem außergewöhnlichen Vorhaben kann man wohl auch einmal darüber streiten, ob es Zeit sei, es zu unternehmen, so etwa, den Tempel neu zu bauen (Hag 1,4). Zu »seiner« Zeit bringt der Baum Früchte (Ps 1,3), und Gott gibt der Kreatur Speise »zu seiner Zeit« (Ps 104,27); d. h. alles Geschehen hat seine bestimmte zeitliche Ordnung; das Geschehen ist nicht ohne seine Zeit, und die Zeit nicht ohne ein Geschehen denkbar. Bei den Vorgängen, die vom Rhythmus der Natur her bestimmt sind, leuchtet das ohne weiteres ein. Die Alten waren aber der Meinung, daß diese zeitliche Ordnung für alle menschlichen Verrichtungen, ja sogar für die inneren Empfindungen gelte, weil jegliches Anliegen unter dem Himmel »seine« Zeit hat: Geboren werden, sterben, pflanzen, ausreißen, weinen, lachen, klagen, tanzen, suchen, verlieren, zerreißen, nähen, schweigen, reden, lieben, hassen (Pred 3,1 ff). Dies ist eine grundlegende Erkenntnis der damaligen Menschen überhaupt; es bedurfte des Aufgebots einer großen Weisheit, diese den Dingen und Verrichtungen gesetzte Zeit nicht zu verfehlen und um ihre geheimnisvolle rechte und entscheidende Stunde zu wissen. Von diesen Grundvorstellungen aus ist es endlich nicht verwunderlich, daß Israel auch von »Zeiten« sprechen konnte. Dieser Plural war dort sehr real gemeint. Sagt ein Beter: »meine Zeiten stehen in deinen Händen« (Ps 31,16), so ist dabei zu bedenken, daß er *die* Zeit überhaupt nicht kennt, sondern daß sich ihm das Menschenleben aus einer Abfolge vieler Zeiten zusammensetzt.[1]

Sagten wir, daß unsere Zeitvorstellung linear sei, so wäre das dahin noch zu ergänzen, daß sie weithin sogar eschatologisch ist. Eschatologisch war sie ja im Abendland tausend Jahre hindurch im strengen christlichen Sinne des Wortes. Aber auch nach der Säkularisierung unseres Welt- und Geschichtsbildes ist die Vorstellung von der Zeit in

---

1 Weitere Belege dieser Pluralverwendung: Hes 12,27; Hi 24,1.

irgendeinem Sinne eschatologisch geblieben, als ginge die Menschheit oder ein Volk auf irgendeine endgültige Erfüllung zu. Auch der Nihilist weiß sich heute in einen Zeitstrom gestellt; ja, das ist gerade sein Leiden, daß er diese auf ihn eindringende Zeit nicht bewältigen kann. Gerade die Verkümmerung der christlichen Vorstellungen und andererseits das Verbleiben einer entleerten eschatologischen Zeitvorstellung machen dem säkularisierten Menschen seine Existenz so problematisch. Dieses Zeitverständnis also muß der Ausleger ganz ausschalten. Es ist übrigens auch nicht griechisch; es ist in dieser Verallgemeinerung überhaupt nicht antik.[2]

Der Gottesspruch, der die jahwistische Sintflutgeschichte tröstlich beschließt, daß nämlich, solange die Erde steht, nicht aufhören solle Saat und Ernte, Frost und Hitze, Sommer und Winter, Tag und Nacht, ist in mehrfacher Hinsicht für die Zeitvorstellung des älteren Israel charakteristisch (Gen 8,22). Er ist erstens extrem uneschatologisch, insofern er von der Zukunft gerade nichts Besonderes erwartet; die Zukunft – aber schon dieser Begriff ist nicht recht passend! – ist das verlängerte Jetzt. Das »solange die Erde steht« ist eine pathetische Versicherung, gleichbedeutend mit »für alle Zeiten«, und setzt gewiß nicht das Bewußtsein von einer Grenze voraus, so daß also der Satz im Sinne eines »nur« zu verstehen wäre. Zum andern ist es bezeichnend, daß der endlose Bestand der Erde nur dadurch verdeutlicht werden kann, daß eine Abfolge von Zeiten, und zwar von Zeiten mit verschiedener Füllung, aneinander gereiht wird. Und drittens läßt der Spruch erkennen, daß diese Abfolge der Zeiten rhythmisch ist; sie ist nicht unberechenbar, sondern sie ist einer Ordnung unterworfen. Diese Ordnung würden wir als eine natürliche bezeichnen, weil sie von dem Lebensrhythmus der Erde und dem der Gestirne bestimmt ist.

Aber das Zeitdenken der Alten und auch das Israels wäre noch unzureichend beschrieben, wenn man die Bedeutung der Feste verschweige; denn die Feste waren nicht nur die Höhepunkte des Lebens dieser Menschen; sondern durch sie, durch den Rhythmus von Festen und festlosen Zeiten bekam ja ihr eigenes Leben erst seinen Rhythmus in der Zeit. Ja, man könnte vielleicht noch einen Schritt weiter gehen und die kultische Festzeit als die einzige Zeit im vollen Sinn des Wortes bezeichnen, weil doch nur sie im höchsten Sinn des Wortes »gefüllte Zeit« war; denn die kultischen Feste wurden ja nicht aufgrund einer menschlichen Vereinbarung gefeiert, und vollends gab es in der

2 Vgl. hierzu die wichtigen Erwägungen über das griechische Zeitdenken im Unterschied von dem biblisch-christlichen bei K. *Löwith*, Weltgeschichte und Heilsgeschehen (1953), S. 11 ff.

älteren Zeit kein Nebeneinander von kirchlichem und bürgerlichem Jahr.[3] Wir müssen es uns erst vergegenwärtigen, was sakrale Feste für diejenigen bedeuten mußten, denen die Vorstellung von einer absoluten und linearen Zeit, auf die dann diese Feste bezogen werden müßten, ganz unbekannt war. Nicht die Zeit, sondern die Feste waren absolute Gegebenheiten, und zwar Gegebenheiten von absoluter Heiligkeit. Es gab Tage, von denen man sagen konnte, daß sie Jahwe »gemacht hat« (Ps 118,24). Der Sabbat war ein objektiv geheiligter, d. h. ein für Jahwe ausgesonderter Tag, an dem die Gemeinde an dem Ruhen Gottes Teil hatte, wobei sie sich bewußt war, in diese Ruhe wie in einen räumlichen Bereich einzutreten. Das Laubhüttenfest war eine Freudenzeit, absolut von Jahwe gesetzt. Es war absolut heilige Zeit, in die einzutreten auch den Ärmsten mit einem Hochgefühl erfüllen mußte. Daneben gab es Trauer- und Fastenzeiten, die sakral unter negativen Vorzeichen standen. Eine Fastenzeit nicht zu begehen, war eine Verletzung einer göttlichen Ordnung und nicht nur eines menschlichen Übereinkommens. Gelegentlich konnte wohl auch einmal eine Unsicherheit aufkommen; es konnte in der Gemeinde die Frage entstehen, ob sie nicht eine göttliche Ordnung verfehle und eine Zeit falsch auffasse, indem sie z. B. eine Zeit als Trauerzeit begeht, wo Gott doch schon Heilszeit gesetzt hat (Sach 7,1 ff). Solche Fragen waren keine Spitzfindigkeiten, sondern betrafen das Fundament des Glaubens dieser Menschen, und der Exeget darf sich hier nicht auf sein vermeintlich besseres philosophisches Zeitverständnis zurückziehen.

Zu dieser überragenden Bedeutung der Kultfeste mag man vergleichen, was *W. F. Otto* von den altgriechischen Kultfesten sagt (Die Gestalt und das Sein [1955], S. 255): »Das Fest bedeutet immer die Wiederkehr einer Weltstunde, mit der das Älteste, Ehrwürdigste und Herrlichste wieder da ist; eine Rückkehr des goldenen Zeitalters, wo die Ahnen so nahe mit den Göttern und Geistern verkehrten. Das ist der Sinn der festlichen Erhabenheit, die, wo immer es wirkliche Feste gibt, von allem anderen Ernst und aller anderen Freude verschieden ist. Daher die feierlichen, ins Großartige strebenden Formen der echten Kulthandlung, deren Stil nicht der Sphäre praktischer Zwecke angehören kann. Er zeugt von einer heiligen Fülle, von einer entzückten Genialität der Seele, der das Ungemeine, das Uralt-Ewige, das Göttliche zu eigen ist. Der Mensch ist auf eine Höhe getreten; die wiedergekehrte Weltstunde hat ihn hinaufgehoben.«

3 Die Einführung des »Frühlingskalenders«, d. h. die unter assyrischem Einfluß in der späteren Königszeit erfolgte Verlegung des Jahresbeginnes in das Frühjahr, berührte zwar den Turnus der kultischen Feste nicht, muß aber doch wohl als das Signal einer Auflösung des alten sakralen Zeitverständnisses angesehen werden.

Der Rhythmus der großen Feste Israels war ursprünglich bestimmt von der natürlichen Ordnung des palästinischen Jahres. Israels Festkalender ist ja kanaanäischer Herkunft und ist als solcher der Ausdruck einer bäuerlichen Religion, die die Vorgänge des Säens und Erntens als ein unmittelbares sakrales Geschehen verstand. Aber in Israel hat sich, obwohl es selbst ganz zum bäuerlichen Volk geworden war, der Gehalt dieser Feste offenbar schon bald nach seiner Einwanderung gewandelt. An Mazzot, dem Feste des Beginns der Gerstenernte, gedachte man des Auszugs aus Ägypten (Ex 23,15) und am großen Herbst- und Weinlesefest der Wüstenzeit und des Wohnens in Laubhütten (Lev 23,42 f). Israel hat diese ehedem rein agrarischen Feste »historisiert«. Man kann die Bedeutung dieser Umprägungen als Leistungen eines ganz eigenständigen Welt- und Daseinsverständnisses wohl kaum überschätzen. Daß sich Israel nicht primär von dem periodischen Naturgeschehen getragen wußte, sondern von ganz bestimmten geschichtlichen Ereignissen, das war die Äußerung eines Glaubens, der sich seiner totalen Andersartigkeit und seiner Kraft damals wohl noch gar nicht bewußt war. Hat man somit alles Recht, von einer geschichtlichen Fundierung des Jahweglaubens zu sprechen, so ist freilich jeder Gedanke an den modernen Begriff der Historie auszuschalten, der ja bekanntlich betontermaßen die Vorstellung der Relativität und Vergänglichkeit alles Geschehens enthält. Jahwes gemeindegründende Geschichtstaten waren aber absolut. Sie hatten nicht teil an dem Schicksal des sonstigen Geschehens, das unweigerlich in die Vergangenheit zurückglitt; sie waren jeder späteren Generation gegenwärtig, aber nicht nur im Sinne einer lebhaften geistigen Vergegenwärtigung des Vergangenen, nein, die Festgemeinde verwirklichte in gottesdienstlichem Festspiel und Ritus erst das Israel im vollen Sinn des Wortes; sie trat selbst in der Tat und in der Wahrheit ein in die geschichtliche Situation, wie sie von dem jeweiligen Fest bestimmt wurde. Wenn Israel das Passa aß, in Reisekleidung, den Stab in Händen, Schuhe an den Füßen und in der Hast des Aufbruchs (Ex 12,11), so ist klar, daß es sich des Auszugs nicht nur erinnerte, sondern daß es in das Heilsgeschehen des Auszugs selbst eintrat und sich dieses Geschehen ganz gegenwärtig widerfahren ließ. Dasselbe gilt von dem Wohnen in Laubhütten oder von dem Bundesfest in Sichem, wo Israel die Offenbarung der Gebote und den Bundesschluß festlich beging.[4]

---

4 Dieses für uns Heutige so schwer begreifliche Kulterlebnis wird etwas verständlicher, wenn man bedenkt, daß sich der antike Kultteilnehmer viel weniger als ein Individuum verstand. Er wußte sich völlig als ein Glied am

Diese Umprägung der ehemals agrarischen Feste, die von dem von Grund auf geschichtsbestimmten Jahweglauben ausgegangen ist, war aber nur sozusagen der erste Schritt Israels in das Verständnis seiner geschichtlichen Existenz. Es ist ja nicht dabei stehengeblieben, sich auf ein geschichtliches Ereignis zu gründen; es ist vielmehr dazu übergegangen, eine ganze Reihe geschichtlicher Ereignisse zu benennen, die erst in ihrer Vollzahl das Volk Israel ins Dasein gerufen haben. Man ließ dem Auszug aus Ägypten die Väterzeit vorausgehen und stellte die Ereignisse der Einwanderung in Kanaan ans Ende, und aus diesem Aggregat einer ganzen Reihe von Heilstatsachen war eine Geschichtsstrecke entstanden. Der Glaube Israels fing an, sich nicht nur auf ein einzelnes Ereignis zu gründen – und hätte es das Gewicht etwa des Exodusgeschehens, das man im Passafest feierte –, aber auch nicht auf eine Mehrzahl untereinander nicht näher zusammenhängender Ereignisse; sondern Israel begann zu begreifen, daß seiner Gegenwart ein Werden, ein nicht unkomplizierter Geschichtsablauf vorausging. Wie war es zu diesem Geschichtsbild gekommen? Wir können nur sagen, daß es einmal eine Zeit gegeben haben muß, in der die einzelnen Geschichtsfakten zunächst unabhängig voneinander und zum Teil auch an ganz verschiedenen Orten kultisch gefeiert wurden. In Bethel war eine Jakobstradition lebendig, in Sichem wurde das Sinai-Bundesfest gefeiert, in Gilgal wahrscheinlich ein Landnahmefest, das sich in mancher Hinsicht mit dem Passa-Exodusfest überschnitt, usw. Dann aber hat Israel diese (wie gesagt zunächst kultisch isolierten) Überlieferungen zu einer Abfolge von Geschehnissen zusammengeordnet, in

Leibe der Kollektivität und an religiösen Inhalten konnte ihn nur das bewegen und ausfüllen, was der Kultgemeinde als ganzer widerfuhr.

Eine gute Anschauung davon, wie diese Vergegenwärtigung heilsgeschichtlicher Ereignisse im Kultus aussah, gibt uns der 114. Psalm: Das Exodusereignis und die Wahl des Zion schieben sich zeitlich nahezu ineinander (v. 1 f). Der Durchzug durch das Schilfmeer (Ex 14 f) und der Durchzug durch den Jordan (Jos 3 f) – nach pentateuchischer Rechnung 40 Jahre voneinander getrennt – werden in einem Atemzug genannt (v. 3), als handele es sich um ein Geschehnis und nicht um zwei. Und all dies hat nun für den (doch um Jahrhunderte jüngeren) Psalm eine solche Gleichzeitigkeit, daß er in die Dramatik dieser Heilsereignisse hineinreden und -fragen kann (v. 5)! Aber diese Gleichzeitigkeit ist nun wiederum doch nicht so ausschließlich, daß in diesem Zusammenhang nicht auch ein Ereignis der Wüstenwanderung, nämlich das Wasserwunder (Nu 20,11), mit erinnert werden konnte, das doch zeitlich nach dem Durchzug durch das Schilfmeer und vor dem durch den Jordan lag. Derlei kann man nicht im Sinne einer »dichterischen Freiheit«, sondern nur aus der Vorstellungswelt des Kultus heraus erklären.

der einerseits kein einzelnes Glied fehlen durfte, in der andererseits aber jedes Glied nur noch als ein Teil des Ganzen zu verstehen war; denn dieses Ganze als solches war eben mehr als die Summe seiner Teile. Die Aneinanderreihung der ihrer Tradition nach sehr verschiedenartigen Einzelglieder zu einer so beträchtlichen Geschichtsstrecke geschah unter dem Gesichtspunkt einer alles beherrschenden und verbindenden gnädigen Absicht der göttlichen Geschichtsführung, nämlich um Israel in das verheißene Land zu bringen (Dt 6,23; Lev 25,38). Die ältesten uns bekannten Ergebnisse dieses zweifellos revolutionären Aktes einer solchen Aneinanderreihung der einzelnen im Kultus zelebrierten Heilsfakten zu einer geschichtlichen Abfolge sind knappe heilsgeschichtliche Summarien (Dt 26,5 ff; Jos 24,2 ff). Israel hatte die Konzeption von einer linearen Geschichtsstrecke also nicht aus einer philosophischen oder mythologischen Schlußfolgerung heraus gewonnen; vielmehr hatte es sich diese Zeitstrecke langsam aufgebaut durch eine Addition der göttlichen Heilstaten, deren man sich da und dort erinnerte. Oder noch angemessener gesagt: es hatte begreifen gelernt, daß Jahwe einen Plan verfolgt hat und daß er mit den Ahnen Israels einen langen Weg gegangen ist, bis auf diesem Weg Israel zu Israel geworden ist. Diese Erkenntnis, daß sich Israel nicht auf einem Ereignis gründete, sondern daß ihm ein langer Weg, d. h. eine Geschichte voraufging, bedeutet einen epochalen Schritt. Nicht das, was wir unter Geschichte zu verstehen pflegen, ist hier zu sehen; sondern Israel hat sich das Bild von einer Geschichte erarbeitet, die sich ausschließlich aus der Abfolge von Fakten aufbaute, die Gott zum Heile Israels markiert hat. Geschichte gab es also für Israel nur, sofern und soweit Gott mit ihm gegangen ist; nur diese und keine andere zeitliche Erstreckung kann so bezeichnet werden. Gott war es, der zwischen der Vielzahl der Begebnisse die Kontinuität und die Zielstrebigkeit in der zeitlichen Abfolge der Ereignisse hergestellt hat.

Diese, wie gesagt, sehr spezielle Vorstellung von seiner Geschichte lag im Prinzip schon in der Richterzeit fest. Israel konnte diese Vorstellung ausweiten, es konnte auf dieser theologischen Basis seine Geschichte unter sehr verschiedenen Aspekten sehen und darstellen; aber die Grundkonzeption, daß nämlich nur insoweit von Geschichte gesprochen werden kann, soweit Gott die Zeiten mit seinen Taten, mit seiner Führung füllt, blieb immer dieselbe. Besonders im Sinne einer zeitlichen Ausweitung des alten kanonischen Geschichtsbildes war Israel rastlos tätig. Das elohistische Werk deckte sich noch mit ihm; es reicht von der Väterzeit bis zur Landnahme. Der Jahwist und die Priesterschrift beginnen aber bei der Schöpfung und enden bei der Landnahme. Das deuteronomistische Geschichtswerk beginnt bei Mose, stößt aber in den Geschichtsraum der Königszeit vor und endet mit der Katastrophe von 587. Den weitesten zeitlichen Raum umgreift das chronistische Geschichtswerk, das vom ersten Menschen bis in die nachexilische Zeit herabreicht. Der Wunsch, eine chronologisch lineare Zeitspanne zu überschauen und sie theologisch zu begreifen, war also im Wachsen; die Entwürfe wurden immer größer, was freilich noch lange nicht besagt, daß damit, d. h. durch eine immer konsequentere Erweiterung des dargestellten geschichtlichen Raumes, der Anschluß an unser modernes Geschichtsdenken gewonnen wird; denn die besondere Konzeption seiner Geschichte als einer Gottesgeschichte, als eines unter Gottes Führung zurückgelegten Weges, hat Israel auch in den großen Geschichtsentwürfen nicht aufgegeben. Vor allem muß man sich klar machen, daß von da aus noch kein Weg offen stand, auch das universale Weltgeschehen als Geschichte zu begreifen. Das gelang Israel erst im Buche Daniel, in dem die Apokalyptik zum erstenmal ein universal-eschatologisches Bild von dem gesamten Weltgeschehen entwarf.[5] In Gen 1 war im Kern schon die Konzeption des Anfangs der Geschichte niedergelegt; denn diese zeitlich genau gegliederte Schöpfungsgeschichte sieht in der Schöpfung den Anbruch der Gottesgeschichte.

Diese Konzeption von der Geschichte, die Israel in Jahrhunderten nach ganz verschiedenen Richtungen theologisch ausgestaltet hat, ist eine der größten Leistungen dieses Volkes. (Unter den antiken Völkern haben bekanntlich nur noch die Griechen eine Geschichtsschreibung hervorgebracht, freilich auf ganz anderem Wege.) Für uns aber ist noch die Frage offen, wie sich denn diese in Israel entstandene lineare chronologische Auffassung von der Geschichte zu der Vergegenwärtigung der Heilsgeschichte in den großen Festen verhielt, von der oben die Rede war. Schloß nicht dieses von Israel erstellte chronologische Geschichtsbild eine Vergegenwärtigung des Heilsgeschehens, wie sie im Rahmen des Kultus geschah, im Prinzip aus? Die Vorstellung von der Gleichzeitigkeit, jedenfalls in dem strengen Sinne, derzufolge die Festteilnehmer in das Heilsereignis realistisch einzutreten vermochten (also in das Heilsereignis, und nicht in eine lange suk-

5 Aber auch die Apokalyptik hat sich den neuen Äon als eine zeitliche Erstreckung von »zahllosen Wochen in Ewigkeit« vorgestellt, Hen 91,17. Allenfalls kann man fragen, ob die Propheten mit Aussagen wie Am 9,13; Jes 60,19 f; Sach 14,7 nicht tatsächlich auf etwas wie ein Jenseits der Zeit hinweisen wollten; jedenfalls auf ein Aufhören des jetzigen Zeitrhythmus.

zessive Abfolge!), war damit ja durchbrochen; denn seinem Wesen nach ist der archaische Kultus »antihistorisch«. Gab es dann für Israel zwei Möglichkeiten der Vergegenwärtigung der Geschichte, eine kultische und eine chronologische? In der Tat wird man es sich nur so vorstellen können, daß beide, mindestens eine Zeitlang, nebeneinander ihr Recht behielten. Man wird es füglich bezweifeln dürfen, ob die Teilnehmer an einem der Wallfahrtsfeste in Bethel oder Beerseba davon überhaupt Kenntnis genommen haben, daß gelehrte Kreise in Jerusalem von Mal zu Mal an immer größeren Geschichtsentwürfen gearbeitet haben. Aber auch in Jerusalem wird man nicht aufgehört haben, das Passa in der hergebrachten Weise zu begehen, und zwar zu einer Zeit, da man die Heilsgeschichte schon längst auch chronologisch zu sehen gelernt hatte.

Trotzdem lagen die Dinge schwerlich so einfach, daß sich diese beiden Auffassungen, die wir hier nur sehr schematisch bezeichnen können, so schiedlich friedlich nebeneinander vertrugen. Waren einmal die Heilsfakten aus dem Raum des Kultus entlassen und zur Ausgestaltung einer linearen Geschichtsstrecke freigegeben, so konnte zwar gewiß die alte Form der kultischen Vergegenwärtigung noch lange daneben bestehen. Aber mit jener Auffassung des Heilsgeschehens als einer geschichtlichen Erstreckung, als einer Abfolge vieler göttlicher Taten, war doch ein geistiger Prozeß von so einschneidenden Wirkungen in Lauf gekommen, daß davon die kultische Form der Vergegenwärtigung auf die Dauer nicht unberührt bleiben konnte. Nun erst war die Geschichte wirklich unumkehrbar geworden, ganz abgesehen davon, daß diese neue Schau der Geschichte bei ihrem ersten Entwurf gar nicht stehen bleiben konnte. Das Heraustreten aus dem sakralen Raum ließ bei der Ausgestaltung des Geschichtsbildes die rationalen Möglichkeiten des Erkennens zum Einsatz kommen; ein kritisches Denken wurde wach, das gelernt hat, aus der Fülle der Überlieferung auszuwählen, zu komponieren oder auch Stoffe abzustoßen, und das sich vermaß, aus eigener Einsicht in der langen Kette der Geschehnisse besondere Höhepunkte zu markieren, wobei etwa an die Gliederung des Geschichtslaufes durch besondere Bundesschlüsse zu denken wäre. Es ist freilich schwer zu entscheiden, ob dieser Vorstoß in die Dimension der Geschichte von vornherein schon durch eine gewisse Erschöpfung, also durch einen Verlust der Naivität kultischer Vergegenwärtigung, gefördert wurde oder ob er selbst den Anlaß zu diesem Erlahmen dieses kultischen Vermögens gegeben hat. Jedenfalls haben wir Belege, die auf eine Krise in der kultischen Vergegenwärtigung der Heilstaten Jahwes hinweisen. Im Deuteronomium läßt der Prediger durchblicken, daß sich die Generation, die er anredete, des Abstandes wohl bewußt ist, der sie von derjenigen trennt, mit der seinerzeit der Sinaibund geschlossen wurde. Unter diesen Voraussetzungen muß die Gültigkeit des Bundesschlusses, der für frühere Generationen gleichzeitig war, neu begründet werden:

>Jahwe, unser Gott, hat mit uns am Horeb einen Bund geschlossen; nicht mit unseren Vätern hat Jahwe diesen Bund geschlossen, sondern mit uns, den Lebenden, mit uns allen, die wir heute hier sind« (Dt 5,2—3).

An einer späteren Stelle läuft die Argumentation des deuteronomischen Predigers zwar in anderer Richtung; das Bestreben aber ist dasselbe:

>Ihr steht heute alle vor dem Angesicht Jahwes . . . um in den Bund mit Jahwe, deinem Gott, einzutreten . . . Aber nicht mit euch allein schließe ich diesen Bund und diesen Flucheid, sondern sowohl mit denen, die jetzt mit uns vor Jahwe, unserm Gott, stehen, als auch mit denen, die heute nicht mit uns hier gegenwärtig sind« (Dt 29,9—14).

Auch an dieser Stelle ist es das Bestreben des Sprechers, jeden Zweifel an der Reichweite, an der Aktualität des alten Sinaibundes für die Gegenwart zu zerstreuen. In solchen Überlegungen spricht sich eine Theologie aus, die sich mit allen Kräften gegen ein Abgleiten des Heilsgeschehens in die Vergangenheit wendet. Israel steht hier zwar noch im Raume des Kultus. Die Neh 8 geschilderte Szene gibt uns eine Anschauung davon, wie die Leviten nach der Gesetzesverlesung durch Esra der festlich versammelten Menge zusprechen und ihr die Situation erklären; aber das ist nun nicht mehr die alte Form kultischen Begehens: Es bedarf jetzt schon eines Aufwandes rationaler Erwägungen und Argumente, um sich die Gegenwärtigkeit des Heilsgeschehens zu erhalten. Von da her bekommt auch das fortwährende »heute«, das die deuteronomische Mahnung den Hörern einhämmert, seinen Klang. Des weiteren wäre auch zu bedenken, wie merkwürdig die deuteronomistische Geschichtsschreibung den Übergang von der Josuazeit, also von dem Ende der kanonischen Heilsgeschichte, zu der Richterzeit hin vollzieht. Sie markiert hinter Josua einen tiefen Einschnitt (Jos 21,43—45) und läßt darnach eine Generation aufkommen, die weder von Jahwe etwas wußte »noch von dem Werk, das er für Israel getan hatte« (Ri 2,10). Hier ist doch die Problematik, in die ein konsequentes geschichtliches Verständnis des Heilsgeschehens den Glauben führen kann, schon mit erstaunlicher Deutlichkeit gesehen.

Mit alledem hat sich, religionsgeschichtlich betrachtet, Israel von seiner Umwelt radikal geschieden. Waren in Israels kultischem Begehen des Heilsgeschehens, das sich im Rhythmus des Jahres wiederholte, noch gewisse Verbindungslinien zu den Auffassungen benachbarter altorientalischer Religionen erkennbar, so hat es sich durch seine Konzeption einer Heilsgeschichte von der Gemeinschaft dieser Religionen völlig gelöst. Keine dieser Religionen hat die Dimension der Geschichte so erfaßt wie Israel! Will man sie auf ihren Zeitbegriff hin befragen, so kann man allenfalls von einer »Vorzeit« reden, die aber keine Epoche neben anderen ist, sondern ein Anfang, der für alle weiteren Abläufe bestimmend bleibt. In der »Vorzeit« haben alle Verhältnisse ihre göttliche Ordnung empfangen, und Kultus und Ritus haben die Aufgabe, diese urzeitliche Ordnung immer neu zu verwirklichen; denn vom Kultus gehen die schöpferischen Kräfte aus, die den ewig gefährdeten Weltbestand sichern. Aber dieses die Welt tragende gottheitliche Geschehen sahen die altorientalischen Religionen eben nicht geschichtlich, sondern eher zyklisch. Das Weltbild des alten Orients ist mehr oder minder deutlich geprägt von einem mythischen Kreislaufdenken, also von einem Denkschema, das gerade das sakrale Geschehen vom Rhythmus naturhafter Ordnungen her begriff. Diese umfassende Vorstellungswelt entstammte dem Anschauen der Gestirnwelt und der davon abhängigen naturhaften Rhythmik der Erde. Im Mythus verarbeitete der Mensch der Frühe urtümliche Machterlebnisse, die ihn in seinem Lebensraume beschäftigten, – und auch Ordnungen sind Machterlebnisse! Es ist der Grund der Welt und das sie tragende rhythmische Geschehen, das er in ihnen wahrnimmt und das er gottheitlich anschaut. In den Mythen von der Götterzeugung ebenso wie in den Mythen vom Göttersterben ist es immer diese im Grunde zyklische Naturordnung, der die altorientalischen Völker göttliche Kraft zuerkannt haben und die sie ganz unmittelbar als ein gottheitliches Geschehen wahrnahmen. Dieses sakrale Weltverständnis ist wesentlich geschichtslos; jedenfalls hat in ihm gerade das, was Israel als für seinen Glauben grundlegend ansah, nämlich die Einmaligkeit innergeschichtlicher göttlicher Heilstaten, schlechterdings keinen Raum. Das babylonische Heiligtum in Uruk, dem alttestamentlichen Erech (Gen 10,10), war schon im 3. Jahrtausend ein weitbekannter Kultmittelpunkt; aber die Ausgrabungen der spätesten Schichten aus seleukidischer Zeit ergaben, daß auch damals noch die Verehrung derselben Götter Ea, Schamasch, Marduk, Ischtar ebenso wie in den ältesten Zeiten im Schwange war.

So stehen wir vor einer auch in religionsgeschichtlicher Hinsicht erregenden Tatsache: Jenem altorientalischen Weltbild, von den uralten Kulten Mesopotamiens erstellt und ausgegangen, dem sich auch die Völker des syrischen Raumes willig unterwarfen, wird von einem kleinen Volk ein völlig anderes Verständnis von dem göttlichen Heilsgeschehen gegenübergestellt. Damit soll nicht gesagt sein, daß Israel jenem gleich den Kampf angesagt, daß es mit Riesenkräften sich ihm entwunden habe. Wir sehen vielmehr, daß es gerade in seinen Anfängen mit großer, unbewußter Sicherheit in seinen eigenen religiösen Vorstellungen ruhte und sich in ihnen festigte. Kampf und Anfechtung folgten erst viel später.

7 Die Eschatologisierung des Geschichtsdenkens durch die Propheten

Gehen wir nun zu den Propheten über, so finden wir auch sie diesem eben beschriebenen Geschichtsverständnis verhaftet; ja, sie haben den geschichtlichen Weg, den Jahwe mit Israel gegangen ist, und vor allem die Verpflichtungen, die Israel daraus erwuchsen, viel ernster genommen als ihre Zeitgenossen, die von diesen Dingen nicht mehr viel zu wissen schienen. Aber darüber hinaus sieht man an den Propheten noch etwas Neues: eine unerhörte Wachsamkeit des Lauschens auf die großen geschichtlichen Bewegungen und Veränderungen ihrer Gegenwart. Ihre gesamte Verkündigung ist charakterisiert durch eine unvergleichliche Beweglichkeit, sich auf neue geschichtliche Phänomene einzustellen, durch eine Biegsamkeit, sich ihnen in ihrer Verkündigung immer neu anzupassen, die gelegentlich bis zum Selbstwiderspruch gehen konnte und die uns jede zusammenhängende Darstellung ihrer Verkündigung so sehr erschwert. Die Bezogenheit der Botschaft der Propheten auf die weltgeschichtlichen Ereignisse ist so eng, daß man sie geradezu im Sinne von Ursache und Wirkung verstehen muß: Amos und Jesaja stehen im Schatten des drohenden Assyrers, Jeremia sieht das Unheil – den Neubabylonier – von Norden kommen, Deuterojesaja ist erfüllt von dem Auftauchen des Persers Kyros, und Haggai und Sacharja nehmen Bezug auf Erschütterungen, die im Jahr 521 das persische Weltreich erbeben ließen. Dieses Korrespondenzverhältnis der Propheten zur Weltgeschichte ist geradezu der Schlüssel zu ihrem rechten Verständnis; denn das von den Propheten wahrgenommene neue Geschichtshandeln Gottes trat für sie ja völlig gleichrangig neben die alten kanonischen Geschichtssetzungen; ja, bei den Propheten wuchs von Mal zu Mal die Erkenntnis, daß dieses neue Geschichtshandeln das alte überbieten und deshalb mehr oder minder ablösen werde. Dies war es ja, was die Propheten auf den Plan rief, daß Jahwe für sein Volk eine ganz neue Stunde anbrechen ließ. Nichts wäre unzutreffender, als wenn man diesen Blick in die Zukunft verwechseln wollte mit irgendeiner Form der geschichtlichen Prognose, die sich aus der vernünftigen Beurteilung politischer Kräfteverhältnisse als wahrscheinlich ergeben mochte. Was die prophetische Zukunftsschau von jeder politischen Berechnung unterscheidet, ist die unerschütterliche Gewißheit, daß in den kommenden Ereignissen Gott aufs unmittelbarste an Israel handeln wird, also die Tatsache, daß das kommende Geschehen theologisch völlig eindeutig erscheint. Politische Berechnung geht von der Erfahrung innergeschichtlicher Entsprechung aus; die Propheten aber sahen geschichtlichen Ereignissen entgegen, die die Freiheit des Willens Jahwes geplant hatte. Daß auch sie dieses neue Geschichtshandeln Jahwes von einer Analogie her, einer Entsprechung her begriffen haben, soll gleich gezeigt werden.

Es hat merkwürdig lange gedauert, bis die Theologie in der Fülle der prophetischen Verkündigung das Charakteristische zu sehen lernte und bis sie sich mit der Auskunft, die Propheten seien das verkörperte Gewissen ihres Volkes gewesen, nicht mehr zufrieden gab. Waren die Propheten mehr als besonders charakteristische Vertreter der Jahwereligion, so liegt der Grund dafür allein in ihrer Hinwendung auf die Zukunft. Das Neue, das sie in gewisser Hinsicht von allen bisherigen Sprechern des Jahweglaubens trennt, ist – der umstrittene Begriff läßt sich nicht vermeiden – das Eschatologische.[1] Freilich war es ein unguter Weg, unter »Eschatologie« einen großen zusammenhängenden Vorstellungskomplex zu verstehen, einen Fond mannigfaltiger kosmisch-mythologischer Erwartungselemente, aus denen die Propheten geschöpft haben. Von dieser irrigen Meinung ist die Forschung lange nicht losgekommen. Auch heute sind wir von einer Übereinstimmung über das, was als eschatologisch zu bezeichnen wäre, noch weit entfernt. Nicht wenige Forscher begegnen dem Begriff aus Gründen der begrifflichen Sauberkeit mit großer Zurückhaltung, weil er mehr vernebele als kläre. Sie finden sich allenfalls bereit, ihn da gelten zu lassen, wo klar und eindeutig von einem Ende der Weltzeit, einer Geschichtsvollendung die Rede sei, also von Ereignissen, die außerhalb des Historischen liegen. Das würde bedeuten, daß der Begriff nur auf die allerspätesten prophetischen Texte angewendet werden kann, ja eigentlich erst auf die Apokalyptik und selbst auf sie nicht ganz präzis; denn auch nach der Geschichtsvollendung, der die Apokalyptik allerdings entgegensieht, rechnet sie mit einer Fortdauer von Zeit und Geschichte. Das würde aber bedeuten, daß der Begriff für das Alte Testament überhaupt besser aus dem Spiel bleiben sollte und erst in den christlichen Vorstellungen seinen Platz hat. Er ist also, wenn man ihn so faßt, überall mehr oder minder von außen an das Alte Testament herangetragen und findet dort keine präzise Entsprechung. So kann man es verstehen, daß sich bei seiner Verwendung zur Erklärung prophetischer Weissagungen bei den Auslegern ein Unbe-

[1] Es ist hier die Rede von der Prophetie seit Amos und Hosea. Ob die des Elia oder Elisa als eschatologisch bezeichnet werden kann, ist fraglich. Die eines Nathan (2. Sam 7) oder Gad (2. Sam 24,11 ff) war es sicher nicht.

hagen einstellt. Der Begriff »eschatologisch« muß von den Weissagungen der Propheten her anders bestimmt werden.

Das Charakteristikum der prophetischen Botschaft ist ihre Aktualität, ihre Naherwartung. An diesem Tatbestand muß sich die Verwendung des Begriffs des Eschatologischen bewähren. Und hier gerade setzt auch die Kritik an der Zulässigkeit des Begriffs ein; denn man argumentiert gerade mit der Tatsache dieser durchgehenden Naherwartung und bestreitet, daß die Weissagungen der Propheten die Vorstellung eines absoluten Endes der Zeit oder der Geschichte enthalten. Aber damit werden doch die Aussagen der Propheten an einem Zeitbegriff gemessen, den sie gar nicht kannten. Wenn wir, wie oben schon angedeutet wurde, diesen Zeitbegriff bei den Propheten gar nicht als existent voraussetzen dürfen (also die Vorstellung von einer langen Zeitstrecke, an deren – wahrscheinlich sehr fernem – Ende eine Manifestation Gottes erfolgen wird), dann besteht durchaus die Möglichkeit, dem Geschehen, das sie weissagen, den Charakter des Endgültigen zuzuerkennen, auch wenn wir von unsern Denkvoraussetzungen aus dieses Geschehen immer noch als »innergeschichtlich« bezeichnen. Freilich, mit der Vorstellung von etwas Endgültigem würde, allein für sich genommen, das Spezifische der prophetischen Verkündigung noch nicht umschrieben sein; es muß das zum Tragen kommen, was man die »dualistische Konzeption der Geschichte«, die Vorstellung von den beiden »Zeitaltern« genannt hat, einschließlich jenes Bruches, vor dem der große Abbau Jahwes und hinter dem das Neue, von Jahwe Gewirkte liegen. Dabei scheint uns allerdings die Unterscheidung zwischen einem innergeschichtlichen und einem endgeschichtlichen Handeln Jahwes von den Texten her nicht gefordert und infolgedessen ist es auch nicht geboten, den Begriff des Eschatologischen nur auf das endgeschichtliche Handeln anzuwenden. Entscheidend ist u. E. vor allem die Feststellung des Bruches, der so tief ist, daß das Neue jenseits davon nicht mehr als die Fortsetzung des Bisherigen verstanden werden kann. Es ist etwas wie eine »Nullpunktsituation«, auf die Israel mit all seinem religiösen Besitzstand zurückgeworfen wird, ein Vakuum, das die Propheten durch ihre Gerichtspredigt und durch ihr Hinwegfegen aller falschen Sicherheiten erst schaffen, in das sie aber dann das Wort von dem Neuen stellen. Was dieses Neue nun betrifft, so ist es wichtig gewesen, daß man neuerdings wieder die Geschichte zur Definition des Eschatologischen herangezogen und das von den Propheten Geweissagte als eine »Erneuerung des historischen Dramas« bezeichnet hat.

Von hier aus ist nur noch ein kleiner Schritt zu einem sachgemäßeren Verständnis der eschatologischen Botschaft der Propheten. Kurz gesagt: es muß den heilsgeschichtlichen Vorstellungen Israels ihr Ort und ihr Recht auch innerhalb des eschatologischen Horizonts zurückgegeben werden.[2] Die eschatologische Botschaft der Propheten ist nicht von irgendwelchen mythischen oder spezifisch kultischen Vorstellungskomplexen und auch nicht aus einem Enttäuschungserlebnis, sondern allein von der Besonderheit des israelitischen Geschichtsdenkens her zu begreifen, an dem die Propheten aufs intensivste teilhatten, ja das sie durch ihren Hinweis auf ein ganz neues Geschichtshandeln Jahwes um eine ganze Dimension erweitert haben.[3] Auch die Propheten stehen im Geltungsbereich bestimmter Erwählungstraditionen, d. h. eines Geschichtsbildes, in dem sich Israel als von Jahwe berufen und begründet verstanden und ausgewiesen hat. Ja, man kann die Verkündigung einiger Propheten geradezu als ein großes, nicht abreißendes Gespräch mit der überkommenen Erwählungstradition verstehen. Diese Erwählungstradition ist allerdings nicht bei jedem Propheten dieselbe. Während Hosea in der Exodustradition steht, kennt Jesaja nur die Heilssetzungen der David- und der Ziontradition. Bei Jeremia und Hesekiel und vollends bei Deuterojesaja steht wiederum die Exodustradition im Vordergrund. Dies aber ist nun sehr merkwürdig: einerseits sehen wir, wie die Propheten diese Erwählungstraditionen mit großer Intensität und Leidenschaft in ihrer Verkündigung aufgreifen, andererseits aber ist ihr Verhältnis zu ihnen doch ein gebrochenes; denn mit dem kommenden Gericht sehen sie die bisherige Existenz Israels besiegelt; die Garantie dieser Erwählungstraditionen ist durch Israels Schuld erloschen. Das einzige, woran sich Israel halten kann, ist ein neues Geschichtshandeln Jahwes, das die Propheten sich schon abzeichnen sehen und auf das sie

2 Daß den Propheten bei der Darstellung des Neuen da und dort Vorstellungen einfließen, die der älteren Zeit noch nicht geläufig waren und die dem Jahweglauben inzwischen aus anderen Religionskreisen zugewachsen sind, kann nicht verwundern. Auf jeden Fall hat dieser Vorgang bei der Bestimmung des Phänomens des Eschatologischen kein Gewicht. Vgl. A. Jepsen, Art. Eschatologie RGG[3], Sp. 661.

3 Die psychologische Erklärung des Phänomens der Eschatologie genügt nicht, wenngleich bei der »Entstehung« der Eschatologie auch Enttäuschung mitgewirkt haben mag; nur müßte der Gegenstand, an dem die Enttäuschung erwachte, theologisch genauer bestimmt werden, und ebenso müßte diesem Enttäuschungserlebnis innerhalb des Gesamtphänomens der ihm gebührende Ort zugewiesen werden. Halten wir uns an die Aussagen der Propheten, so geht es nicht an, das »Enttäuschungserlebnis« als den eigentlich auslösenden Faktor an die Spitze zu stellen.

mit Leidenschaft hinweisen. Was die Botschaft der Propheten von der ganzen bisherigen, heilsgeschichtlich fundierten Theologie Israels unterscheidet, ist also dies, daß sie alles für die Existenz Israels Entscheidende, Leben und Tod, von einem kommenden Gottesgeschehen erwarten. Dieses Neue, dessen Kommen sie weissagen, ist aber in seiner spezifischen Gestaltung nicht von ungefähr; vielmehr wird es sich mehr oder minder in Analogie zu dem bisherigen Heilshandeln Gottes verwirklichen. So weissagt Hosea von einer neuen Landnahme, Jesaja von einem neuen David und einem neuen Zion, Jeremia von einem neuen Bund und Deuterojesaja von einem neuen Exodus. Freilich, über die Tiefe des Bruches zwischen dem Bisherigen und dem Neuen denken die Propheten nicht gleich; es bestehen sogar theologisch erhebliche Unterschiede. Bei Jesaja haben die alten Heilssetzungen doch immerhin noch so viel Gültigkeit, daß Jahwe mit seinen künftigen Taten an sie anknüpfen kann. Das gilt sowohl von dem neuen Zion (Jes 1,26) wie von dem neuen David (Jes 11,1). Bei Jeremia oder Deuterojesaja dagegen ist der Bruch so tief, daß Jahwe die alten Setzungen wiederholen muß; der Bund wird noch einmal geschlossen (Jer 31, 31 ff), der Exodus wird noch einmal stattfinden. So hat sich Jesaja nicht ausgedrückt; er hat nicht gesagt, daß Jahwe den Zion von neuem erwählen, den Davidbund von neuem schließen werde. Deuterojesaja dagegen konnte von seiner Schau aus dazu auffordern, der bisherigen Heilsgeschichte überhaupt nicht mehr zu gedenken (Jes 43,16 ff). Auch das hätte Jesaja noch nicht sagen können. Indessen sind solche Unterschiede doch nur relativ; denn daran, daß für Israel nur in den neuen Geschichtstaten das Heil liege, hat auch Jesaja keinen Zweifel gelassen.

Bei dieser Sicht der Dinge muß von einer »eschatologischen Botschaft« überall dort gesprochen werden, wo von den Propheten der bisherige geschichtliche Heilsgrund negiert wird. Aber darauf sollte man den Begriff dann auch beschränken. Er sollte nicht da in Anwendung kommen, wo Israel sonst in irgendeinem gläubigen Sinne von seiner Zukunft oder etwa der Zukunft einer seiner sakralen Institutionen gesprochen hat. Aber da, wo Israel von seinen Propheten aus dem Heilsbereich der bisherigen Fakten herausgestoßen wurde und wo sich sein Heilsgrund mit einemmal in ein kommendes Gottesgeschehen hinaus verlagerte, da erst wird die prophetische Verkündigung eschatologisch. Diese Auffassung des Eschatologischen unterscheidet sich von dem älteren Verständnis darin, daß sie nicht einen ganzen »Ideenkomplex« bestimmter eschatologischer Erwartungen voraussetzt, von dem sich die Verkündigung der Propheten sollte gespeist haben, und ebenso auch kein eschatologisches »Schema«, das ihr vorgegeben war. Das Phänomen des Eschatologischen vereinfacht sich wieder; es reduziert sich auf die gewiß höchst revolutionierende Tatsache, daß die Propheten ein neues Handeln Jahwes auf Israel zukommen sahen, das die alten heilsgeschichtlichen Setzungen mehr und mehr entkräftete, weil sich von jetzt ab Leben und Tod für Israel an dem Kommenden entschied. Die Ursache für diese Änderung der Blickrichtung ist doch in erster Linie in der Geschichte selbst zu suchen, die in einer Weise, wie es Israel vorher noch nicht erlebt hatte, neu in Bewegung zu kommen anfing; aber dann gewiß auch in der Erkenntnis, daß dieses Israel der Königszeit sich ja selbst schon längst aus dem alten Verhältnis zu Jahwe gelöst hatte. Wie wenig die Propheten aus einem ihnen vorgegebenen Vorstellungskomplex geschöpft haben (dessen Herkunft dann noch zu ermitteln wäre), wird daran deutlich, daß sie das neue Heilsgeschehen ja ganz in den Formen des alten erwarteten, daß sie also auch bei der Entfaltung des Neuen auf die alten Heilssetzungen Jahwes zurückgegriffen haben. So kann man sehen, wie stark doch die Gebundenheit auch der Propheten an die Heilsgeschichte war; tatsächlich ist sie für die Gestaltung der fernsten künftigen Geschichtstaten Jahwes maßgebend. Den Zeitgenossen der Propheten mußte allerdings dieser Ruf, sich auf ein kommendes Gotteshandeln einzustellen und sich in ihm zu bergen, als eine äußerste religiöse Zumutung erscheinen. Ihnen mußte es vorkommen, als würden sie von den Propheten auf einen Bereich verwiesen, der für ihre religiöse Erkenntnis unzumutbar und ihre Erfahrung unbetretbar schien. Für eine Dimension jenseits des Heilsbereiches der kanonischen Geschichtstaten Jahwes mußte ihnen jede Vorstellungsmöglichkeit fehlen; sie konnte ihnen nur höchst unheimlich sein.

8 Der Tag Jahwes

Einer gesonderten Erörterung bedarf noch die Erwartung des Tages Jahwes, in der man oft geradezu das Kernstück der prophetischen Eschatologie gesehen hat. Liegt hier nicht doch ein einigermaßen feststehender Komplex von eschatologischen Erwartungen vor, die sich an diesen Tag knüpften? Tatsächlich hat es mit der Erwartung des Tages Jahwes eine besondere Bewandtnis, denn wo immer sie in der Prophetie anklingt, gipfeln die Aussagen in dem Hinweis auf ein ganz persönliches Kommen Jahwes selbst. Die Frage der Herkunft dieser Vorstellung ist mit Recht oft gestellt worden; denn könnten wir sie beantworten, so kämen wir dem Verständnis der Sache viel näher.

Die Texte, die von einem Tag Jahwes reden, sind nicht sehr zahlreich.[1] Von den 16 Belegen wirft der Text Am 5,18–20, dem man immer eine Schlüsselstellung zugewiesen hat, für eine Verdeutlichung sehr wenig ab; auch das umfangreiche Kehrversgedicht Jes 2,9 ff spricht viel mehr von allgemeinen Folgen und Auswirkungen, die das Kommen Jahwes haben wird, als von dem Phänomen selbst und seinen konkreten Begleitumständen. Immerhin ist von einer Flucht von Menschen die Rede, die dabei ihre wertlos gewordenen Götzenbilder wegwerfen.

Wir beginnen mit dem Babelgedicht Jes 13, das allgemein für eine anonyme Weissagung aus dem 6. Jahrhundert gehalten wird. An seinem Anfang steht ein Ruf an die Krieger, sich zu dem Aufgebot Jahwes zu versammeln; Signalstangen sollen errichtet werden. Jahwe selbst ruft seine »Geweihten«, seine Helden, und sie kommen in solcher Menge, daß ein Getümmel von Völkern entsteht. Dann mustert Jahwe selbst das Heer.

»Jammert, denn nahe ist Jahwes Tag,
   wie Gewalt vom Gewaltigen kommt er.
Darum erschlaffen alle Hände ... alle menschlichen Herzen verzagen ...
Einer starrt den anderen an ...« (Jes 13,6–8).

Jahwe kommt persönlich zum Kampf, die Sterne werden sich verdunkeln, die Erde erbebt, furchtbar wird das Morden. Das Gedicht schließt mit einem Hinweis auf das völlig verödete Weltreich. Sein Vorstellungskreis ist in sich geschlossen; es spricht von einem Kriegsgeschehen, das mit der Aushebung der Krieger beginnt und mit einer Schilderung von dem entvölkerten, verwüsteten Land endet. Das Kriegsgeschehen ist ins Riesenhafte ausgeweitet; nicht einzelne Krieger, sondern ganze Völker strömen zu dem Aufgebot zusammen. Gleichwohl geht der Blick einem wirklichen Kriegsgeschehen entlang.

1 Jes 2,12; 13,6.9; 22,5; 34,8; Jer 46,10; Hes 7,19; 13,5; 30,3; Jo 1,15; 2,1. 11; 3,4; 4,14; Am 5,18–20; Ob 15; Zeph 1,7.8.14–18; Sach 14,1.

Ganz ähnlich wie Jes 13 ist das gleichfalls nichtjesajanische Gedicht gegen Edom Jes 34 aufgebaut und muß hier erwähnt werden, obwohl es den Ausdruck »Tag Jahwes« nicht enthält, statt dessen aber vom »Tag der Vergeltung für Jahwe« (v. 8) spricht. Es beginnt mit der Mitteilung von Jahwes großem Zorn über Edom, geht dann über zu einer Schilderung der Vernichtung Edoms durch Jahwes Schwert und endet wie Jes 13 mit dem Bild des völlig verödeten, nur noch von Tieren bevölkerten Landes. Auch hier steht die Vorstellung von Jahwes Kampf im Vordergrund. Bezeichnend dafür ist die Aussage, daß Jahwe seine Feinde »dem Bann geweiht« hat (v. 2). Auch hier treten im Zusammenhang des Kampfes schreckliche Veränderungen am Himmel auf; »der Himmel rollt sich zusammen wie ein Buch, und sein ganzes Heer welkt ab« (v. 4). Von dem Vergleich dieses Kampfes mit einem Schlachtfest (v. 6) muß später noch die Rede sein.

Auch die Weissagung Hesekiels gegen Ägypten Hes 30,1 ff ist eine breitausladende, in sich geschlossene Dichtung. Sie beginnt mit einem Weheruf über den Tag Jahwes: »Nahe ist ein Tag für Jahwe.« Er ist ein Tag des Gewölks; das Schwert wird nach Ägypten kommen, die Ägypter mit ihren Verbündeten werden fallen, und darnach wird das Land mit seinen Städten wüste liegen. Wenn auch verkürzt, so geht doch auch Hes 30,1–9 deutlich dem Gang der Weissagungen von Jes 13 und 34 parallel, so daß man fragen kann, ob sie nicht alle drei von einem ihnen vorgegebenen prophetischen Schema abhängig sind.

Dasselbe gilt auch von der großen Dichtung Hes 7. Daß auch hier der volle Ausdruck »Tag Jahwes« nicht fällt, ist belanglos angesichts der Ausrufe »nahe ist der Tag« (v. 7), »siehe der Tag!« (v. 10), »eingetroffen ist der Tag!« (v. 12). Daß die Weissagung von dem Tag Jahwes handelt, wird fast aus jedem Satz deutlich. Auch hier interessieren uns nur die tragenden Grundvorstellungen: Es kommt das Ende, und zwar über die ganze Erde, insonderheit freilich über Israel. Der Ruf, der diese Dichtungen eröffnet hat, ist hier im Unterschied von den vorausgegangenen Beispielen ungewöhnlich breit ausstilisiert. Erst in v. 14 geht die Weissagung zu der Ausmalung des Kampfes über. Der Feind sollte sich zur Abwehr aufstellen, »aber keiner zieht zu Felde« (v. 14); Schwert und Hunger wüten. »Alle Arme werden schlaff« (v. 17); die Besitztümer der Stadt werden Fremden in die Hände fallen und die Stadt wird entweiht werden. Mit diesen Sätzen ist etwa jenes Ende erreicht, das in den anderen Dichtungen durch das Wort von der Entvölkerung bezeichnet war. Genau in diese Gruppe gehört auch Jer 46,3–12, die Schilderung von »jenem Tag«, »dem Tag der Vergeltung« an Ägypten.

Bei Joel finden sich wichtige Belege, die das bisher gewonnene Bild bestätigen. Schon dem Beleg Jo 1,15 kommt eine entscheidende Bedeutung für das Verständnis des ganzen Kapitels zu — »Nahe ist der Tag Jahwes«. Alle Zeichen deuten darauf hin. daß Jahwe es selbst ist, der zu einem ungeheuren Kriegszug aufbricht (vgl. Sach 14,1.3). Daß es sich bei dem Text Jo 2,1–11 um eine wirkliche Heuschreckenplage handelt, ist heute wohl allgemein zugestanden. Interessant daran aber sind die Auffassung des Propheten von diesem Ereignis und vor allem die Mittel seiner Darstellung. Es ist klar, daß Joel in der Art, wie er die Not veranschaulicht, von hergebrachten Vorstellungen abhängig ist, die er erst sekundär auf die aktuelle Not bezieht. Er setzt die Heuschrecken den zum Kampf anrückenden Heeren des Tages Jahwes gleich, und damit steht ihm die ganze Begriffs- und Bilderwelt von dem Kriegsgeschehen des Tages Jahwes zur Verfügung.

>Stoßt auf dem Zion ins Horn, schlagt Lärm auf meinem heiligen Berg;
    beben werden alle Bewohner des Landes, denn der Tag Jahwes kommt.
Fürwahr, nahe ist er, ein Tag der Finsternis und des Dunkels,
    ein Tag des Gewölks und des Düsteren« (Joel 2,1–2).

Ein Heer rückt heran, so mächtig, wie man es noch nie erlebt hat. »Vor ihm erbeben die Völker, es erglühen alle Gesichter« (v. 6). Vor ihm her bebt die Erde; es erzittert der Himmel. Sonne und Mond verfinstern sich, und die Sterne verlieren ihren Glanz (v. 10). »Groß ist der Tag Jahwes und schrecklich; wer wird ihn bestehen!« (v. 11). Von hier ab wendet sich das Gedicht dem Bußruf zu und der Aufforderung, zu einem Fastengottesdienst zusammenzukommen; denn Jo 2,1–11 ist ja nur ein Teil einer großen liturgischen Komposition. Um so auffälliger ist, wie wenig die aktuelle Veranlassung der Heuschreckenplage, nachdem einmal das Stichwort »Tag Jahwes« gefallen war, die herkömmliche Darstellung von der Abfolge der Ereignisse zu beeinflussen vermochte. Die traditionelle Abfolge: Kriegsruf, Entmutigung, Erdbeben, Verfinsterung, Jahwes Stimme, hat ja mit einem heranziehenden Heuschreckenschwarm nicht sehr viel gemeinsam.

Die Weissagung Zephanjas vom Tag Jahwes gehört gewiß zum Wichtigsten, was uns an Material für den Vorstellungskreis vom Tag Jahwes zur Verfügung steht (Zeph 1,7–18). In formaler Hinsicht ist der Text kompliziert. Aber er ist eine Einheit. Wir haben eine Schilderung vom Tag Jahwes, in die von Fall zu Fall einzelne Logien eingelegt sind. Für uns ist nur das erstere Element von Bedeutung (v. 7.10–11.13–18). Die Darstellung scheint mit dem Ruf von der Nähe des Tages Jahwes zu beginnen. Dieser Tag wird als ein Schlachtfest bezeichnet, das Jahwe für seine Geladenen veranstaltet. Auf dieses Bild sind wir schon oben in Jes 34,6 gestoßen. Am deutlichsten ist es in Jer 46,10 erklärt: So, wie bei großen Opferfesten das Blut der Tiere in Strömen fließt, so blutig wird der Kampf Jahwes gegen seine Feinde werden. Daß es sich um ein Kriegsgeschehen handelt, zeigt ja auch der Fortgang: In allen Stadtteilen Jerusalems wird Getöse und Jammern zu hören sein (v. 10–11). Dieser Tag ist ein Tag der Drangsal, des Dunkels und der Verfinsterung, ein Tag der Posaune und des Schlachtrufes gegen befestigte Städte. Da wird die Angst über die Menschen kommen; die Panik, die ausbrechen wird, äußert sich darin, daß »sie herumlaufen wie Blinde« (v. 17); sie werden sich nicht retten können, denn im Feuer des Eifers wird die Erde verzehrt. Damit endet die Schilderung, die im großen und ganzen der von Jes 13; 34; Hes 7 und Jo 2 entspricht.

Das erste Ergebnis dieses Überblicks ist, daß es sich bei dem von den Propheten erwarteten Tag Jahwes eindeutig um ein Kriegsgeschehen handelt.

Die breite Verwendung dieser Vorstellung bei den Propheten legt nun, wie gesagt, die Vermutung nahe, daß es sich hier um ein festes eschatologisches Traditionselement handelt. Dem steht aber schon die Tatsache entgegen, daß der Ausdruck »Tag Jahwes« gelegentlich auch auf Ereignisse in der Vergangenheit angewendet werden konnte (Hes 13,5; 34,12; vgl. Klagel 1,12; 2,22). Angesichts dieses etwas zwiespältigen Befundes muß sich eine methodisch vorgehende Untersuchung zunächst einmal allen fernerliegenden mythologischen Deutungsmöglichkeiten verschließen und sich fragen, ob nicht Israel selbst in seinen alten Überlieferungen die Vorstellung von einem Kommen Jahwes zu einem kriegerischen Einschreiten mit wunderhaften Begleiterscheinungen gekannt hat. Das ist natürlich der Fall. Schon bei der fast stereotypen Verbindung des Tages Jahwes mit einem kriegerischen Eingreifen wird man an die heiligen Kriege erinnert und an die traditionellen Begleiterscheinungen, unter denen sie sich ereignet haben. Hier liegt jedenfalls eine traditionsgeprägte Vorstellung von einem Kommen Jahwes zu einem kriegerischen Geschehen vor, und sie wäre vor allen anderen Deutungsversuchen auf ihre Verwandtschaft mit den prophetischen Aussagen vom Tag Jahwes hin zu befragen. Das liegt um so näher, als das kriegerisch-eschatologische Geschehen zweimal von einem Propheten selbst ganz direkt mit einem der heiligen Kriege der Vergangenheit verglichen wurde (Jes 9,4 = Ri 7; Jes 28,21 = 2. Sam 5,20.25). Von diesen Kriegen, die Jahwe ehedem geführt hat, wußte man allerlei wunderhafte Begleitumstände zu erzählen (Donner: 1. Sam 7,10; vom Himmel fallende Steine: Jos 10,11; Finsternis: Ex 14,20; Jos 24,7; triefendes Gewölk: Ri 5,4 f). Eine besondere Rolle spielt dabei der Gottesschrecken, eine panikartige Verwirrung und Entmutigung der Feinde, in der ihnen wie in einer Lähmung jede kriegerische Selbstbehauptung abhanden kommt und in der sie sich selbst umbringen.[2]

Nach alledem kann doch kein Zweifel sein, daß es sich im Grunde um einen und denselben Vorstellungskreis handelt, bei den alten Erzählungen von zurückliegenden Kriegstheophanien ebenso wie bei den prophetischen Schilderungen des kommenden Tages Jahwes. Die Einzelelemente dieses Vorstellungskreises kehren in den Weissagungen der Propheten Zug um Zug wieder. Es sei dabei nur noch einmal an das Phänomen der sakralen Panik erinnert.

> »Was seh ich? Sie sind erschüttert, sie weichen zurück!
> Ihre Helden zersprengt, fliehend auf und davon . . .
> Nicht kann entfliehen der Schnelle und nicht sich retten der Held«
> (Jer 46,5 f. Übers. nach Rudolph).

2 Ex 15,14 f; 23,27 f; Jos 2,9.24; 5,1; 7,5; 24,12. Der Begriff »Tag Jahwes« begegnet zuerst bei Amos; dort aber handelt es sich, wie man oft betont hat, schon um eine bekannte Sache. Da nun der Ruf »nahe ist der Tag Jahwes« besonders fest in dem ganzen Überlieferungskreis verwurzelt ist (vgl. Jes

Der Vorstellungskreis vom Tag Jahwes an sich ist also keineswegs eschatologisch, sondern war den Propheten mit allen Einzelheiten aus der alten Jahweüberlieferung geläufig. Die Propheten waren aber der Meinung, daß sich Jahwes letzter Aufbruch gegen seine Feinde unter ähnlichen Zeichen ereignen wird wie in den alten Zeiten. Ohne Frage hat sich die Vorstellung von diesem kriegerischen Eingreifen Jahwes in der Schau der Propheten enorm gesteigert, weil es alle Völker, ja selbst die geschöpflichen Ordnungen betreffen wird. Das Ereignis hat sich zu einem Phänomen von kosmischer Bedeutung ausgeweitet. Das Wichtigste und für ihre Hörer Unerträglichstes war aber die Erwartung, daß sich der Aufbruch Jahwes gegen Israel selber wenden wird. Unter dem Gewicht dieses Vorstellungskreises, vollends durch die immer neue Aufnahme dieses Themas durch die Propheten hat sich dann auch wohl eine gewisse thematische Abrundung vollzogen, so daß dann etwa für Joel und vollends für Sacharja die Ankündigung von einem Tag Jahwes schon zu einem festen Thema prophetischer Predigt geworden war, was vordem, wie wir sahen, keineswegs der Fall war. Daß auch die Zeitgenossen des Amos einen solchen Aufbruch Jahwes zu Krieg und Sieg erwartet haben, kann man sich gut vorstellen. Amos gibt zu bedenken, daß dieser Tag ein Dunkel bringen wird, das ihnen selbst verhängnisvoll werden könnte. Daß wir schon bei den Zeitgenossen des Amos eine vollausgebildete »Volkseschatologie« voraussetzen können, ist sehr unwahrscheinlich. In dieser Hinsicht ist die Beweiskraft von Am 5,18 weit überschätzt worden.

13,6; Hes 30,3; Ob 15; Jo 1,15; 2,1; 4,14; Zeph 1,7.14), kann man fragen, ob dies nicht der stereotype Ruf war, mit dem man ehedem die Mannschaft zur Heeresfolge aufgeboten hat, oder ein Ruf, mit dem man einst mit Jahwe in die Schlacht zog.

9 »Die Botschaft« der Propheten

Nach diesen grundsätzlichen theologischen Erwägungen über das Phänomen der Prophetie und ihrer Verkündigung muß nun der Versuch einer Darstellung der Botschaft der einzelnen Propheten unternommen werden. Dabei muß alles darauf ankommen, diese Botschaft nicht auf ihren überzeitlichen Ideengehalt hin zu lesen, vielmehr sie gerade als das bestimmte Wort für eine bestimmte geschichtliche Stunde zu begreifen, das in keiner Weise auswechselbar ist. Das prophetische Wort entstammt ja in einem viel höheren Maße als sonstige Aussagen des Jahweglaubens der Situation eines leidenschaftlichen Gesprächs; aber gerade eines Gesprächs, das sich nicht bemüht, zum allgemein Geglaubten aufzusteigen, sondern das mit allen, auch den fragwürdigsten Mitteln darauf ausgeht, den Partner in seinem Hier und Jetzt festzulegen, um ihm seine besondere Lage vor Gott begreiflich zu machen. Um diesen Partner jeweils in seiner, wie gesagt, nicht auswechselbaren Entscheidungssituation zu fassen, bieten die Propheten alle rhetorischen Mittel auf; sie schrecken auch nicht vor höchst radikalen oder seltsam verzerrenden Formulierungen zurück. Es ist ihnen eben – von gewissen Ausnahmen abgesehen – nicht um eine objektivierende Herausstellung des allgemein Geglaubten zu tun; eher schon könnte man sagen, daß sie ihre Aufgabe darin sehen, kritisch, sehr kritisch zu den Glaubensüberlieferungen Israels zu sprechen. Aber auch dies wäre mißverständlich, weil den Propheten ja nichts ferner lag als ein theoretisches Bemühen um die Lehre um der Lehre willen. Es ging ihnen nicht um »den Glauben«, auch nicht um »die Botschaft«, sondern darum, bestimmten Menschen, die, ohne es selber zu wissen, in einer besonderen Situation vor Gott standen, eine bestimmte Botschaft von Jahwe auszurichten. Da aber dieser Gesprächspartner der Propheten – er ist nicht einfach »das Volk« – ständig wechselt, so haben wir wohl Anlaß, die beispiellose innere Beweglichkeit und Anpassungsfähigkeit der prophetischen Anrede zu bewundern, die bei einem Minimum von tragenden »Grundgedanken« doch immer wie aus einer herrlichen Fülle schöpfen konnte. Aber im gleichen Maße will uns die Zuversicht, die Botschaft als ein zusammenhängendes Ganzes zu begreifen, entschwinden. Hier zu resignieren, wäre jedoch falsch; es ist hingegen gut, sich von Anfang an klar zu machen, daß das, was wir »die Botschaft« eines Propheten zu nennen pflegen, eine sehr problematische Größe ist. Weder damit, daß wir die Vielzahl seiner Einzelsprüche auf allgemeine, tragende religiöse

Grundgedanken zurückführen, noch damit, daß wir die Einzellogien zu einem synthetischen Ganzen zusammenordnen, bekommen wir das, was man »die Botschaft« nennen könnte, zu Gesicht. Wir erinnern uns der Feststellung, daß jedes Einzellogion »das« (und nicht ein) Wort Jahwes für die angeredeten Menschen umschloß; daß es also, streng genommen, eine »Botschaft«, die den Einzelworten übergeordnet war und aus der die Einzelbotschaften jeweils geschöpft waren, gar nicht gibt; wir haben nur die Vielzahl der Einzelworte, in denen jeweils in immer anderer Gestalt »das« Wort Jahwes ergeht.[1] Der jeweilige Hörer bedurfte zum Verständnis der an ihn gerichteten Botschaft sicher nicht der Kenntnis eines größeren Verkündigungsganzen. Aber es gibt innerhalb all der verwirrenden Beweglichkeit der prophetischen Anrede und Argumentation immerhin zwei Konstanten, die dem einzelnen Propheten unverrückbar feststehen. Die eine ist das neue Wort Jahwes für Israel, das Jahwe dem Propheten am Horizont der Weltgeschichte zu lesen gab. Die andere ist die Erwählungstradition, innerhalb derer der Prophet mit seinen Hörern stand. Von ihrem tröstlichen Gehalt hebt sich die Gerichtsbotschaft des Propheten einerseits kritisch ab, andererseits verwandelt sie sich im Wort des Propheten wieder in Weissagung, in der sie sich antitypisch zu neuer Gestalt erhebt. Die Botschaft des Propheten hat sich also in dem Spannungsfeld dreier Gegebenheiten ereignet: einmal des neuen eschatologischen Wortes Jahwes für Israel, dann der überkommenen Erwählungstradition und schließlich der persönlichen (schuldverfallenen oder trostbedürftigen) Situation der vom Propheten angeredeten Menschen. Es ist klar, daß diese Vorgegebenheiten nicht bei jedem Propheten alle in gleicher Weise heraustreten; wir werden sie vielmehr sehr verschieden behandelt finden. Bei Amos z. B. tritt die Projektion der Erwählungstradition ins Eschatologische fast ganz zurück.

[1] In der Apokalyptik ist das anders; denn bei ihr muß von jeder Einzelheit aus immer mehr oder minder der Gesamtlauf des großen apokalyptischen Dramas im Auge behalten werden, dessen Teil das jeweilige einzelne ist.

10 Amos

Das Thekoa des Amos, zwei Wegstunden südlich von Bethlehem, dürfen wir uns nicht zu weltentlegen vorstellen, denn seit Rehabeam (ab 930 v. Chr.) war es Festung und hatte eine Garnison.[1] Auch Amos selbst war vermutlich ein Mann, der einen geachteten Beruf und sein gutes Auskommen hatte. Daß ein Mann der festgefügten bäuerlichen Bevölkerung unter die Propheten kam, war nur auf eine sehr verwunderliche Berufung durch Jahwe zurückzuführen. Das vieldiskutierte Wort, daß er kein Prophet sei (oder war?) und auch keiner Prophetengenossenschaft angehöre (Am 7,14), will den Stand der Propheten nicht herabsetzen, sondern nur das Seltsame erklären, daß er, der Bauer, dem es doch eigentlich gar nicht zusteht, mit einem Male dazu übergegangen ist, inspiriert zu reden (Am 7,15).[2] Es war das also eine Notmaßnahme Jahwes, daß er auf einen Mann aus dem Bauernstand zurückgreifen mußte. Die Berufung ist eine Tatsache, über die sich jede weitere Diskussion erübrigt. Man wird nicht fehlgehen, wenn man diese Berufung des Bauern Amos zum Propheten mit dem Empfang der fünf Visionen verbindet (Am 7,1–9; 8,1–3; 9,1–4). Diese Visionen enthalten ja merkwürdigerweise an keiner Stelle einen ausdrücklichen Auftrag zur Verkündigung des Wahrgenommenen; aber sie berichten von Mitteilungen, in denen sich Jahwe ganz plötzlich an Amos, und nur an ihn, wendet, und vor allem lassen sie in ihrer Abfolge den inneren Weg erkennen, den Amos im Geist zurücklegen mußte, bis ihm die Erkenntnis von dem Unabwendbaren endlich feststand. Diese Visionen enthalten ein dramatisches Geschehen, das sich in tiefster Einsamkeit zwischen Jahwe und Amos abspielte. Amos hat sich zunächst, weil er es nicht begreifen konnte, Jahwe in den Arm geworfen, und zweimal – bei der Heuschrecken- und bei der Feuervision – ist es ihm auch gelungen, das Unheil abzuwehren. Aber der Last der aufgestauten Schuld Israels war seine Fürbitte doch nicht mehr gewachsen. In der dritten, der Bleilotvision, kommt Jahwe mit einem Wort, das er zu der Vision spricht, dem Propheten zuvor, und von da ab beginnt sich Amos zu ergeben. Die Obstkorbvision bringt das Wort: »Gekommen ist das Ende über mein Volk«, das Amos stumm anhört; und die letzte Vision, die umfassendste, läßt erkennen,

---

1   2. Chron 11,6.

2   Es ist strittig, ob Amos sagen wollte: »Ich war kein Prophet, aber jetzt bin ich einer«, oder ob er jeden Bezug zu dem Prophetenstand ablehnen wollte.

daß Jahwe aus der kommenden Katastrophe (Erdbeben?) keinen, nicht einen einzigen entrinnen lassen wird.

Diese Visionsfolge steht ziemlich isoliert in der prophetischen Literatur. Anders als bei den Visionen Jesajas oder Hesekiels ist für ihre Inhalte keine ältere Überlieferung erkennbar, von der Amos abhängig ist. Aber auch die eigentliche Botschaft des Amos läßt merkwürdigerweise einen engeren Anschluß an die Inhalte der Visionen vermissen, denn die Endkatastrophe der Verbannung Israels, die Amos eindeutig und fast monoton vorhersagt, ist dort gerade nicht angedeutet. Offenbar ist dem Propheten zuerst nur das Daß des Endes und des Gerichtes mitgeteilt worden, während er über das Wie erst unter besonderen Umständen und gewiß nicht ohne eigenes Nachdenken und Beobachten Gewißheit erhielt. Das Wort von dem vom Zion aus brüllenden Jahwe, dessen Stimme weit ins Land hinaus dringt und die Natur draußen verstört (Am 1,2), redet ja noch weniger zu einem menschlichen Ohr, das eine bestimmte Mitteilung zur Kenntnis zu nehmen hätte und die es weiterzugeben gälte; vielmehr erfahren wir nur von dem Erschallen einer gleichsam noch unartikulierten Stimme göttlichen Zorns. Wir werden also einen beträchtlichen Teil der Botschaft des Amos seiner eigenen Überlegung und Beobachtung der Verhältnisse zuzuschreiben haben. Was er von Jahwe vernommen hatte, das mußte doch alles erst ausgemünzt, es mußte – und zwar immer aufs neue – auf einen bestimmten Kreis von Menschen, die es anging, hin interpretiert werden. Es war oben schon davon die Rede, daß ein solches Wissen einem Menschen, der als einziger damit betraut wurde, eine einzigartige Würdestellung jenseits aller Stufungen der menschlichen Ehrenordnung geben, daß es ihn an einen Ort jenseits aller sozialen oder sakralen Rangunterschiede stellen mußte. Aber noch wichtiger ist der Prozeß intensivster geistiger Verarbeitung, der nach einem solchen Offenbarungsempfang einsetzen mußte. Amos ist in einem Volk umhergegangen, dessen Todesurteil gesprochen war. Von da her sah seine Umgebung mit einem Male anders aus, und jetzt erst wurden Mißstände als unerträgliche offenbar. So sehen wir den Amos vor allem mit der Aufgabe einer schlagenden Motivation des kommenden Unheils beschäftigt und sehen bei diesem Geschäft die Lebendigkeit und die geistige Schärfe dieses Mannes sich brillant betätigen. Sicher haben ihn immer neue Gottessprüche inspiratorisch überfallen, aber auch der Beitrag seines wachen Denkens sollte ja nicht unterschätzt werden.

War Amos Judäer, so muß angenommen werden, daß er von Hause aus in den südlichen Erwählungstraditionen, also in der David- und

Ziontradition stand. Leider gibt es keine rechten Anhaltspunkte, um seine eigene Einstellung zu der Auszugstradition, die vor allem im Reiche Israel lebendig war, zu bestimmen. War sie ihm so fremd, daß er sie geradezu für häretisch und illegitim halten mußte? Hat er die Nordisraeliten nur als ein Außenstehender auf ihre Überlieferungen hin angesprochen? Das ist aber angesichts der Eindringlichkeit, ja Wärme des geschichtlichen Rückblicks in Am 2,9–11 nicht gerade wahrscheinlich. Vor allem legen die Strenge, mit der er seine Hörer auf diese Überlieferungen festlegt, und die Folgerungen, die er aus ihrer Mißachtung zieht, doch nahe, daß auch er diese heilsgeschichtlichen Vorgegebenheiten sehr ernst genommen hat. Die vorgegebene Erwählung Israels enthält ja geradezu die Begründung für das bevorstehende Gerichtshandeln Jahwes (Am 3,2). Man kann die Verkündigung des Amos gar nicht verstehen, wenn man nicht sieht, wie sie sich immer wieder mit der Erwählungsvorstellung auseinandersetzt und gerade von hier aus besondere Anstöße bekommen hat.

Aber auch die Veränderungen und Spannungen in dem politischen Raum, in dem Israel lebte, haben Amos in Atem gehalten. Das davidische Großreich hatte keinen Bestand; die Philister sind wieder selbständig geworden, ebenso die Edomiter und die Moabiter; besonders folgenreich war der Abfall von Aram-Damaskus. Zwar genoß das Reich Israel unter Jerobeam II. (786–746) noch eine Zeit des Friedens, ja einer gewissen Stärkung; aber der Assyrer war damals längst am Horizont Palästinas aufgetaucht, und ein Jahr nach Jerobeams Tod bestieg den Thron Assurs der große Tiglat Pileser, dessen Kriegszüge für Israel den Anfang des Endes einleiteten. Auch die wenigen Bezugnahmen auf Politisches reichen völlig hin, uns staunen zu lassen über die Wachsamkeit der Geschichtsbeobachtung des Amos. Wie präzis hat er die sogenannte »aramäische Wanderung« mit der ganz anderen der »Seevölker« koordiniert (Am 9,7)! Beide Schübe haben tatsächlich fast gleichzeitig, also um 1200, die politischen Verhältnisse in Palästina für lange Zeit grundlegend bestimmt. Eine Quelle scharfer Beobachtungen der Vorgänge innerhalb der palästinischen Völkerfamilie ist das große Strophengedicht Amos 1,3 ff. Über den Wert von kleineren Erfolgen gegen Damaskus, die Einnahme von Lodebar und Karnaim hat er seine eigene Meinung (Am 6,13). Aber sein Blick reichte weiter; er sprach von dem, was nordsyrischen Städten, Kalne und Hamat, widerfuhr; und wenn er geheimnisvoll eine Verbannung »über Damaskus hinaus« ansagte, so hat er natürlich den Assyrer gemeint (Am 6,2; 5,27). Es kann wohl nicht anders gewesen sein, als daß Amos gerade in dieser Hinsicht mit seinem wachsamen politischen Interesse weit über seine Zeitgenossen hinausgeragt hat. Und doch wäre alles mißverstanden, wenn der moderne Leser den Propheten für einen nüchternen Beobachter halten wollte, der voraussah, was in politischer Hinsicht unvermeidlich kommen mußte. Gewiß, es läßt sich die eigentliche Zukunftsweissagung des Amos auf den einfachen Satz reduzieren: Israel wird in einer militärischen Katastrophe unterliegen und in die Verbannung geführt werden.[3] Ebenso sicher hat an diesem Zukunftsbild auch die konkrete Anschauung, wie Assur mit seinen Unterworfenen zu verfahren pflegte, ihren Anteil. Aber was bedeutet Assur für Amos! Daß das Wort im jetzigen Text überhaupt nicht vorkommt, ist kein Zufall.[4] Alles, was Amos zu verkündigen hat, gipfelt doch darin, daß Israel es jetzt mit Jahwe zu tun bekommt, aber nicht mit dem Jahwe der Heiligtümer und Wallfahrten, sondern mit dem Jahwe, wie ihn damals keiner kannte, und der zu neuen Taten an Israel aufbricht. Diese Unmittelbarkeit zu Jahwe, dieses Ich Jahwes, das sich mit den kommenden Ereignissen verbindet, war doch wohl für die Zeitgenossen das, was sie am meisten überraschen und aufregen mußte. »Ich zerschlage das Winterhaus« (Am 3,15), »ich führe euch in die Verbannung« (Am 5,27), »ich gehe hindurch durch deine Mitte« (Am 5,17), »ich stehe auf wider das Haus Jerobeams mit dem Schwert« (Am 7,9), »ich tilge es aus von der Erdoberfläche« (Am 9,8)! Die Hoffnung, daß Jahwe doch einen Rest übriglassen werde, hat Amos einmal in einer Diskussionsrede souverän bagatellisiert (Am 3,12; die Überbleibsel beweisen doch den Tod des zerrissenen Tieres, vgl. Ex 22,12). Nur ganz wenige Male hat Amos so gesprochen, als sei Jahwes Entscheidung noch nicht endgültig gegen Israel gefallen. Immerhin muß es wohl Zeiten, muß es Kreise gegeben haben, in denen selbst Amos einem zaghaften »Vielleicht« Raum gegeben hat (Am 5,15.6).

In den Visionen hat Amos nur erfahren, daß Jahwe nicht mehr vergeben wolle. Aber was nicht mehr vergeben werden könne, worin die Verfehlungen Israels bestanden, das zu erkennen und zu benennen hat Jahwe seinem Propheten überlassen. Die Begründungen für das kommende Gericht finden sich nahezu ausschließlich in den Scheltreden, also formgeschichtlich in dem Teil, den der Prophet dem Drohwort vorausgehen läßt und mit dem er den Gottesspruch je an die, die er im besonderen angeht, heranträgt. So kann dem Leser in der Verkündigung des Amos eine Verschiedenheit nicht entgehen: Während die Drohworte, wie schon gesagt, inhaltlich beinahe zu einer

3 Militärische Katastrophen: Am 2,13 ff; 3,11; 5,3; 6,9 f.14; 7,9; 8,3; 9,10.
4 In Am 3,9 wird das »Asdod« meist als »Assur« gelesen.

gewissen Monotonie neigen, entrollt sich in den Scheltreden eine wahre Fülle von Aspekten, von packenden Augenblicksbildern, von gewöhnlichen oder ungewöhnlichen menschlichen Verhaltensweisen. Jeder dieser Griffe ins volle Menschenleben ist von praller Lebendigkeit und zugleich von unheimlicher Gestrafftheit. Mit einer ordnenden Zusammenfassung kommt man da nicht weit, denn eigentlich steht doch jede Sprucheinheit für sich allein. Indessen bedeutet es keine unzulässige Vereinfachung, wenn man feststellt, daß sich die Anklagen nach zwei Richtungen hin bewegen: nämlich gegen die Nichtachtung des Gottesrechtes und gegen die religiöse Sicherheit.

1. Das Völkergedicht ließ erkennen, wie stark Amos auf die Verletzungen ungeschriebener Ordnungen im Zusammenleben der Völker reagiert hat, und zwar nicht nur auf Verstöße, unter denen Israel zu leiden hatte. Besonders interessant ist in dieser Hinsicht die Gazastrophe, weil es sich da um Verbrechen handelt, die die Philister den Edomitern angetan haben, die also Israel gar nicht berührt haben (Am 1,6–8). Aber der Jahwe des Amos wacht auch über den Ordnungen des Völkerrechts und ahndet ihre Verletzungen in der Geschichte, wo immer sie geschehen. Unvergleichlich schwerer wiegen freilich die Verfehlungen Israels, denn diesem Volk hat sich Jahwe vor anderen vertraut gemacht (Am 3,2). Tatsächlich zeigt uns Amos eine in sozialer Hinsicht zerklüftete Gesellschaft: Eine besitzende und demgemäß wirtschaftlich unabhängige Oberschicht lebte auf Kosten der »kleinen Leute« (Am 5,11; 8,6), und in besonderem Maße traten diese Schäden bei der Rechtsprechung zutage, denn in der Rechtsgemeinde hatten nur die Vollbürger Sitz und Stimme; sie aber waren zugleich als die Grundbesitzer eine Interessengemeinschaft und in der Rechtsgemeinde oft genug Richter in eigener Sache; Unfreie, Fremdlinge, Waisen und Witwen hatten keinen Vertreter ihrer Rechtsansprüche. Bestechung war an der Tagesordnung (Am 5,7 ff. 12) und im Wirtschaftsleben wurde betrogen (Am 8,5 b). Im Religiösen hatte man aber gleichwohl einen großen Eifer. Man unternahm Wallfahrten (Am 4,4 f; 5,4) und beging rauschende Kultfeste (Am 5,21 ff)! Darin aber sah Amos eine Herausforderung Jahwes. Was galten vor Jahwe die Opfer derer, die seinen Rechtswillen verachteten?

An keiner Stelle spricht sich Amos darüber aus, in welcher Weise dieser Rechtswille Jahwes Israel bekannt geworden ist. Er erhebt aber die göttlichen Forderungen derart, als könne er ihre Gültigkeit bei seinen Zuhörern ohne weiteres als zugestanden voraussetzen. Nirgends beruft er sich – etwa um ihre Autorität zu stützen – auf irgendeine schriftliche oder mündliche Überlieferung. Trotzdem ist es ganz unwahrscheinlich, daß er sich auf keine andere Autorität stützte als auf »die Evidenz des Moralischen«. Vielmehr lassen sich, wie neuere Untersuchungen gezeigt haben, diese Ordnungen Zug um Zug in der älteren sakralen Rechtsüberlieferung, sonderlich im Bundesbuch (Ex 20,22–23,19) belegen. Eine solche Vergleichung der Anklagen des Amos mit der älteren Rechtsüberlieferung läßt nun erkennen, daß Amos seine Zeitgenossen auf den einfachen vordergründigen Wortsinn jener Gebote festlegt. Man kann eigentlich nicht sagen, daß er sie radikalisiere, daß sich ihr Gehalt in seinem Munde unversehens verschärft, zugespitzt habe. Und trotzdem hört sich das jetzt alles ganz anders an. Neu ist das Drohende, das den Bestand ganz Israels in Frage stellt. Die alten Gebote sah man als erfüllbar an, die apodiktischen Sätze galten fast mehr als Bekenntnishandlungen; jedenfalls ist in der älteren Zeit ein Nachdenken über die Erfüllung oder die Erfüllbarkeit der Gebote auf keine breitere Basis gekommen. Einzelne Übertreter mag es zu allen Zeiten gegeben haben; die hat man gerichtet. Aber dies, daß jetzt mit einemmal nicht einzelne, sondern ganz Israel, jedenfalls seine maßgebenden Gruppen, schrill der gröbsten Übertretungen geziehen wurden, das war etwas völlig Neues.[5] Die Geschichte des Verständnisses der Jahwegebote können wir nicht rekonstruieren; so wissen wir nicht, ob es sich hier bei Amos um einen plötzlichen Durchbruch handelt oder doch um eine Auffassung, die sich von längerer Hand vorbereitet hat. Jedenfalls sehen wir, wie sich bei Amos das, was Israel mit Lobpreis aus Jahwes Händen genommen hatte, weil man in den Geboten einen Erweis der Gemeinschaftstreue Jahwes sah, – wie sich das nun gegen Israel selbst kehrte und wie von diesen prophetischen Anklagen Israel das Recht, sich zu diesen Geboten zu bekennen (man denke an das Ritual der Torliturgien), bestritten wurde.

2. Da sich die Polemik der Propheten, vollends die des Amos, in sehr radikalen Formulierungen ergeht, ist es schwer, aus dieser Quelle – und eine andere haben wir nicht – die geistig-religiöse Lage der damaligen Zeit zu rekonstruieren. Amos zeigt uns das Bild einer gedankenlos und selbstsicher in ihrem Wohlstand dahinlebenden Oberschicht. Bei den Vorwürfen gegen das Wohlleben muß man sich gegenwärtig halten, daß dem Jahweglauben an sich alles Asketische, irgendeine Verdächtigung der materiellen Güter eigentlich sehr ferne lag. Essen und Trinken, sein Herz wohl sein lassen, kurz, jegliche materielle Lebenssteigerung hat man in naiver Dankbarkeit aus Jahwes

5 Elia hat sich wahrscheinlich nur gegen das Königshaus und die von dort protegierten Kultdiener gewendet.

Hand genommen. Es muß weit gekommen sein, wenn in diesem Bereich Anklagen gegen den materiellen Lebensgenuß erhoben werden mußten. Amos wirft diesen »Sicheren auf dem Berg Samariens« vor, daß sie nicht »krank sind« an dem »Schaden Josephs« (Am 6,6). Wie so viele andere prägnante Formulierungen, so ist auch dieses unvergleichliche Wort nicht näher interpretiert. Der Prophet denkt dabei wohl vor allem an die sozialen Verwüstungen. Jedenfalls ist es etwas sehr Innerliches, das er bei der Oberschicht vermißt; es geht ja nicht um die Verletzung bestimmter Gebote; denn es gab kein Gebot, das dem Liegen auf kunstvollen Betten oder dem Salben mit kostbarem Öl wehrte, so wenig, wie es eines gab, das dazu verpflichtete, »an dem Schaden Josephs zu leiden«. Es ist also eine Gesamthaltung, auf die Amos zielt, ein Mitleben und ein solidarisches Mitleiden mit den Widerfahrnissen des Gottesvolks. Ja, hat nicht Amos in diesem Fall unbewußt sich selbst und sein Leiden an dem Schaden zum Maßstab genommen? Wo immer Amos seine Zeitgenossen betraf, sah er sie in einer grausamen Selbsttäuschung befangen. Sie haben einen »Tag Jahwes« erwartet, einen Aufbruch Jahwes zur Besiegung ihrer Feinde, und sie fürchten sich nicht vor der Nacht, die dieser persönliche Aufbruch Jahwes ihnen selbst bringen wird.[6] Sie wissen um die Erwählung Israels durch Jahwe, haben sich dieser Tatsache wohl wie einer Heilsgarantie getröstet; aber sie bedenken nicht, daß sie dadurch um so viel näher ins Licht der göttlichen Heiligkeit gerückt sind (Am 3,2). Für Menschen, die so sicher geworden sind, mußte selbst das Exodusgeschehen auf die Linie allgemeiner göttlicher Geschichtsführungen herabsinken; für sie mußte die heilsgeschichtliche Besonderheit der göttlichen Erlösungstat schlechthin erlöschen (Am 9,7). Aber sie haben nichts von ihrer wahren Lage Jahwe gegenüber begriffen! Daß Jahwe in einer langen Geschichte, nämlich einer Geschichte von aufeinanderfolgenden Plagen, Hunger, Durst, Mißernten, kriegerischen Katastrophen und Seuchen fortwährend bei ihnen angeklopft hat, haben sie nicht gemerkt (Am 4,6 ff). Nun aber ist die Zeit dieses indirekten Mahnens Jahwes vorbei. Israel muß sich jetzt einer ganz persönlichen Begegnung mit seinem Gott gewärtig halten, wobei Amos doch wohl an das Gericht denkt, in dem dieses Ich Jahwes, von dem oben die Rede war, auf den Plan treten wird.

Am Ende des Buches Amos steht die Weissagung von der künftigen Wiederaufrichtung der baufälligen »Hütte« Davids (Am 9,11 f). Ihre

6 Nicht das ist das Neue, daß Amos von der Finsternis am Tag Jahwes geredet hat, sondern daß er der Meinung war, daß diese Finsternis auch Israel bedrohen werde.

Echtheit ist stark angezweifelt und mußte es wohl sein, solange man die Prophetie des Amos als den Niederschlag einer Art von »prophetischer Religion«, eines Ringens und einer persönlichen Überzeugung ansah. War sie das, dann konnte man wohl erwarten, daß sie sich von großen Selbstwidersprüchen freihielt. Anders aber sieht die Sache aus, wenn wir in den Propheten Männer sehen, die zu ganz bestimmten sakralen Überlieferungen, wie sie im Volk lebendig waren, das Wort nahmen; ja, wenn wir ihre ganze Verkündigung als ein einziges kritisches oder neu aktualisierendes Gespräch mit diesen alten, ihnen vorgegebenen Überlieferungen ansehen. Nun war aber Amos Judäer. Wäre es da nicht vielmehr auffallend, wenn von den Überlieferungen, die ihm am nächsten waren, gar nichts zu Wort käme? Seiner Ausformung nach ist dieser messianische Spruch ausgesprochen verhalten. Nichts weist auf einen sensationellen geschichtlichen Umbruch, durch den Himmel und Erde erschüttert werden (vgl. Hag 2,20 ff). Nur von der Wiederherstellung des zerfallenden Hauses, nur von der Restauration eines Gebäudes wird gesprochen, dessen Fundamente längst gelegt sind. Und das, was daraufhin folgen wird, ist eine Integration des alten davidischen Reiches, das inzwischen schwere Schäden erlitten hat. Aber Jahwe wird das, was er einmal »gebaut« hat, nicht liquidieren; vor allem wird er seinen Rechtsanspruch auf die Völker, »über denen sein Name ausgerufen war«, nicht aufgeben.

11 Hosea

Die früher häufig vertretene Meinung, daß wir von den menschlichen Verhältnissen Hoseas mehr wüßten als bei anderen Propheten (Jeremia natürlich ausgenommen), wird hinfällig, wenn wir die viel diskutierte Perikope von der Symbolik seiner Ehe (Hos 1–3) als eine prophetische Zeichenhandlung verstehen, also als einen Teil seiner Verkündigung, die jeder biographischen Ausdeutung strenge Grenzen setzt. In Wahrheit bedient uns das Buch Hosea in dieser Hinsicht besonders spärlich. Daß Hosea in den katastrophalen letzten Jahren des Nordreiches bis etwa zu der Eroberung Samariens durch die Assyrer (721) im Reiche Israel gelebt und gewirkt hat, ist so ziemlich das einzig Sichere. Von seiner Heimat im engeren geographischen Sinne wissen wir ebensowenig wie von den Orten seines Auftretens oder von möglichen Konflikten oder sonstigen Lebensumständen. Nicht unwahrscheinlich ist die Annahme, daß Hosea der levitischen Bewegung des Nordreichs nahestand, die ebenso wie die prophetische von der allgemeinen Kanaanisierung abgedrängt wurde; in beiden Reformkreisen fanden die alten Jahweüberlieferungen bewahrende Pflege. Was seine Botschaft im Ganzen betrifft, so steht jeder Ausleger zunächst unter dem Eindruck einer weitgehenden Andersartigkeit etwa gegenüber der des Amos oder Jesaja, und er wird diese Wahrnehmung genauer zu verstehen suchen. Beunruhigend an diesem Befund ist aber das Einmalige des Phänomens. Hosea ist ja der einzige »Schriftprophet« des Nordreichs, und das heißt, daß uns eigentlich eine Vergleichsmöglichkeit fehlt und daß wir das, was zu dem einmaligen Profil seiner Botschaft gehört, nicht unterscheiden können von dem, was ihm etwa in einem allgemeineren Sinne als prophetischer Stil, als Thematik und prophetische Tradition möglicherweise vorgegeben war; denn daß die Dinge im Nordreich auch für einen Propheten anders lagen als etwa in dem Jerusalem Jesajas und daß sie weithin ihre eigene Problematik hatten, das können wir dem Buch immerhin entnehmen. Genannt seien hier nur zwei fundamentale Vorgegebenheiten spezifischer Art: Die Auflösung des patriarchalischen Jahweglaubens im kanaanäischen Fruchtbarkeitskultus und die besondere staatlich-politische Struktur des Reiches Israel, die auch dem Propheten eine wesentlich andere Form der Teilhabe an den öffentlichen Dingen und ihren Problemen zuwies. Gerade von diesen beiden Faktoren her läßt sich auch Hosea deutlich vernehmen.

Aber auch im Formalen unterscheidet sich die Botschaft Hoseas von der seiner Zeitgenossen Jesaja, Amos oder Micha. An Stelle der kleinen, deutlich begrenzten und leicht voneinander zu trennenden Sprucheinheiten stehen bei Hosea größere Textgebilde mit einer einigermaßen gemeinsamen Thematik im Vordergrund. Der Botenspruch fehlt zwar nicht, aber der Prozeß der Komposition kleiner Sprüche zu größeren Einheiten scheint hier schon gleich mit der (schriftlichen?) Fixierung des Überlieferungsbestandes Hand in Hand gegangen zu sein.[1] Demgegenüber tritt die Verwendung fremder Gattungen, wie das bei Amos oder Jesaja auffällt, bei Hosea fast ganz zurück. Das alles bewirkt, daß uns die Weise seines Redens, aufs Ganze gesehen, viel einheitlicher erscheint. Will man von seiner Diktion auf den Boten selbst zurückschließen, so stellt sich sofort der Eindruck einer äußersten Leidenschaftlichkeit ein. Hoseas Verkündigung ist wohl noch mehr als die eines anderen Propheten von Affekten ganz persönlicher Art her bestimmt, von denen der Liebe, des Zornes, der Enttäuschung, ja des Zwiespaltes zwischen zwei gegensätzlichen Empfindungen. Dadurch, daß der Prophet diese Glut der Affekte dem Reden Gottes leiht – oder sagen wir besser: dadurch, daß Jahwe den Propheten in seine Affekte hineingerissen hat –, gewinnt das göttliche Wort bei Hosea etwas Heißes und Brennendes, wie das in solcher Intensität nur für die Botschaft dieses Propheten charakteristisch ist.

Hoseas ganze Verkündigung ist heilsgeschichtlich verwurzelt. Man könnte fast sagen, daß er sich in seiner Argumentation da erst sicher fühlt, wo er sie geschichtlich abstützen kann.[2] Jahwe ist Israels Gott »von Ägypten her« (Hos 12,10; 13,4); durch den Propheten Mose hat Jahwe Israel geführt (Hos 12,14). Diese Frühgeschichte Israels war die Zeit, in der ihm Jahwe seine ganze Liebe zuwenden konnte, da er es »zog mit Banden der Huld, mit Seilen der Liebe« (Hos 11,4). Aber was für einen schauerlichen Kontrast zeigt die Gegenwart! Israel hat Jahwe verlassen wie eine untreue Frau, die ihren Liebhabern nachläuft. Hosea hat dieses von Grund auf zerstörte Verhältnis Israels zu Jahwe in seiner eigenen Ehe abbildlich dargestellt und hat die Botschaft von Jahwes Zorn und seiner Abkehr von seinem Volk mit den Symbolnamen der Kinder aus dieser Ehe ausrichten lassen.

Der Text dieser Ehegeschichte gibt dem Exegeten manche Frage auf; schon das Nebeneinander eines Er-Berichtes (Hos 1) und eines Ich-Berichtes (Hos 3)

---

1 Das dreimalige »darum« innerhalb der großen Einheit Hos 2,4 ff (v. 8, 11, 16) läßt doch darauf schließen, daß hier ursprünglich kleinere Einheiten planmäßig zu einer größeren Komposition ausgestaltet wurden. Die ursprünglichen Einheiten, die wir auch bei Hosea voraussetzen müssen, lassen sich demgemäß viel weniger deutlich abgrenzen.

2 Hos 1,4; 2,10; 6,7; 9,9.10; 10,1.9.11 f; 11,1–4; 12,4 f.10.13 f; 13,4–6.

ist auffallend; es ist aber doch nicht so zu erklären, daß beide Berichte von demselben Vorgang erzählen. Da die zweite Ehegeschichte unter einem ganz anderen Zeichen steht, nämlich dem der Erziehung der Frau, muß man mit zwei aufeinanderfolgenden Ereignissen rechnen. Dann wird es sich aber auch bei der zweiten Ereignisfolge um dieselbe Frau handeln und nicht um eine andere. Die Auffassung, daß es sich hier um ein wirkliches Geschehen handelt und nicht nur um eine Allegorie (weil Gott etwa den Befehl zu einem so verwerflichen Tun nicht gegeben haben könne!), hat sich heute allgemein durchgesetzt. Im übrigen bezeichnet das hebräische Wort für Ehebrecherin nicht eine im moralischen Sinn besonders tief gesunkene Frau, sondern eine Frau, die an den kanaanäischen Fruchtbarkeitsriten teilgenommen hat. Sie ist gerade keine Ausnahme, sondern repräsentiert das typische Israel. Weniger Übereinstimmung besteht in der Frage, inwieweit die Texte einen Einblick in die persönlichen Lebensverhältnisse und Erfahrungen des Propheten geben. Oft ist die Meinung vertreten worden, daß schwere Erfahrungen in seinem Eheleben, vor allem seine unglückliche Liebe zu der untreuen Frau, den Propheten die Liebe Gottes zu seinem Volk verstehen gelehrt und in ihm nachträglich die Erkenntnis geweckt haben, daß diese Ehe ihm von Gott verordnet gewesen sei. U. E. geben die beiden Kapitel viel zu wenig Anhaltspunkte, an denen eine solche psychologisierende und rationalisierende Interpretation einsetzen könnte. Das Primäre war nicht ein intimes Erlebnis, sondern der Befehl Jahwes, eine Zeichenhandlung auszuführen. Darüber gibt der Text hinlänglich klare Auskunft; über das aber, was jenseits dieses »dienstlichen« Auftrags und seiner Ausführung liegt und was in den Bereich des Biographischen führen könnte, informiert er uns kaum. Vor allem aber brauchte Hosea, um das Modell für dieses Verhältnis Jahwes zu Israel zu finden, ja gar nicht auf sein Privatleben zu sehen; die Vorstellung von der Ehe einer Gottheit mit einem irdischen Partner, etwa Baals mit der Erde, war ihm und seinen Zeitgenossen in der kanaanäischen Naturreligion ja längst geläufig.

Die Zeichenhandlung der Ehe Hoseas ist nur ein Teil der Verkündigung des Propheten; er läßt aber, vollends wenn man den eng daran angelehnten Textzusammenhang (Hos 2,4–25) dazunimmt, thematisch fast alles für Hosea Charakteristische anklingen: die flammende Empörung über den Treubruch Israels, die bevorstehende Bestrafung; aber dann auch in einem schwer zu präzisierenden Jenseits von alledem: die Andeutung eines neuen Heilshandelns, ja eines völligen Neuanfanges mit Israel, von dem Gottes Liebe nicht lassen kann.

Für das Versinken Israels in der kanaanäischen Naturreligion hat Hosea den Begriff des »Hurens«, des »Weghurens von Jahwe« geprägt, in dem sich gleicherweise die Vorstellung von der Unlöslichkeit des Jahwebundes wie der Abscheu vor den Fruchtbarkeitsriten und der sakralen Prostitution des Baalskultes ausspricht.[3] Mag der Jahweglau-

3 Hos 1,2; 2,7; 3,3; 4,10.12.13.14.15.18; 5,3; 9,1.

be dieser sexuellen Seite des Naturkultes gegenüber besonders empfindlich reagiert haben, so war sie es doch nicht allein, sondern, wie
gesagt, der Treubruch im ganzen, die Verletzung des ersten und auch
des zweiten Gebotes, die den Propheten auf den Plan gerufen hat
(Hos 4,12.17; 8,4–6; 13,2). Das war es, daß Israel es sich in der Landeskultur wohl sein ließ, daß es aber glaubte, deren Segnungen den
Baalen zu verdanken. Israel »weiß es nicht, daß ich (ihr) gab Korn,
Most und Öl und sie mit Silber überschüttete und mit Gold« (Hos
2,10). In diesem erstaunlichen Satz erscheint Jahwe als der Spender
aller kulturellen Werte. Israel aber hat sowohl den Geber wie die Gaben verkannt; es hat nicht gesehen, daß es durch diese Gaben vor
Jahwe in eine Entscheidung gestellt wurde; es ist vielmehr einer mythischen Vergötzung der Landeskultur und ihrer numinosen chthoni-
schen Ursprünge verfallen. Wieviel einfacher erscheint demgegenüber
der Weg der Rekabiter, die angesichts einer so heillosen Perversion
der Segnungen der Kultur das Programm einer radikalen Absonde-
rung vertraten und die Vereinbarkeit eines Gehorsams Jahwe gegenüber mit der Nutzung der Kulturgüter rundweg bestritten.

Hosea nuanciert deutlich seine Anklagen, die er an die Verantwortlichen richtet. Bei diesem seinem Interesse am Kultischen mußte er bei
den Priestern ein besonderes Maß von Versagen feststellen (Hos 4,6.9;
5,1; 6,9). Ihnen, aber ebenso dem ganzen Volk, fehlt es am rechten
»Wissen um Gott«. Leider läßt sich dieser für Hosea so charakteristische Begriff nicht leicht deuten. Unser Wort »Gotteserkenntnis« weist
zu sehr auf das Theoretische des religiös-philosophischen Erkenntnis-
problems. Hosea meint sicher auch etwas viel Spezielleres als nur
eine allgemeine innere Einstellung Gott gegenüber; der Ausdruck
scheint ja geradezu das Wesen des Priesterdienstes zu umschreiben,
denn er steht in Hos 4,6 parallel zu Tora. Er muß also eine bestimmte
Form des Wissens von Gott bezeichnen, die Israel zu seinem Schaden
verloren hat; deshalb wird man den Begriff vor allem auf die Vertrautheit mit den Geschichtstaten Jahwes zu beziehen haben. Man
könnte wohl auch sagen: das Bekenntnis zu Jahwe ist Israel abhanden
gekommen.[4]

Nur für den modernen Betrachter wenden sich Hoseas Worte zur
Politik seiner Zeit einem anderen Lebensbereich zu. Für Hosea aber,
der mehr als irgendein Prophet in einem antik-sakralen Ganzheits-
denken lebte, lag das, was Israel im Politischen widerfuhr, auf keiner
anderen Ebene. Man muß ja noch bedenken, daß die charismatische

---

4 Vgl. dazu besonders Hos 13,4: »Ich, Jahwe, bin dein Gott vom Lande
Ägypten her; du hast kein Wissen um Gott, es sei denn durch mich.«

Struktur des Königtums im Reiche Israel geradezu auf die tragende Mithilfe der Propheten angewiesen war. In seinem erregten Teilnehmen am Politischen, sonderlich an den Revolutionen am Hof in Samaria, ist Hosea also ein echter Prophet des Nordreiches und setzt die Linie, die in dieser Hinsicht schon bei Elisa sichtbar geworden ist, fort. Darin allerdings hat sich die Situation gegenüber der Zeit Elisas und Jehus grundlegend geändert, daß Jahwe mit den sich überstürzenden Palastrevolutionen und Königskrönungen dieser letzten Jahre vor dem Fall Samariens nichts mehr zu tun haben will. »Sie machten Könige, doch nicht von mir« (Hos 8,4). Während man bei diesen Krönungen in Samarien noch glaubte, Jahwe als Schutzherrn seines Volkes walten zu sehen, erkennt Hosea gerade in diesen politischen Vorgängen, daß Jahwes Gericht über Israel schon im vollen Gange ist. »Ich gebe dir einen König in meinem Zorn und nehme ihn in meinem Grimm« (Hos 13,11). Das ist ja überhaupt etwas vom Wesentlichsten in der Schau Hoseas: Während seine Zeitgenossen eifrig die Schäden des Staatswesens zu reparieren und sich durch politische Aktionen gegen Bedrohungen abzuschirmen suchen, sieht Hosea das Unheil viel tiefer sitzen. Es ist Gott selbst, der sich gegen sie gewandt hat; das Volk ist krank an Gott, der ihm wie ein Geschwür im Leibe sitzt.

> »Ich aber bin wie Eiter für Ephraim
> und wie Wurmfraß für das Haus Juda.
> Als aber Ephraim seine Krankheit sah
> und Juda sein Geschwür,
> da ging Ephraim nach Assur und schickte zum Großkönig.
> Doch er kann euch nicht heilen,
> nicht befreien von eurem Geschwür« (Hos 5,12 f).

In der Ansage des Gerichtes selber, dem Israel unausweichlich entgegengeht, bewegt sich Hosea nur in kurzen, allgemeinen Andeutungen. Selten, daß der Vorgang nach seiner politisch-geschichtlichen Seite deutlicher konturiert ist. Einige Male spricht der Prophet von einer von Feinden verursachten Katastrophe (Hos 8,3; 10,14 f; 11,6; 13,15), gelegentlich von einer bevorstehenden Deportation, wobei neben Assur merkwürdigerweise auch an eine »Rückkehr« nach Ägypten gedacht wird (Hos 9,3.6; 8,13; 11,5). Sehr altertümlich stellt sich Hosea dieses Gericht einerseits von Israel selbst, d. h. von seinen bösen Taten gewirkt vor. Israel hat sich so tief in die Eigenmacht des von ihm ausgelösten Bösen verstrickt, daß es sich nicht mehr daraus befreien kann (Hos 5,4 f). »Ihre Taten umstellen sie«; sie sind von dem angerichteten Bösen völlig eingekreist, so daß ihnen keine eigene Bewegungsfreiheit mehr bleibt (Hos 7,2). Aber diese von Hosea deutlich festgehaltene Vorstellung von der »schicksalwirkenden Tatsphäre« bedeutet nicht im mindesten, daß sich an Israel nur eine unpersönliche Gesetzmäßigkeit erfüllt. Im Gegenteil, es ist Jahwe, der jetzt ihrer Taten – sie sind »vor seinem Angesicht« (Hos 7,2) – gedenkt (Hos 7,2; 8,13; 9,9). Ja, die gewisse Blässe hinsichtlich der konkreten Vorgänge beim Vollzug des Gerichtes erklärt sich von da her, daß die ganze Kraft der prophetischen Aussage darauf gerichtet ist, daß jetzt Jahwe selbst gegen sein Volk aufsteht. Er wird es züchtigen (Hos 5,2), er wird ihm zum Löwen (Hos 5,14); er fängt es wie ein Jäger (Hos 7,12). Gegenüber diesem Ich, das allen Raum der Geschichte von jetzt ab ausfüllen und bestimmen wird (»ich, ich zerreiße« Hos 5,14 b), ist das geschichtliche Wie des Vollzugs fast ohne Interesse.

Angesichts von Weissagungen einer so gnadenlosen Finsternis, in der sich Israels Gericht vollenden wird, ist es nicht unbedenklich, zu einer Erörterung der Heilsweissagungen Hoseas überzugehen; denn damit wird der Eindruck erweckt, es habe das kaum erträgliche Dunkel, auf das er immer wieder hinweist, doch nicht den Ernst eines letzten Wortes. Aber wer sagt denn, daß Hosea vor denselben Menschen, denen er das Gericht angekündigt hat, auch vom künftigen Heil gesprochen habe! Genug, Hosea hat – gleichviel vor wem und für wen – ganz ohne Zweifel auch von einem künftigen Heil gesprochen. Mehr noch: er hat um diese Paradoxie selber gewußt; ja er hat gesehen, wie der Kampf zwischen Zorn und Liebe im Herzen Gottes selbst zum Austrag kam. Damit hat er allerdings eine Aussage gewagt, deren Kühnheit in der ganzen Prophetie ohne Beispiel ist:

»Wie sollte ich dich drangeben, Ephraim, dich preisgeben, Israel?
Mein Herz kehrt sich um in mir; all mein Erbarmen ist entbrannt;
ich will meinen glühenden Zorn nicht vollstrecken, will Ephraim
    nicht wieder verderben,
denn Gott bin ich, nicht Mensch, ein Heiliger in deiner Mitte . . .« (Hos 11,8 f).

Aber Hosea gibt uns noch eine Hilfe zum Verständnis des Nebeneinanders von Gericht und Heil an die Hand, und zwar in dem Erziehungsgedanken, der bei ihm eine größere Rolle spielt als bei irgendeinem Propheten.[5] Jahwes Handeln an Israel hat bei ihm gelegentlich etwas von einer pädagogischen Planmäßigkeit, die vor allem durch Entzug und Eingrenzung die Verirrten wieder zurechtbringen möchte. Damit ist tatsächlich – wenigstens in einigen Textpartien – etwas wie ein rationaler Ausgleich zwischen dem Gerichts- und Heilshandeln Gottes erreicht.

5 Hos 2,11 ff; 3,3–5; 11,1 ff.

>Lange Zeit werden die Israeliten bleiben
ohne König, ohne Amtsträger, ohne Opfer, ohne Malstein,
ohne Ephod und ohne Teraphim;
dann werden die Israeliten zurückkehren
und ihren Gott suchen« (Hos 3,4 f).

Das, was Jahwe seinem Volk entziehen wird, ist so viel und so lebenswichtig, daß man gar nicht sagen kann, in welcher Existenz sich Hosea das Volk Israel in dieser Zwischenzeit vorstellt; es ermangelt ja nicht nur der staatlichen Ordnung, sondern auch des Kultus! Man wird zur Verdeutlichung jene Stelle aus dem großen Gedicht von der Erziehung Israels danebenstellen dürfen, in der sich Jahwes Plan mit Israel in einer fast bestürzenden Intimität preisgibt. Jahwe will nämlich sein Volk, nachdem er ihm den Weg zu den Baalen verlegt hat, »locken«, er will ihm »ins Herz reden« und es wieder in die Wüste führen (Hos 2,16). Das bedeutet nichts anderes, als daß Gott es an den Ort zurückführen wird, wo er ehedem mit ihm begonnen hat, sozusagen an die Nullpunktsituation. Hier, in der Wüste, können sich keine Fruchtbarkeitsgötter in das Verhältnis zwischen Gott und seinem Volk eindrängen; hier wird Israel ganz auf Jahwe geworfen sein; Jahwe wird es allein für sich haben, um ihm von da aus noch einmal das Land zu verleihen. Hosea sieht also das neue Heilsgeschehen typologisch in dem alten vorgebildet, wobei freilich alle Störungen und Unvollkommenheiten, von denen die ältere Heilsgeschichte doch auch berichtet hat, von den Wundern des letzten Heilsgeschehens überboten sein werden. Das Akortal – die Stätte des Frevels und der Steinigung Achans – wird »zur Pforte der Hoffnung« werden (Hos 2,17; vgl. Jos 7) und Jahwe wird sich aufs neue mit Israel verloben. Ein letzter Spruch klingt seiner Form nach an einen Zauberspruch an, indem er die freie Zirkulation der von Gott ausgehenden Segenskräfte schildert; in der fest geschlossenen Kette (Gott–Himmel–Erde–Kulturgaben-Israel) ist keine Lücke, in die Baal mit seinen Funktionen eintreten könnte (Hos 2,23 ff)! Auch das Heilswort am Ende des Buches bewegt sich in seiner hochantiken, fast mythischen Bildsprache ganz im Naturhaften. Jahwe wird Israel lieben, er wird zur grünenden Zypresse, zum Tau für Israel, und Israel wird blühen und Wurzel schlagen und sein Duft wird sein wie der des Libanon (Hos 14,5–8). Es ist merkwürdig, daß derselbe Prophet, der so intensiv heilsgeschichtlich denkt, doch zugleich das Verhältnis Jahwes zu Israel in den Horizont eines fast pflanzlich naturhaften Gedeihens und Blühens hinausverlagern kann, in dem alle Dramatik der Heilsgeschichte wie in einer großen Stille ausmündet.

12 Jesaja und Micha

Die Verkündigung Jesajas ist das gewaltigste theologische Phänomen des ganzen Alten Testamentes. So muß jedenfalls der urteilen, dem der von einem einzelnen Menschen umspannte theologische Raum immer noch imponierender erscheint als der mächtigste, aber anonym erstellte Überlieferungsorganismus. Jesajas geistige Lebendigkeit, vor allem die herrliche Breite seiner Vorstellungswelt werden von keinem anderen Propheten erreicht. Auch solche Vorstellungen, die ihm überlieferungsgeschichtlich vorgegeben waren, begegnen bei ihm in der Regel in kühnster Neuprägung. Erst wenn man bedenkt, daß Jesaja ein antiker und kein moderner Mensch war, daß sein ganzer geistiger Haushalt sehr viel mehr traditionsbestimmt war, erst dann tritt die Wandlungsfähigkeit seiner Gedanken in ihr richtiges Maß. Die Biegsamkeit seiner Botschaft bei der Anpassung an jede Veränderung der politischen Situation ist so groß, daß uns allein an dem scharfen Profil seiner Botschaften die jeweilige geschichtliche Situation wie an einem Negativ deutlich werden kann. Um uns von ihm als Menschen eine Vorstellung zu machen, bleibt uns freilich neben einigen ganz dürftigen biographischen Angaben nur noch sein Stil. Aber welch eine Fülle entfaltet sich hier! Die Spannweite geht vom schneidenden Scheltwort bis zu Texten, in denen das Pathos in feierlicher Breite auslädt, von der geballten Knappheit eines Gottesspruches bis zum tönenden, in Worten schwelgenden Hymnus.[1] Charakteristisch für das eine wie das andere ist aber immer das Maß, in dem alles, was Jesaja sagt, gehalten ist; und dieses Maß, dieses Gehaltensein auch in Augenblicken höchster Leidenschaft, bewirkt es wohl, daß sich dem Leser immer wieder aufs neue der Eindruck von etwas menschlich Edlem aufdrängt. Daß Jesaja Jerusalemer, also Städter war, ist, obwohl uns genauere Angaben fehlen, die nächstliegende Annahme. Dort aber wird man ihn in den oberen Ständen zu suchen haben. Seine Freiheit im Umgang mit dem König oder mit hohen Beamten könnte das nur bestätigen. Er war verheiratet und hatte Kinder, denen er Symbolnamen gab (Jes 7,3; 8,3). Von seinen persönlichen Verhältnissen wissen wir sonst nichts; dafür, daß er im Bereich des Tempelkultes förmlich beamtet war, gibt es keinerlei Anhaltspunkte, dagegen gewichtige Argumente, die diese Annahme ausschließen.

---

1 Eine besondere Seite der jesajanischen Rhetorik sind die Vergleiche mit ihren schlagenden Pointen: Jes 1,8; 7,4; 18,4; 29,8.11 f; 30,13.17; 31,4.

Während das Reich Israel im 9. Jahrhundert in ständigen Kämpfen mit zum Teil sehr gefährlichen Feinden lag und sich der Aramäer, der Philister, der Moabiter, ja schon der Assyrer zu erwehren hatte (Ahab kämpfte 853 bei Karkar gegen eine assyrische Streitmacht), waren dem Reiche Juda so schwere Bedrohungen erspart. Das blieb auch noch im 8. Jahrhundert so und wandelte sich mit dem Ende der Regierungszeit Ussias, das ungefähr mit der Thronbesteigung des großen Tiglatpilesar (745—727) zusammenfiel.[2] In diese Wende fällt bezeichnenderweise die Berufung Jesajas (Jes 6,1). Sehr bald sollte der Assyrer im nächsten Gesichtskreis Judas auftauchen: Im Jahre 734 ist Tiglatpilesar in die palästinische Küstenebene bis zur Grenze Ägyptens vorgestoßen. Im darauffolgenden Jahre sollte Juda mit Gewalt zum Anschluß an eine anti-assyrische Koalition gezwungen werden. In dem daraufhin entbrannten »syrisch-ephraimitischen Krieg« ist es freilich nur bis zur Abschnürung Jerusalems gekommen; denn die Judäer haben den Assyrer selbst um Hilfe gerufen (2. Kön 15,37; 16,5 ff). Tiglatpilesar hat sich dann auch tatsächlich gegen das Reich Israel gewandt und ihm einen erheblichen Teil seines Territoriums abgenommen (2. Kön 15,29). Im Jahre 732 wurde dann Aram-Damaskus politisch liquidiert, und im Jahre 721, nach der Eroberung Samariens, wurde das ehemalige Israel in das assyrische Provinzialsystem eingegliedert. Damit war Assur der nächste Nachbar Judas geworden; die Grenze des assyrischen Hoheitsgebietes lag wenige Kilometer nördlich von Jerusalem! Von nun an konnten die noch freien Völker Palästinas vollends nicht mehr zur Ruhe kommen. Aus der nicht abreißenden Kette von Versuchen, sich mit Hilfe von Koalitionen und vor allem mit Hilfe von Ägypten gegen den Assyrer zu behaupten, heben sich drei Ereignisse besonders heraus: Um 720 der Aufstand Hamaths und Hanuns von Gaza, der mit den Ägyptern im Bunde stand. Der Sieg der Assyrer bei Raphia machte dem allem ein Ende. Viel enger war das Reich Juda in die Aufstandsbewegung der Jahre 713—711 verflochten, in der Asdod führend war; denn in diesem Fall hatte Juda unter Hiskia sein Vasallenverhältnis zu Assur, in dem es seit 732 stand, gebrochen und sich einer Bewegung, an der auch Edom und Moab beteiligt waren, angeschlossen. Auch dieser Aufstand ist von Assur durch die Entsendung des Tartan (Jes 20,1) zertreten worden. Leider wissen wir nicht, auf welche Weise es Juda gelang, dem Strafgericht noch einmal zu entgehen. Dagegen sollte die dritte Aufstandsbewegung, die im Zusammenhang mit dem Thronwechsel in Ninive (705) in Askalon aufflammte und der sich Juda wiederum anschloß, zu einer großen Katastrophe für Juda und Jerusalem führen. Zwar ist Sanherib erst im Jahre 701 in Palästina erschienen und hat sich auch zunächst nur in der Küstenebene der Zähmung der Philister zugewandt; als er aber bei Eltheke auch die Ägypter besiegt hatte, war die Macht der Koalition gebrochen, und es kam zu der bekannten Kapitulation Hiskias, die ihn den größten Teil seines Reiches kostete (2. Kön 18,13—16).

2 Das Todesjahr des Königs Ussia läßt sich jedoch nicht genau bestimmen; vielleicht fiel es in das Jahr 735.

Die Geschichtsereignisse spiegeln sich, wie gesagt, sehr genau in der Verkündigung Jesajas. Das letzte Ereignis, zu dem der Prophet Stellung nahm, war die Katastrophe Jerusalems im Jahre 701 (Jes 22, 1 ff; 1,7–9). Allerdings hat Jesaja diese seine Zeitgeschichte unter einem völlig anderen Aspekt gesehen, als sie der heutige Historiker sieht. Vielleicht wird diese seine prophetische Sicht deutlicher, wenn wir – was tatsächlich möglich ist – seine Verkündigung nicht nach ihrer geschichtlichen Abfolge darstellen, sondern nach ihrer überlieferungsgeschichtlichen Verwurzelung. Es läßt sich nämlich zeigen, daß die breite, ausladende Fülle der Botschaft Jesajas auf ganz wenigen religiösen Vorstellungen ruht, die ihm von der Tradition, vor allem der jerusalemischen, vorgegeben waren.

Wie Amos, so ist auch Jesaja ein unerbittlicher Wächter und Sprecher des Gottesrechtes. Er setzt die Anklagen gegen jede Form von Rechtsbeugung und gegen die Benachteiligung der Rechtsschwachen auf einer Breite und in einer Intensität fort, die die Annahme rechtfertigen, daß schon den Propheten des 8. Jahrhunderts eine gewisse Tradition, ein Herkommen hinsichtlich der Thematik der prophetischen Anrede vorgegeben gewesen sein muß. Man kann Jesajas Interesse am Gottesrecht gar nicht überschätzen.[3] An ihrer Einstellung zum Gottesrecht entscheidet es sich, ob das Verhältnis einer Gemeinschaft zu Gott in Ordnung ist. Die Rechtspflege ist für Jesaja der ausgezeichnete Ort, an dem es zutage tritt, wie man es mit Gott meint. So gehört das Bild eines Jerusalem mit untadeligen Richtern und das Bild von einem Gesalbten, der ein Garant des Rechtes ist, ins Zentrum der Weissagungen dieses Propheten (Jes 1,26; 11,3 ff). Das Gottesrecht wird ihm zum höchsten Heilsgut. Der moderne Leser muß sich bei alledem nur gegenwärtig halten, daß damals die Rechtsprechung von der breiten bürgerlichen Öffentlichkeit getragen und verantwortet werden mußte und nicht die Sache eines dazu ermächtigten Berufsbeamtentums war. Das alles – man denke auch an den Ruf: Gehorsam, nicht Opfer! (Jes 1,10–17) – erinnert, wie schon gesagt, stark an Amos und auch an Micha.[4] Und doch trägt dieses Interesse Jesajas

3 Dies wird schon ersichtlich an der Verwendung der Begriffe »Gerechtigkeit« und »Recht«, die eine zentrale Funktion in der Verkündigung Jesajas haben: »Gerechtigkeit« Jes 1,21.26.27; 5,7.16.23; 9,6; 10,22; 28,17; »Recht« Jes 1,17.21.27; 4,4; 5,7.16; 9,6; 10,2; 16,5; 28,6.17.

4 Besonders nahe kommen sich Jesaja und Micha in ihrem Kampf gegen die Latifundienwirtschaft der Jerusalemer Herrenschicht, in deren Händen sich der Erbbesitz vieler verarmter Bauern vereinigte (Jes 5,8; Mi 2,1–5). Darin allerdings unterscheidet sich Micha von Jesaja, daß er der völligen Auslöschung

am Gottesrecht einige Züge, die sich bei Amos nicht finden. Schon die eben herangezogenen Belege von der erneuerten Gottesstadt und von dem Reich des Gesalbten ließen erkennen, daß für Jesaja das Gottesrecht seine eigentliche Bedeutung nicht in sich selbst trägt, sondern erst in größeren und zwar politischen Zusammenhängen bekommt. Aus vielen Aussagen Jesajas spricht ein merkwürdig intensives Staatsdenken, also ein Interesse an den politischen Formen, die der von Jahwe begründeten Gemeinschaft angemessen sind, und auch an den Ämtern, die dafür nötig sind.[5] Dabei denkt Jesaja keineswegs amphiktyonisch; für ihn ist das Jahwevolk zunächst als Stadtstaat verfaßt. Als Stadtstaat mit allen seinen Ämtern wird Jerusalem eschatologisch erneuert (Jes 1,26) und in der heiligen Stadt werden sich die Erretteten bergen (Jes 14,32). Alles, was Jesaja über Rettung und Erneuerung Israels zu sagen hat, ruht – wie gleich noch deutlicher zu zeigen ist – auf dieser Vorstellung. Als ein Zeugnis dieses wachen Interesses an der Problematik des Staatlichen sei nur noch auf Jes 3,1–5 hingewiesen, wo Jesaja fast etwas wie eine Vision von dem Zerbrechen der staatlichen Ordnung erstehen läßt: Mit dem Verschwinden der legitimen Amtsträger, der Richter, der Offiziere und Ältesten, bricht die Anarchie herein. Da steigen Burschen und politische Bankrotteure aus der Hefe des Volkes auf, um Amtsträger zu werden; »der Knabe tritt gegen den Greis auf, der Lump gegen die Respektsperson«, und man sucht sich einen, der über »diesen Trümmerhaufen herrschen« soll. In diesen weiteren politischen Zusammenhängen haben also die Anklagen über die Verletzung des Gottesrechtes ihren Platz.

Eine Besonderheit ist bei Jesaja jedoch auffallend, nämlich die Tatsache, daß diese Klagen nicht nur wie bei Amos jäh und scharf an die jeweiligen Übertreter gerichtet werden, sondern daß sie gelegentlich in einen weiten, heilsgeschichtlichen Zusammenhang gestellt werden. So klagt Jahwe in Jesaja 1,2 f über die Aufsage des Gehorsamsverhältnisses seines Volkes. Dieser Gottesspruch ist aber als die Klage eines Vaters stilisiert, der nach Dt 21,18 ff zum Äußersten schreitet und einen rebellischen Sohn der Justiz übergibt. Mit diesem Spruch

Jerusalems aus der Geschichte entgegensieht (Mi 1,5; 3,12) und als Landjudäer die Wiederherstellung der patriarchalischen bodenrechtlichen Ordnungen von der »Gemeinde Jahwes« erwartet.
5 Eine Studie über die Verwaltung und Ämter des damaligen Jerusalem würde bei Jesaja wichtiges Material finden: »Richter« Jes 1,26; 3,2; »Vorsteher« Jes 1,10; 3,6 f; 22,3; »Vögte« Jes 3,12; »Palastvorsteher« Jes 22,15; »Verwalter« Jes 22,15; »Oberster« Jes 1,23; 3,3.14; »Patron« Jes 9,5; 22,21.

ist also ein langer Geschichtsweg – Jahwe deutet die Mühsal der Erziehung an – zu einem völlig negativen Ende gekommen. In Jes 1,21–26 verläuft der geschichtliche Weg in entgegengesetzter Richtung: nämlich vom Unheil zum Heil; aber auch hier hat die Verletzung der Gebote ihren Ort in einem weitausgreifenden Geschichtsplan Jahwes. Besonders plastisch tritt diese geschichtliche Perspektive, in die die göttliche Enttäuschung über die rechtliche Verwilderung gestellt ist – wieder gleichnishaft verbildlicht – in Jes 5,1–7 heraus. Wie breit lädt das kleine Lied aus, allein um die vielfältige Mühe deutlich zu machen, die der Mann mit seinem Weinberg hatte: eine lange Kultivierungsarbeit hat sich als völlig vergeblich erwiesen.

Aber Gott hat vor der Verkündigung dieses Propheten und vor seinem ganzen Wirken eine furchtbare Barriere aufgerichtet: das Wort von der Verstockung. Er hat es den Propheten schon in der Stunde seiner Berufung wissen lassen, daß es seine Aufgabe sein wird, das Herz dieses Volkes zu »verfetten« und seine Ohren stumpf zu machen und seine Augen zu »verkleben«, daß sie »mit eigenen Ohren hören und doch nichts verstehen, mit eigenen Augen sehen und doch nichts begreifen« (Jes 6,9 f). Wohl, man kann fragen, ob dieses Wort in seiner jetzigen Formulierung nicht schon eine gewisse Erfahrung voraussetzt; ob es nicht erst in einem gewissen Abstand von der Berufung diese äußerste Formulierung empfangen hat, als Jesaja schon ein gewisses Ergebnis seines Wirkens verrechnen konnte. Andererseits ist mit Recht auf die auffallenden Entsprechungen zwischen Jes 6 und 1. Kön 22,21 aufmerksam gemacht und geradezu von einem Typus der Sendungserzählung gesprochen worden. Dann war also gerade das Verstockungsmotiv dem Jesaja in der prophetischen Überlieferung schon vorgegeben? So oder so steht das Wort bei Jesaja an so exponierter Stelle, daß wir uns bemühen müssen, ihm seinen rechten Ort im breiteren Zusammenhang des Jahweglaubens anzuweisen. Für viele Ausleger lag die Sache verhältnismäßig einfach. Man berief sich auf die (gewiß unbezweifelbare) Tatsache, daß mit der fortgesetzten Verwerfung des göttlichen Wortes die Fähigkeit, es zu hören und zu verstehen, verkümmere. »Das bewußte Übergehen der göttlichen Wahrheit, das gewohnheitsmäßige Überhören der göttlichen Warnung, muß jene Abstumpfung gegen Gottes Wirken herbeiführen.«[6] Das Nichtwollen wird mit dem Nichtkönnen bestraft. Gegen diese Deutung der Ver-

---

6 *Eichrodt*, III, S. 112; ähnlich O. *Procksch*, Theologie des Alten Testaments (1950), S. 616; H. *Schultz*, Alttestamentliche Theologie (1896⁵), S. 465; J. *Seierstad*, Die Offenbarungserlebnisse der Propheten Amos, Jesaja und Jeremia (1946), S. 126.

stockungsvorstellung ist aber Einspruch zu erheben. Sie steht und fällt mit ihrem »wenn – dann«, mit der Bedingung des Vordersatzes und wird dadurch zu einer allgemeinen religiösen Wahrheit, die sich in dem weiten Bereich des Religiösen immer wieder bestätigt. Das Geschehen würde dann zu einem rationalen Vorgang, und das hieße hier, daß es als ein psychologischer Vorgang völlig begreiflich wäre. Allenfalls könnte man dann sagen, daß der Prophet mit seiner Verkündigung »eine feste sittliche Ordnung vollzieht«.[7] Aber die Deutung, die im Verstockungsgericht nur eine bestimmte Form des Vergeltungsgesetzes sieht, wird den Aussagen in keiner Weise gerecht; denn die Verstockung ist überall im Alten Testament als ein Handeln Gottes und nicht als eine sich innermenschlich auswirkende Gesetzmäßigkeit dargestellt. Überall, wo Gott den Menschen anredet, findet er ihn als einen entfremdeten vor; auch in seinem erwählten Volk war das nicht anders. Aber hier beginnt doch erst die Frage: Wie kommt es, daß Jahwe einmal erwählt und einmal verstockt? Wie kommt es, daß Jahwe in der Botschaft dieses Propheten plötzlich in eine Verborgenheit hinuntersteigt, wie sie Israel so noch nie erlebt hatte? Um an dem gottentfremdeten Israel den psychologischen Prozeß der religiösen Abstumpfung zum Abschluß zu bringen, dazu bedurfte es wirklich nicht erst der Botschaft eines Jesaja. Wer dem Wort von der Verstockung dadurch beizukommen sucht, daß er es indirekt, d. h. als das sekundäre Ergebnis einer theologischen Reflexion versteht, also etwa als den Ausweg aus einem theologischen Dilemma, oder als eine Erklärung für eine religiös-psychologische Gesetzmäßigkeit, der hat von vornherein einen Standort außerhalb des Textes bezogen. Das darf der Exeget aber nur dann, wenn wirklich alle Mittel, den Gegenstand in

<hr>

7 H. Schultz, a. a. O. S. 465. F. Hesse versteht die Verstockungsvorstellung als das Ergebnis einer Denkschwierigkeit: einerseits beobachtete man in Israel, daß das beharrliche Sündigen den Menschen vielfach blind macht für die »Gotteswirklichkeit«. Da aber dem Jahweglauben eine Herleitung so rätselhafter Phänomene aus der Sphäre dämonischer Mächte unmöglich war, so »blieb nur der Ausweg, Jahwe auch mit solchen Dingen in Verbindung zu bringen, die wesensmäßig eigentlich nicht mit ihm zu tun haben konnten« (Das Verstockungsproblem im AT, BZAW 74 [1955] S. 41–43). Aber das gerade ist zu bezweifeln, daß Jahwe mit der Verstockungsvorstellung »wesensmäßig« nichts zu tun habe. Außerdem fehlt für diese Erklärung der Verstockungsvorstellung aus einer angeblich vorgegebenen theologischen Ratlosigkeit jeder exegetische Anhaltspunkt, der uns ein Recht gäbe, die betreffenden Aussagen derart von rückwärts zu interpretieren, als habe Israel Jahwe zum Verstockenden gemacht und nicht Jahwe Israel zum Verstockten.

seinem direkten Sinne zu verstehen, erfolglos waren. Dieser Versuch ist aber gerade bei Jesaja 6,9 f weithin gar nicht gemacht worden.

Eine einigermaßen einheitliche, zusammenhängende Vorgeschichte der Verstockungsvorstellung gibt es nicht. Immerhin liegen doch all die Belege, die von irgendwelchen Betörungen oder Verhärtungen, die Israel seit je von Jahwe ausgehen sah, handeln, irgendwie im Vorfeld des jesajanischen Wortes. Der »böse Geist«, der einen Umschlag der Dinge in dem Sichem Abimelechs herbeiführte (Ri 9,23), der böse Geist, der über Saul gekommen war (1. Sam 16,14; 18,10; 19,9), die Betörung des Kriegsrates Absaloms, infolge derer die Männer den klugen Rat Achitophels verwarfen (2. Sam 17,14), endlich die törichte, aber von Jahwe verhängte Entscheidung Rehabeams (1. Kön 12,15) sind wie ein Vorspiel für die jesajanische Aussage. Sie sind gewiß kein »Ausweg« aus einem theologischen Dilemma, sondern zeigen vielmehr, wie wenig Schwierigkeiten es dem Jahweglauben gemacht hat, auch so dunkle Dinge aus der Hand Jahwes zu nehmen. Aber bei diesen Erwägungen muß man auch als Faktor miteinsetzen, daß die gesamte altorientalische wie griechische Antike viel realistischer von dem Phänomen der Betörung bewegt war, von einer Form des politischen Wahnsinns, der unweigerlich in der Selbstzerstörung endet, und daß man so Ungeheuerliches, so ein Versinken in Wahn und selbstgewirkter Vernichtung gerade nicht mehr menschlich-immanent zu verstehen vermochte, sondern letztlich nur als eine unerforschliche Wirkung der Gottheit. Bei der Verstockung Pharaos liegen die Dinge allerdings etwas anders; denn sie wird von den Erzählern als ein Ereignis in einem weitausgreifenden Geschichtsplan verstanden, den sie einleitet.[8] Dieser in sich ziemlich abgeschlossene Überlieferungskreis könnte aber gerade für das Verständnis der jesajanischen Verstockung um so wichtiger werden, als hier in der Tat etwas wie eine logische Motivierung gegeben wird; freilich keine, die von Menschen nachträglich angestellt wird. Die Verstockung, so wird dem Pharao gesagt, war geschehen, »um dir meine Macht zu zeigen und daß man meinen Namen auf der ganzen Erde verkündigt« (Ex 9,16 / J?).[9]

Nichts soll uns ferner liegen, als so etwas wie eine allgemeine Vorstellung der Verstockung aus den verschiedenen Belegen abzuleiten. Es gilt vielmehr, Jesaja zu verstehen; dazu muß man einerseits wissen, daß er, was diese Vorstellung betrifft, Erbe einer Anschauung war, die in Israel, ja in der ganzen Antike eine unbestrittene Basis hatte; daß er aber andererseits etwas Neues und in Israel so noch nicht Erhörtes ausgesprochen hat. Unerhört ist der Radikalismus seiner Sicht, daß Israel an Jahwe selbst zu Fall kommen wird; unerhört ist seine Konzeption von dem schöpferischen Jahwewort (Jes 9,7), unerhört ist endlich bei ihm die Weiträumigkeit der göttlichen Geschichtspläne, die Vorstellung von Jahwes »Werk«. In diesem theologischen Vorstel-

8 Ex 4,21 (J); 9,12 (P); 10,1 (J). 20 (E). 27 (E).
9 Vgl. auch Ex 7,5 (P); 11,9 (P); 14,4 (J). 17 (P).

lungsfeld hat auch das Wort von der Verstockung Israels seinen festen Ort. Ohne die Vorstellung von dem schöpferischen Jahwewort, von der schon ausführlicher die Rede war, ist die Aussage einer vom Propheten selbst zu wirkenden Verstockung gewiß nicht zu verstehen; ja es will scheinen, als käme diese althergebrachte Vorstellung in dem Wort von der Verstockung zu ihrer letzten und schärfsten theologischen Konsequenz. Gewiß, die Vorstellung, daß das prophetische Wort allein kraft seiner Mächtigkeit imstande sei, Gerichte und Katastrophen zu wirken, wurde schon vor Jesaja gelegentlich in großer Prägnanz ausgesprochen; aber nun bricht es mit einemmal bei Jesaja hervor, daß dieses Wort nicht nur im äußeren Raum der Geschichte, sondern auch in den Menschen, im heimlichsten Bezirk ihrer eigenen Herzen, das Gericht wirkt: nämlich die Ablehnung des rettenden Rufes Jahwes.

Die Verstockungsaussage in Jes 6 klingt ganz exklusiv, und so wollte sie auch verstanden werden. Um so wunderbarer hebt sich von diesem trostlosen Hintergrund die Tatsache ab, daß Jesajas Botschaft trotzdem von einem kleinen Kreis aufgenommen worden ist. Wenige Jahre später wird Jesaja das Fazit seines ersten Wirkens dahin bestimmen, daß Jahwe »sein Angesicht vor dem Hause Jakobs verborgen hat« (Jes 8, 17), und in seinem letzten Rechenschaftsbericht kommt der Prophet wieder auf diese Tatsache zurück, daß Jerusalem und Juda widerstrebt haben, wobei die Verstockung in diesem Zusammenhange ausgesprochenermaßen als schuldhaft erscheint (Jes 30,8 ff). Als eine »Grenzaussage« sollte man das Wort von der Verstockung deshalb nicht bezeichnen; denn das Rätsel der Verhärtung gegenüber Jahwes Angebot durchzieht Jesajas ganzes Wirken; es ist geradezu die Folie, von der sich Jahwes immer neues Einladen abhebt.

»Starret und staunet! Verblendet euch und erblindet!
›Seid trunken‹, doch nicht vom Wein, ›taumelt‹, doch nicht vom Rauschtrank;
denn Jahwe hat auf euch einen Geist tiefen Schlafes ergossen
und hat eure Augen verschlossen und eure Häupter verhüllt . . .
. . . Darum handle ich an diesem Volke noch einmal wunderbar,
wunderbar und wundersam, daß vergeht die Weisheit der Weisen
und der Verstand seiner Verständigen sich verbirgt« (Jes 29,9—14).

»Darum handle ich an diesem Volk«, sagt Jahwe; die Verstockung ist also für Jesaja ein sonderliches Geschichtshandeln Jahwes an Israel. Jesaja – das zu zeigen wird im folgenden eine unserer Hauptaufgaben sein – spricht überhaupt nur von einem Handeln, von dem »Werk« seines Gottes! Das erste, was er zu diesem Thema zu sagen hat, ist das Wort von der Verstockung; es wird nicht das letzte sein.

Das heißt aber, daß wir neu lernen müssen, das Wort von der Verstockung heilsgeschichtlich zu sehen. Wer es sich psychologisch oder frömmigkeitsgeschichtlich zurechtlegt, oder wer es sonstwie nur als Strafe versteht, der muß es als das Ende, als den Abschluß eines mehr oder minder gesetzmäßig ablaufenden Prozesses verstehen. Dem widerspricht jedoch der einfache textliche Befund bei Jesaja; denn bei ihm steht die Verstockung wohl paradoxerweise, aber betont am Anfang eines heilsgeschichtlichen Ablaufes. Am Anfang, in seiner Berufung, hat Jesaja dieses Wort empfangen, und in Jes 8,17 sagt er höchst paradox, daß er gerade auf diesen verstockenden Gott hoffe; auch da ist also die Verstockung ein Ereignis, von dem aus der Prophet seinen Blick in die Zukunft richtet; und in Jes 30,8 ff verhält es sich nicht anders. Das Nichthören – es war schon davon die Rede – erledigt das prophetische Wort noch lange nicht. Die Botschaft, der gegenüber sich Jerusalem verhärtet hat, soll aufgezeichnet werden »für einen künftigen Tag«. An diesem Tag – so meint es doch Jesaja – wird sich all das erfüllen, was an den Ohren seiner Zeitgenossen spurlos vorübergegangen war. Es weist doch bei Jesaja schlechthin alles in die Zukunft, – auch das Wort von der durch Jahwe selbst gewirkten Verstockung.

1. Der Zion

Wir stehen nun vor der Aufgabe, das, was wir eben noch sehr unbestimmt als die Einladung Gottes bezeichnet haben, mit einigen Strichen im Sinne Jesajas näher zu entfalten. Man wird bei der Entfaltung der Botschaft Jesajas von vornherein die Frage nach der sakralen Tradition im Auge behalten müssen, in der Jesaja als Jerusalemer gestanden haben kann, und sich der besonderen Situation in Jerusalem zu erinnern haben, das ja schon durch seine relativ spät erfolgte Einbeziehung in den Kultbereich des Jahweglaubens in überlieferungsgeschichtlicher Hinsicht sein eigenes Leben hatte. Tatsächlich gibt die Botschaft des Propheten auf diese Frage eine sehr bestimmte Antwort. Gewiß hat Jesaja seine Verkündigung in den langen Jahren seines Wirkens je nach der Stunde und dem Personenkreis, dem er sich zu stellen hatte, verschieden gestaltet; aber er hat doch eine Form, ja so etwas wie ein Schema, derart bevorzugt, daß man – will man diesen Propheten verstehen – gut tut, von jener Form auszugehen. Das Schematische im Aufbau der Redeeinheiten tritt nur deshalb für den Leser zurück, weil Jesaja die einzelnen Elemente erstaunlich vielseitig zu variieren wußte. Sehr klar, fast wie in einem Modell, tritt das innere Gefälle dieser Einheiten in Jes 17,12–14 heraus: Ein tosendes Völkergewoge wälzt sich gegen den Zion heran; aber Jahwe schilt darein: da fliehen sie fernhin. »Zur Abendzeit, siehe Schrecken! Noch vor dem Morgen ist nichts mehr da.« Die Völker, von denen hier gesprochen wird, sind merkwürdigerweise geschichtlich nicht greifbar; sie erscheinen vielmehr als eine formlose, politisch ganz unprofilierte wogende Masse; eine Vorstellung, die gerade durch die Heranziehung von Motiven aus dem Chaosdrachenkampfmythus gefördert wird. Aber auch die Abwehr ist in keiner Weise als ein militärischer Akt erkennbar; sie ereignet sich durchaus wunderhaft und ohne Zuschauer zwischen Abend und Morgen. Nur hinterher kann man staunend die Rettung feststellen. Das Stück läßt sich schwer datieren; die alte Annahme, Jesaja handele von Sanheribs Belagerung, ist längst fallen gelassen; denn von jenem Ereignis hat Jesaja ganz anders gesprochen. Daran, daß Jesaja auf eine bestimmte politische Möglichkeit hin gesprochen hat, ist wohl nicht zu zweifeln; aber die Vermutung legt sich dringend nahe, daß sowohl die Form wie die einzelnen Vorstellungsinhalte bei dieser Sprucheinheit vom Propheten nicht für den augenblicklichen Anlaß geschaffen wurden, sondern daß Jesaja hier von einer Überlieferung abhängig ist. Bei der Frage, um welche Überlieferung es sich da handeln könnte, wäre zunächst an die Gruppe der sogenannten Zionlieder zu denken (Ps 46; 48; 76), weil sich in ihnen eine spezifisch jerusalemische – und das hieße: eine ganz unamphiktyonische – Tradition ausspricht. Alle drei Lieder wissen von einem Angriff von Königen und Heeren auf den Zion zu melden, der von Jahwe geheimnisvoll abgewendet wurde: »Sie sahen's und erstarrten, sie wurden bestürzt und flohen, Zittern erfaßte sie daselbst« (Ps 48, 6 f). Vor dem Zion »zerbrach (Jahwe) des Bogens Blitze, Schild und Schwert und Krieg«, »vor deinem Schelten, Gott Jakobs, lagen sie betäubt mit Wagen und mit Roß« (Ps 76,4.7). Das Ereignis, auf das diese Dichtungen zurückgehen, läßt sich in der Geschichte des davidischen Jerusalem nicht unterbringen; mythologisch im engeren Sinne ist der Stoff aber auch nicht; vielleicht entstammt er dem vordavidischen Jerusalem? Daß diese Psalmen vorjesajanisch sind, ist wahrscheinlich; sind sie es nicht, so würde das nicht viel ändern; denn die von ihnen dargebotene Überlieferung von jenem vereitelten Anschlag auf Jerusalem ist von ihnen gewiß nicht erdichtet worden, sondern viel älteren Ursprungs. Der Zusammenhang Jesajas aber mit dieser altjerusalemischen Tradition ist mit Händen zu greifen, ganz besonders bei der ebenso pathetischen wie geheimnisvoll schwebenden Darstellung des göttlichen Eingreifens. Das wird noch deutlicher, wenn wir andere jesajanische Texte heranziehen, wobei der Prophet freilich in jedem Einzelfall die alte Überlieferung zu etwas ganz Neuem macht. So ist in Jes 10,27b–34, einem Stück, das vielleicht mit Jes 17,12 ff aus einer Epoche, nämlich aus der Zeit um 715 stammen könnte, der Ansturm der Feinde gar nicht vage und konturenlos angedeutet; vielmehr geht ihm der Text in alle geographischen Einzelheiten nach, indem er die von ihm betroffenen Ortschaften der Reihe nach nennt, bis der Feind »seine Hand über dem Berg der Tochter Zion schwingt«. Aber nun greift Jahwe »mit Schreckensgewalt« ein. Die Vernichtung der Feinde geschieht durch ein ganz persönliches Eingreifen Jahwes und nicht etwa in einer Schlacht. Aber auch hier kommt die Rettung in allerletzter Stunde; die judäische Landschaft ist schon überflutet, erst vor dem Zion wird die Feindesmacht zerbrochen werden. Von dieser Gewißheit geht Jesaja auch in der Aufstandsbewegung des Jahres 720 aus, in der er die Gesandten, die gewiß zur Beteiligung an dem Aufstand auffordern wollten, mit dem gelassenen Bescheid abfertigt: »Jahwe hat den Zion gegründet; dort werden sich bergen die Elenden seines Volkes« (Jes 14,28–32). Sachlich und zeitlich steht diesem Wort die Weissagung nahe, derzufolge Assur in Jahwes eigenem Land vernichtet werden wird (Jes 14,24–27). Aus der Spätzeit, als der Prophet den Angriff Sanheribs erwartete, haben wir allein drei mehr oder minder vollständige Variationen des ihm vorgegebenen »Schemas« mit allen seinen Einzelteilen. Das große Arielgedicht (Jes 29,1–8) bringt freilich schon am Anfang einen höchst paradoxen Gesichtspunkt: Jahwe wird sich selbst wider den Zion erheben (»dann will ich Ariel bedrängen ... ich lagere mich wider dich ringsherum«). Damit sind natürlich alle Akzente verlagert; denn nun bedeutet das Ereignis eine äußerste Demütigung des Zion (v. 4). Aber darauf folgt die gnädige Wende; mit Sturm und Wetter wird Jahwe eingreifen und die Bedränger werden wie die dahinfliegende Spreu und wie Staub werden. Hier ist also Jahwe zuerst in dem Angriff der Feinde auf den Zion aufs persönlichste gegenwärtig, dann aber wendet er sich gegen diese Feinde.

> »Und es wird sein, wie wenn ein Hungriger träumt, er esse,
> und wenn er erwacht, ist seine Gier ungestillt,
> und wie wenn ein Durstiger träumt, er trinke,
> und er erwacht mit lechzender Gier, —
> so wird es der Menge aller Völker gehen, die wider den Berg Zion
> zu Felde liegen« (Jes 29,8).

In Jes 30,27–33 dagegen — einem der gewaltigsten Texte Jesajas — geht es allein um die Abwehr Assurs, zu der Jahwe selbst, lodernd vor Zorn, erscheint, um seine majestätische Stimme erschallen und das

Niederfallen seines Armes sehen zu lassen. In Jes 31,1–8 endlich wendet sich Jesaja gegen die, die sich angesichts der Bedrohung auf Bündnisse und Rüstungen verlassen. Jahwe ist es doch, der den Zion schützt. Er wird selbst herniedersteigen, »er wird schirmen, erretten, verschonen, entrinnen lassen« (v. 5).

Von Jesajas Botschaft in seiner Frühzeit im syrisch-ephraimitischen Krieg muß etwas ausführlicher die Rede sein; denn in Jes 7,1–9 ist zunächst der formgeschichtliche Befund ein ganz anderer. Jes 7,1–9 ist zwar eine Prophetenerzählung, die aber ihrerseits nur den plastischen Rahmen bildet für ein eingelegtes prophetisches Mahn- und Verheißungswort. Es handelt sich also um eine ziemlich seltene Vermengung zweier literarischer Gattungen. Und hier, in dieser Mahnung, ganz ruhig und ohne Furcht zu bleiben, und in dieser Verheißung, daß nämlich der Ansturm der Verbündeten gegen Jerusalem nichts erreichen wird, kann man doch unschwer die Grundvorstellungen des Schemas wieder erkennen; nur daß hier das Geschehen nicht »neutral« von außen, sondern vom Standort des Zion aus gesehen wird. Während in den bisher herangezogenen Texten das Interesse mehr oder minder ausschließlich auf die äußeren Vorgänge, eben den Ansturm und die Abwehr, konzentriert war, wird hier nun auch die innere Einstellung derer wichtig, in deren unmittelbarem Umkreis sich so Schreckliches und Wunderbares ereignet. Sie werden gefragt, ob sie denn auch all diese Bedrängnisse im »Glauben« überstehen werden; denn nur so können sie überstanden werden (Jes 7,9).

Das Wort vom Glauben scheint bei Jesaja einigermaßen isoliert, und das hieße: traditionslos, aufzuklingen. Aber das Gegenteil ist der Fall; denn Jesaja ist gerade in diesem Fall in besonders deutlichem Maße der Erneuerer einer alten Überlieferung. Man muß nur darauf aufmerksam werden, in welch ausgedehntem Maße Jesaja in Vorstellungen einhergeht, die aus dem alten Überlieferungskreis von Jahwes heiligen Kriegen stammen. So, wie Jahwe ehedem zu diesen seinen Kriegen von fernher erschienen ist (Ri 5,4 f), so wird er »herabkommen zur Heerfahrt auf den Berg Zion«; und so, wie er ehedem ganz allein und ohne alle menschliche Mithilfe die Feinde vernichtet hat, so »wird Assur fallen durch das Schwert eines Nichtmenschen und Nichtirdischen« (Jes 31,4b.8). Jahwe wird herbeikommen, seine Stimme erschallen lassen und »unter Sturm, Wetter und Hagelsteinen« den Kampf führen (Jes 30,30); er wird den Zion heimsuchen »mit Donner, Erdbeben und lautem Schall, mit Sturm und Wetter« (Jes 29,5). Genauso, wie er ehedem im Kampf gegen die Kanaanäer hat Steine vom Himmel fallen (Jos 10,11) und wie er im Kampf gegen die Philister mit gewaltigem Getöse gedonnert (1. Sam 7,10) und die Erde hat beben lassen (1. Sam 14,15), so wird es sich auch nach der Weissagung Jesajas bei Jahwes eschatologischem Erscheinen ereignen. In diesen althergebrachten Vorstellungskreis von Jahwes rettender Hilfe gehört nun aber auch die »Glaubens«forderung hinein. Ohne daß das Wort »Glaube« fiel, ist es in der Erzählung von Gideons Kampf gegen die Midianiter schon zur Sprache gekommen (Ri 7). In der Erzählung vom Schilfmeerwunder findet sich – sie liest sich fast wie eine Präfiguration von Jes 7,1 ff! – nicht nur die Mahnung, sich in Erwartung der nahen Hilfe »nicht zu fürchten«, vielmehr »stille zu sein«, sondern auch, gewissermaßen als ihr Fazit, der Satz, daß Israel damals an Jahwe »geglaubt« habe (Ex 14,31). So kann also kein Zweifel sein, daß Jesaja in seiner Zeit die Vorstellung von Jahwes rettenden, aber Glauben fordernden Kriegen mit großer Vehemenz erneuert hat. Man darf nur nicht denken, daß Jesaja dabei unmittelbar auf die Vorstellungen der Richterzeit zurückgeht; er hat vielmehr an Vorstellungen angeknüpft, wie sie sich etwa am Anfang der Königszeit verfestigt hatten. Charakteristisch dafür ist die Auffassung vom heiligen Krieg als einem reinen Wunder; die Rettungstat Jahwes ist völlig autark und duldet keinen menschlichen Synergismus.[10]

Genau an diesem Punkt, nämlich in der leidenschaftlichen Ausschaltung jeglicher eigenen Sicherung, setzt Jesajas Eifern ein. Daß er eine große Errettungstat unmittelbar bevorstehen sah, war nur die eine Seite seiner Botschaft. Alles kam dabei darauf an, daß Ahas und die Jerusalemer Oberen auch ihrerseits dieser Tat Gottes Raum ließen. Das aber hieß Jesaja »Glauben«: dieses Raumgeben dem Walten Gottes, dieses Abstehen von Selbsthilfe. Die Glaubensforderung wird also bei Jesaja in einem entschieden polemischen, ja negativen Sinne aktualisiert: Nur jetzt nicht durch eigene politisch-militärische Geschäftigkeit Gott den Platz verstellen. Sich »stille zu verhalten« (Jes 7,4) wäre die einzige der Situation angemessene menschliche Haltung. Dasselbe hat Jesaja noch einmal viele Jahre später, angesichts der Bedrohungen durch die Assyrer, in dem Paradox ausgesprochen, daß »Stillesein« jetzt »Stärke« wäre (Jes 30,15). Ohne Zweifel denkt Jesaja bei diesem Stillesein nicht nur an einen inneren Zustand der Seele, sondern an eine Einstellung, die sich in einem ganz bestimmten politischen Verhalten äußern wird.[11] Aber der »Gegenstand«, auf den sich dieser

10 Vgl. dazu v. Rad, Der Heilige Krieg im alten Israel (1952), S. 42 ff, S. 56 ff.
11 Die Frage, ob vom Standpunkt eines realen politischen Handelns aus diese Forderung des Stilleseins als »utopisch« zu bezeichnen ist oder ob sie auch in realpolitischer Hinsicht klug war, mengt Gesichtspunkte ein, die dem Propheten ganz fern lagen; denn sie prüft seine Weisung von einem neutralen Standpunkt aus auf ihre praktische Realisierbarkeit. Es ist klar, daß die Frage auf diesem Weg von uns, die wir die Koeffizienten des damaligen Kräftespiels gar nicht mehr übersehen, kaum zu entscheiden ist. Für Jesaja war das Stille-

Glaube gründen sollte, war für die Zeitgenossen Jesajas noch nicht
vorhanden; er war zukünftig. Das also war das Ungeheure, daß Jesaja
ihnen zumutete, ihre Existenz in ein zukünftiges Gotteshandeln hin-
auszuverlegen. Wenn es ihnen gelänge, sich in der zukünftigen Rettungstat Jahwes zu bergen, dann würden sie gerettet werden. Später,
als alles vorüber war, als Jerusalem kapituliert hatte und die Landschaft verwüstet war, da hat Jesaja noch einmal mit den Maßgebenden
in der Hauptstadt abgerechnet. In der Frage ihrer militärischen Sicherung haben sie es an nichts fehlen lassen; hinsichtlich der Be-
festigung und der Wasserversorgung der Stadt ist alles Erdenkliche
geschehen:

> »aber ihr blicktet nicht hin auf den, der es tat,
> und auf den, der es von fern her fügte, schautet ihr nicht« (Jes 22,11b).

Der Begriff des »Hinsehens« auf das Geschichtshandeln Jahwes scheint
seltsam; aber auch er ist überlieferungsbestimmt; denn schon Mose
hat nach der Darstellung des Jahwisten die Israeliten aufgefordert,
sich nicht zu fürchten, sich hinzustellen und auf die Hilfe Jahwes »hin-
zuschauen« (Ex 14,13), und die Erzählung schließt dann auch mit dem
Vermerk, daß Israel »die große Hand Jahwes geschaut« habe (v. 31).
Der Begriff des Hinsehens auf das Handeln Jahwes kehrt – ebenso
absolut gebraucht wie der des Glaubens – noch anderwärts bei Jesaja
wieder und ist fast ein Synonym für Glauben; jedenfalls beschreibt er
ähnlich wie der Begriff des »Stilleseins« eine sehr wesentliche Seite von
dem, was Jesaja »Glauben« nennt.

Aber die Vorstellung Jesajas vom Glauben, vom Stillesein und vom
Hinschauen auf Jahwe verlangt selbst darnach, in noch weitere prophetische Zusammenhänge eingeordnet zu werden, nämlich in den

sein natürlich auch das politisch Klügere, aber nur weil Jahwe es geboten
hatte! Sollte E. *Würthwein* mit der Auffassung recht haben, daß Jesaja den
Treubruch gegenüber Jahwe nur in dem Hilferuf an Assyrien gesehen, daß er
aber nicht daran gedacht habe, jedes militärische Handeln auszuschließen, daß
er im Gegenteil gemahnt habe, den Kampf in Ruhe und Furchtlosigkeit auf-
zunehmen, dann ändert sich nichts Wesentliches, da ja nach allen einschlägigen jesajanischen Texten Jahwe auch so die ganze Last der Abwehr zu tragen
verheißen hatte. Aber da schon die vorjesajanische Überlieferung die Tendenz zeigte, alles menschliche Kämpfen immer mehr auszuschalten, und da
Jesaja von einem solchen Kämpfen nie spricht, vielmehr in extremen Aussagen alles von Jahwes Eingreifen erwartet, ist mir diese Auffassung nicht
sehr wahrscheinlich (E. *Würthwein* in: Theologie als Glaubenswagnis, Fest-
schrift für Karl Heim, S. 47 ff). Vgl. zu dem Problem auch *H.-J. Kraus*, Prophetie und Politik (1952); *K. Elliger*, Prophet und Politik, ZAW 1935 S. 3 ff.

Vorstellungskreis von Jahwes »Werk« und von seinem »Ratschluß«. Jesaja hat einmal die gedankenlosen Schlemmer in der Hauptstadt angegriffen:

> »Aber das Werk Jahwes sehen sie nicht
> und das Tun seiner Hände schauen sie nicht« (Jes 5,12).

Diese Vorstellung von einem »Werk« Jahwes entstammt schwerlich einer sakralen Tradition; sie scheint wirklich eine freie Prägung Jesajas zu sein. Wenige Verse später, in einem anderen Drohwort, apostrophiert Jesaja die Worte derer, die da sagen:

> »(Jahwe) beschleunige doch sein Werk, daß wir es schauen;
> es nahe, es erfülle sich doch der Plan des Heiligen Israels, daß wir ihn
> erfahren« (Jes 5,19).

Es ist ganz deutlich, daß in dieser spöttischen Rede der Gegner Jesajas die Begriffe »Werk« und »Plan« aus der Verkündigung Jesajas selbst aufgegriffen sind. Hier erscheint neben dem Begriff des Werkes der des Ratschlusses Jahwes. Auch er ist wohl eine eigene Schöpfung des Propheten. Er ist von Haus aus ganz säkular und bedeutet den in einer Ratsversammlung gefaßten Beschluß. Es liegt nahe, daß dabei an den himmlischen Thronrat gedacht ist, in dem ein politisches Vorhaben durchgesprochen und dann beschlossen wurde (1. Kön 22,19–22). Diese Konzeption von einem Plan, den Jahwe in der Geschichte zur Durchführung bringt, ist in der prophetischen Verkündigung des 8. Jahrhunderts etwas Neues. Der moderne Leser tut gut, wenn er alle Vorstellungen von einer allgemeinen Lenkung der Weltgeschichte durch die göttliche Vorsehung fernhält; denn es handelt sich ja bei diesem »Ratschluß« für Jesaja um eine Veranstaltung zur Rettung des Zion, also um ein Heilswerk. Aber dieses Heilshandeln Jahwes hat Jesaja in die weitestmöglichen geschichtlichen, d. h. in weltgeschichtliche Zusammenhänge gestellt. Hier wurde nichts improvisiert: Jesaja sagt sehr bezeichnend, daß Jahwe sein Werk »von fern her« (Jes 22,11) »gebildet« habe (vgl. Jes 37,26). Dieses Werk Jahwes füllt also den ganzen weltgeschichtlichen Raum aus, soweit er damals überhaupt überschaubar war; und wie mit ihm die großen Weltreiche in Kollision geraten, die sich selbstbewußt in demselben geschichtlichen Raum breit machen, das ist eines der ungeheuren Themen, zu dem Jesaja immer wieder zurückgekehrt ist.

> »Geschworen hat Jahwe Zebaoth:
> Wie ich's erdachte, so soll es geschehen,

und wie ich's beschloß, so soll es bestehen,
zu zerschmettern Assur in meinem Lande;
auf meinen Bergen werde ich ihn zertreten . . .
dies ist der Ratschluß, beschlossen über die ganze Erde,
dies ist die Hand, ausgereckt über alle Völker.
Denn Jahwe hat's beschlossen, wer kann es zunichte machen?
Seine Hand ist ausgereckt, wer will sie zurückbiegen?« (Jes 14,24–27).

In diesem Stück, das aus der Zeit der ersten akuten Bedrohung durch die Assyrer zu stammen scheint, wird es nun vollends deutlich, daß im Mittelpunkt dieses Ratschlusses der Zion stand. Ihn zu schützen muß Assur »auf Jahwes Bergen« scheitern. Aber dieses auf einen kleinen Ort konzentrierte Geschehen umspannt die ganze Erde; »alle Völker« müssen sich ihm beugen; denn Jahwes ausgereckten Arm kann ja niemand zurückbiegen.

Den gleichen Geist atmet der große Assurabschnitt Jes 10,5–19, schon in formaler Hinsicht eine der gewaltigsten Dichtungen Jesajas, ungewöhnlich auch durch den barocken Ausbau der Scheltrede, in die der Prophet so viel hineingepackt hat, daß geradezu ein Mißverhältnis zu dem Drohwort (v. 16 ff) entstanden ist. Assur hatte einen bestimmten, aber nach der Auffassung Jesajas doch streng begrenzten Auftrag von Jahwe empfangen, nämlich sein Volk schwer zu züchtigen. Aber Assur ist im Begriff, diesen Auftrag zu überschreiten. Noch ist nichts darüber hinaus geschehen; aber allein die Tatsache, daß Assur »im Sinne hat«, diesen Auftrag zu überschreiten, daß es zu vernichten »gedenkt«, ist Grund genug, es mit dem Gericht zu bedrohen. Der Text läßt wie kaum ein anderer die Art prophetischer Geschichtsschau erkennen. Darüber, wie dem Assyrer dieser Auftrag zugekommen ist, reflektiert Jesaja nicht; die Tatsache selbst steht ihm unbezweifelbar fest. Alles steht und fällt mit der Voraussetzung, daß Jesaja sich anmaßt, den göttlichen Plan zu kennen, der hinter einem aktuellen politischen Ereignis seiner Zeit, hier also dem Übergreifen der Assyrer auf Palästina, steht. Von da her zerlegt sich ihm das Ereignis nach seinem göttlichen und seinem menschlichen Koeffizienten, und er vermag das, was sich an menschlicher Eigenmächtigkeit eingemengt hat, als die schuldhafte menschliche Zutat von dem, was Jahwe seinerseits im Sinne hatte, abzuscheiden. Derart die Geschichte nach ihrem innersten göttlichen Plan zu deuten, das war für die Propheten gewiß alles andere als eine rationale Methode, die sie beliebig handhaben konnten; aber in Augenblicken besonderer geschichtlicher Spannungen haben sie die Vollmacht einer solchen Geschichtsschau aufgrund von Inspirationen, über die sie sich nicht ausgelassen haben, in Anspruch genommen.

In diesem Zusammenhang findet sich auch der Satz, daß Jahwe »sein ganzes Werk auf dem Berge Zion zum Abschluß bringen wird« (v. 12). Leider steht er im Aufbau des Ganzen an unguter Stelle, stammt also möglicherweise aus einem anderen Zusammenhang; aber als jesajanisch darf er doch ohne Bedenken in Anspruch genommen werden. Deutlicher noch als andere Belege zeigt er, wie das, was Jesaja gern das »Werk« Jahwes genannt hat, welches den ganzen geschichtlichen Raum ausfüllt, dem Zion gilt und sich dort auch vollenden wird.[12]

Nach den bisher erörterten Belegen, sonderlich nach Jesaja 7,1 ff; 17,12 ff, mußte es den Anschein haben, daß Jahwe den Zion unter allen Umständen gegen den Assyrer schützen wird. Tatsächlich hat das Jesaja nicht nur einmal ganz deutlich ausgesprochen. Trotzdem hat er dieses Geschehen niemals ganz eindeutig gesehen; am wenigsten vielleicht in seiner Frühzeit, da er von dem Kommen der Assyrer fast ausschließlich ein verheerendes Strafgericht und eine Züchtigung für Juda erwartet hat (Jes 7,18.20). Aber diese dunkle Rückseite des Werkes Jahwes hat der Prophet wohl nie ganz aus den Augen verloren. In der Spätzeit tritt diese Sicht wieder in den Vordergrund; so z. B. in dem Arielgedicht, das, wie wir schon sahen, in Jahwe selbst den Bedränger des Zion sieht. Da wird »Jammer und Wehklagen« sein und Jerusalem »einem Totengeist« gleich werden, dessen tonlose Stimme »tief aus dem Staube her tönen wird«. So schwer wird die Demütigung sein, die der Errettung vorhergeht (Jes 29,2.4). Hier gewinnt das Werk Jahwes für den Zion eine merkwürdige theologische Ambivalenz: es richtet und rettet in einem. Noch schärfer hat das Jesaja vor den Oberen Jerusalems ausgesprochen, die geglaubt haben, »Lüge zu ihrer Zuflucht« machen zu können, um sich im »Trug zu bergen«. Jesaja warnt sie:

> »Denn wie am Berge Perazim wird sich Jahwe erheben,
>   wie im Tale von Gibeon wird er wettern,

12 Nur einmal, so scheint es, hat Jesaja sehr grundsätzlich und theoretisch lehrhaft von Jahwes Geschichtswalten gesprochen, nämlich in Jes 28,23—29, falls das Verständnis dieses Textes als einer Gleichnisrede, die auf eine übersinnliche Ordnung, d. h. eben auf Jahwe und sein Geschichtswalten zielt, im Recht ist. Vielleicht ist es aber doch nicht ganz leicht zu nehmen, daß im Text jeder Hinweis darauf, daß er nicht im eigentlichen Sinne zu verstehen, daß er eine Rätselrede sei, fehlt. In Vergils Georgica findet sich ein Gedicht von den Tätigkeiten des Landmannes in der Folge der Jahreszeiten, einschließlich des Hinweises auf die Gottheit, die den Bauern belehrt hat (v. 35 ff). Es unterscheidet sich eigentlich nur im äußeren Umfang von Jes 28,23 ff und ist noch nie als Gleichnis verstanden worden.

um seine Tat zu verrichten, — seltsam sein Tun,
und sein Werk zu wirken, — befremdlich sein Werk!« (Jes 28,21).

Wieder klingt die Vorstellung von dem »Werk Jahwes« auf; aber von
allen Belegen ist dieser der seltsamste. Auch er bewegt sich mehr in
Andeutungen und läßt vieles offen. Sicher ist nur, daß sich Jahwe zu
einem furchtbaren Kampf erheben wird; man spürt den Worten ab,
wie den Propheten selbst der Schauder packt vor dem »Barbarisch-Frem-
den« dieser Selbstoffenbarung Jahwes. Noch einmal wird sich Jahwe
erheben. Das Kommende steht also in einem typologischen Bezug zu
jener Tat, die damals Davids Reich begründete. So wird wohl auch
diese Tat im letzten die Errettung der Gottesstadt wirken. Aber was
würde das für jene »Spötter« bedeuten? Ihnen gilt nur die Nachtseite
dieses entsetzlichen Aufbruchs Jahwes.

Aber wem galt das Heil von Jahwes Werk? Man beantwortet diese Frage
gern, indem man auf die jesajanische Vorstellung vom heiligen Rest hinweist.
Tatsächlich hat sich Jesaja gelegentlich so ausgedrückt. Der Hauptbeleg dafür
ist der Symbolname Schearjaschub (Restkehrtum), den er einem seiner Söhne
— zweifellos auf Jahwes Geheiß — beigelegt hat (Jes 7,3). Aber es fällt auf,
daß der Begriff in diesem heilseschatologischen Sinne bei Jesaja selten anklingt (Jes 10,21 ist nachjesajanisch). Die Restvorstellung gehört an sich der
politischen Terminologie an und bezeichnet den Überrest eines Volkes, der
einen Vernichtungsfeldzug hat überdauern können. In diesem negativen Sinn
findet sie auch bei Jesaja Verwendung, wenn er etwa von dem Rest Arams
(Jes 17,3.5 f), Moabs (Jes 16,13 f), Kedars (Jes 21,17) oder der Philister (Jes
14,30) spricht. Ja, selbst in bezug auf das eigene Volk hat er gelegentlich in
diesem negativen Sinne von einem kläglichen Rest gesprochen (Jes 30,17;
1,9). So kann man also nicht sagen, daß Jesaja das Wort vom Rest zu einem
hervorragenden Stichwort seiner Heilsverkündigung gemacht habe. Es ist
auch nicht wahrscheinlich, daß er in dieser Hinsicht in einer mehr oder minder
fest umrissenen prophetischen Tradition stehe, die er an seinem Teil fortgesetzt und eigenwillig entfaltet habe. Wenn es eine solche »Resttradition«
überhaupt gegeben hat, so klingt sie doch nur sehr sporadisch bei Jesaja an.
Ohne Frage hat Jesaja einem tiefgreifenden Sichtungsvorgang entgegengesehen, und es ist nichts dagegen einzuwenden, wenn man in dieser Hinsicht
terminologisch vereinfachend von einer Restvorstellung spricht. Man mag
dann im Immanuelzeichen einen Hinweis auf den Rest sehen, vor allem in
dem Jüngerkreis (Jes 8,16—18), oder in den Armen, die auf dem Zion Zuflucht finden werden (Jes 14,32) usw. Aber man sollte sich doch dabei der
Tatsache bewußt bleiben, daß Jesaja selbst für das Wunder der Bewahrung
einer Minderheit einen so vereinheitlichenden Terminus selten verwendet
hat. Viel eher läßt sich das von einer Gruppe nachjesajanischer Texte sagen,
in denen der Restbegriff tatsächlich in einer festen Geprägtheit auftaucht (Jes
4,3; 11,11.16; 10,20; 28,5).

Wer sich gegenwärtig hält, wie die Botschaft von dem bedrohten, aber endlich doch geretteten Zion die ganze Verkündigung Jesajas von ihren Anfängen an durchzieht, der wird etwas von der von Jahr zu Jahr zunehmenden Spannung nachempfinden, die sich auf den Propheten legen mußte, bis sich die Ereignisse schließlich unter der Regierung Sanheribs bis zum äußersten zugespitzt haben. Der Assyrer, den Jesaja lebenslang nicht aus den Augen verloren hat, ist im Jahre 701 nicht nur in Palästina erschienen; er ist diesmal auch ins judäische Bergland heraufgestiegen und hat Jerusalem eingeschlossen. Aber der König Hiskia hat sich – offenbar nach kurzer Belagerung – ergeben und mußte in eine schwere materielle Tributleistung und eine territoriale Einbuße einwilligen. Er hat jedenfalls nicht im Sinn Jesajas »geglaubt«, sondern durch einen Akt der politischen Vernunft die Stadt vor dem Äußersten bewahrt. Den Jubel der Erleichterung bei der eingeschlossenen Bevölkerung kann man sich vorstellen; aber Jesaja hat sich voll Scham und Zorn von dem ausgelassenen Pöbel abgewandt. Die große Stunde, der Jesaja seit Jahren entgegengesehen hat, – Jerusalem hat sie nicht bestanden.

> »Blickt weg von mir; ich muß bitterlich weinen.
> Dringt nicht in mich, um mich zu trösten wegen der Vergewaltigung
> der Tochter meines Volkes« (Jes 22,4).

Das ist eine der ganz wenigen Stellen, an denen inmitten der strengen Atmosphäre der prophetischen Botschaften ein starkes und unmittelbar menschliches Gefühl Jesajas sein Recht fordert. Er muß darüber, daß alles so ganz anders gekommen ist, zutiefst erschüttert gewesen sein. Wer dürfte sich auch unterfangen, einen Propheten in seiner Verzweiflung zu trösten!

Es gibt noch einen Text, der, wenn auch nur indirekt, aber doch auf eine ziemlich einzigartige Weise etwas von der inneren Verfassung erkennen läßt, in der sich Jesaja in der Zeit nach der Katastrophe Jerusalems befand, Jes 1, 4–9. Der Text beginnt mit einer Scheltrede von ungewöhnlicher Schärfe (»Volk, schwer von Schuld«, »Verbrechergeschlecht, verdorbene Söhne«). Aber dieser in flammendem Zorn gesprochenen Scheltrede folgt nicht, wie doch zu erwarten wäre, das Drohwort. Bei der Schilderung des von Leibesstrafen ganz entstellten Volkskörpers, den man ja eigentlich gar nicht mehr schlagen kann, widerfährt es dem Propheten, daß ihn selber der Jammer packt: »Nichts ist ausgedrückt, nichts ist verbunden, nichts mit Öl aufgeweicht« (v. 6b), und das hat dem Propheten nicht mehr der Zorn eingegeben, sondern das Mitleid. Er ist durch seinen eigenen Schmerz von seinem Vorsatz, zu schelten und zu drohen, abgetrieben worden. Jesaja endet, indem er (im Metrum des Klageliedes!) die durch den Assyrer verheerte Landschaft beschreibt, in der Jerusalem

»wie eine Nachthütte im Gurkenfeld« übrig geblieben ist. Der Abschnitt Jesaja 1,4–9 gehört chronologisch – im Bereich dessen, was auf uns gekommen ist – möglicherweise zum letzten, was Jesaja gesprochen hat.

Nach alledem scheint das Fazit seines Wirkens ein vernichtend negatives zu sein. Nichts von all seinen großen Worten über den Zion hat sich verwirklicht. Das Volk hat nicht geglaubt und Jahwe hat seine Stadt nicht geschützt. Hat der Prophet das Volk überfordert, hat er – schwere Frage! – in seiner Weissagung von dem sicheren Schutz des Zion Gott selbst vorgegriffen? Die Tatsache der tiefen Enttäuschung Jesajas ist unbestreitbar. Aber andererseits fehlt jede Spur davon, daß der Prophet an Jahwe irre geworden sei. Er ist nur an seinen Zeitgenossen irre geworden. Hier ist einer der wichtigsten Unterschiede zwischen Jesaja und Jeremia, dessen Verhältnis zu Jahwe selbst ein anderes, ein viel kritischeres war. Jesaja scheint sich in den Mißerfolg seines Wirkens ergeben zu haben. Er konnte das, weil ihm das aufgetragene Jahwewort über aller Kritik stand. Hatte es seine Generation verworfen, so mußte es aufgezeichnet werden für eine künftige. Gerade dieser Vorgang der dokumentarischen Aufzeichnung macht deutlich, daß für Jesaja die prophetische Botschaft trotz ihres Mißerfolges noch lange nicht erledigt war. Und hatte Jahwe ihm nicht in der Berufungsstunde gesagt, daß er als Prophet erfolglos bleiben werde? Das Wort vom Rest, das damals fiel, klingt ja auch in Jes 1,8 f an; und an diesen Trost, so wird man immerhin sagen dürfen, hat sich Jesaja auch am Ende seines Wirkens gehalten. Aber die Frage, ob Jesaja selbst sein Wirken als gescheitert ansah, oder ob er Trost gefunden hat, ist – abgesehen davon, daß uns die Mittel fehlen, sie befriedigend zu beantworten – nicht so wichtig. Viel wichtiger ist die Tatsache, daß seine Botschaft aufgezeichnet und weitergegeben wurde, aber noch mehr: Nachfolgende haben die Themen der jesajanischen Botschaft aufgegriffen; sie haben Weissagungen, die ganz im jesajanischen Stil gehalten sind, an die alten jesajanischen Texte angehängt und damit aufs lebendigste die alte Botschaft am Leben erhalten und für spätere Zeiten aktualisiert.

So ist z. B. dem Gerichtswort über die Frauen Jerusalems (Jes 3,16 ff) in Jes 4,2 ff ein Gnadenwort angefügt worden, das über die Stunde der Strafe hinaussieht, die Jesaja im Auge hatte, und das von abgewaschener Schande und vom Heil auf dem Zion spricht. Das Gerichtswort über die Ägypter in Jes 18,1–6 endet jetzt mit einem heilseschatologischen Ausblick: Die Ägypter werden dereinst dem Gott Israels auf dem Berge Zion kultische Gaben darbringen. Der »unechte« Zusatz (v. 7) geht zwar phraseologisch im Stil der echten Jesajaweissagung einher, ist aber sicher nachjesajanisch. Das Wort von der »stolzen Krone der Trunkenen Ephraims« (Jes 28,1) klingt wenige Verse später noch einmal an, nun aber ins Heilseschatologische umstilisiert· Jahwe wird selbst zur Krone und zum herrlichen Stirnreif für den Rest seines Volkes werden (v. 5). Auch die messianische Weissagung von Jes 11,1–8 ist später dahin erweitert worden, daß auch die Heiden nach dem Sproß aus der Wurzel Isais fragen werden, ja daß er als ein Panier den Völkern sichtbar werden wird. Von diesen und manchen anderen Zusätzen hat die kritische Exegese keine sehr hohe Meinung. Soweit es sich dabei mehr um literarisch-ästhetische Urteile handelt, kann man dem weitgehend zustimmen. Der Unterschied im Formalen, in der Kraft der unmittelbaren Aussage ist nicht selten ganz unverkennbar: Die Diktion wird breiter und blasser, sie häuft die Begriffe, und das geht dann oft genug auf Kosten der Durchsichtigkeit. Gleichwohl sollte man mit den Unterscheidungen der Originalen vom Epigonischen zurückhaltend sein, weil sie den Alten als Maßstab und Wertung ganz unbekannt waren. Vor allem muß man sich klar sein, daß mit solchen Unterscheidungen über die theologische Kompetenz der angefügten Weiterung noch gar nichts ausgesagt ist. Welche Maßstäbe stehen uns denn zur Verfügung, um Recht oder Unrecht solcher nachträglichen Aktualisierungen alter jesajanischer Weissagungen zu bestimmen? Wir sehen nur, daß die Überlieferung von der Botschaft dieses Propheten nicht in Archiven konserviert wurde, sondern daß sie ein lebendiger Organismus blieb, der auch die späteren Generationen ganz unmittelbar ansprach, ja, der imstande war, neue Weissagung aus sich zu entlassen.

In das Kapitel von dem Weiterwirken der Botschaft, aber auch ihrer späteren Interpretation gehört endlich der Erzählungszusammenhang von der Bedrohung des Zion durch die Assyrer und deren Abzug (Jes 36–38). Hier klingen gewichtige Themen der Botschaft dieses Propheten wieder an: Die Frage nach der Rettung (Jes 36,14.18.20; 37,12.20), Jahwes Eifer (Jes 37,32), der Rest (Jes 37,32) und vor allem die Frage nach dem Vertrauen und der rechten Stütze (Jes 36,5–7; 37,10). Aber unverkennbar ist auch der Abstand von Jesaja. Das Ereignis des Abzugs des Assyrers liegt für diesen Erzähler schon in der Vergangenheit. Demgemäß fehlt ihm das spezifisch geschichtliche Interesse an dem politischen Phänomen, das sich auf den Zion hinbewegt. Für den Erzähler ist der Assyrer nicht viel mehr als die Modellfigur des hybriden Feindes Jahwes; er könnte auch Nebukadnezar oder Antiochus heißen. Entsprechend diesem verminderten Interesse an dem heilsgeschichtlich Einmaligen hat die Forderung des Vertrauens im Vergleich mit dem echten Jesaja eine deutliche Verinnerlichung erfahren. Der Glaube ist hier auf dem Wege, zu einer Angelegenheit des gottunmittelbaren, fast geschichtslosen Einzelmenschen zu werden.

2. Der Gesalbte Jahwes

Wäre die Weissagung von der Bedrohung und dem Schutz des Zion das einzige Thema, so wäre die jesajanische Verkündigung ungeachtet der erstaunlichen Schwingungsbreite und Beweglichkeit der Grundvorstellung doch von einer beispiellosen inneren Geschlossenheit. Aber daneben findet sich noch ein Thema, das wohl dem äußeren Umfange nach zurücktritt, das sich aber in sehr großräumigen und gewichtigen Texten ausspricht: das messianisch-davidische. Schon in den Tagen Davids hatte ja die Vorstellung, daß Jahwe den Thron Davids in Jerusalem bestätigt und daß er ihm weitreichende Zusagen gemacht hat, Gestalt gewonnen. Man kann fragen, inwieweit diese Gedanken auch in den Glauben der breiten Menge der Landbevölkerung Eingang gefunden haben. Wir sehen ja in dem doch wohl nachjesajanischen Deuteronomium noch den Niederschlag einer Theologie, die »amphiktyonisch«, also ausgesprochen unmonarchisch, unmessianisch orientiert war. Wie es in dieser Hinsicht bei der Bauern- und Hirtenbevölkerung des judäischen Südens stand, wissen wir nicht. Aber in der Königs- und Beamtenstadt Jerusalem war jene höfisch-sakral bestimmte Theologie lebendig, und hier hat aller Wahrscheinlichkeit nach auch Jesaja gelebt. Wir kennen diese Theologie vor allem aus den sogenannten Königspsalmen; aber doch wiederum nicht so genau, daß wir aus einem Vergleich der jesajanischen Aussagen mit den Königspsalmen – etwa über die besondere Akzentuierung der Einzelvorstellungen hier und dort – weiterreichende Schlüsse ziehen dürften.

In Jes 11,1–8 wird das messianische Thema in drei Unterabschnitte gegliedert. Zunächst ist von der Amtsausrüstung des Gesalbten die Rede (v. 2–3a). Nicht *ein* Charisma – wie es Israel bisher erlebt hat – nein, eine Vielzahl von Charismata wird ihn bevollmächtigen. Sagt Jesaja, daß dieser Geistbesitz auf dem Gesalbten »ruhen« wird, so will er damit wahrscheinlich die Möglichkeit eines nur vorübergehenden Geistbesitzes, wie er ehedem doch die Regel war, ausschließen. Im zweiten Abschnitt sieht man den Gesalbten in Kraft dieses Geistbesitzes seines Amtes walten (v. 3b–5). Sein vornehmlichstes Amt ist das des Schlichters, wobei seine Fürsorge sonderlich den Rechtsschwachen gilt. Wie die Königspsalmen – vgl. besonders Ps 72,12–14 – sieht auch Jesaja den Gesalbten vor allem damit beauftragt, das Gottesrecht auf Erden durchzusetzen. Aber wenn Jesaja betont, daß dem Gesalbten sowohl bei seinem gerichtlichen Ermittlungsverfahren wie bei der Bestrafung der Schuldigen übermenschliche, geradezu göttliche

Eigenschaften zu Gebote stehen – Allwissenheit und eine unmittelbar tödliche Wirkung seines Urteilsspruchs –, so könnte es doch sein, daß der Prophet damit die traditionellen Prädikationen der Königstheologie überboten hat. Der dritte Teil (v. 6–8) spricht in Übereinstimmung mit traditionellen Vorstellungen von dem paradiesischen Frieden, der mit der Regierung dieses Gesalbten sogar den Bereich der Natur ordnen und entspannen wird.

Sehen wir hier Jesaja sich im wesentlichen in der traditionellen, höfischen Vorstellungswelt bewegen und sie aktualisieren, so hat er sie doch in einem Punkt verlassen, ja nahezu revolutionär durchbrochen: Er bindet seine Aussagen ja nicht, wie es bisher üblich war, an einen gleichzeitigen und gegenwärtigen Gesalbten auf dem Thron Davids, sondern an einen zukünftigen, der »dem Wurzelstock Isais« entstammen wird. Der Hinweis auf den Vater Davids macht es wahrscheinlich, daß Jesaja nicht einfach nur an einen zukünftigen Gesalbten auf dem Thron Davids denkt, sondern an einen neuen David, mit dessen Kommen Jahwe die Herrlichkeit des ersten davidischen Reiches wiederherstellen wird.[13] Die messianische Weissagung seines Zeitgenossen Micha kann wohl kaum in anderem Sinne interpretiert werden; denn wenn dieser Prophet die Ephratiter von Bethlehem anredet, jenen Familienverband, dem David entstammte, und wenn er weissagt, daß von ihm ein »Herrscher in Israel« (Mi 5,1) ausgehen werde, so kann das doch auch nur heißen, daß Jahwe sein messianisches Werk noch einmal von vorne beginnt, indem er noch einmal genau da einsetzt, von wo er es einst hat ausgehen lassen, nämlich in Bethlehem. Beide Weissagungen gehen in einem hohen dichterischen Pathos einher; ihre Ausdrucksweise ist fern der Sprache des Alltags, und das erschwert natürlich ihre begriffliche Analyse; aber dies, daß sie beide den Blick auf den geschichtlichen Ort, auf die Familie lenken, von der David ausgegangen ist, kann doch nur bedeuten, daß sie an dieser Stelle das Hervortreten des Neuen erwarten. Nur darin besteht ein Unterschied, daß für Micha dieser Neueinsatz mit einer Liquidierung der alten Königsstadt, mit der völligen Auslöschung Jerusalems aus der

13 Von da aus wird es doch erst verständlich, daß Jesaja von dem Wurzelstock Isais redet. Im anderen Falle läge es doch viel näher, vom Stamme Davids zu reden. Die Annahme, daß Jesaja einen neuen David erwartet hat, läßt sich zwar aus Jes 11,1 nicht sicher erheben; aber da sie von Jeremia (30,9) und Hesekiel (34,23) deutlich ausgesprochen wird und da auch der Zeitgenosse Jesajas, Micha, den Blick auf Bethlehem und nicht auf Jerusalem lenkt, liegt es doch sehr nahe, die Vorstellung von einer Wiederkehr Davids auch bei Jesaja vorauszusetzen.

Geschichte verbunden ist (Mi 3,12), während Jesaja, wie wir sahen, eine Erneuerung Jerusalems erwartet. Auf jeden Fall schließen diese Erwartungen ein vernichtendes Urteil über den oder die zeitgenössischen regierenden Davididen ein. Wer so entschieden in dem kommenden Gesalbten das Heil verkörpert sieht, der sagt damit, daß die zeitgenössischen Davididen ihre rettende Funktion, die ihnen die Königspsalmen so emphatisch zugeschrieben haben, verloren haben. Alles, was an ihnen in dieser Hinsicht gefeiert wurde, haben sie abgetreten an den Kommenden. Es ist allerdings merkwürdig, daß wir uns über eine so wichtige Sache nur durch Rückschlüsse Klarheit verschaffen können. Eine Nachricht, daß eine solche messianische Weissagung bei Hofe übel aufgenommen wurde, daß man sie als hochverräterisch betrachtet hätte, was sie doch eigentlich war, gibt es nicht. Es spricht aber alles dafür, daß diese Propheten die zu ihrer Zeit regierenden Davididen mehr und mehr abgeschrieben, ja daß sie die ganze Königsgeschichte seit David für eine Fehlentwicklung gehalten haben. Welchen Sinn hätte sonst ihre Erwartung, daß Jahwe noch einmal einen ganz neuen Anfang machen werde? Haben sich die Propheten über diese Dinge nur im engsten Kreis geäußert? Die literarische Form, in die diese Weissagungen gekleidet sind, spräche dafür; denn Verkündigung nach außen für eine breitere Öffentlichkeit scheinen sie nicht gewesen zu sein; nirgends wird in diesen Texten eine angeredete Hörerschaft sichtbar, auch sind sie nicht als Gottesspruch, als Jahweoffenbarung formuliert. Gattungsmäßig sind sie eigentlich ein Unikum. Hatten sie von Anfang an einen mehr esoterischen Charakter?

Man soll aber nicht denken, die Propheten hätten das Kommen eines Gesalbten erst in einer vagen Zukunft erwartet. Bei Jesaja wird es völlig deutlich, daß er der Thronbesteigung dieses Gesalbten in ganz naher Zukunft, d. h. noch im Zusammenhang mit der Assyrernot und ihrer Überwindung, entgegengesehen hat. Der andere große messianische Text Jes 8,23b–9,6 setzt bei einer zeitgeschichtlich sehr konkreten Situation ein, nämlich bei der Abtrennung weiter Territorien vom Reich Israel durch Tiglatpilesar und ihrer Einverleibung in das assyrische Provinzialsystem. Losgerissen vom Gottesvolk, hinausgestoßen in das Dunkel der Geschichtslosigkeit, sind sie »das Volk, das im Dunkel wandelt«; und »das Licht, das über ihm aufglänzt«, ist die Kunde von zwei geschichtswendenden Ereignissen. Jahwe hat das Joch, den Stecken des Fronvogts, und das ist die Macht Assurs, zerbrochen. Wie ein Wunder in den alten heiligen Kriegen ist das geschehen: die Niederzwingung der Feinde selbst liegt ganz im Dunkel;

es bedarf nur noch des Aufräumens und des Verbrennens des noch verstreut umherliegenden Kriegsgerätes (v. 2–4). Die andere Kunde, die man dort vernimmt, ist die von der Thronbesteigung des Gesalbten, die nach der Vorstellung des Propheten der Befreiungstat Jahwes unmittelbar folgen wird. Das Kind, das geboren, der Sohn, der gegeben ist, ist ja kein Minderjähriger; es ist der Gesalbte, der nach Ps 2,7 im Augenblick seiner »Krönung« in das Kindschaftsverhältnis zu Jahwe eintritt. Eine höfische Herrschaftsübernahme vollzog sich aber, wie im ganzen alten Orient so auch in Jerusalem, im Schutz strenger Konventionen; so darf der moderne Leser in diesem Text weniger als irgendwo eine Auskunft über die persönlichen Verhältnisse des Gesalbten erwarten. Auch Jesajas Weissagung geht in dem strengen Stil eines objektiven Zeremoniells einher. Was hier interessiert, das sind die Fragen des Amtes und der Ermächtigung des Gesalbten durch Jahwe. Da ist es nun von großer Bedeutung, daß dieser kommende Gesalbte als ein »Statthalter« und seine Herrschaft als »Statthalterschaft« bezeichnet wird. Die hebräische Bezeichnung hierfür bezeichnet nicht den »Selbstherrscher«, sondern den von höherer Stelle aus Beauftragten; mag er auch da, wo er residiert, einem Könige gleichen (Jes 10, 8), mag er in seiner Machtfülle manchen Selbstherrscher übertreffen, so ist doch er selber nur ein Mandatar; er ist, orientalisch ausgedrückt, nicht Sultan, sondern Wesir und bleibt als solcher nach oben hin verantwortlich.[14] Er ist also nicht »König«, sondern er untersteht einem König, nämlich Jahwe, auf dessen Thron er als Statthalter berufen wird. In dieser geflissentlichen Vermeidung des Königstitels – auch Micha umgeht das Wort »König« und redet von einem »Herrscher« – liegt wohl auch eine Polemik gegen die Könige in Jerusalem, die sich von Jahwe emanzipiert haben und als Selbstherrscher benehmen. Ist der Gesalbte mit der Statthalterschaft Gottes belehnt, so werden ihm nun auch die Thronnamen zugesprochen. Hier sind uns nicht alle Einzelheiten in gleicher Weise deutlich. Besonders wichtig ist der erste; denn wird der Gesalbte ein »Wunder an Ratgebung« genannt, so bezieht sich das auf die Beratung, die er mit dem Weltkönig pflegt (vgl. 2. Sam 16,23); er steht in ständigem Gespräch mit Jahwe über die Regierung der Welt. Die Stützen seines Thrones sind Recht und Gerechtigkeit, und in seinem Reich »ist des Heils kein Ende« (Jes 9,6).

---

14 W. *Caspari*, Echtheit, Hauptbegriff und Gedankengang der messianischen Weissagung Jes 9,1–6 (Beitr. z. Förd. christl. Theol. 1908). Sehr treffend sagt Caspari von dem Bild des Gesalbten, daß es »mehr Amt als Person«, »mehr Funktion als Charakter« enthalte, a. a. O. S. 300.

Während noch die traditionell-kirchliche Auslegung des 19. Jahrhunderts die Immanuelweissagung in Jes 7,10—17 als die messianische Weissagung schlechthin anzusehen vermochte, hat sich in der neueren Forschung das Verständnis dieses Textes dermaßen kompliziert, daß über die ganz vordergründigen Fragen nach der Bedeutung der Worte und der einzelnen Aussagen noch nicht annähernd eine befriedigende Verständigung erreicht ist. Nachdem der König Ahas es ausgeschlagen hatte, ein Zeichen von Jahwe zu erbitten, verkündet Jesaja, daß Jahwe nun selber ein Zeichen geben werde: Die junge Frau wird schwanger werden, einen Sohn gebären und ihn Immanuel heißen . . . Es ist klar, daß der Zeichengedanke im Zentrum dieser Aussagen steht; ihn darf der Exeget unter keinen Umständen aus den Augen verlieren. Worin aber ist das Zeichen zu sehen? In dem Kind, in seiner ungewöhnlichen Speise oder in seinem Namen? Am nächsten liegt die Annahme, daß der Name Immanuel, der dem Kinde beigelegt werden wird, das Zeichen ist. Dieser Name, ein prophetischer Symbolname wie Schearjaschub oder die Namen von Hosea 1, deutet auf ein nahes Heil. Merkwürdig ist nur, daß das »darum« (v. 14) gewiß auch hier, wie sonst allermeist, in drohendem Sinn zu verstehen ist. Aber der Empfänger dieser Botschaft ist ja Ahas, der sich durch seine Weigerung schon außerhalb des nun anhebenden Heilsgeschehens gestellt hat. Für ihn also wird das, was sich jetzt ereignen wird, Gericht bedeuten. Die politische Bedrohung Jerusalems durch die verbündeten Aramäer und Nordisraeliten, vor denen jetzt alle zittern, wird bald abgewehrt sein (v. 16); aber auf Ahas, sein Königshaus und sein Volk werden schwere Tage der Heimsuchung kommen. So scheint sich Jes 7,10 ff, wie man oft betont hat, eng mit Jesaja 8,1—4 zu berühren. Auch hier ist von einem Kind die Rede, das erst zur Welt kommen muß, das einen Symbolnamen »Raubebald Eilebeute« tragen soll, und von einer Fristangabe (Jes 8,4), die der von Jes 7,16 entspricht. Dann läge es nahe, bei der »jungen Frau« von Jes 7,14 an die Frau des Propheten zu denken, und »Immanuel« wäre wie »Restkehrtum« und »Raubebald Eilebeute« ein Sohn Jesajas. Aber überzeugender ist die Deutung, die auch diese Szene, genau wie die von Jes 7,1—9, ganz aus der Vorstellungswelt des heiligen Krieges heraus erklärt, deren Thematik ja schon in der prophetischen Kriegsansprache von Jes 7,4—9 angeschlagen war und die in der Zeichenansage (vgl. Ri 6,36 ff) und in der Ansage der Geburt des Erretters (vgl. Ri 13,5) ja nur fortgeführt wird. Der Name Immanuel kann nicht von dem Kehrvers des kriegerischen Ps 46 (v. 8.11) getrennt werden, weist aber ebenso auf die festen Bild- und Begriffsprägungen vom heiligen Kriege hin (Ri 6,11.13.16; Dt 20,4 u. ö.). Große Schwierigkeiten bereitet in jedem Fall die Aussage, daß der Knabe Dickmilch und Honig essen werde, bis er in das erste sittliche Reifealter eingetreten ist. Bedeutet Dickmilch und Honig Mangelspeise, die einzigen Erträgnisse eines von Feinden verheerten Landes (vgl. Jes 7,21 f), oder ist damit im Gegenteil mythische Götterspeise, paradiesische Nahrung bezeichnet? Aber vor allem: Gehört Vers 15 in den ursprünglichen Zusammenhang? Viele halten Vers 15 für eine Interpolation, und tatsächlich ist der logische Anschluß des Verses 16 an Vers 14 ausgezeichnet. Dann wäre erst von dem Interpolator das Schwergewicht der Aussage von dem Namen auf das Kind selbst verschoben. Tatsächlich wird auch in Jes 8,8b, aber wiederum sehr wahrscheinlich in einer nachträglichen Zufügung, von Immanuel wie von einer Person, ja, von dem Herrn des Landes gesprochen. Nach alledem wäre also damit zu rechnen, daß in Jes 7,10 ff ein jesajanischer Text, der durch den Symbolnamen Immanuel Heil für die Gläubigen, Unheil für die Ungläubigen geweissagt hat, nachträglich in einem messianischen Sinne interpretiert worden ist. Andere freilich bringen von vornherein ein sehr viel reicheres kultisch-mythologisches Vorstellungsmaterial in Ansatz und versuchen, den Text von daher zu deuten.

So kann man also sagen, daß die gesamte Verkündigung Jesajas auf zwei Überlieferungen steht, der Zion- und der Davidüberlieferung. Beides sind Erwählungstraditionen, d. h. von ihnen aus haben sich in der Königszeit gewisse Kreise in Israel vor Jahwe legitimiert; auf die göttlichen Setzungen, die diese Überlieferungen verbürgten, haben sie ihre ganze Existenz vor Jahwe, ihren Glauben und ihre Zuversicht gegründet. Ihr Kreis mag klein genug gewesen sein. Auch Jesaja lebt in diesen Traditionen; aber er bringt doch etwas entscheidend Neues: Während die Zionslieder sich darauf gründeten, daß Jahwe den Zion erwählt habe, während die Königspsalmen sich darauf gründeten, daß Jahwe David erwählt habe, ist Jesaja ganz der Zukunft zugekehrt: Jahwe wird den Zion retten, Jahwe wird den Gesalbten, den neuen David erstehen lassen. Und hier, in diesem zukünftigen Geschehen, nicht in einem geschichtlichen, liegt das Heil für Jerusalem. An diese zukünftige Errettung gilt es zu glauben; eine andere Rettung gibt es nicht. Es berührt uns im abendländischen Geist Erzogene merkwürdig, wie getrennt, wie nahezu beziehungslos noch bei Jesaja die beiden Überlieferungen nebeneinander hergehen. Aber gerade an diesem Befund kann man etwas Entscheidendes über das Wesen dieser Propheten lernen. Sie hatten ja nicht, wie man sich das lange vorgestellt hat, eine selbständige, sozusagen in sich ruhende, womöglich ganz neuartige Verkündigung, sondern sie haben sich als Sprecher und aktuelle Interpreten alter und altbekannter sakraler Traditionen verstanden. Vielleicht waren sie in ihrer Zeit die Einzigen, die noch ganz ernst auf dem Boden dieser alten Jahweüberlieferungen standen und die um deren bestürzende Aktualität wußten.

13 Das Neue in der Prophetie des 8. Jahrhunderts

Eine sorgfältige Betrachtung der Besonderheiten der Prophetie des Amos, Hosea, Jesaja und Micha könnte zu dem Ergebnis kommen, daß alles Vergleichen zu einer mißlichen Sache werde, weil in Anbetracht so tiefgreifender Unterschiede die Gefahr, die herausgearbeiteten Verschiedenheiten nachträglich wieder einzuebnen, kaum zu umgehen sei. In der Tat, was haben Hosea und Jesaja miteinander gemein? Der eine, aus der bäuerlichen Welt des Nordreichs kommend, fremd allem, was in seinen Tagen »König« hieß, ist wohl am tiefsten von allen in patriarchalisch-kultischen Vorstellungen befangen und war sonderlich den Problemen des Sakralen und der Unordnung im kultischen Bereich zugewandt; der andere, ein Städter, in den Überlieferungen der königlichen Stadt aufgewachsen, verfolgt mit kühlem Blick die Bewegungen der Weltgeschichte, jede Veränderung im politischen Raume sich von Jahwe her rational klärend, sich auf den göttlich verbürgten Schutz der Stadt verlassend und einen König der Gerechtigkeit und des Friedens erwartend. Nicht viel anders steht es mit Amos und Micha. Amos scheint sich um die Bedrohung des Jahweglaubens durch die kanaanäische Baalsreligion, das Hauptthema Hoseas, wenig zu kümmern; er kämpft aber auch nicht wie Jesaja gegen die falsche Politik, gegen Rüstung und Bündnisse. Von Micha endlich führt schlechterdings kein Weg zu der Zionshoffnung seines Volks- und Zeitgenossen Jesaja; er erwartete ja die Auslöschung des Zion aus der Geschichte (Mi 3,12). Auch die überraschende Entdeckung eines prophetenartigen Amtes in den Texten aus Mari, eines Amtes, das im Namen der Gottheit sogar den König zu bedrohen imstande war, vermag uns keinen übergreifenden und ordnenden Gesichtspunkt zu geben. Waren für den Mari-»Propheten« besonders charakteristisch die Bindung an den König und das Interesse an politischen und militärischen Staatsaktionen, so wäre damit in Israel nicht nur Jesaja vergleichbar, sondern eine ganze Reihe von Propheten, angefangen bei Ahia von Silo über Micha ben Jimla, Elia bis hin zu Jeremia. Amos dagegen läßt sich in diesem Zusammenhang kaum verstehen. Aber bei all diesen großen Verschiedenheiten verbindet die Propheten des 8. Jahrhunderts doch immer noch viel Gemeinsames; denn auf dem Grund ihrer religiösen Vorstellungswelt ruht eine ihnen durchaus gemeinsame Überzeugung, so neuartig, so revolutionär gegenüber aller hergebrachten Gläubigkeit, daß von ihr aus die gewiß erheblichen Unterschiede doch fast als gering und peripher erscheinen. Versuchen wir nun einiges von dem noch einmal zu fassen, was den aufmerksamen

Zeitgenossen an diesen Propheten, gemessen an den religiösen Auffassungen ihrer Zeit, als neu auffallen mußte!

Wir beginnen mit einer sehr einfachen Feststellung: Diese Männer waren Einzelne, um nicht zu sagen Einsame. Durch ihre Berufung lebte in ihnen ein einzigartiges Wissen von Jahwe und seinen Plänen mit Israel. Wir sahen, wie tief sie in den religiösen Überlieferungen ihres Volkes wurzeln, wahrscheinlich viel tiefer als irgend einer ihrer Zeitgenossen; man könnte ja fast das Ganze ihrer Verkündigung als ein einziges aktualisierendes Gespräch mit der Überlieferung bezeichnen. Aber gerade damit, wie sie diese verstanden und erneuerten, gerade damit sind sie aus dem bisherigen glaubensmäßigen Besitzstand ihres Volkes herausgetreten. Durch seinen Satz von der Herausführung der Philister und Aramäer durch Jahwe hat sich doch Amos ziemlich grundsätzlich von dem Glauben seiner Zeitgenossen geschieden (Am 9,7). Dieses neue und zum Teil revolutionäre Verständnis der alten Überlieferungen war aber nicht das Ergebnis eines fleißigen Studiums und einer langsam reifenden Überzeugung; vielmehr sind diese Propheten darin einig, daß Jahwe sie erleuchtet und von Erkenntnis zu Erkenntnis geführt habe. Darauf ruht also ihre Vereinzelung: im Hören und im Gehorsam eines nicht auswechselbaren, eines nur an sie gerichteten Wortes und Auftrags Jahwes sind diese Männer zu Einzelnen, zu Persönlichkeiten geworden. Sie konnten auf eine Weise, wie es in Israel bisher noch nicht erhört war, Ich sagen. Aber es ist auch klar geworden, daß sich dieses Ich, dessen sich diese Männer bewußt werden durften, weit von unserem modernen Persönlichkeitsbegriff unterscheidet. Denn dieses Ichwerden stand zunächst unter dem Zeichen manch seltsamen Zwangerlebens, und mindestens eines seiner Charakteristika war – man denke nur an das »Stillehalten« der jesajanischen Glaubensforderung – geradezu eine Passivität im Anschauen und im Zurücktreten vor dem Handeln Gottes. Und doch haben sich dem Propheten dabei Freiheiten über Freiheiten eröffnet. Darüber konnte ein Prophet auch einmal in ein »Jauchzen im Geist« ausbrechen, wie Micha, als er in einem herrlichen Aufschäumen seines Charismas sich seines Andersseins bewußt wurde:

> »Ich hingegen bin erfüllt von Kraft, (von Jahwes Geist),
>   von Recht und Stärke,
> Jakob seine Sünde anzuzeigen
>   und Israel seine Verfehlung« (Mi 3,8).

Sehr direkt spiegelt sich dieses Ichwerden der Propheten, diese religiöse Vereinzelung zunächst in ihrem Stil, in ihrem Reden von Gott und den göttlichen Dingen wider. Israel hat eine Kultsprache geschaffen, Worte über Gott geformt und sich angeeignet in Jahrhunderten ehrfürchtigen Sprechens; aber zu Zeiten konnte in Israel von Gott auch so gesprochen werden, wie es diese Propheten liebten: in haarsträubenden Vergleichen, anscheinend ohne jedes Gefühl für Würde und Anstand.[1] Das waren für den Anlaß und Augenblick geltende Inspirationen, provozierende Formulierungen eines Einzelnen, deren Radikalität und äußerste Gewagtheit nur von der Einmaligkeit einer Situation und von der Verfassung der Zuhörer gerechtfertigt wird.

Auch wenn wir noch ungenügender unterrichtet wären über die Vorstellungen des Jahweglaubens, wie sie zur Zeit dieser Propheten an den Kultorten und in der breiten Masse der Bevölkerung noch lebendig waren, so könnten wir doch mit Bestimmtheit sagen: das Neue und Entsetzliche an der Verkündigung der Propheten war die Botschaft, daß Jahwe Israel vor seinen Richterstuhl rufe, ja, daß er ihm das Urteil schon gesprochen habe: »Es ist das Ende gekommen über mein Volk Israel« (Am 8,2). Man hat neuerdings die Frage aufgeworfen, ob die Propheten nicht auch bei diesen ihren Gerichtsworten an ältere Überlieferungen angeknüpft haben. Hat es im Kultus Begehungen gegeben, in denen Jahwe auch als Ankläger seines Volkes auftrat? Aber einigermaßen Greifbares hat sich bis jetzt noch nicht gezeigt. Und es wäre ja auch damit die Frage, was die Propheten zu dieser ihrer Botschaft veranlaßt haben könnte, noch keineswegs voll beantwortet, ganz abgesehen davon, daß die vernichtende Schärfe und Endgültigkeit des prophetischen Gerichtswortes unter gar keinen Umständen im Kultus einen Vorgänger gehabt haben kann; denn es bedeutete ja auch das Ende alles Kultus. Will man diesen, wie gesagt, ganz neuen Ton in der prophetischen Verkündigung recht verstehen, so müßte man nicht zuletzt die sich verändernde politische Situation, das immer deutlicher sich abzeichnende Übergreifen Assurs auf Palästina bedenken. Wenn Amos fast stereotyp die Strafe Jahwes als eine Exilierung andeutet, so spiegelt sich darin die gedankliche Beschäftigung mit dem Assyrer deutlich genug. Aber gewiß handelt es sich nicht nur um einen, sondern um eine Mehrzahl von Anstößen. Genug, diese Propheten haben von dem göttlichen Zorn als einer Tatsache gesprochen und sie haben das ganze Leben ihrer Zeitgenossen, ihr soziales und wirtschaftliches Verhalten, ihr politisches Gebaren und vor allem ihre Kultübung als den eigentlichen Gegenstand dieses göttlichen Zornes bezeichnet. Die

[1] Jahwe, der Barbier (Jes 7,20), der Eiter im Leib Israels (Hos 5,12), der erfolglose Liebhaber (Jes 5,1 ff).

beliebte Auskunft, daß es sich hier einfach um das Aufbrechen neuer religiöser Ideen handle, also nur um ein neues Verständnis des Gott-Mensch-Verhältnisses, wird jedenfalls der Tatsache nicht gerecht, daß die Propheten dabei betontermaßen von den alten Jahweüberlieferungen ausgehen. Diese gerade geben ihnen die völlig zureichende Begründung, und mit ihnen argumentieren sie auf und ab gegen ihre Zuhörer. Hinsichtlich der alten Jahweüberlieferung stellen sie sich also mit ihnen auf einen Boden; aber es ist, als läsen sie aus diesen Überlieferungen etwas völlig anderes heraus; denn die Propheten sind der Meinung, daß diese Überlieferungen nicht das Heil Israels begründen, sondern sich vielmehr gegen Israel wenden. So hat es doch Amos paradigmatisch für diese Phase der Prophetie ausgesprochen, daß Israel gerade durch seine Erwählung um so mehr bedroht ist (Am 3,1 f)! Hier also ist zuerst in Israel in großer Form »Gesetz« gepredigt worden. Am deutlichsten ist das da, wo die Propheten ihre Zeitgenossen wegen ihres asozialen Verhaltens, wegen ihrer räuberischen wirtschaftlichen Praktiken verklagen. Dabei verstehen sie sich keineswegs als die revolutionären Sprecher einer sozialen Gruppe. Zug um Zug kann man sehen, wie sie dabei Sätze des alten Gottesrechts praktizieren. Aber grundsätzlich ist es natürlich der gleiche Vorgang, wenn Jesaja das Verhalten der Jerusalemer an der Zionsüberlieferung mißt, wenn er in den militärischen Rüstungen oder in den Sicherungen durch Bündnisse ein Versagen dem göttlichen Hilfsangebot gegenüber sieht; oder wenn Hosea von der Heilsgabe des Landes ausgeht, die Israel noch gar nicht begriffen hat, und wenn er von da aus das ganze Unmaß der Treulosigkeit und des Undanks aufdeckt. Daß Jahwe ein Richter der Bösen war, das wußte auch das alte Israel; und ebensowenig war ihm verborgen, daß das Böse des Menschen mehr war als die Zahl seiner einzelnen Taten (Gen 3). Aber der Eifer der Propheten im Aufdecken der widergöttlichen Grundtendenzen des Menschen, dieses ihr Bestreben, das Verhalten Israels in seiner Ganzheit zu begreifen und das, was bei aller geschichtlichen Bedingtheit dafür als typisch gelten kann, herauszustellen, das war doch — vollends, da es zum Zweck der Begründung des Urteils Jahwes geschah — etwas Neues. So hat doch etwa Hosea in seiner Dichtung von dem Israel, das die Kulturgaben des Landes nicht als Gaben Jahwes verstand, das Ganze, das sich zwischen Gott und seinem Volk ereignet hat, umgriffen und zur Diskussion gestellt; und das war geistig keine geringe Leistung. Dabei sind die Propheten allerdings weniger darauf ausgegangen, dieses Verhalten der Menschen auf dem Wege der Abstraktion in möglichst allgemeine Begriffe zu fassen — wiewohl auch das nicht fehlt –;[2] sie haben vielmehr ihr Ziel auf andere Weise erreicht: Scheinbar schildern sie nur ein ganz bestimmtes Versagen einer bestimmten menschlichen Gruppe in einer bestimmten Situation; in Wirklichkeit aber haben sie doch in wenigen charakteristischen Zügen etwas aufgezeigt, was zugleich für das Verhalten Israels vor Gott im Ganzen typisch ist.[3] Daß sie sich wenig in allgemeinen theologischen Begriffen über den Menschen geäußert haben, könnte auch damit zusammenhängen, daß sie ihre Zeitgenossen als das Produkt einer ganz bestimmten Geschichte verstanden haben. Sie haben ihre Hörer nicht für sich allein genommen, isoliert in ihrer Widergöttlichkeit; diejenigen, die die Propheten ansprachen, waren ja schon »Nachkommen von Bösewichtern, verdorbene Söhne« (Jes 1,4), und das entschuldigte sie nicht, sondern machte den Fall vollends hoffnungslos. Diese geschichtliche Tiefendimension, zu der sich die prophetische Anklage gelegentlich ausweitet, ist ungemein charakteristisch; sie gab den Propheten Gelegenheit zu Rückblicken in die Geschichte des Gottesvolkes von äußerster Eigenwilligkeit. Diese Dichtungen, extrem in Auffassung und Darstellung, beanspruchen natürlich keine Allgemeingültigkeit; im Gegenteil, höchst einseitig auf die Herausarbeitung nur eines Gedankens abgestellt, sind sie gerade in ihrer willkürlichen Gestaltung wunderbare Zeugnisse eines selbständigen geschichtlichen Denkens und Verstehens. So zählt Amos eine lange Reihe katastrophaler göttlicher Eingriffe in die Geschichte auf: Dürre – Hungersnot – Getreidekrankheiten – Seuchen – militärische Katastrophen, die Israel zur Besinnung bringen sollten; aber sie vermochten es nicht zur »Umkehr« zu bewegen (Am 4,6–11). Die Reihe liest sich fast wie eine Parodie zur Heilsgeschichte, als wolle Amos der populären Überlieferung einen ganz anderen Aspekt der Geschichte Jahwes mit seinem Volk entgegenhalten und in dieser Interpretation nun wahrlich auch eine Abfolge einschneidender Geschichtstaten! Bei Jesaja klagt Jahwe einmal in der Form des seinen widerspenstigen Sohn verklagenden Va-

2 Hier wäre etwa an den für Jesaja so charakteristischen Vorwurf des »Hochmuts« zu denken (Jes 2,11.17) oder an das für Hosea ebenso charakteristische Wort vom »Hurengeist« (Hos 4,12; 5,4) oder auch an das Wort des Amos von dem »Stolz Jakobs« (Am 6,8). Auch der umfassende Begriff der »Umkehr« und die Feststellung, daß Israel nicht »umkehrt«, gehört hierher. H. W. Wolff, Das Thema Umkehr in der alttestamentlichen Prophetie, ZThK 1951 S. 129 ff.
3 Zu dieser typisierenden Tendenz gehören auch die Hoffartsmonologe, die die Propheten ausländischen Königen in den Mund legen: Jes 10,8 ff; 14,13 ff; 37,24; Hes 28,2; 29,3.9; 27,3.

ters (Dt 21,18–21), er habe »Söhne großgezogen und hochgebracht« (Jes 1,2). Mit diesen wenigen Worten ist ein neuer Horizont göttlichen Geschichtswaltens aufgerissen. Viel breiter und noch kühner in seiner bildhaften Verkleidung lädt in dieser Hinsicht das Weinbergslied aus. Hier erscheint Jahwe als der unentwegte Liebhaber, der seinen »Weinberg« – »Weinberg« ist das Deckwort für »Geliebte« – mit größter Hingabe umsorgt (Jes 5,1–7). Man wird nicht alle Einzelheiten seiner Bemühungen (Umgraben, Entsteinen, Herstellung eines Turmes und einer Kelter) allegorisch ausdeuten dürfen; aber die Aufzählung dessen, was der Freund an den Weinberg gewandt hat, bewirkt eben doch, daß der Hörer einen Eindruck bekommt von der langwierigen, planvollen geschichtlichen Kultivierungsarbeit Jahwes an Israel. Bei Hosea kehrt Jahwe im Bild von dem Vater wieder, der Israel wie ein kleines Kind gegängelt und geliebt hat (Hos 11,1 ff). Aber nicht diese Darstellungen der Geschichte an sich, so gewagt und einseitig sie waren, sind das Neue. Neu ist die Bilanz, die die Propheten aus der bisherigen Geschichte zogen, nämlich, daß sie ein einziger großer Fehlschlag war und daß sie, wo immer man sie aufschlug, vom Versagen Israels Zeugnis ablegte. Bei dieser revolutionären Schau haben die Propheten nicht einmal vor der Gestalt des Erzvaters Jakob Halt gemacht (Hos 12,4 f; 13); ja, sie haben auf diesem Weg nur die ersten Schritte getan; besonders Hesekiel wird, ihrem Beispiel folgend, noch viel breiter ausladende Geschichtsdarstellungen geben (Hes 20).

Aber Jahwe wird noch einmal an Israel handeln; er ist nicht willens, sich nach diesem Fehlschlag aus der Geschichte zurückzuziehen; im Gegenteil: Ungeheures steht Israel bevor. Und damit stehen wir vor dem, was ohne Frage die Mitte der prophetischen Botschaft ist. Es war schon anderwärts gesagt worden: Eine der größten Leistungen der Prophetie bestand darin, daß sie dem Glauben diejenige Dimension zurückgab, in der sich Jahwe vornehmlich geoffenbart hatte, nämlich die der Geschichte und des politischen Raumes. Mit seiner vergangenen Geschichte hatte sich Israel wohl immer beschäftigt, aber für die Gegenwart und die Zukunft hatte es Jahwe, seinen Gott, etwa seit David mehr und mehr abgeschrieben; es hatte die Politik und die Gestaltung seiner Zukunft selbst in die Hand genommen. Die Heilsgeschichte war zur Ruhe gekommen; sie war nur mehr ein ehrwürdiger Gegenstand der rückschauenden Betrachtung. Von da aus kann man sich vorstellen, wie bestürzend die weltgeschichtlichen Perspektiven in der Verkündigung der Propheten des 8. Jahrhunderts gewirkt haben. Davon kann freilich nicht die Rede sein, daß sie die alte patriarchalische Auffassung von Jahwes Geschichtswalten erneuert hätten, wie sie etwa aus den

Berichten seiner heiligen Kriege im Richterbuch deutlich wird. Die alte, sakrale Geschichtsauffassung war vollends nach dem Aufbruch der Geschichtsschreibung in der salomonischen Aufklärung von einem neuen Geschichtsbild abgelöst worden. Die Geschichte war weltlich geworden. So ist es gewiß einer der interessantesten Gegenstände der prophetischen Theologie, zu sehen, wie die Propheten diesen welt- lich-politischen Raum, in dem sich große und kleine Staaten tummel- ten, mit dem Walten Jahwes in Verbindung gebracht haben. Schon ein Blick auf das eben erwähnte Strophengedicht (Am 4,6 ff) zeigt, wie die Propheten durchaus in der neuen Weise Geschichte, und ¬war konkreteste Jahwegeschichte, zu sehen vermögen; denn diese Kata- strophen (Dürre, Hunger, Seuchen) waren – abgesehen von dem Un- terschied von Heil und Unheil – in einem anderen Sinne Jahwetaten, nicht wunderhaft, nicht durch ein Ereignis völlig analogieloser Art die Geschehniszusammenhänge zerreißend –, Dürre und Hunger pfle- gen sich überall einmal zu ereignen. Diese Geschichtstaten Jahwes – so meint man folgern zu müssen – sind also dem Glauben schwerer erkennbar, weil sie tiefer an der Mehrdeutigkeit aller geschichtlichen Phänomene teilhaben. Dies gerade würden aber die Propheten be- stritten haben. Das erwähnte Strophengedicht des Amos ist doch an- gefüllt mit dem wachsenden Verwundern, daß Israel diese Sprache seines Gottes in der Geschichte nicht verstanden hat. Noch viel extre- mer hat Jesaja von der Eindeutigkeit des Geschichtswaltens Jahwes gesprochen:

>An jenem Tage wird es geschehn, da wird Jahwe der Fliege von jenseits der Ströme Ägyptens und der Biene vom Lande Assur pfeifen, und sie wer- den kommen und sich insgesamt niederlassen in Schluchten, in Felsspalten, in Dornbüschen und an allen Tränkplätzen.

An jenem Tag wird der Herr mit einem jenseits des Euphrats gedungenen, gemieteten Messer das Haupt und die Schamhaare abscheren...< (Jes 7, 18–20).

Das sind zwei Sprüche aus der Frühzeit Jesajas, in denen der Pro- phet das Kommen der Assyrer nach Palästina und das Strafgericht, das sie vollziehen werden, weissagt; und sie können wohl als beson- ders charakteristische Worte der klassischen Prophetie gelten, weil sie sowohl nach Form wie nach Inhalt jede Art und Weise sprengen, wie man bisher von Jahwe und seinem Geschichtshandeln gesprochen hat. Die bildhafte Einkleidung – Jahwe, der ein Weltreich wie ein Tier herbeipfeift, Jahwe als Barbier, der sich ein Messer, ein Weltreich leiht – spricht von der völligen Geschichtsmächtigkeit Gottes. Sie ist so souverän, daß neben ihr überhaupt keine andere Aktivität in der

Geschichte Raum zu haben scheint.[4] Wenn in das Blickfeld eines Nichtpropheten ein Weltreich tritt, so füllt es alles aus, und es entsteht das Problem, wie dessen überwältigendes Machtpotential mit der Allmacht Gottes zu vereinen sei. Ganz anders beim Propheten: Die Reiche am Tigris und am Nil sind gar nichts; sie sind nicht mehr als ein geliehenes Werkzeug in der Hand Jahwes. Sagten wir oben, Israel habe seit dem Beginn der Königszeit gelernt, die Geschichte weltlicher, realistischer zu sehen, so bedeutet das, wie wir jetzt sehen, doch beileibe nicht, daß sie in demselben Maß auch gottferner geworden wäre. Im Gegenteil: Zeugnisse von einer solchen Gotterfülltheit des gesamten Geschichtsraumes, die die mächtigsten politischen Koeffizienten zur Bedeutungslosigkeit herabdrücken, suchen wir in der älteren geschichtlichen Überlieferung Israels vergeblich (»ich, ich zerreiße und gehe, ich schleppe weg, und keiner rettet« Hos 5,14).

Das dürfen wir also als das Charakteristikum prophetischer Geschichtsschau bezeichnen: nicht nur dieses Vermögen, aufs eindeutigste die Pläne und Absichten Jahwes in der Geschichte zu erkennen, sondern auch die in ihr waltenden Kräfte in ganz anderen Proportionen zu sehen. Die großen vordergründigen Phänomene auf der politischen Bühne verstellen den Propheten nicht den Blick auf Gott; im Gegenteil, sie schrumpfen angesichts der alles ausfüllenden Macht Jahwes fast zu einem Nichts zusammen. Das Ich Jahwes ist es, das den Raum der Geschichte bis zum Letzten ausfüllt. Nun ist es aber packend, zu sehen, wie Jesaja mit der Eindeutigkeit seiner eigenen Geschichtsschau in Konflikt geraten ist, – ein Beweis für die völlig undogmatische Beweglichkeit und Offenheit seines Blicks in die Geschichte. Mit dem Näherkommen des Assyrers erwies sich die Deutung Assurs als eines Strafwerkzeuges Jahwes als unzureichend, mindestens als unvollständig. Die vernichtende Art, wie Assur mit den Völkern verfuhr und wie es auc͘ it Jerusalem und Juda zu verfahren drohte, ergab ein Problem: Wird es nicht auch den Zion überrennen wollen? Aber Jesaja ist dadurch nicht an dem Plan Jahwes irre geworden; die Erklärung fand er vielmehr in der Tatsache, daß der Assyrer seinen geschichtlichen Auftrag überschritten habe. Nur zu züchtigen war ihm aufgetragen, aber nicht zu vernichten (Jes 10,5–7). Diese Wandlung in der Auffassung

4 Ein kleiner Unterschied besteht aber doch zwischen den beiden Logien: In dem ersten ruft Jahwe, und das Fliegengeschmeiß kommt und macht sich breit. Im zweiten leiht sich Jahwe das Messer und handelt selbst damit. Hier ist auch der letzte »Synergismus« ausgeschieden. In dem Arielgedicht (Jes 29) ist Jahwe zugleich derjenige, der Jerusalem angreift und demütigt (v. 2–4), und der, der es rettet (v. 5–8).

des Propheten bestätigt noch einmal in besonderer Weise den Anspruch dieser Männer, die Geschichte in bezug auf Gott klar und bis auf den Grund durchsichtig zu sehen. Sie zerlegt sich dem Propheten nach ihrem göttlichen Plan und nach dem Koeffizienten der menschlichen Eigenmächtigkeit. Um diese Klärung hat Jesaja – man sollte das nicht verkennen – auch mit der ganzen Kraft seines Verstandes gerungen. Ein Dokument dieses ausgesprochen rationalen Mühens um die Geschichte ist nach der herkömmlichen Deutung das Gedicht Jes 28,23–29, in dem Jesaja die komplizierten und sorgfältig bedachten Verfahrensweisen des Landmanns bei der Saat wie bei der Ernte als ein Gleichnis des göttlichen Geschichtswaltens transparent macht. »Wunderbar ist sein Rat und groß seine Weisheit.«

Aber es ist bisher fast schon zu viel von der Geschichte in einem allgemeinen Sinn die Rede gewesen, so daß das Mißverständnis entstehen könnte, als hätten die Propheten unsere Vorstellung von »der« Geschichte geteilt. Aber dem steht schon die Tatsache entgegen, daß sich die Geschichte, die die Propheten meinen, überall, wo von ihr die Rede ist, in irgendeinem Sinne für Israel begibt. Auch der vielgerühmte Geschichtsuniversalismus Jesajas weiß es nicht anders, als daß Jahwe die Geschichte auf Israel zu bewegt. Aber eine nähere Betrachtung der Heilsweissagungen der Propheten zeigt, daß dieses zukünftige Geschichtshandeln Jahwes an Israel noch eine besondere Eigenart hat. Es handelt sich dabei ja nicht sozusagen um irgendwelche frei gefaßten Pläne Jahwes, sondern nur um die Vollstreckung dessen, was Jahwe schon in alten Überlieferungen Israel verheißen hat. Ob wir an die Weissagung Hoseas denken, daß Israel noch einmal in die Wüste und noch einmal durch das Akortal in sein Land geführt wird (Hos 2,16 f), oder an die Weissagung, daß Jahwe noch einmal Völker gegen den Zion versammeln, daß er ihn aber wieder schützen werde, oder an die Weissagungen von dem kommenden Gesalbten bei Amos, Jesaja und Micha, – überall sieht man, wie traditionsgebunden auch die Zukunftsweissagungen der Propheten sind; und zwar sind sie es in dem Sinne, daß nach der prophetischen Verkündigung die zukünftigen, sagen wir ruhig: die eschatologischen Heilstaten antitypisch den ersten entsprechen werden. Also auch in ihren Zukunftssprüchen fungieren die Propheten weithin als Interpreten alter Jahwetraditionen. Und doch bringen sie damit etwas fundamental Neues, nämlich dies, daß allein die zukünftigen Taten für das Heil Israels entscheidend sein werden. Die alten Überlieferungen sagten aus, daß Jahwe Israel ins Land geführt, daß er den Zion gegründet, den Thron Davids bestätigt hat, und das mußte genügen. So aber konnte kein Prophet mehr glauben; denn zwischen ihm und jenen Setzungen lag ja schon der Feuervorhang schrecklicher Gerichte an Israel, die nach der Meinung dieser Propheten schon angelaufen waren; und diese Gerichtsbotschaft hatte keine Begründung in der alten Jahwetradition. Heil konnte es also für die Propheten nur geben, wenn Jahwe sich zu neuen Taten an Israel anschickte. Und in der Tat, dem haben sie mit Gewißheit entgegengesehen, und sie haben die, die noch zu hören vermochten, beschworen, sich nicht auf illusionäre Sicherungen zu gründen (Mi 3,11), sondern auf das Kommende »hinzusehen« und sich in der bevorstehenden Heilstat Jahwes zu bergen. Sie waren also die ersten in Israel, die es immer wieder und auf immer breiterer Grundlage ausgesprochen haben, daß das Heil im Schatten des Gerichts kommt. Diese prophetische Weissagung, die in engster Anlehnung an alte Erwählungstraditionen, aber zugleich in einer kühnen Neuinterpretation von einem Neueinsatz des göttlichen Heilshandelns spricht, – sie, aber nur sie –, sollte man eschatologisch nennen. Religiöse Hoffnungen, zuversichtliche Äußerungen über den Bestand der göttlichen Treue gab es allenthalben. Was die Propheten weissagten, war theologisch etwas ganz anderes. Sie gehen aus von dem Nein Jahwes über ihr zeitgenössisches Israel, von seinem Verhältnis zu Jahwe, das von langer Hand heillos zerrüttet war. Aber sie waren gewiß geworden, daß Jahwe jenseits des Gerichtes, durch neue Taten, ein Heil begründen werde; und um die Weissagung dieser Taten geht es diesen Propheten vor allem, nicht einfach um Hoffnung und Zuversicht.

Zusammenfassend wäre also zu sagen, daß die Propheten des 8. Jahrhunderts sowohl hinsichtlich ihrer »Gesetzespredigt« wie hinsichtlich ihrer Heilsverkündigung das Leben Israels auf ganz neue Fundamente gestellt haben. Erst von ihrer Heilsverkündigung aus kommt ihre Gesetzespredigt ins rechte Licht. Wir haben es oben schon betont, daß die Propheten diesen richtenden Gotteswillen nicht einer besonderen Offenbarung entnommen haben, die der von Jahwes Heilstaten selbständig gegenüberstünde, sondern den alten Heilsüberlieferungen selbst; sie haben ihnen also eine andere Botschaft entnommen und sie anders interpretiert als ihre Zeitgenossen, aber auch als die ältere Zeit überhaupt. Sie sind ihnen zum Gesetz geworden. Aber Vorläufer einer Gesetzesreligion waren sie nicht; sie haben ihren Zeitgenossen nicht vorgeworfen, daß sie ihr Leben nicht gesetzlich geführt haben; vielmehr dies, daß sie als Jahwes Eigentumsvolk fortgesetzt die Gebote übertraten und daß sie dem Angebot des göttlichen Schutzes mißtraut haben. Wie wenig die Propheten auf ein Leben unter dem Joch des Gesetzes hinarbeiten, wird besonders aus den freilich nicht zahlreichen Stellen deutlich, wo sie von ihren Anklagen zu positiven Forderungen übergehen. »Suchet das Gute und nicht das Böse; hasset das Böse, liebet das Gute!« »Fragt nach Jahwe, daß ihr lebet!« (Am 5,14 f. 6). So redet keiner, der das Leben gesetzlich normieren möchte. Das, was Jahwe von Israel will, erscheint dem Propheten als etwas sehr Klares und Einfaches; wie hätte er es sonst mit dem Allerweltsbegriff »des Guten« umschreiben können (vgl. auch Hos 8,3; Jes 5,20; Mi 3,2)! Und nun erst Micha: Der Prophet antwortet auf das Unmaß gesetzlich-kultischer Leistungen, die Israel in seiner Angst anbietet: »Es ist dir gesagt, Mensch, was gut ist und was Jahwe bei dir sucht: Rechttun, Güte lieben und demütig wandeln vor deinem Gott« (Mi 6,8). Das also ist die Quintessenz der Gebote nach dem Verständnis der Propheten! Hier wird nicht »Ethos« statt Kultus verlangt, als wolle der Prophet die Menschen von der einen Gesetzlichkeit in eine andere führen. Nein, gegenüber den zerstörenden Gewaltleistungen wird hier auf etwas ganz Einfaches gezeigt; ein Weg, der gangbar ist vor Gott, wird gewiesen. Genau dasselbe gilt von dem Wort des Hosea, das sich wie »das Programmwort einer Oppositionsgemeinschaft liest« (H. W. Wolff), daß nämlich bei Jahwe nicht die Leistung der Opfer zähle, sondern »Bundessinn und Wissen um Gott« (Hos 6,6). Das Gelöbnis, das derselbe Prophet den zu Jahwe Umkehrenden in den Mund legt, ist zwar negativ formuliert, weil es darin einer kultischen Gattung folgt, liegt aber doch grundsätzlich auf der gleichen Linie. Es verspricht nicht die Erfüllung einer gesetzlichen Forderung:

»Assur soll uns nicht helfen, mit Rossen wollen wir nicht fahren,
und nicht mehr wollen wir ›unser Gott‹ zu dem Werk unserer Hände sagen«
(Hos 14,4).

Jesaja spricht von der geläuterten inneren Verfassung des Restes so gut wie gar nicht, so daß es nicht ganz leicht ist, ihn sich vorzustellen. Es sind eben die, vor denen Jahwe sein Angesicht nicht verborgen hat (Jes 8,17), die, die geglaubt haben. Einmal nennt er die sich auf dem Zion Bergenden »die Armen seines Volkes« (Jes 14,32).

Aber die Propheten des 8. Jahrhunderts waren nur die ersten auf diesem ganz neuen theologischen Wege. Die späteren werden auf ihm weitergehen und sonderlich zu der Frage des neuen Gehorsams noch mehr zu sagen haben. Sie werden überhaupt die ausgegebenen Themen aufnehmen und sie eigenwillig weiterführen; aber sie werden die prophetische Verkündigung auch mit neuen Themen bereichern, die noch nicht im Blickfeld der Prophetie des 8. Jahrhunderts lagen.

14 Der Übergang zur babylonischen Epoche
Nahum, Habakuk, Zephanja

Das assyrische Weltreich, das so lange Zeit das Reich Juda bedroht hatte, ist 90 Jahre, nachdem Jerusalem vor Sanheribs Truppen kapituliert hatte, endgültig zusammengebrochen. Dieser Zusammenbruch vollzog sich vor dem geschichtlichen Beschauer in großer Schnelligkeit; denn um 664, mit der Unterwerfung Ägyptens, schien das Reich auf dem Gipfel seiner Macht angelangt zu sein. Im Jahre 612 ist Ninive von den Babyloniern, die schon vorher aufgehört hatten, Assurs Vasallen zu sein, den neu auf der politischen Bühne erschienenen Medern und einem skythischen Reitervolk erobert worden. Assur ist freilich nicht, wie es sich Jesaja vorgestellt hatte, vor dem Zion zerschlagen worden; aber es ist seinerseits auch nicht mehr dazugekommen, das Reich Juda seinem Provinzialsystem einzugliedern. Man müßte sich geradezu wundern, wenn dieses weltgeschichtliche Ereignis bei der Prophetie, die so wachen Auges alle Veränderungen im Raum der Geschichte verfolgte, ohne Echo geblieben wäre.

Es war *Nahum*, dem dieses Ereignis die Zunge gelöst hat und der es in Dichtungen von ungewöhnlicher Pracht als ein Gericht Jahwes über die »Stadt des Blutes« (Nah 3,1) gefeiert hat. Das Büchlein ist ganz auf den Ton der Freude und der Genugtuung gestimmt, darüber, daß Jahwe sich in der Welt als Rächer des Bösen geoffenbart hat. In dem Buch ist das Wort überhaupt nur ein einzigesmal an Juda gerichtet, und zwar durch den »Freudenboten«, der dazu auffordert, die Stunde des Festes vor Jahwe wahrzunehmen (Nah 2,1). Man hat es diesem Propheten nicht selten vorgerechnet, daß er anders als die ihm ungefähr zeitgenössischen Propheten kein Wort über die Sünde des Gottesvolkes selbst gesprochen habe. Das wäre aber nur dann verwunderlich, wenn man die Propheten insgemein als die Sprecher einer Idee, etwa eines ethischen Monotheismus, eines allgemeinen sittlichen Gott-Mensch-Verhältnisses, zu verstehen hätte. Macht man aber damit Ernst, daß sie in ihrer Verkündigung ganz von der Fügung der geschichtlichen Stunde abhängig waren, so entzieht sich Nahums Botschaft dieser Kritik genauso, wie wir die Unterscheidung von kultischen Heils- und Unheilszeiten in die Verantwortung derer zurückverlegen müssen, die die jeweilige Zeit vor Jahwe derart gedeutet haben. Und nun ist gerade Nahum derjenige unter den Propheten, bei dem man sich eine Funktion im Rahmen des Kultus vorstellen könnte.

Auch in seiner Botschaft, die doch der Gattung der Völkerorakel mindestens nahesteht, könnte man Nahum in der Tradition derer verstehen, die im Rahmen eines sakralen Zeremoniells Drohworte gegen die Feinde des Gottesvolkes ausstießen. Was das Fehlen von Gerichtsworten für das eigene Volk betrifft, so muß man auch noch bedenken, daß diese prophetische Botschaft mit Wahrscheinlichkeit in die Zeit des Königs Josia und zwar in die Zeit nach dem »Fund« (2. Kön 22 f), also des Reformwerkes anzusetzen ist, die vielleicht doch auch für die Propheten unter dem Zeichen einer verheißungsvollen Umkehr stand.

Dem rückschauenden Betrachter zeigt sich freilich, daß diese festliche Stunde schnell vorübergegangen ist. Josia ist 609 von Necho besiegt und getötet worden; damit kam das Reich Juda zunächst unter ägyptische Oberhoheit, über deren politische Auswirkung wir freilich so gut wie nichts wissen. Schon wenige Jahre später, um 605, wurden die Ägypter von Nebukadnezar geschlagen, und durch diesen Sieg wurden die Neubabylonier die Herren auch über Palästina (2. Kön 24,7). Jojakim, der Nachfolger Josias, war aber ein unsicherer Vasall des Großkönigs, und deshalb hatte sein Land manches von den Truppen der Babylonier zu leiden (2. Kön 24,1 f).

Dies ist nun sehr wahrscheinlich die Zeit, in die das Wirken des Propheten *Habakuk* fällt, also die Zeit zwischen 609 und 597. Der erste Teil seiner Prophetie (Hab 1,2–2,4) besteht aus einem fast liturgischen Zwiegespräch zwischen dem Propheten und Jahwe. Zweimal breitet der Prophet eine Klage vor Jahwe aus, zweimal antwortet Jahwe. Die erste Klage spricht von Untat und Vergewaltigung; die Tora »erkaltet«, und der Gottlose stellt dem Gerechten nach (Hab 1,2–4). Es ist schwer zu sagen, worauf diese Klage anspielt, ob auf Bedrückung von inneren oder äußeren Feinden. Auf diese Beschwerde ergeht eine höchst merkwürdige Antwort: Verwundert euch! – so sagt Jahwe –: jetzt erwecke ich ein furchtbares Volk, die Chaldäer (Neubabylonier, Hab 1,5–11). Der Aspekt, den die Gottesrede eröffnet, ist also zunächst ein völlig unerwarteter: Es wird noch viel schlimmer kommen; die Rätsel der göttlichen Geschichtslenkung werden sich steigern. Neuerliche Klage: Wie kann Jahwe so viel Ungerechtigkeit ansehen, ohne einzuschreiten? Der »Gottlose«, der den »Gerechten« verschlingt, ist hier sicher eine auswärtige politische Macht. Die Menschen gehen ihm wie Fische ins Netz. Absurd ist bei ihm die Vergötzung seiner Machtmittel (»darum opfert er seinem Netz und räuchert seinem Garn« v. 16). Auch darauf antwortet Jahwe mit einem Wort, das aufzuschreiben ist, weil es nicht gleich in Erfüllung gehen wird; ja, mit einem Verzug der Erfüllung soll von Anfang an gerechnet werden;

auf alle Fälle »wird der Gerechte seines Glaubens leben« (Hab 2,1–4). Neuere Ausleger halten es allerdings für wahrscheinlich, daß nicht dieser Satz allein der Inhalt einer mit solcher Umständlichkeit angekündigten und offenbar sehr umfangreichen »Schauung« sein könne, sondern daß dafür auch die in Kapitel 3 geschilderte Theophanie in Frage komme, ein ungeheures Gemälde von dem Aufbruch Jahwes zum Kampf gegen die Völker, insonderheit gegen den Gottlosen (v. 13).

Ungeachtet einiger ungeklärter Fragen zeigt die Prophetie Habakuks doch manche charakteristische Züge. Denjenigen, der von Amos, Jesaja oder Micha herkommt, muß es verwundern, wie sich das Verhältnis des Propheten zu Jahwe gewandelt hat. Die Rollen scheinen vertauscht: die Initiative liegt beim Propheten, denn er ist der Drängende, der Unzufriedene, Jahwe ist der Gefragte. Nun ist allerdings mit der Möglichkeit zu rechnen, daß die Fürbitte und der Empfang von göttlichen Antworten schon seit je zum Beruf einer mehr kultisch beamteten Prophetie gehört haben; aber man kann fragen, ob die Prophetie Habakuks wirklich noch im kultischen Raum unterzubringen ist; sicher aber ist Habakuk in der Art, wie er seine Frage formuliert, in der Art seiner Anfechtung, ein Kind seiner Zeit. Davon, wie die letzte Königszeit ihr Verhältnis zu Jahwe sah und wie sich auch die Propheten den theologischen Problemen dieser ihrer Zeit gestellt haben, muß noch zusammenfassend die Rede sein. Was ist nun aber der Bescheid, den Habakuk auf seine Klage empfangen hat? Er ist zunächst keineswegs tröstlich. (Ist hier nicht eine ursprünglich kultische Form von Jahwe zerbrochen worden?) Jahwe ist im Begriff, die Geschichte noch viel unheimlicher zu gestalten. (Wir werden einer ganz ähnlichen Brüskierung des fragenden Propheten noch einmal bei Jeremia begegnen.) Diejenigen aber, die an Jahwe festhalten, werden gerettet werden. Dieses Wort von der rettenden Kraft des Glaubens hört sich an wie ein Nachklang der Prophetie Jesajas, um so mehr, da auch Habakuk geheimnisvoll von dem bevorstehenden »Werk« Jahwes spricht (Hab 3,2) und damit auf die Erscheinung Jahwes zum Kampf gegen seine Feinde hinweist, wobei sich allerdings im Unterschied von Jesaja neben die uralten Motive (Erscheinung Jahwes aus dem Süden) auch Motive aus der kanaanäischen Mythologie (Kampf des Baal-Hadad gegen die Chaosmächte) eingemengt haben.

Dieses nahe bevorstehende Kommen Jahwes mit einem universalen Kampf gegen die Völker zum Tag Jahwes ist auch der Hauptinhalt der Verkündigung Zephanjas, nur daß bei diesem Propheten das Gericht, das damit zugleich auch über Jerusalem ergeht, und die Bedrohung der sicher Gewordenen viel stärker betont sind (Zeph 1,10–13).

Aber zur Zeit dieser beiden Propheten lebte ja schon der Mann, dessen Verkündigung allein in thematischer Hinsicht unvergleichlich breiter auslädt und dem es aufgetragen war, in dem Verhältnis zwischen Jahwe und Israel Bereiche zu betreten und theologische Horizonte zu bezeichnen, von denen bisher kein Mensch in Israel etwas wußte.

15 Jeremia

Jeremia ist im Jahre 627/26 zum Propheten berufen worden. Diese Berufung steht bezeichnenderweise wieder in engem Zusammenhang mit Ereignissen im großen politischen Raum, mit einem Unheil, das von Norden her auch Palästina bedrohen sollte (Jer 1,13 ff). Es ist nicht sicher, ob damit schon die Neubabylonier gemeint sind, die sich unter Nabopolassar im Jahre 625 Assur gegenüber verselbständigt haben. Tatsächlich waren die Dinge im mesopotamischen Raum durch den Niedergang Assurs und durch das Auftreten der Skythen und der Meder in eine unheimliche Bewegung geraten. Vom ersten Augenblick seiner prophetischen Existenz an ist dieser Feind aus dem Norden für Jeremias Weissagungen bestimmend geworden, und mit all den vielen politischen Nöten, die von den Babyloniern in den folgenden Jahren ausgegangen sind, ist er es geblieben bis zum Verstummen Jeremias. Dies ist der eine Faktor, von dem Jeremias Weissagung abhängig ist. Der andere ist nicht politischer, sondern überlieferungsgeschichtlicher Art. Jeremia entstammte einer Priesterfamilie, die in Anatot lebte. Hier war seine Sippe landsässig (Jer 32,6 ff). Lag das Dorf auch nur wenige Kilometer nordöstlich von Jerusalem, so gehörte es doch schon zum Stamme Benjamin. Benjamin aber war Rahel-Jakobs-Sohn. War aber Rahel und nicht Lea Jeremias Ahnmutter (Jer 31,15), so dürfen wir ohne weiteres voraussetzen, daß in Benjamin ebenso wie in Ephraim die spezifisch israelitischen Überlieferungen vom Exodus und vom Sinaibundesschluß gepflegt wurden, die wir von den judäischen Überlieferungen scheiden müssen. Hat man einmal auf diese traditionsgeschichtlichen Unterschiede zu achten gelernt, so betritt man – etwa von Jesaja herkommend – bei Jeremia eine andere theologische Welt. Die Ziontradition, die für Jesajas ganze Weissagung bestimmend war, fehlt bei Jeremia ganz; dagegen klingt bei ihm bis in die Heilsweissagungen hinein immer wieder die Auszugs-, Bundes- und Landnahmeüberlieferung an. Gewiß, Jerusalem ist dann Jeremias Wirkungsbereich geworden; dort hatte er es auch mit Königen zu tun, und er ist dort auch auf die sakrale Davidtradition gestoßen. Er hat sie ernst genommen und auch sie gelegentlich in seiner Weissagung aufgegriffen; aber die unverhältnismäßig schmale Basis, die sie gegenüber dem Übergewicht der israelitischen Überlieferungen bei Jeremia hat, zeigt zur Genüge, daß sie diesem Propheten von Hause aus fremder war. Dazu kommt noch etwas: Der junge Jeremia ist in einer Weise – bis in die Diktion hinein – von Hosea abhängig, die weit über das hinausgeht, was sonst allenfalls in der Thematik unter den Propheten traditionell war, so daß wir mit einer engen Berührung Jeremias mit dem Jüngerkreis Hoseas, wohl auch mit einer unmittelbaren Vertrautheit mit dessen literarischer Hinterlassenschaft zu rechnen haben. Hosea aber stand, wie wir sahen, ausschließlich in der israelitischen Überlieferung.

Hätten wir nur mit diesen beiden Grundvoraussetzungen der jeremianischen Prophetie zu rechnen, so wäre – unter Einrechnung von allerlei persönlichen oder geschichtlichen Umständen besonderer Art – doch im großen und ganzen auch bei Jeremia eine Verkündigung zu erwarten, die grundsätzlich der des Jesaja, Micha oder Amos ähnlich ist. Aber die Dinge liegen bei Jeremia ganz anders. Der spezifische Unterschied kann hier nicht mit einem Satz genannt werden; er reicht bis ins Innerste der Verkündigung dieses Propheten, er spricht sich aufs vielfältigste in den einzelnen Texten aus und kann deshalb nur schrittweise näher präzisiert werden. Ein besonderes Mittel, der Eigenart der jeremianischen Prophetie beizukommen, ist auch die Gattungsforschung; und in der Tat, überprüft man seine Verkündigung allein in formaler Hinsicht, so zeigt sich gegenüber den älteren Propheten ein so tiefgreifend veränderter Befund, daß allein von da aus der Rückschluß auf eine Besonderheit in der prophetischen Substanz gerechtfertigt erscheint. Die Gattung der Schelt- und Drohreden, ehedem im Vordergrund stehend, tritt zurück; überhaupt fällt auf, daß Jeremia viel seltener – etwa in der Form des Botenspruches – kurz und sachlich einen göttlichen Bescheid ausrichtet. Ja noch mehr: Die ehedem so deutlich durchgeführte Scheidung von Prophetenrede und eigentlichem Gottesspruch beginnt sich zu verwischen. Jeremia macht einen viel freieren Gebrauch von der in der ersten Person einhergehenden Gottesrede; er läßt Jahwe sich in langen Klagen ergehen, anderwärts erhebt er selbst seine Stimme zu breit ausladenden Klagen. Wo war derlei bei Jesaja oder Amos anzutreffen? Bei Jeremia stoßen wir – vielleicht zum erstenmal – auf das, was wir heute als lyrische Dichtung bezeichnen würden. Nicht zuletzt um dieses Umstandes willen hat seine Verkündigung eine so unvergleichlich persönlichere Note. Mit einem Wort: Alles das, was wir als Ausdrucksformen bei der klassischen Prophetie feststellen konnten, ist bei Jeremia unverkennbar in einer Auflösung begriffen. Es wäre freilich töricht, wenn man diesen Prozeß nur von seiner negativen, destruktiven Seite sehen wollte, um dann Jeremia, an Jesaja gemessen, als einen Propheten von geringerer geistiger Gestaltungskraft zu bezeichnen. Es kommt vielmehr alles darauf an, daß wir den Koeffizienten in der Prophetie Jeremias zu Gesicht bekommen, der hinter diesen tiefgreifenden formalen Wandlungen steht, der so formensprengend wirkte und neuer Formen bedurfte, um sich zureichend auszusprechen.[1]

1. Die Verkündigung Jeremias in seiner Frühzeit (Jer 1–6) läßt sich in den Satz zusammenfassen: Über Israel, das den Jahwekultus verlassen und sich dem Baalskult ergeben hat, kommt aus dem Norden Unheil. Aber nun achte man besonders auf die Gestalt, die Jeremia dieser Botschaft gegeben hat; denn ihr eigentliches Charakteristikum ist mit einer solchen Inhaltsangabe noch keineswegs erfaßt.

Sehr eigentümlich ist gleich die erste große Einheit Jer 2,1–13. Jahwe gedenkt der Zeit der ersten Liebe, er verteidigt sich sogar im Stil einer Angeklagtenrede, indem er an seine Wohltaten bei der Führung durch die Wüste ins verheißene Land erinnert (v. 5–7). Aber seit der Einwanderung hat Israel Jahwe verlassen. Wo aber gibt es das, daß ein Volk seinen Gott vertauscht? Alles läuft auf die paradoxe Pointe zu: Der Abfall Israels ist schlechterdings widersinnig. Dafür gibt es in der ganzen Welt keinen Präzedenzfall (v. 10 f). Auch in den nächsten Einheiten (Jer 2,14–19.20–28) geht Jeremia davon aus, daß Israel seinen Gott verlassen hat. Dieser Abfall reicht in eine ferne Vergangenheit zurück (v. 20a). In dem Bild von der Edelrebe, die Jahwe eingepflanzt hat, kommt diese göttliche Perspektive wieder zum Ausdruck: es ist ein weitausgreifender Geschichtsplan, den Israel verdorben hat; es hat sich durch seinen Abfall zum Baal all diesen Bemühungen Jahwes entzogen. Aber wie war das möglich? Vergißt denn eine Jungfrau ihren Schmuck? »Aber mein Volk hat mich vergessen seit unzähligen Tagen« (v. 32). Schon in einer irdischen Ehe ist es einer Frau, die ihren Mann verlassen hat, von dem Gesetz verwehrt, wieder zu ihrem früheren Mann zurückzukehren; wie könnte da Israel seine Trennung von Jahwe rückgängig machen (Jer 3,1–5)? Es ist eigentlich noch etwas Altertümliches in der Art, wie sich für den jungen Jeremia alles Versagen Israels im Kultischen, am Altar ereignet, und wie er noch in kultischen Kategorien denkt. (So ist z. B. die Logik von Jer 3,2 f noch eine durchaus sakrale: durch den von Jahwe verabscheuten Kult wird das Land entweiht, so daß ihm hinwiederum

---

[1] Eine verhältnismäßig breite Schicht innerhalb der Jeremiaüberlieferung steht im Zeichen einer deuteronomisch-deuteronomistischen Prägung; d. h. sie lehnt sich an die dtr. Terminologie an und ist prosaisch gestaltet, was bei der prophetischen Diktion von vornherein die Vermutung einer sekundären Umgestaltung nahelegt. Es handelt sich um folgende Texte: Jer 7,1–8,3; 11,1–14; 16,1–13; 17,19–27; 18,1–12; 21,1–10; 22,1–5; 25,1–14; 34,8–22; 35; dazu vielleicht 26–29.

der Regen entzogen wurde.) Gegenüber der fast alles ausfüllenden Klage über den kultischen Abfall treten die Vorwürfe über die Verletzungen der Rechtsordnungen entschieden in den Hintergrund (Jer 2,8b; 5,1 f; 6,6b; 7,27 f). In Jer 4,5–6,30 sind Weissagungen zusammengestellt, weitausladende Dichtungen, die von einem Feind aus dem Norden sprechen, einem geheimnisvollen Reitervolk, das das gottvergessene und vor Jahwe tief verschuldete Volk heimsuchen wird.[2]

Versuchen wir nun bei der Verkündigung Jeremias aus der ersten Phase seines Wirkens den eigentlichen Aussagegehalt zu fassen, so stoßen wir auf einen merkwürdigen Befund; denn die ehedem so scharf umrissene politische Vorhersage, die Gerichtsdrohung, tritt auffallend zurück. In Jer 2,1–13 fehlt sie ganz; der Inhalt erschöpft sich in der Klage Jahwes und in quälendem Fragen und Sinnen über das Unbegreifliche des Abfalls. In Jer 2,14–19 ist wenigstens gesagt, daß Juda sich durch seinen Abfall die Züchtigung zuzieht (v. 19), und in Jer 2,36 ist davon die Rede, daß Jahwe auch das Vertrauen, das man auf Ägypten setzt, enttäuschen wird. Erst in den Kriegsdichtungen von Jer 4,5–6,26 ist wirkliche Weissagung im alten prophetischen Stil von einem zum Gericht heraneilenden Volk zu finden (Jer 4,5 f. 13; 5,15–17); aber sie lassen zugleich das spezifisch Jeremianische besonders deutlich erkennen. Merkwürdigerweise kann man nicht sagen, daß die ausgesprochen drohenden Aussagen der Höhepunkt und der eigentliche Gegenstand dieser Dichtungen seien. Dagegen spricht schon die Tatsache, daß sie gar nicht am Ende stehen als das Ziel, auf das alles hinführt. Sie sind vielmehr eingebettet in Alarmrufe, in Schilderungen von dem Elend der Kriegsnot des Landes, in Klagen, in Aufforderungen zur Bekehrung und in qualvolles Nachdenken über das Maß der Schuld, mit dem allem sie ein unteilbares Ganzes bilden. Fragt man also nach dem Aussagegehalt dieser Dichtungen, so sieht man sofort, daß sie weit mehr enthalten als Bescheltung und Ansagen kommenden Gerichts. Die Aussagen sind bei Jeremia nach der Seite des Epischen und sogar des Dramatischen hin mächtig verbreitert. Gewiß haben auch Amos oder Jesaja sowohl in der Scheltrede wie im Drohwort nicht nur angesagt, sondern gelegentlich sehr anschaulich — wenn auch meist nur wie mit kurzen Kohlestrichen — dargestellt. Aber

2 Man nennt diese Dichtungen auch heute noch gelegentlich »Skythenlieder«, obwohl es immer fraglicher geworden ist, ob sie mit dem etwas legendär anmutenden Bericht von dem Einfall der Skythen nach Palästina (zw. 630 und 625), von dem nur Herodot I 105 berichtet, in Verbindung gebracht werden können. An welchen Feind Jeremia gedacht hat, ist unsicher. Vielleicht hat er einen raschen Vorstoß der Neubabylonier nach Palästina erwartet.

erstens nimmt dieses Darstellerische bei Jeremia einen viel weiteren
Raum ein, und dann – das ist noch wichtiger – bewegt es sich theologisch in einer sehr charakteristischen Richtung: Das Pathos, das domi-
niert, ist das der Klage und des Leidens. In dem Abschnitt Jer 2,1–13
kommen Aussagen zu Wort über die göttlichen Empfindungen der
Sehnsucht nach dem Verlorenen, des Gefühls widerfahrenen Unrechts
und des Erschreckens über den Göttertausch. Die Aussage vom Abfall
Israels ergeht also nicht direkt, man bekommt von ihm gewissermaßen
mittelbar Kenntnis durch die Klage Gottes, und darin erschöpft sich der
Text. Diese Klage ist also keineswegs der Vorspann zu einem Gerichtswort, sondern sie steht ganz für sich. Bei den Kriegsgedichten
Kapitel 4,5–6,26 liegen die Dinge kaum anders, nur ist es hier der
Schmerz des Propheten, in dessen Spiegel die Vorgänge sichtbar werden.

> »Mein Inneres, mein Inneres, ich muß mich winden!
> O meines Herzens Wände, es wogt mein Herz; ich kann nicht schweigen.
> Hörnerschall hört meine Seele, Kriegsgetümmel« (Jer 4,19).

Das ist ein Ausruf, mit dem Jeremia die Schilderung der kommenden Kriegsfurie unterbricht; aber eigentlich handelt es sich gar nicht
um eine wirkliche Unterbrechung, denn das Unheilsgeschehen wird
auch sonst durch das Medium der erleidenden Seele des Propheten
deutlich.

> »Ich schaute die Erde, und siehe: Chaos . . .
> Ich schaute die Berge, und siehe, sie bebten . . .
> Ich schaute, und siehe, kein Mensch war vorhanden . . .
> Ich schaute, und siehe, das Fruchtland war wüste . . .« (Jer 4,23–26).

So ist also auch hier das künftige Geschehen ganz vom Standpunkt
eines Menschen dargestellt, der es vorwegnehmend bis an die Grenze
seiner Tragkraft erleidet. Wie sachlich und distanziert erscheinen demgegenüber die Ankündigungen der älteren Propheten, selbst da, wo sie
im höchsten Affekt sprachen! Bei Jeremia meldet sich ein Gefühl der
Solidarität mit dem bedrohten Volk und auch mit dem bedrohten
Land, auf das wir noch weiterhin stoßen werden.

Abschließend sei gesagt, daß Jeremia in dieser ersten Phase seines
Wirkens noch weit entfernt davon war, das Verhältnis Jahwes zu Je-
rusalem und Juda für endgültig gelöst anzusehen. Er sah schweren
Prüfungen entgegen; aber so groß die Gefahr auch war, noch hatte
Jahwe »seine Seele nicht von Jerusalem losgerissen«. Deshalb war es
die Aufgabe des Propheten, »Jerusalem zu warnen« (Jer 6,8). So fin-

det sich in diesen Texten die Gattung der »Mahnrede« so häufig wie sonst nie wieder. Vom Bösen soll Jerusalem sein Herz waschen, dann wird ihm Rettung werden (Jer 4,14). Ein Umbruch tut not, nicht ein Säen unter die Dornen, vielmehr Beschneidung der Herzen (Jer 4,3 f). Besondere Hoffnungen hat Jeremia – aber das teilte er vielleicht mit der ganzen Josiazeit – an die »Umkehr« des Nordreiches geknüpft (Jer 3,6 ff).

2. Es spricht vieles dafür, daß Jeremia in der Zeit nach der josianischen Kultreform (621) geschwiegen hat. Man möchte wohl annehmen, daß er in dieser Zeit mindestens eine wohlwollend abwartende Haltung eingenommen hat, was um so mehr anzunehmen ist, als er später gerade von diesem König ungewöhnlich anerkennend gesprochen hat (Jer 22,15 f). Aber diese zeitliche Lücke in seinem Wirken ist doch nicht eindeutig genug, um daraus besondere Schlüsse über Jeremias Einstellung zur »deuteronomischen« Reform zu ziehen.[3] Nach dem unglücklichen Ende Josias kam Jojakim zur Regierung, der wohl in jeder Beziehung das unerfreuliche Gegenteil seines Vorgängers war. Und sogleich sehen wir Jeremia wieder auf dem Plan. Für ein Volk, das den Dekalog mißachtet – so führt Jeremia in seiner berühmten »Tempelrede« aus –, bietet auch der Tempel keinen Schutz mehr (Jer 7,1–15). Jahwe hat es ja schon einmal in der Geschichte demonstriert, daß er einen altangesehenen Kultort liquidieren kann (Silo). Was ist ein Kultort wert, wenn sich dort Menschen bergen wollen, die Jahwes Gebote mißachten? Mit diesem Rigorismus, der vor dem Heiligsten nicht haltmacht und der alles fromme Sicherungsstreben zerschlägt, steht Jeremia noch ganz in der Reihe der klassischen Prophetie des 8. Jahrhunderts. Aber während die Logienquelle sich damit begnügt, den Inhalt dieser Rede mitzuteilen, berichtet eine Erzählerquelle von manchen näheren Umständen, vor allem von den gefährlichen Anfeindungen, die infolge dieser Rede über Jeremia kamen und denen er nur durch das Dazwischentreten einer Gruppe von Landjudäern entkommen konnte (Jer 26,10). Wir haben also den einmaligen Fall, daß uns für dasselbe prophetische Ereignis sowohl eine Spruchquelle wie eine Erzählungsquelle zur Verfügung steht. Aber dieses Zusammentreffen ist nun doch kein Zufall; denn dieses Hinübergleiten des Interesses von der Botschaft auf den Boten ist ja für die gesamte Über-

3 Etwas anders liegen die Dinge bei der viel verhandelten Frage der Stellung Jeremias zum Deuteronomium. Daß sich Jeremia gegen die Zusammenfassung und »Kodifikation« des altüberlieferten Jahwewillens, wie sie im Deuteronomium auf den Plan trat, entschieden haben könnte, ist unwahrscheinlich.

lieferung von Jeremia charakteristisch. Auch die früheren Propheten werden immer wieder Anfeindungen ausgesetzt gewesen sein. Wahrscheinlich haben sie bei Jeremia eine bedrohlichere Form angenommen, aber das Entscheidende liegt nicht darin allein; entscheidend war der veränderte Aspekt, eine veränderte Auffassung von dem, was einen Propheten ausmacht; und da begann neben der Botschaft in wachsendem Maß auch das Leben des Propheten zu interessieren und die Verwicklungen, in die ihn diese seine Botschaft führen mußte. Man begann zu begreifen, daß dies beides sehr eng zusammengehört. Ein schönes Beispiel dafür ist die Erzählung Jer 19,1–20,6.[4] Jeremia hatte vor einigen Männern eine irdene Flasche zerbrochen und gesagt, daß genauso Jahwe Stadt und Volk zerbrechen werde. Aber nun fährt die Erzählung fort und berichtet – und zwar nicht durch eine redaktorische, literarische Verklammerung, sondern im ursprünglichen Zusammenhang –, wie Jeremia um dieser Verkündigung willen von dem Oberaufseher Paschur geschlagen und eine Nacht in den Stock gelegt wurde.

War die Tempelrede zwar ihrer Form nach noch Mahnrede, gerichtet an ein Volk, das sich in einer illusionären Sicherung bergen wollte, so läßt sie doch in ihrem Schluß eigentlich nur eine Perspektive offen: die der Verwerfung. Die unmittelbar folgenden Verse verwehren denn auch dem Propheten die Fürbitte, denn Jahwe wird das »Geschlecht seines Grimmes« von sich stoßen (Jer 7,29); selbst wer die Katastrophe überlebt, wird den Tod begehren (Jer 8,3). Damit hat Jeremia einen Ton angeschlagen, der in seiner ersten Verkündigung in solcher Schärfe noch nicht zu hören war. So endet ja auch die Liturgie bei der großen Dürre ungeachtet aller Bitten um Erbarmen mit einem schauderhaften Gerichtswort (Jer 15,1 ff). Das Wort von den Krügen sagt, daß Jahwe selbst es sein wird, der das Volk, ja Priester, Propheten und Könige mit Trunkenheit füllen wird, daß sie in Selbstzerstörung enden (Jer 13,12–14). Dabei hat Jeremia an Vorgänge gedacht, wie sie sich bald ereignen sollten, an feindliche Plünderung (Jer 17,3), Vernichtung der Jungmannschaft (Jer 11,22) und Exilierung (Jer 10,18; 13,8–10; 17,4).

Aber auch die Erkenntnis von der, wie es schien, endgültigen Verwerfung Jerusalems hat Jeremia doch nicht abgehalten, gelegentlich so zu reden, als sei noch Hoffnung, als sei das Volk noch ansprechbar, als gäbe es noch eine Entscheidung, »bevor es dunkel wird, bevor eure Füße sich stoßen an den finsteren Bergen, da ihr auf Licht hofft, er aber macht's zu Finsternis« (Jer 13,16). Auch die Offenbarung, die Je-

---

4 Die Verse 2b–9 und 12–13 sind als spätere Auffüllung erkennbar.

remia beim Töpfer empfing, als er ihm zusah, wie er mißratene Gefäße wieder zusammenklumpte, um neue daraus zu formen, gehört hierher, denn Jahwes Wort: »Kann ich nicht wie dieser Töpfer mit euch verfahren?« ist ja zunächst nur eine Frage und läßt noch Raum für den Ruf zur Umkehr (Jer 18,1 ff).

Die Großartigkeit dieser Perikope wird durch eine gewisse inhaltliche Unklarheit beeinträchtigt. Seinem ersten Ansatz nach hat es Jeremia mit seinem eigenen Volk zu tun, das durch den Hinweis auf die unheimliche Freiheit Gottes gewarnt werden soll. Dann aber geht die Rede auf einmal ins Generelle über: Hat Jahwe einem Volk Böses zugedacht, und es »kehrt um«, so läßt er sich des Unheils gereuen; hat er einem anderen Gutes zugedacht, aber es ist ungehorsam, so wird Jahwe seinen Plan ändern und es bestrafen. Auch dieser Abschnitt will auf die Freiheit Jahwes in seiner Geschichtslenkung hinweisen; aber er tut es, indem er auf eine merkwürdig theoretische Weise Modellfälle konstruiert, wobei dann wider Willen doch beinahe mehr eine Gesetzlichkeit als eine Freiheit im Walten Jahwes sichtbar wird. Dieses Zwischenstück (v. 7–10), hinter dem die Anrede an Juda noch einmal neu einsetzt, ist doch wohl als eine theologische Weiterung zu beurteilen.

Aber nicht nur dem eigenen Volk hat Jeremia Unheil angedroht; es gibt eine Sammlung von Weissagungen, in denen er einer Reihe von Völkern (den Ägyptern, Philistern, Moabitern, Ammonitern, Edomitern, Aramäern, Arabern, Elamitern und Babyloniern) die Vernichtung prophezeit.[5] In diesen Völkerorakeln werden durchweg kriegerische Katastrophen geschildert, wobei merkwürdigerweise die politische Macht, von der solche vernichtende Wirkungen ausgehen, fast völlig im Dunkeln bleibt.[6] Um so entschiedener sehen diese Orakel Jahwe am Werk; er ist es ganz persönlich; sein Schwert ist es, das gegen diese Völker wüten wird. Da diese Orakel auch sonst Elemente enthalten, die aus der Praxis der alten heiligen Kriege stammen, wird die Wahrscheinlichkeit immer größer, daß diese Form der Kriegsorakel zum ältesten prophetischen Traditionsgut gehört. So haben die Kriegspropheten Israels einmal wirklich gesprochen, wenn Israel – oder besser gesagt: Jahwe – gegen seine Feinde zu Felde zog. An der Gattung hat sich mit der Zeit manches verändert, sie hat sich von ihrem Sitz im Leben, von der sakralen Kriegführung Israels gelöst; ihr geschichtlicher Horizont hat sich ins Universale geweitet, denn sie apostrophiert jetzt Völker, mit denen es das alte Israel in seinen Kriegen nie zu tun

5 Jer 25,15–38; 46–51. Davon sind die Babelorakel (Jer 50 f) sicher nachjeremianisch.
6 Nach Jer 47,2 kommt der Feind aus dem Norden; nur in 49,30 ist Nebukadnezar genannt.

hatte. Die Völkerorakel Jeremias umschreiben beinahe schon ein Weltgericht. Auch der Vorwurf der Hoffart, des gottlosen Selbstvertrauens (Jer 46,7 f; 48,1 f.7.14.42; 49,4), gehört wohl erst der Vorstellungswelt der Späteren, der Hochprophetie zu, während andere Elemente aus der ältesten Überlieferung sich mit erstaunlicher Zähigkeit erhalten haben. So erklärt sich doch nur von ihr her die Weissagung, daß Jahwe ganz persönlich kämpfen werde, und daß die Gedichte nur sehr vage von dem irdischen Vollstrecker dieser Gerichte (Babylon) reden, an den Jeremia doch zweifellos gedacht hat.

So hat also auch Jeremia in die Zukunft hinaus geschaut und auf die Bewegungen am weltpolitischen Horizont geachtet. In der Kühnheit seiner Deutung, in der Sicherheit, mit der er Jahwe aufs unmittelbarste am Werk sah, steht er seinen Vorgängern nicht nach. Aber während wir bei Amos oder Jesaja alles Wesentliche ihrer Verkündigung erfassen, wenn wir uns an ihre Zukunftsaussagen halten, liegen die Dinge bei Jeremia doch anders; denn neben jenen Weissagungen steht eine große Zahl von Texten, die es ausschließlich mit der Gegenwart zu tun haben und die gerade für Jeremia besonders charakteristisch sind.

>>Aufsteigt‹ in mir der Kummer,
    mein Herz ist krank in mir.
Da, horch! Hilferufe der Tochter meines Volkes vom weiten Lande:
    ›Ist denn Jahwe nicht auf dem Zion,
    ist ihr König nicht in ihr?‹
Warum haben sie mich mit ihren Bildern gekränkt,
    mit ihren ausländischen Nichtsen?
Vorüber ist die Ernte,
    der Herbst ist vorbei und uns ist nicht geholfen!
Ob des Schlags der Tochter meines Volkes bin ich zerschlagen.
    Ich traure, Entsetzen hat mich erfaßt.
Ist denn kein Balsam in Gilead,
    ist denn kein Arzt da?
Warum wird nicht Heilung der Tochter meines Volkes?
O daß mein Haupt voll Wassers wäre,
    mein Auge ein Tränenquell,
daß ich beweinen könnte Tag und Nacht die Erschlagenen der Tochter
    meines Volkes!« (Jer 8,18—23).

Gattungsmäßig ist der Text nirgends unterzubringen; es klingt zwar darin ein Volksklagelied an und etwas wie eine Antwort Jahwes (v. 19); aber man vernimmt das nur wie von draußen; der Raum, in den man mit dem ersten Satz versetzt wird und in dem sich alles Wesentliche begibt, ist Jeremias Herz. Es begibt sich die Vergegenwärtigung eines über das ganze Land hereingebrochenen Unglücks, es begibt sich das Ausschauen nach einer Rettung, dann das Begreifen des Verlorenseins und schließlich der Wunsch, sich nur noch in Trauer verströmen zu können. Das ist das Geschehen, von dem hier die Rede ist! Inwiefern ist das prophetische Verkündigung? Ein Text wie dieser kommt dem, was wir als freie lyrische Dichtung bezeichnen, doch schon sehr nahe. Damit stoßen wir wieder auf die Tatsache, daß die Aussagen Jeremias in einem viel stärkeren Maße, ja in einer geradezu grundsätzlich neuen Hinsicht, von einem selbständigen dichterischen Impuls bestimmt sind, und damit eben auf die Frage, wie diese auffallend starke Verbreiterung nach der Seite des Dichterischen hin zu beurteilen ist. Es könnte ja auch sein, daß Jeremia in dem Maß, in dem er sich dem Dichterischen hingab, an prophetischer Substanz verloren hat; es könnte aber auch sein, daß sein Wort gerade durch diese Hingabe eine ganz neue Substanz gewonnen hat! Verhältnismäßig einfach hatte es diejenige Auslegung, die sich in dem Lobpreis nicht genug tun konnte, daß in diesen Texten das freie persönliche Individuum zum ersten Male sich entfalte, und die darum Jeremia als den Vater des freien persönlichen Gebetes glaubte bezeichnen zu müssen. Daran ist wohl etwas Richtiges. Es ist aber doch sehr zu fragen, ob diese Feststellung, die auf etwas allgemein Menschliches hinausläuft, dem Besonderen dieser Texte gerecht wird. Bei der Besonderheit des Weges Israels vor Gott im allgemeinen und der Besonderheit des Weges Jeremias im speziellen ist es von vornherein wahrscheinlich, daß die Texte erst von ihren spezifischen Voraussetzungen her auch ihre spezifische Kontur erschließen und ihre Botschaft begreifen lassen.

3. Das wird gleich bei denjenigen Texten viel deutlicher, die zwar auch klagen, die aber nicht im rein Monologischen steckenbleiben, sondern sich zum Gespräch mit Jahwe erheben. Man nennt sie gerne die *Konfessionen Jeremias*. Ihrer Form und ihrem Inhalt nach sind sie freilich voneinander sehr verschieden. Das ihnen Gemeinsame besteht darin, daß sie sich nicht als Gottesrede an die Menschen wenden, sondern ein Niederschlag sind des Gespräches des Herzens mit sich selbst und mit Gott. Was ihre Form und ihren Stil betrifft, so ist schon lange nachgewiesen, daß sich auch diese einsamsten Aussprachen des Propheten — einmal stärker, einmal geringer — an die althergebrachte kultische Gattung der »Klagelieder des Einzelnen« anlehnen.[7] Es ist deshalb von großem Reiz, zu sehen, wie Jeremia von Fall zu Fall die alte kultische Form mit seinem prophetischen Anliegen durchdrungen und verwandelt hat. Am stärksten bewegt sich das Lied Jer 11,18–23 noch

7 Es handelt sich um folgende Texte: Jer 11,18–23; 12,1–5; 15,10–12.15–21; 17,12–18; 18,18–23; 20,7–18.

auf der herkömmlichen Linie. Es enthält eine Klage über persönliche Anfeindungen und eine Bitte um Schutz von eben dem, dem der Prophet seine Sache anheimgegeben hat. Das konnte eventuell auch ein anderer Verfolgter gebetet haben. Von dem Gebet Jer 15,15–18 kann man das aber gewiß nicht mehr sagen. Wohl stoßen wir auch hier auf manche herkömmliche Bitte, aber dann doch auf Formulierungen von unvergleichlicher Innigkeit, wie sie nur aus der spezifisch jeremianischen prophetischen Existenz heraus gesprochen werden konnten.

> »Fanden sich Worte von dir, so verschlang ich sie.
> Dein ›Wort‹ ward mir zur Wonne und zur Herzensfreude;
> dein Name war ja über mir ausgerufen, Jahwe Gott Zebaoth!
> Nicht sitze ich heiter im Kreise der Frohen,
> von deiner Hand gebeugt sitze ich einsam;
> denn mit Grimm hast du mich erfüllt« (Jer 15,16–17).

Auf diese Klage folgt eine göttliche Antwort. An sich entsprach das dem liturgischen Ablauf; denn dem Klagegebet antwortete Jahwe durch den Mund des Priesters mit einem »Heilsorakel«. Hier aber ist das ehemals kultische Zeremoniell verändert: Jahwe antwortet mit einem Tadel; ja damit, daß Jahwe – falls Jeremia umkehren werde – die großen Zusagen der Berufung erneuert, gibt er zu erkennen, daß Jeremia gegen seinen Prophetenberuf verstoßen hat. Aber wenn er umkehrt, darf er wieder »vor Gott stehen« und ihm »als Mund dienen« (v. 19). Auch der Text Jer 12,1–5 enthält ein Gespräch des Propheten mit Gott mit Frage und Antwort. Rechten möchte Jeremia mit Gott; aber er gibt im ersten Satz alle Trümpfe aus der Hand, denn Jahwe bleibt ja doch im Recht. Es geht dem Propheten um das Glück der Gottlosen und die fatal geschlossene Kette ihrer Erfolge. Ohne Zweifel trägt hier Jeremia mit an einer Frage, die seine ganze Generation beschäftigt hat. Wie bemißt sich der Anteil des einzelnen an Jahwes Gaben? Aber die Frage hat sich nun doch in seinem persönlichen Fall verschärft; denn hier spricht einer, der viel mehr als andere Jahwe zuliebe die Brücken hinter sich abgebrochen hat und der, in dem Maß, in dem er sich auf Jahwe geworfen hat, gefährdet und vereinsamt leben muß. Auch hier ist die Antwort Gottes streng:

> »Wenn du mit Fußgängern läufst, und sie ermüden dich schon,
> wie kannst du da mit Rossen wetteifern?
> Und fühlst du dich nur im friedlichen Lande sicher,
> wie willst du es machen im Dickicht des Jordans?« (Jer 12,5).

Jahwe schlägt die Frage mit einer Gegenfrage nieder. In dieser Antwort liegt ein Verwundern darüber, daß der Prophet schon an solchen

Schwierigkeiten zu scheitern droht, die ja noch nicht entfernt an das rühren, was er müßte tragen können. Es wird ihm bedeutet, daß er noch ganz am Anfang seiner Anfechtungen steht und daß er als Jahweprophet nicht schon über solche Rätsel klagen sollte.

So hat sich Jeremia wohl lebenslang mit Jahwe über sein Amt und seine Anfechtungen besprochen. Er hat besondere Aufträge empfangen, wie etwa in Jer 6,9 den Auftrag, Nachlese zu halten, d. h. auf die ganz verborgenen Früchte des Guten zu achten; aber er hat seinem Gott darauf geantwortet, daß es zwecklos sei, noch weiter zu suchen. Ein anderes Mal hat ihm Gott aufgetragen, daß er als Prüfer in seinem Volk umhergehen, daß er wie beim Metallguß prüfen solle, ob sich die Schlacken von dem Edelmetall abscheiden lassen; aber wieder hat er geantwortet, daß das unmöglich sei (Jer 6,27–30). Es muß aber auffallen, daß das innere Gefälle dieser dialogischen Texte, aber auch der monologischen, immer auf das Dunkle hinführt, auf das Nichtbewältigte und Unerfüllbare. Nicht in einem dieser Texte bewegt sich die Rede in umgekehrter Richtung, also etwa auf den Dank hin, daß Jahwe eine lösende Erkenntnis geschenkt habe oder daß er etwas habe gelingen lassen. Wie weit sind wir hier von dem kraftstrotzenden Rühmen Michas entfernt! Wenn man der Abfolge dieser Texte entlang geht – und die nächste Annahme ist doch die, daß sie biographisch zu verstehen ist –, so steht der Leser vor dem beklemmenden Eindruck, daß das Dunkel wächst und sich von Mal zu Mal tiefer in den Propheten hineinfrißt. Es ist wohl kein Zufall, daß die letzten beiden Texte dieser Art zugleich auch den äußersten Grad der Verzweiflung bezeichnen, in die sich Jeremia hinausgestoßen sah. Die Gebetssprache Israels, sonderlich die der Klagegebete, war im Anreden Gottes nicht gerade ängstlich, sie scheute auch vor ganz verwegenen Formulierungen nicht zurück. Aber hier hat Jeremia den Bereich dieser Aussagen weit hinter sich gelassen.

> »Du hast mich verführt, Jahwe; und ich habe mich verführen lassen.
> Du bist mir zu stark geworden und hast mich überwältigt.
> Nun bin ich zum Gelächter geworden den ganzen Tag;
> jeder spottet meiner . . .
> Dachte ich aber: ich will nichts mehr von ihm wissen
> und will nicht mehr in seinem Namen reden,
> da war's in meinem Herzen wie ein brennendes Feuer,
> verhalten in meinen Gebeinen.
> Ich mühte mich, es zu halten, aber ich vermochte es nicht« (Jer 20,7.9).

Das Wort, das wir mit »verführen« wiedergaben, bezeichnet eigentlich das Beschwatzen und Verführen eines Mädchens: »Du hast meine Einfalt ausgenützt« (Rudolph). Sich selbst kann der Prophet dabei eigentlich nicht anklagen; das Kräfteverhältnis war ja zu ungleich. Er gesteht, daß er den Versuch gemacht hat, diesem unerträglichen Dienst zu entlaufen; aber das ihm eingegebene Wort war wie Feuer in seinem Inneren. So mußte er also Prophet bleiben. Aber was ist dabei aus ihm geworden! In Schmach werden seine Tage enden (v. 18). So zieht Jeremia schließlich die äußerste Konsequenz und verflucht dieses in jeder Hinsicht verlorene Leben (v. 14 f). Diese letzten Texte sind ganz monologisch; der Prophet erhält von dem Gott, den er angeredet hat, keine Antwort mehr.

Die Konfessionen gehören ins Zentrum jeder Jeremia-Interpretation. Man muß sie als Dokumente eines sehr markanten und einzigartigen Geschehens zwischen Jahwe und seinem Propheten verstehen. Auch in ihrer äußeren Abfolge zeichnet sich ein Weg ab, der Stufe um Stufe in eine immer tiefere Verzweiflung führt.[8] Jeder dieser Texte spricht von einer besonderen Erfahrung; auch sind die Gebiete, auf denen die Erfahrungen eingebracht werden, verschieden; aber darin gehören sie zusammen, daß sie alle auf ein vom Propheten schlechterdings nicht bewältigtes Dunkel hinweisen. Das Dunkel ist so entsetzlich (man könnte auch sagen: es ist in der Geschichte Israels mit seinem Gott etwas so schlechterdings Neues), daß von ihm aus viel mehr als ein einzelnes Menschenleben bedroht ist; es droht damit der ganze Weg Gottes mit Israel wie an einem Abgrund metaphysischer Art zu enden. Denn dies, was hier ausgetragen wurde, war ja nicht nur die Sache des Menschen Jeremia, der hier sozusagen außerdienstlich, als Privatmann, von allgemein menschlichen Erfahrungen spricht. Diese Konfessionen entstammen überall der spezifisch prophetischen Situation Jeremias; sie setzen eine Berufung zu einem ganz besonderen Dienst voraus, ein Verhältnis besonderer Intimität zu Jahwe, und darum haben sie eine entscheidende Bedeutung für ganz Israel. Das bedeutet gewiß nicht, daß der Ausleger für die menschliche Seite der Sache kein Auge haben dürfte. Diese Dichtungen zeigen eine Intimität des geistigen Umgangs mit Gott, eine Mündigkeit des Sichaussprechens und eine Freiheit im Eingestehen eigenen Versagens oder widerfahrenen göttlichen Tadels, die wohl als eine Manifestation edelsten Menschentums zu gelten haben. Aber hier geht es um die be-

8 Das würde natürlich im wesentlichen auch dann gelten, wenn die äußere Reihenfolge der Texte nicht dem Nacheinander des biographisch Erlebten entspräche; denn es ist nicht so entscheidend, in welcher Phase seiner Leidensgeschichte Jeremia solche Erkenntnisse eingebracht hat, sondern daß er sie eingebracht hat.

sonderen Umstände dieses Phänomens und um die Frage, an welchem theologischen Ort diese Konfessionen mit ihrem Fazit in dem Ganzen der israelitischen Prophetie stehen. In diesen weiteren Zusammenhang gestellt, fällt zuerst der breite Raum auf, den die Reflexion einnimmt, und zwar eine problematisierende Reflexion. Auch die älteren Propheten haben wir uns nicht als bewußtlose Organe des göttlichen Mitteilungswillens vorzustellen; aber was bei Jeremia geschah, war ein zunehmendes Nicht-mehr-Zurechtkommen. Es war nicht nur dies, daß er über die Erfolglosigkeit seines Wirkens nachdachte. Der Mißerfolg ereignete sich ja nicht nur außerhalb seiner selbst bei den anderen, sondern auch in ihm selbst, insofern er selber nicht mehr mit seinem Amt und seinen Aufträgen einig war, jedenfalls es zum Gegenstand seines Fragens gemacht hat. Bei Jeremia treten Mensch und prophetischer Auftrag auseinander; ja es kommt zu schweren Spannungen, die seinen ganzen Prophetenberuf bedrohen. Durch dieses Auseinandertreten von Mensch und Prophet ist der Prophetenberuf in seiner hergebrachten Form in eine schwere Krise getreten. Als einem Kind seiner Zeit war es Jeremia nicht mehr möglich, sich in den Willen Jahwes zu ergeben; er mußte fragen, mußte verstehen. Seine Empfindsamkeit und Verwundbarkeit, seine Anfälligkeit zur religiösen Problematik hat er gewiß mit vielen seiner Zeitgenossen geteilt. Seelisch war er sicher ungleich differenzierter als Amos oder Micha. So war auch viel Ungebärdigkeit in ihm, ein Aufbäumen gegen Schikkungen, die frühere Zeiten, die in ihrem Glauben noch geborgener waren, wahrscheinlich ergebener getragen hätten. Auf der einen Seite war er mit Jahwe verbunden und blieb ihm unterworfen wie nur je ein Prophet; auf der anderen Seite aber mußte er auch dem freien Nachdenken Raum geben; und wie ernst es ihm mit dieser geistigen Position, die ja außerhalb seines eigentlichen Prophetenberufs lag, war, das zeigt eben gerade die Breite seiner theologischen Reflexionen. Unter diesem Gesichtspunkt muß Jeremia zweifellos als ein Spätling in der Reihe der Propheten gelten. Jeremia ist sich dieser geistigen Ahnenkette auch durchaus bewußt; er spricht mehrfach von den früheren Propheten.[9] Als er lebte und wirkte, gab es gewiß auch bei den freien Propheten schon so etwas wie eine Tradition. In ihr waren nicht nur die herkömmlichen Gegenstände und Themen der prophetischen Verkündigung enthalten, sondern daneben wohl auch eine mit den Generationen wachsende Last von Erfahrungen und Enttäuschungen. Sicher hat es auch ein nur an diesen Stand gebundenes und nur

9   Z. B. Jer 7,25; 26,5; 28,8; 15,16.

von ihm weitergegebenes Wissen von den sich immer gleich bleibenden Mißerfolgen gegeben. Daß bei Jeremia, und nicht schon vorher, das irdische Gefäß zu Bruch gekommen ist, liegt zunächst daran, daß Jeremia das Prophetenamt in einer Breite und in einer Tiefe auf sich genommen hat, wie das vor ihm noch keiner tat. Im selben Maße bedurfte er auch immer wieder der göttlichen Bestätigung. Indessen, solche Erwägungen, die sich um die rechte geschichtliche Einordnung Jeremias bemühen, lassen, so notwendig sie sind, noch genug des Unerklärten. Wie er, dem sein Amt so problematisch geworden ist, mit diesem ihn zerbrechenden Beruf doch in einem übermenschlich scheinenden Gehorsam seinen Weg hinaus in die Gottverlassenheit zu Ende gegangen ist, das bleibt Jeremias Geheimnis. Keinen Augenblick ist ihm der Gedanke gekommen, daß dieses sein mittlerisches Leiden vor Gott einen Sinn haben könne. Und dies, daß Gott das Leben seines getreuesten Boten in eine so entsetzliche und durchaus unbegriffene Nacht hinausgeführt und aller Wahrscheinlichkeit nach dort hat zerbrechen lassen, das ist Gottes Geheimnis.

4. Es fügt sich merkwürdig, daß sich im Jeremiabuch neben der Reihe der Konfessionen noch eine andere Quelle findet, die ebenfalls dem Ergehen des Propheten entlang geht, die *Barucherzählung* (Jer 37–45). Aber in demselben Maße, in dem sich die Konfessionen auf die Vorgänge im Innern des Propheten beschränkt haben, geht es der Barucherzählung um die Darstellung der äußeren Umstände dieses Leidensweges. Obwohl sie gelegentlich auch Prophetensprüche enthalten, sind diese Berichte doch nicht wie in vielen anderen Fällen (z. B. Kap. 26–29) nur als deren erzählerische Umrahmung zu verstehen; nein, Gegenstand der Darstellung ist hier das dramatische Geschehen selbst, in dem der Prophet stand und das sich von Mal zu Mal gefährlicher gegen ihn richtete. Von der Gefangennahme Jeremias an geht der Erzähler den Ereignissen entlang; er verfolgt nüchtern die Geschicke von Ort zu Ort, von Gespräch zu Gespräch, und endet bei der Verschleppung des Propheten nach Ägypten. Der Tod Jeremias scheint jenseits dieser Aufzeichnung gelegen zu haben. Wie stark sich dieser Erzähler auf das rein Ereignishafte in Raum und Zeit konzentriert, wird an den eigentümlichen Sätzen deutlich, mit denen er die Darstellung der verschiedenen Phasen des Geschehens zu beschließen liebt.[10] Derjenige, der die Stationen des Leidensweges Jeremias so

---

10 »So kam Jeremia in die Gewölbe des Zisternenhauses und blieb dort viele Tage« (Jer 37,16). »So blieb Jeremia damals im Wachthof« (Jer 37,21; 38,13. 28). »So kam Jeremia zu Gedalja nach Mizpa und blieb dort bei ihm« (Jer 40,6).

genau bezeichnet, hat die Ereignisse offenbar aus nächster Nähe miterlebt; an der Verläßlichkeit seiner Darstellung kann also kein Zweifel aufkommen. Was aber läßt sich von der Auffassung des Erzählers sagen? Zu welchem Zweck hat er die Ereignisse schriftlich dargestellt? Was war es denn, das er mit einer so umfangreichen Erzählung dokumentarisch belegen wollte? Tatsächlich hat es der Verfasser nicht versäumt, den Leser über die eigentliche Ursache all der Leiden Jeremias zu unterrichten. Es war bekanntlich Jeremias feste Überzeugung, daß Gott zu dieser Zeit durch Nebukadnezar eine große Umordnung der weltpolitischen Verhältnisse herbeiführen und daß er auch Juda unter die Oberhoheit des babylonischen Großkönigs bringen werde (vgl. Jer 27,5 f). Demzufolge hat der Prophet in jenen Monaten der äußersten Bedrohung durch die Babylonier nichts anderes vorhersagen können als die sichere Einnahme Jerusalems (Jer 37,8.17; 38,3; vgl. 34,2), und sein Rat war, sobald als möglich zu kapitulieren (Jer 38,17). Diese Überzeugung, die Jeremia auch öffentlich ausgesprochen hat, war also der Grund für die Leiden des Propheten; denn einen Mann mit solchen Überzeugungen glaubten die Nationalisten in Jerusalem nicht ertragen zu können. Die Darstellung der verschiedenen Leidenssituationen ist gelegentlich von grausamer Realistik und wird nirgends durch ein tröstliches Gotteswort, geschweige durch ein Wunder aufgelichtet. Von einer führenden göttlichen Hand weiß der Erzähler nichts zu sagen; kein Rabe speist den hungernden Propheten, kein Engel hält dem Löwen den Rachen zu. In vollkommener Ohnmacht ist der Prophet seinen Feinden preisgegeben; weder mit seinen Worten noch mit seinen Leiden macht er einen Eindruck auf sie. Besonders bedrückend ist das Fehlen eines guten oder sonst irgendwie verheißungsvollen Ausgangs. Für einen antiken Schriftsteller, dem es ein so tiefes Bedürfnis war, die Dinge am Ende doch wieder in ihrer Ordnung zu sehen, war das eine ungewöhnliche Leistung. Jeremias Spur verliert sich im Elend, und zwar ohne jeden dramatischen Effekt. Überhaupt wäre die Annahme, die Erzählung sei zum Ruhm Jeremias und seines Duldens geschrieben, ganz irrig. Für den Darsteller dieser Ereignisse hatte weder das Leid an sich, noch die Art, wie es einer erlitt, irgendeinen positiven Wert, am wenigsten einen heroischen; es ist überhaupt keinerlei Gloriole sichtbar, die um das Haupt des Propheten gewoben würde; im Gegenteil, er erscheint gelegentlich in Situationen, die auch der antike Leser für einigermaßen verfänglich halten konnte (Jer 38,14–27).[11]

11 Man vergleiche als das Beispiel einer extrem entgegengesetzten Auffassung die Heroisierung der Märtyrer in 2. Makk 7.

Wie bei allen unmittelbar erzählerischen Werken Israels ist also auch bei der Leidensgeschichte Jeremias die eigentlich theologische Basis ziemlich schmal. Hier spricht kein Mann, der sich bewußt ist, die Zusammenhänge in ihrer Notwendigkeit zu durchschauen; andererseits fehlt es doch nicht an Anhaltspunkten. Daß bei einem in theologischer Hinsicht wenig gesprächigen Werk dem Schluß eine besondere hermeneutische Bedeutung zukommt, ist von vornherein zu erwarten und ist auch neuerdings mit Recht betont worden. Mit diesem Schluß hat es insofern eine besondere Bewandtnis, als Baruch von einem Gotteswort spricht, das ihm selber in Anbetracht seiner Klagen von Jeremia zugesprochen wurde:

»Du hast gesagt: ›Weh mir! Jahwe fügt ja Kummer zu meinem Schmerz; ich bin matt vom Seufzen und kann keine Ruhe finden‹ . . . So hat Jahwe gesprochen: ›Siehe, was ich gebaut habe, reiße ich ein, und was ich gepflanzt habe, reiße ich aus‹ . . . und du begehrst Großes für dich? Begehre es nicht! Denn siehe, Unheil bringe ich über alles Fleisch, spricht Jahwe, dir aber gebe ich dein Leben zur Beute, wo immer du hingehst« (Jer 45,3—5).

Hier klingt wieder die Vorstellung von der weltgeschichtlichen Umordnung an und von dem Abbau, den sie mit sich bringen wird. Diese Gottesrede wird von einem Unterton der göttlichen Trauer begleitet; sie deutet fast ein Leiden an, das Gott über diesem Werk des Niederreißens des von ihm Gebauten empfindet. In dieser Zeit des Gerichts, in der Gott sein eigenes Werk in der Geschichte abtragen muß, kann der Mensch für sich nicht gute Tage erwarten; es ist kein Wunder, wenn der Prophet und die, die um ihn sind, in dieses Einreißen Gottes auf eine ganz besondere Weise hineingezogen werden. Darum also verfolgt Baruch so gewissenhaft alle Einzelheiten dieses Leidensweges, weil die Katastrophe, in die Jeremia hineingezogen ist, eben doch nicht von ungefähr kommt, sondern weil sich in ihr das göttliche Einreißen vollzieht und weil hier ein Mensch auf eine einzigartige Weise an dem göttlichen Leiden mitgetragen hat.[12]

5. Der eben erwähnte Gottesspruch hatte mit dem geheimnisvollen Satz geendet, daß Baruch »sein Leben zur Beute« erhalten, das heißt, daß er dieses Gericht des Abbruchs überleben werde. Dieses Wort

12 Selbst wenn die Anfügung des Textes von Kap. 45 nicht auf eine besondere programmatische Absicht des Baruch zurückzuführen wäre — man könnte ihn ja auch für ein mehr zufälliges Anhängsel halten, da das Ereignis von Jer 45 immerhin 20 Jahre früher liegt als das unmittelbar vorher Berichtete — selbst dann behielte das Wort seine große Bedeutung für die Barucherzählung, weil es so klar den Ort des Menschen innerhalb der göttlichen Zerstörung des Geschichtswerkes bestimmt: er kann nicht außerhalb davon stehen.

führt uns ganz von selbst zu der Frage nach der Besonderheit der jeremianischen *Heilsweissagung.* In der frühen Phase seines Wirkens war von vornherein keine ausgeprägte Heilsweissagung zu erwarten, weil Jeremia, wie wir schon sahen, damals die Entscheidung für oder gegen Jahwe noch von Israel erwartete. In seiner letzten Phase, in seinem Wirken unter Zedekia, war das ganz anders. Ein Schlag der Babylonier war schon niedergefahren; im Jahre 598 war der junge König Jojachin mit den Beamten und oberen Ständen deportiert worden. Die Frage, was nun geschehen werde, was Jahwe tun werde, war nun auch auf den Lippen derer, die vordem sich kaum noch um Jahwe gekümmert hatten. Daß Jeremia einen vollen Sieg der Babylonier erwartete, sahen wir schon. Aber er stand, wie es scheint, völlig isoliert einer übermächtigen Kriegspartei gegenüber und, was noch weit schwieriger war, einer Gruppe von Propheten, die die religiöse Erregung schürten und die ein baldiges Eingreifen Jahwes zur Ehre seines Volkes und seines geplünderten Tempels weissagten. Die Auseinandersetzung mit seinen eigenen Berufskollegen gehört wohl zum Schwersten, was Jeremia durchzukämpfen hatte (Jer 23,9 ff; 28). Tatsächlich scheint er sich auf diesem Gebiet durch die Problematik zuweilen nicht ganz durchgefunden zu haben. Man sieht ihn förmlich auf der Suche nach praktischen Kriterien, an denen der falsche Prophet zu erkennen sei. Einmal mißt er den Inhalt seiner Botschaft an der prophetischen Tradition, ein andermal sind ihm die Offenbarungsformen dieser Propheten verdächtig, weil sie sich auf Träume berufen, aber nicht auf ein Wort Jahwes, und deshalb in der Gefahr der Selbsttäuschung stehen. Auch ihr anstößiger Lebenswandel spricht gegen sie. Gerade damit, daß Jeremia kein Kriterium zu benennen wußte, das die Frage grundsätzlich zu lösen vermochte, hat er sich der ganzen Schwere des Problems gestellt; denn ein solches Kriterium formaler oder inhaltlicher Art konnte es ja nicht geben. Eben weil Jahwe kein »Gott aus der Nähe« war, sondern ein Gott »aus der Ferne« (Jer 23,23), gab es für die Art seiner Offenbarung keinerlei Norm. Andererseits muß es doch verwundern, einen Propheten derart an einem Problem laborieren zu sehen. Hat nicht seine Argumentation bei seiner berühmten Begegnung mit Hananja geradezu etwas Tastendes (Jer 28,5–9)? Die herrliche Gewißheit und die Eindeutigkeit, in der den klassischen Propheten die Dinge erschienen, waren Jeremia nicht mehr in gleichem Maße gegeben. Für Micha ben Jimla hat sich 200 Jahre früher das Problem des Widereinanders von Prophet und Prophet ganz anders gelöst; er hat nicht bei seinen Gegnern nach Kriterien gesucht; ihm verlagerte sich alles in die Transzendenz, in den

Ratschluß Jahwes, der die falschen Propheten selbst hat inspirieren lassen, um Ahab zu betören (1. Kön 22,21 ff). Unter solchem Aspekt konnte er dann viel gelassener als Jeremia die gute Absicht und das subjektive Sendungsbewußtsein seiner Gegner gelten lassen.[13]

So war also dies letzte Jahrzehnt der politischen Selbständigkeit des Reiches Juda eine Epoche prophetischer Hochkonjunktur, in der Jeremia mit seiner Unheilsbotschaft einen schweren Stand hatte; aber vielleicht einen noch schwereren mit seiner Heilsbotschaft, denn sie war ja ganz anderer Art als die seiner prophetischen Kollegen. Ein Dokument aus der Spannung dieser beiden Fronten, und doch wie aus der Ruhe eines ganz sicheren Wissens heraus geschrieben, ist jener Brief, den Jeremia an die Exulanten von 598 nach Babylonien geschrieben hat, mitten hinein in ihre ungläubige Niedergeschlagenheit und ihren ebenso ungläubigen Enthusiasmus.

»Baut Häuser und wohnt darin, pflanzt Gärten und eßt von ihrem Ertrag! Nehmt euch Frauen und zeugt Söhne und Töchter! Nehmt Frauen für eure Söhne und gebt eure Töchter Männern, daß sie Söhne und Töchter gebären, damit ihr euch dort mehrt und nicht vermindert. Laßt euch das Wohl der Stadt, wohin ich euch weggeführt habe, angelegen sein und betet für sie zu Jahwe, denn ihr Wohl ist auch euer Wohl« (Jer 29,5—7).

Das ist eine einzige Mahnung zur Nüchternheit und ein Schlag gegen den frommen Enthusiasmus. Man war dort offenbar überhaupt nicht imstande, die Lage ernst zu nehmen, und darum mahnt Jeremia, das Nächstliegende zu tun und sich auf eine Dauer einzustellen. Dabei muß sich allerdings die Einstellung der Deportierten Babylon gegenüber ändern. Es ist nicht mehr der Feind; es trägt ja das Gottesvolk in seinem Schoß, und darum gebührt ihm die Fürbitte. Die Stun-

13 Auch das Deuteronomium bemüht sich — nicht gerade glücklich — um die Aufstellung objektiver Kriterien, an denen der falsche Prophet zu erkennen sei (Dt 18,21 f). Das Widereinander von Prophet und Prophet, bei dem der eine wie der andere im Namen Jahwes sprach (vgl. Jer 27,4 ff; 28,2), muß in der letzten Königszeit besonders verwirrend gewesen sein. Soweit es uns die einschlägigen Texte erkennen lassen, war den »wahren« Propheten besonders die Heilsverkündigung ihrer Berufskollegen verdächtig (1. Kön 22,11 ff; Mi 3,5 ff; Jer 6,14; 14,13; 23,9 ff; 28,5—9; Hes 13,16). Daß jene mit ihren Heilszusagen den Interessen des Staatskultes entsprachen, ist wahrscheinlich. Aber auch das ist kein sicheres Kriterium. Entsprach nicht ihre Weissagung dem Glauben Jesajas? Falsche Prophetie kann weder an dem Amt an sich, noch an den Worten an sich, noch an der Fragwürdigkeit des Menschen, der sie aussprach, erkannt werden. Sie konnte nur von dem erkannt werden, der die wahre Einsicht in die gegenwärtigen Pläne Jahwes hatte und der von da aus dem anderen die Erleuchtung absprechen mußte.

de hat sich geändert; das Gebet für Babylon ist jetzt ein Gebet für das Gottesvolk; denn dieses Gottesvolk hat noch eine Zukunft vor Gott.

>Denn ich bin mir wohl bewußt, was für Gedanken ich über euch habe, spricht Jahwe, nämlich Gedanken des Heils und nicht des Unheils, euch zu geben Zukunft und Hoffnung« (Jer 29,11).

Möglicherweise war in den beiden Worten »Zukunft und Hoffnung« alles beschlossen, was Jeremia in diesem Zusammenhang von dem Heilswillen Jahwes für Israel zu sagen hatte; denn die Sätze, die von einer Heimführung aus allen Völkern reden (v. 14 b), sind vielleicht von späterer Hand eingefügt. Deutlicher hat Jeremia anläßlich jener Grundstücksangelegenheit, bei der er zum Kauf eines Ackers aufgefordert wurde, von der Zukunft des Volkes gesprochen, denn im Zusammenhang dieser familiären Angelegenheit ist ihm ein Jahwewort zugekommen. Deshalb hat er, als die Belagerer schon die Wälle an die Stadt heranführten und drinnen schon der Hunger wütete, den Kaufbrief in aller Form urkundlich deponieren lassen zum Zeichen dafür, daß man wieder »Häuser und Äcker und Weinberge kaufen wird in diesem Lande« (Jer 32,15). Bei dieser Zukunftsschau hat Jeremia sowohl an die Exulanten von 598 gedacht wie auch an die in Jerusalem Zurückgebliebenen. Aber in dem Gesicht von den beiden Feigenkörben werden die schon Exulierten weit über die Zurückgebliebenen gestellt. Ihnen allein gilt die Verheißung:

»So hat Jahwe, der Gott Israels, gesprochen: Wie diese guten Feigen, so schaue ich die Weggeführten Judas, die ich von diesem Ort ins Land der Chaldäer verschickt habe, freundlich an und richte mein Auge freundlich auf sie. Ich werde sie heimholen in dieses Land, ich will sie aufbauen und nicht einreißen, ich will sie einpflanzen und nicht ausreißen, und ich werde ihnen ein Herz geben, mich zu erkennen, daß ich Jahwe bin, und sie werden mein Volk sein und ich werde ihr Gott sein, denn sie werden von ganzem Herzen zu mir umkehren« (Jer 24,5–7).

Das also ist das eschatologische Heil, das Jahwe seinem Volke zugedacht hat: Die Exulanten von 587, aber auch die von 721 werden wieder zurückkehren. Jerusalem wird wieder aufgebaut werden (Jer 33,4 ff), man wird wieder Äcker und Weinberge kaufen und auch Rekabiter wird es geben, die sich besonders strengen Enthaltungsvorschriften unterwerfen und Jahwe auf eine so seltsame Weise dienen (Jer 35, 18 f). Dieses Zukunftsbild ist von einer fast enttäuschenden Nüchternheit. Jeremia weiß nichts von naturhaften Veränderungen zu sagen, die sich in dem Lebensraum des Gottesvolkes ereignen werden, nichts von paradiesischer Fruchtbarkeit; nur dies, daß sich die

Lebensbedingungen in dem augenblicklich verheerten Land wieder normalisieren werden und daß das Leben wieder weitergehen wird. Wallfahrten nach Jerusalem werden wieder veranstaltet werden (Jer 31, 6), und in den Ortschaften wird wieder das Lachen fröhlicher Menschen zu hören sein (Jer 30,18 f; 33,10 f). Von Jahwe ist gesagt, daß er seine Augen »zum Guten« auf sie richten wird (Jer 24,5). Damit scheint sich das Zukunftsbild von der neuen Existenz Israels vor Jahwe zu runden, und der Leser könnte den Eindruck haben, daß die Heilszeit, von der Jeremia spricht, in allem Wesentlichen in einer Restituierung der bisherigen Verhältnisse Israels bestehe. Aber das Gegenteil ist der Fall: Der Bruch zwischen dem Alten und dem Neuen ist bei Jeremia tiefer und grundsätzlicher als bei irgendeinem seiner prophetischen Vorgänger: Wir haben nämlich unter diesen Verheißungen den einen Satz noch nicht berücksichtigt, daß Jahwe seinem Volk ein Herz geben werde, ihn zu erkennen (Jer 24,7). Erst dieser Satz führt uns an das Besondere der jeremianischen Heilserwartung heran; denn dasselbe, was Jeremia hier in einen Satz zusammengedrängt hat, das hat er in der Weissagung von dem neuen Bund ausführlich dargelegt.

Jeremia hat die Worte von dem neuen Bund an die Verbannten des ehemaligen Nordreiches gerichtet (Jer 30,1–3); aber er hat damit ein Heilsgeschehen im Auge, das zweifellos ganz Israel, sonderlich den Exulanten von 721 und 598, widerfahren werde.[14] Das Entscheidende, das schlechterdings über alles bisher von Propheten Geweissagte Hinausführende, liegt in der *Weissagung eines neuen Bundes*, den Jahwe mit Israel schließen wolle. Es handelt sich offenbar um etwas ganz anderes, als wenn Jahwe gesagt hätte, daß Tage kommen werden, da er wieder seines Bundes gedenken werde, den er mit Israel geschlossen habe. Nein, der alte Bund ist gebrochen, und Israel ist in den Augen Jeremias zur Zeit überhaupt ohne Bund. Entscheidend aber ist, daß keinerlei Versuch gemacht wird – wie doch etwa im Deuteronomium –, Israel in irgendeinem Sinne wieder auf die alten Fundamente zu stellen. Der neue Bund ist eben ein neuer und wird in einem wesentlichen Punkt über den alten hinausgehen. Aber uns Heutigen springt der große Unterschied der beiden Setzungen keineswegs unmittelbar in die Augen; der Text Jer 31, 31 ff muß – kein Wunder bei einem so häufig interpretierten Text! – besonders sorgfältig

14 Die Datierung des »Trostbüchleins für Ephraim« (Jer 30 f) ist strittig. Die Tatsache, daß Jer 31,31 ff sowohl in Jer 24,7 als in Jer 32,37 ff unmittelbar anklingt, macht es wahrscheinlich, daß diese Weissagung der Zeit des späteren Wirkens des Propheten zugehört.

geprüft und auch gegenüber verbreiteten Fehlauslegungen geschützt werden. Der Inhalt des Sinaibundes war die Offenbarung der Tora, das heißt der Erwählung und der Beschlagnahme Israels durch Jahwe und seinen Rechtswillen. Diese Tora wird auch im Zentrum des neuen Bundes stehen, den Jahwe »in jenen Tagen« mit Israel schließen will. Also hinsichtlich des Inhalts der Selbstoffenbarung Jahwes wird sich bei dem neuen Bundesschluß nichts ändern. Jeremia spricht weder davon, daß die Jahweoffenbarung vom Sinai ganz oder teilweise hinfallen werde (und wie könnte auch eine Jahweoffenbarung hinfallen oder zurückgenommen werden!) noch deutet er in irgendeinem Sinn eine inhaltliche Veränderung oder Erweiterung an, die sie im neuen Bund erfahren werde. Dem alten Bund folgt der neue nicht etwa deshalb, weil die geoffenbarten Lebensordnungen sich als unvollkommen erwiesen haben, sondern weil er gebrochen wurde, weil Israel daran versagte. Und hier setzt das Neue ein: Die Übereignung des Gotteswillens an den Menschen wird sich anders vollziehen. Am Sinai hatte Jahwe vom Berg herabgerufen, und schon der elohistische Erzähler berichtet, wie Israel diese Stimme nicht ausgehalten und Mose gebeten hat, an seiner Stelle die Willensoffenbarung Gottes in Empfang zu nehmen (Ex 20,18 ff). Verstehen wir Jeremia recht, so wird dies das Neue sein, daß nunmehr der ganze Vorgang des göttlichen Anredens und menschlichen Hörens beim neuen Bund in Wegfall kommen wird. Auf diesem Weg, dem des Hörens des göttlichen Willens, ist Israel nicht zum Gehorsam gekommen. Jahwe wird den Vorgang des Anredens und Hörens gleichsam überspringen und seinen Willen gleich in Israels Herz legen. Die Unterscheidung: hier äußerliche Gehorsamsübung, hier innerlicher Herzensgehorsam sollte man möglichst ganz aus dem Spiele lassen, denn sie trifft den Gegensatz, den Jeremia im Auge hat, kaum. Auch das Deuteronomium drang, wie wir sehen, auf jeder Seite auf einen innerlichen, gewissensmäßigen Gehorsam; doch Jeremia geht gerade in dieser Sache weit über das Deuteronomium hinaus; denn im neuen Bund kommt das, was in das problematische Kapitel der bisherigen menschlichen Gehorsamsleistung gehört, ganz in Wegfall. Wenn der Gotteswille den Menschen nicht mehr von außen trifft und richtet, wenn Gott ihm seinen Willen direkt ins Herz legt, dann ist ihm die Gehorsamsleistung eigentlich überhaupt abgenommen; denn das Gehorsamsproblem entsteht doch erst bei der Begegnung des menschlichen Willens mit einem fremden Willen. Zu dieser Konfrontation kann es aber nicht mehr kommen, denn der Mensch wird in seinem Herzen den Willen Gottes tragen und wird nur noch Gottes Willen wollen. Es sind hier die Umrisse des

Bildes von einem neuen Menschen gezeichnet, von einem Menschen, den Gott durch ein Wunder zu einem vollkommenen Gehorsam befähigt. Es ist sehr bezeichnend, daß der vergleichsweise schon späte Jeremia das Heilswerk Jahwes so stark nach der Seite des Anthropologischen hin bestimmt.

»Siehe, es werden Tage kommen, spricht Jahwe, da schließe ich mit dem Hause Israel › ‹ einen neuen Bund, nicht wie der Bund war, den ich mit ihren Vätern schloß damals, als ich sie bei der Hand nahm, um sie aus Ägyptenland herauszuführen, den sie gebrochen haben, so daß ich mich an ihnen als Herr erweisen mußte, spricht Jahwe. Vielmehr das soll der Bund sein, den ich mit dem Hause Israel nach diesen Tagen schließen werde, spricht Jahwe: Ich werde meine Weisung in ihr Inneres legen und es ihnen ins Herz schreiben, und so werde ich ihr Gott sein und sie sollen mein Volk sein. Da braucht keiner mehr den anderen, keiner den Bruder zu belehren: ›Erkennt Jahwe‹, sondern sie werden mich alle erkennen vom Kleinsten bis zum Größten, spricht Jahwe, denn ich werde ihre Schuld vergeben und ihrer Sünde nicht mehr gedenken« (Jer 31,31–34).

»Siehe, ich werde sie aus allen Ländern, wohin ich sie in meinem Zorn, in meinem Grimm und in großem Groll verstoßen habe, sammeln und werde sie wieder an diesen Ort bringen und sie sicher wohnen lassen. Sie werden mein Volk sein, und ich werde ihr Gott sein, und ich werde ihnen einen Sinn und einen Wandel geben, daß sie mich allezeit fürchten, ihnen und ihren Kindern nach ihnen zum Heil. Und ich stifte ihnen einen immerwährenden Bund, daß ich mich nicht von ihnen abwenden will, ihnen Gutes zu erweisen. Und die Furcht vor mir werde ich ihnen ins Herz legen, daß sie nicht von mir weichen. Und ich werde Freude an ihnen haben, ihnen Gutes zu tun, und werde sie in diesem Lande getreulich einpflanzen von ganzem Herzen und von ganzer Seele« (Jer 32,37–41).

Diese beiden Textreihen lesen sich fast wie zwei erklärende Übersetzungen zu einem Text. Jedenfalls stehen sie sich inhaltlich so nahe, daß man sich die Gelegenheit nicht entgehen lassen sollte, durch einen Vergleich die Auslegung von Jer 31,31 ff zu befruchten. Beide Texte haben das gleiche Ergebnis im Auge, weichen aber in der Darstellung nicht unerheblich voneinander ab. Über ihr literarisches Verhältnis läßt sich freilich nur wenig sagen. Man wird allerdings behaupten dürfen, daß Jer 32,37 ff nicht einfach eine Kopie oder Dublette von Jer 31,31 ff darstellt; dafür ist der zweite Text in seiner Ausdrucksweise zu selbständig, und gerade an den zentralen Stellen geht er terminologisch seine eigenen Wege. Wer Jer 32,37 ff für nachjeremianisch hält, könnte in dem Text so etwas wie eine paraphrasierende Interpretation sehen, doch ist dafür die Anlehnung wiederum nicht eng genug. Außerdem muß man bedenken, daß auch der Text Jer 31,31 ff kaum die ursprüngliche jeremianische Fassung bietet; denn die Gottessprüche sind auch bei Jeremia in jedem Regelfall poetisch stilisiert. Jer 31,31 ff aber ist Prosa, läßt allerdings an einigen Stellen die ursprünglich poetische parallelistische Fassung noch deutlich erkennen. So liegt die Annahme immer noch am nächsten, daß sich Jeremia zweimal je auf verschiedene Weise über den neuen Bund geäußert hat, daß aber beide Texte uns nur in einer nachträglich überarbeiteten Form vorliegen.

Die Zusage, daß Gott den Menschen seinen Willen ins Herz geben werde, ist in Kap. 32,37 ff nur wenig verändert: Gott wird ihnen die »Furcht« vor ihm »ins Herz legen«, wobei nur zu bedenken ist, daß der Ausdruck »Gottesfurcht« im Alten Testament gleichbedeutend ist mit Gehorsam dem göttlichen Willen gegenüber. Infolge dieser schöpferischen Einpflanzung des Gotteswillens in das menschliche Herz wird also jegliches theologische Lehramt in Wegfall kommen und alles Mahnen und Zurechtbringen überflüssig werden. Dem entspricht in Kap. 32,39 die Aussage, daß die Menschen in der Furcht Jahwes einerlei Sinn und einerlei Wandel haben würden. Der Wille Gottes ist ja einer, und jeder Mensch wird ihn von seinem Herzen her wissen. So war ja auch in Kap. 24,7 verheißen, daß Jahwe den Israeliten nach ihrer Rückkehr ein Herz geben werde, ihn zu erkennen. Mit alledem spricht Jeremia auf seine Weise von einer zukünftigen Ausgießung des göttlichen Geistes, denn er meint nichts anderes als ein geistgewirktes Wissen und Befolgen des Gotteswillens. Hesekiel wird dann im gleichen Sinne von der Eingebung des Geistes in die ehedem steinernen Herzen reden. Daß bei Jeremia das Wort »Geist« fehlt, ist belanglos angesichts der Konkretheit, mit der er den Vorgang der Übereignung beschrieben hat. (Bei Hesekiel fehlt das Wort »Bund«.) Das Wort von der Vergebung der Sünden hat in dem zweiten Text keine Entsprechung.

Es ist ein weiter Weg, dessen Ende Jeremia mit seinen Worten vom neuen Bund zu Gesicht bekam. Mit der Terminologie der Propheten könnte man sagen: Es ist die Endgültigkeit der Umkehr Israels zu seinem Gott. Wären die Propheten erweckliche Prediger gewesen, so wäre zu erwarten, daß das Wort von der Umkehr vor allem in der Gattung der Mahnrede zu finden wäre. Das ist aber keineswegs der Fall; es findet sich vielmehr im Zusammenhang der Gerichtsverkündigung; denn das, was die Propheten von dieser Sache zu sagen haben, ist die Feststellung, daß das gegenwärtige Israel nicht zu Jahwe umkehrt,[15] wobei sie mit dem Wort »Umkehr« viel weniger unsere allzu individualistische verinnerlichte »Bekehrung«

15 Am 4,6.8.9.10.11; Jes 9,12; 30,15.

meinen als vielmehr die Rückkehr des Volkes in die Ungetrübtheit seines ursprünglichen Verhältnisses zu Jahwe. Auch Jeremia nimmt die Klage über die von Israel verweigerte Umkehr auf (Jer 8,5); ja, er versteigt sich gelegentlich zu dem Satz, daß eine Umkehr zu Jahwe gar nicht stattfinden dürfte, weil sie gegen das Gebot verstieße (Jer 3,1); und trotzdem findet sich gerade bei diesem Propheten der Ruf zur Umkehr mit einemmal – und zwar im Mahnwort! – auf breiter Basis.[16] Bei Jesaja (Jes 7,3) und Hosea (Hos 3,5; 14,2 ff) war die Umkehr Israels ein Gegenstand der Verheißung; aber gerade deshalb konnte Hosea nun auch Israel zur Umkehr mahnen, es aufrufen, das ihm von Gott Angebotene zu ergreifen (Hos 14,2). So steht also auch darin Jeremia in der Gefolgschaft Hoseas. In demselben Maß, in dem er – und zwar weit über Hosea hinausgehend! – die Umkehr als ein Werk Jahwes an Israel erkannt hat, gewinnt nun aber auch der Ruf zur Umkehr an Raum (Jer 24,7). Soweit besteht also im Grundsätzlich-Theologischen kein wesentlicher Unterschied zwischen Jesaja und Hosea einerseits und Jeremia andererseits, denn hier wie dort hat das Wort von der Umkehr seinen eigentlichen Ort im Heilswort. Aber darin unterscheidet sich der Jüngere von den Vorgängern, daß er die anthropologische Seite des göttlichen Heilswerkes viel stärker betont. Jeremia ist ja auch der Prophet, in dessen Verkündigung immer wieder Reflexionen anklingen über die Möglichkeit oder Unmöglichkeit einer menschlichen Sinnesänderung. Er war ja von Gott zum Prüfer bestellt (Jer 6,27) und wußte, daß das menschliche Herz »verschlagen« und »heillos« ist (Jer 17,9). Bei diesem Nachdenken über das Wesen des Menschen ist er zu sehr radikalen Erkenntnissen vorgestoßen. Seine Gedanken kreisen immer wieder um die tiefe Unfreiheit, in der der Mensch der Gefangene seiner eigenen Widergöttlichkeit ist. Es steht ja überhaupt nicht in seiner Macht, seinen Weg zu bestimmen; keinem ist es gegeben, seinen Schritt zu lenken (Jer 10,23). Um so weniger wäre von einem Versuch zu erwarten, sich vor Gott selber zu reinigen; jeder bliebe doch in seiner Schuld schmutzig (Jer 2,22).

> »Kann denn ein Mohr seine Haut ändern
> oder ein Panther seine Flecken?
> Dann vermögt auch ihr gut zu handeln,
> die ihr gewohnt seid, Böses zu tun!« (Jer 13,23).

Erst vor dem Hintergrund dieser so vernichtend negativen Urteile über die Möglichkeiten Israels, von sich aus sein Verhältnis zu Gott wieder in Ordnung zu bringen, wird das Wort von dem neuen Bund,

16 Jer 3,12.14.22; 18,11; 35,15.

aber auch der beschwörende Ruf zur Umkehr verständlich. Jeremia hat
es immer deutlicher sehen gelernt, wie es um den Menschen steht, und
deshalb hat er ihm nicht gedankenlos zugemutet, einen Weg zu gehen,
auf dem er doch wieder scheitern mußte. Seine Rufe zur Umkehr kommen bei ihm je länger je mehr »vom Heilsspruch her«. Sie fordern dazu auf, das zu ergreifen, was Gott an seinem Volk zu wirken verheißen hat. Bei aller gebotenen Scheu, die Botschaft eines Propheten psychologisch aufzuschlüsseln, wird man doch bei Jeremia ein anhalten-
des Nachdenken über das anthropologische Problem voraussetzen dürfen, also über die Frage: Was kann sich, was muß sich beim Menschen
im Bereich seines Menschseins ereignen, wenn Gott ihn in eine neue
Gemeinschaft hinübernehmen soll? Wie kann er denn, wenn Gott
ihm seine Huld wieder schenkt, als Mensch vor Gott überhaupt bestehen, ohne daß er wieder an der Widergöttlichkeit seines Inneren zu
Fall kommt? Die Antwort, die Jeremia auf diese Frage empfing, war
die Verheißung, daß Gott selbst das Herz des Menschen verwandeln
und damit den vollkommenen Gehorsam wirken wird. Kein Prophet
hat vor ihm das göttliche Heilsgeschehen nach der anthropologischen
Seite hin so sorgfältig unterbaut. Indessen steht Jeremia mit dieser besonderen theologischen Problematik doch nicht allein; deshalb müssen wir später seine Weissagung von dem neuen Bund aus ihrer Isolierung befreien und sie noch in breitere Zusammenhänge stellen.[17]

6. Soweit wir bisher auf eine traditionsgeschichtliche Verwurzelung
der Prophetie Jeremias gestoßen sind, war der Befund eindeutig: Jeremia steht und lebt in der Exodus-Sinaiüberlieferung, und diese
Grundlage seiner Verkündigung ist eine recht breite. Sowohl in seiner
Rückschau (Jer 2) wie in seiner prophetischen Vorausschau (Jer 31,31
ff) zeigt er sich an sie gebunden. Aber es ist außer allem Zweifel,
daß Jeremia auch die *messianische Davidtradition* aufgenommen hat.
In einem gattungsgeschichtlich nicht ganz eindeutigen Zusammenhang
mit einer Scheltrede gegen die untauglichen Hirten des Volkes steht
die Weissagung:

> »Siehe, es kommen Tage, spricht Jahwe, da werde ich dem
>   David einen gerechten Sproß erstehen lassen.
> Der wird als König regieren und weise handeln,

17 Dieses eigentümliche prophetische Interesse an dem — man könnte sagen
— eschatologischen Menschen, der vor Gott recht ist, steht auch hinter der
Weissagung Zeph 3,11–13: Gott wird selbst die stolzen Prahler entfernen;
»du wirst nicht mehr großtun auf meinem heiligen Berge, denn übrig lassen
werde ich in deiner Mitte ein Volk, demütig und niedrig, das Zuflucht sucht
beim Namen Jahwes, den Rest Israels«.

> er wird im Lande Recht und Gerechtigkeit üben.
> In seinen Tagen wird Juda errettet werden
> und Israel in Sicherheit wohnen.
> Dies aber wird sein Name sein, mit dem man ihn nennt:
> Jahwe ist unsere Gerechtigkeit« (Jer 23,5–6).

Daß sich der Spruch ganz in der für das Königtum seit langem herkömmlichen Begrifflichkeit bewegt, spricht natürlich nicht gegen eine Zurückführung auf Jeremia. Es gehört zur höfischen Sprache, daß der König als Hirte bezeichnet wird, daß seine Thronnamen von besonderer Bedeutung sind und daß er gerecht und weise regiert. Auch das muß nicht gegen Jeremia sprechen, daß man an dieser Weissagung eine gewisse Blässe wahrnehmen könnte, daß sie jener persönlichen Bewegtheit ermangelt, die fast überall das Charakteristikum der jeremianischen Diktion ist. Die persönliche Durchdringung und Neugestaltung eines alten Überlieferungsstoffes war von Fall zu Fall verschieden, und sicher ging es dem Propheten nicht immer um die eigene Note; es gab Fälle, wo er sich damit begnügen konnte, die Überlieferung in ihrer traditionellen Gestalt aktualisiert zu haben. Merkwürdig ist allerdings, daß Jeremia in Kapitel 23,5 f von einem Gesalbten aus der Linie Davids redet, während er in Kapitel 30,9 von einem wiederkehrenden David spricht. Aber in dem Weissagungskomplex für das verlorene Nordreich (Jer 30; 31) findet sich ein Wort über den kommenden Gesalbten, in dem wir nun doch auf etwas Besonderes stoßen, das Jeremia zu sagen hatte.

> »Sein Herrscher wird aus ihm hervorgehen;
> ihn will ich mir nahen lassen, daß er vor mich trete;
> denn wer wagte sonst sein Leben daran, mir zu nahen?
> spricht der Herr« (Jer 30,21).

Von den vielen Funktionen und Vollmachten des Gesalbten ist hier nur von einer einzigen die Rede; diese aber erscheint als die entscheidende und zugleich heikelste: Jahwe will ihn sich »nahen lassen«. Da uns der Begriff des »Nahens« zunächst als ein Fachausdruck der Priestersprache bekannt ist, könnte hier auf eine sakrale, spezifisch priesterliche Funktion des Gesalbten hingewiesen sein. Geht man aber von den traditionellen messianischen Vorstellungen aus, so liegt die Annahme doch viel näher, daß der Ausdruck hier auf ein spezifisch höfisches Privileg hinweist. Der Gesalbte ist der irdische Vertreter Jahwes; aber in dieser Eigenschaft ist er Throngenosse Jahwes (Ps 110,1) und steht im persönlichsten Gespräch mit ihm. In die Reihe der Zeugnisse, die die Intimität des Umgangs des Gesalbten mit Jahwe betonen und sein Teilhaben an der göttlichen Weltregierung, gehört auch der Satz von dem freien Zugang zu Jahwe. Der Gesalbte, das meint Jeremia, hat bei Jahwe Immediatverkehr; er hat Zugang zu den geheimsten Beratungen des Weltenkönigs.[18] Aber das Besondere dieser Weissagung liegt vor allem in der Reflexion, die sie über die Einzigartigkeit dieses Zugangs zu Gott anstellt. Er kann nämlich wirklich nur dem Einen, dem Gesalbten zugemutet werden. Kein anderer würde sich bereit finden, »sein Herz zu verpfänden«. Der Ausdruck entstammt der Rechtssphäre und bezeichnet die Hinterlegung eines Pfandes oder die Leistung einer Bürgschaft. Dann will also der rhetorische Fragesatz, der die Weissagung so merkwürdig unterbricht, zu bedenken geben, daß dieser Zugang zu Jahwe auf seiten des Gesalbten nur mit dem Einsatz seines Lebens möglich ist. Worin Jeremia die besondere Gefährdung sieht, ist nicht angedeutet. Die Kommentare denken an den altjahwistischen Satz, daß derjenige sterben muß, der Gott zu schauen bekommt.[19] Es scheint uns höchst bezeichnend, daß sich Jeremia auch bei einer messianischen Vorhersage sonderlich für die innermenschlichen Voraussetzungen des Heilsgeschehens interessiert. Für seine Sicht – und darin erkennen wir Jeremia wieder – ist das das Entscheidende, daß der Gesalbte sein Leben aufs Spiel setzt und damit aufs persönlichste den Zugang zu Gott offen hält. »Wer ist es, der sein Herz verpfändet, mir zu nahen?« Das ist wohl eine der schwersten Fragen, die jemals im alten Israel gestellt wurden, und welches Wissens um Gott und um den Menschen bedurfte es, bis sie überhaupt gestellt werden konnte!

18 In diesem spezifisch höfischen Sinne findet sich das Wort »nahen« in 2. Sam 15,5. Bezeichnenderweise wird das Verbum auch bei dem Eintritt des »Menschensohnes« in den Thron t des Himmelskönigs gebraucht (Dan 7,13b). Es ist in diesem Zusammenhang ganz korrekt, daß die Weissagung nicht von dem König, sondern von dem »Herrscher« spricht, denn Jahwe ist der König. Vergl. dazu auch Sach 3,7b.
19 Ri 6,23 f; 13,22; Jes 6,5. — Die Weissagung endet in v. 22 mit der alten Bundesformel, ein Zeichen, wie Traditionsströme völlig verschiedener Herkunft nunmehr ineinanderzufließen beginnen.

16 Hesekiel

Der Umstand, daß Jeremia und Hesekiel ungefähr Zeitgenossen waren, hat schon immer zu einem Vergleich ihrer Botschaften herausgefordert. Daß sich diese Männer, obwohl sie beide priesterlichen Familien entstammten, nicht nur ihrem Temperament nach, sondern vor allem in der Art zu denken, zu reden und zu schreiben tiefgehend voneinander unterscheiden, – diese Feststellung ist einem Kind möglich. Den Unterschied aber genau zu bestimmen, d. h. das Spezifische des traditionsgeschichtlichen und prophetischen Standorts Hesekiels gegenüber dem Jeremias zu benennen, hieße das Rätsel lösen, das die Botschaft Hesekiels in besonderem Maße, aber doch auch die Jeremias, umlagert. Hinsichtlich des äußeren Lebensganges Hesekiels haben allerdings eingehende Untersuchungen dargetan, daß die wissenschaftlichen Gründe, die zu einer Bestreitung der exilischen Wirksamkeit des Propheten geführt haben, nicht zureichend sind. Die Abstreifung des exilischen Gewandes der Botschaft und die Annahme einer ausschließlich jerusalemischen Wirksamkeit in der Zeit vor 587 setzen kritische Textoperationen voraus, die tief in die Substanz der Verkündigung Hesekiels eingreifen. Wir dürfen davon ausgehen, daß er um 598 mit der ersten Deportation nach Babylonien kam, dort im Jahr 593 berufen wurde und von da ab sein Amt bis etwa 571 ausgeübt hat. Daß er die Vorgänge in Jerusalem mit größtem Interesse verfolgt, ja daß er zeitweise intensiver mit denen in der Heimat zu leben scheint als mit seiner babylonischen Umwelt, das hat er mit den Verbannten aller Zeiten gemein. Die sehr übersichtliche Gliederung seines Buches (Kap. 1–24 Unheilsworte für Jerusalem und Juda; 25–32 Völkerorakel; 33–48 Heilsweissagung für Israel) ist zweifellos erst das Werk einer nicht unkomplizierten Redaktion; jedoch rechnet die Forschung heute wieder mit einem breiten Grundstock authentischer Prophetie, wobei sie sich nicht zuletzt auf die autobiographische Form der prophetischen Hinterlassenschaft und die sorgfältigen Datierungen vieler Sprüche stützt, die, abgesehen von erkennbaren Ausnahmen, vom Propheten selbst stammen müssen.

Wie alle seine Vorgänger, so hat auch Hesekiel die Vorgänge im politischen Raum mit wachem Interesse verfolgt. Assur war von der politischen Bühne abgetreten (Hes 32,22 f). Die beiden Großmächte, in deren Einflußzone Palästina jetzt stand, waren Babylon und Ägypten. Vom ersteren schwer bedroht, sucht Juda beim letzteren Hilfe und erlebt schwere Enttäuschungen (Hes 17,1 ff; 30,20 f). Dann verfolgt der Prophet den Anmarsch Nebukadnezars (Hes 21,23 ff). Zuerst wird es der Großkönig mit Tyrus zu tun bekommen, über dessen Verhältnisse Hesekiel bestens unterrichtet ist (Hes 26–28). Dann stößt der Babylonier gegen Juda und Jerusalem vor, dessen Eroberung den Exulanten ein Bote meldet (Hes 33,21). Ebenso weiß der Prophet über das feindselige Verhalten der kleineren Nachbarvölker, der Ammoniter (Hes 25,2 ff) und der Edomiter (Hes 25,12 ff), Bescheid. Daß Hesekiel über alle Vorgänge in der Heimat, auch über Einzelheiten, auf dem laufenden ist, darf, wie gesagt, nicht verwundern, denn das ist bei den Exilsgruppen bis heute nicht anders geworden. Der geistige Horizont dieses Mannes war allein in kenntnismäßiger und bildungsmäßiger Hinsicht ungewöhnlich weit. Von seiner Kenntnis der heilsgeschichtlichen und sakralrechtlichen Überlieferungen muß noch ausführlicher die Rede sein; das fiel ja noch in den engeren Kreis seines priesterlichen Berufswissens. Was er aber über die ethnische Sonderstellung des alten Jerusalem in einer hingeworfenen Bemerkung sagt, ist erstaunlich: »Was deine Abstammung betrifft, so war dein Vater ein Amoriter und deine Mutter eine Hethiterin« (Hes 16,3), denn mit dieser Doppelheit hat er die geschichtlichen Verhältnisse des vordavidischen Jerusalem (kanaanäische Bevölkerung, »hethitische« Herrenschicht) genau getroffen.[1] Neben solchem geschichtlichem Wissen stoßen wir bei Hesekiel aber auch auf eine damals schwerlich allgemeiner verbreitete Bewandertheit in allerlei Überlieferungsstoffen mythologischer oder märchenhafter Art (vom Urmenschen Hes 28,11 ff, vom Findelkind Hes 16,1 ff, vom Wunderbaum Hes 31,1 ff). Auf alle Fälle lassen die Verwendung dieser Stoffe, ihr Einbau und ihre Verschmelzung mit den ganz spröden Elementen seiner Verkündigung auf eine außergewöhnliche geistige Gestaltungskraft schließen. Nimmt man hinzu, daß Hesekiel über technische Einzelheiten des Schiffsbaus ebenso unterrichtet ist wie über die exotische Herkunft der dazu nötigen Materialien (Hes 27,1 ff), so steht vor uns das Bild nicht nur eines umfassend gebildeten Mannes, sondern eines geistigen Gestalters von hohem Rang. Denn noch viel mehr, als das schon bei Jeremia der Fall war, drängt bei Hesekiel das prophetische Amt zum schriftstellerischen Ausdruck hin, mindestens zu einer Ausgestaltung der Stoffe in großer Form. Die kleinen Einheiten (Scheltrede, Drohwort), in denen sich noch die klassische Prophetie ausgesprochen hatte, verschwinden bei Hesekiel fast ganz aus dem formgeschichtlichen Gesamtbild. Ergreift er das Wort, so entstehen in der Regel Dichtungen,

1 Auch über die Folgen der Katastrophen des Jahres 701, die Übereignung judäischen Territoriums an die Philister, weiß Hesekiel Bescheid (Hes 16,26 f).

ja Abhandlungen großen Formats, wie allein schon die von Hesekiel ins Barocke ausstilisierte Gattung der Leichenlieder zeigt.[2] Bei diesen, wie gesagt, oft ins Große tendierenden Darlegungen bevorzugt Hesekiel mehr als irgendein anderer Prophet eine Reduktion der Gegenstände ins Bildhafte oder Typische. Die »Bildrede« oder die »Rätselrede« war wohl seit jeher ein wichtiges Mittel der Propheten, ihre Hörer durch eine gewisse Verhüllung zum Aufmerken zu reizen. Bei den Bildreden Hesekiels jedoch stammt die Verkleidung der Aussage wohl kaum mehr aus der dialogischen Kampfsituation in der Öffentlichkeit; es handelt sich vielmehr um eine kunstvoll gehandhabte literarische Stilform. Hierher gehört die sich mehr dem Gleichnis annähernde Bildrede vom Rebholz (Hes 15,1 ff), die als »Rätselrede« bezeichnete Allegorie von den beiden Adlern und dem Gipfel der Zeder (Hes 17,1 ff), die Allegorie über das von Jahwe erst gefundene und dann später geehelichte Mädchen (Hes 16), die beiden Klagelieder auf Zedekia (Hes 19,1–9 und 19,10–14 von der Löwin und dem Weinstock), ferner die Bildreden Hes 21,2 ff; 24,3 ff. Eine andere, aber ebenfalls eigentümlich indirekte Art findet sich da, wo Hesekiel irgendwelche Probleme an Modellfällen veranschaulicht und ihrer Lösung entgegenführt. Die Generationenfolge von Hes 18,5 ff ist eine schematische Abstraktion, und die drei Fürbitter Noah, Daniel, Hiob (Hes 14,12–23) sind ebenfalls Gestalten von beispielhafter Typik. Mit Hilfe solcher Verkleidungen ins Bildliche und mittels solcher Abstraktionen in Richtung aufs Typische hin bewahrt sich Hesekiel eine gewisse Distanz von den Dingen; seine Darlegungen atmen weithin eine lehrhafte Kühle, die da, wo der Prophet seiner Neigung, die Schilderung nach der Seite des Krassen und Anstößigen hin auszuführen, nachgibt, geradezu eisig wirken kann. Hier ist der Unterschied von Jeremia, der seine Botschaft so stark mit den Empfindungen seines erregten Herzens erfüllt hat, besonders groß. In der Tat muß Hesekiel ein Mensch von völlig entgegengesetzten Temperamenten gewesen sein. Indessen vermittelt gerade die Kälte und Härte, von der alle Ausleger sprechen, einen Eindruck von Größe und Unnahbarkeit. Völlig irrig wäre es freilich, wenn man in Hesekiel den unbeteiligten Richter seiner Zeit und ihrer Mißstände sehen wollte; denn in diesem Manne brannte ein unheimliches Feuer des Eifers, und zwar keineswegs nur für Jahwe, sondern auch für Israel. Aber das Merkwürdige und eigentümlich Fesselnde ist dies, daß Hesekiel neben dem Visionären und Inspiratorischen auch der rationalen Reflexion Raum gibt.

2 Hes 19,1 ff.10 ff; 27,1 ff; 28,11 ff; 31,1 ff; 32,1 ff.

Kein Prophet hat ein so starkes Bedürfnis, gewisse Probleme intensiv zu durchdenken und bis in alle Konsequenzen abzuklären; m. e. W.: Hesekiel ist nicht nur Prophet, sondern auch Theologe. Er bedurfte aber auch dieses Doppelamtes, weil er einer anspruchsvollen, ja rebellischen Generation gegenüberstand, die sich nicht mit prophetischen Botschaften begnügte, sondern der gegenüber er Rede und Antwort zu stehen hatte.

1. Der Bericht von seiner Berufung am Flusse Kebar (Hes 1,4–3,15) ist allein schon ein Traditionskörper von barocken Ausmaßen, der sich aus mancherlei traditionellen Stoffen aufbaut, der aber gleichwohl in seiner jetzigen Gestalt als ein Ganzes gelten will. Hesekiel schaut das Heranstürmen der »Herrlichke . Jahwes« und erlebt dann seine Entsendung in einer Art von himmlischem Staatsakt, in welchem ihm die auszurichtende Botschaft wie einem »Botschafter« in einer Rolle überreicht wird. Jedes Einzelelement des jetzigen unteilbaren Ganzen hat eine lange Geschichte hinter sich; nicht zuletzt auch die Eröffnung, daß er in seinem prophetischen Amt tauben Ohren predigen und unter Skorpionen wohnen muß (Hes 2,6). Auch hier ist Tradition: Die Last der negativen Erfahrungen, die dem Propheten in der ersten Stunde seines Dienstes aufgebürdet wird, ist weiter angewachsen.[3] Aber Jahwe rüstet ihn zu diesem Weg in den Widerspruch, der alle Menschenkräfte übersteigt, aus; er macht das Angesicht des Propheten härter als Kiesel. Die Unheilsbotschaft aber – aufgezeichnet aus einem im Himmel präexistenten Buch –, die Hesekiel zu essen bekommt, schmeckt ihm süß wie Honig. Das bedeutet wohl, daß er von nun an in dieser Sache ganz auf die Seite Gottes hinübergezogen ist; es besteht ein Einverständnis zwischen dem Propheten und seiner Botschaft; er wird also nicht wie Jeremia dagegen aufbegehren.

Die Rolle, die Hesekiel zu verzehren hatte, war doppelseitig beschriftet mit »Klagen, Seufzen und Wehe« (Hes 2,10), und so war also auch er, wie alle seine Vorgänger, dazu berufen, »Jakob seinen Frevel und Israel seine Sünde anzuzeigen« (Mi 3,8). Unsere Aufgabe muß es jetzt sein, die Eigentümlichkeiten seiner Auffassungen von Jakobs Frevel und die Eigentümlichkeiten seiner Argumentation zu erfassen. Ein Ergebnis stellt sich schon nach oberflächlicher Durchmusterung der Texte ein: Wo Hesekiel von Sünden spricht, da handelt es sich vor allem um Verstöße gegen sakrale Ordnungen. Die Klagen über die

---

3 Das Vorbeigehen an der Botschaft des Propheten muß merkwürdige Formen angenommen haben; es scheint auch solche gegeben zu haben, die ihn angehört haben, so wie man einem Sänger mit schöner Stimme zuhört (Hes 33,32).

Verletzung der sozialen, sittlichen Gebote treten auffallend zurück. Die Ursache des nahen Unterganges Israels lag für Hesekiel ganz eindeutig in einem Versagen Israels dem Bereich des Heiligen gegenüber; daß Israel das Heiligtum verunreinigt (Hes 5,11), daß es sich anderen Kulten zugewandt (Hes 8,7 ff) und die Götzen ins Herz geschlossen hatte (Hes 14,3 ff), m. e. W. daß sich Israel »unrein gemacht hat« vor Jahwe, das ist die Ursache seiner Bestrafung.[4] Die reichlichsten Auskünfte geben natürlich die großen geschichtlichen Rückblicke in Kap. 16; 20 und 23. Sie sind unverkennbar aus der Sicht des Priesters geschrieben. Gewiß, Hesekiel ist vor allem anderen Prophet; aber die Begriffswelt, in der er lebt, die Maßstäbe, die er anlegt, die Kategorien, nach denen sich ihm der Lebensraum Israels vor Jahwe ordnet, sind ausgesprochenermaßen priesterlicher Art. Es ist gewiß auch ein Ausfluß priesterlich-sakralen Denkens, wenn für Hesekiel auch das Land und seine kultische Qualität wichtig ist (Hes 36,17). Der Prophet betrachtet ja das Gottesvolk mit seinem Land derart als eine Einheit, daß er nicht selten das »Land Israel« oder die »Berge Israels« anredet, als wären sie Israel selbst.[5] Der Maßstab aber, an dem Hesekiel das Verhalten Israels mißt, sind die »Ordnungen«, »Rechtssätze«, die Jahwe seinem Volk gegeben hat (Hes 5,6 u. ö.).[6] Auch Amos hatte, wenn er Israel anklagte, die Verletzung der Gebote im Auge; wie anders aber die Dinge bei Hesekiel liegen, das wird bezeichnenderweise durch auffällige Veränderungen im Formgeschichtlichen schon sichtbar. Eine genaue Analyse von Hes 14,1–11 hat nämlich ergeben, daß die Einheit zwar in der Gestalt einer prophetischen Scheltrede anhebt, daß aber diese prophetische Stilform alsbald aussetzt und die Rede in der unpersönlichen Form sakralrechtlicher Normierungen weiterläuft (»Jedermann aus dem Hause Israel, der seinen Götzen nachhängt...« v. 4). Derselbe Befund beim Drohwort: Nach dem üblichen »Darum« setzt die Gottesrede in v. 6 im Ichstil ein, geht aber wiederum in die charakteristische Stilform der sakralen Rechtssprache über (»Jedermann aus dem Hause Israel und den Schutzbürgern, die in Israel weilen, der sich von mir absondert...« v. 7). Hier handelt es sich nicht nur um irgendeine, von einem Propheten für den Augenblick aufgegriffene fremde Stilform, die dann wieder fallen gelassen wird; dieser merkwürdige formgeschichtliche Befund ist viel mehr als nur ein gelegentliches Spiel mit einer fremden Form; er

4 Hes 20,30 f.43; 23,7.13.30; Hes 22,26; 23,39; 36,22 f.
5 Hes 7,2; 21,7 f; 36,6; 6,2 f; 35,12; 36,1.4.8.
6 Aus Texten wie Hes 18,5 ff oder 33,25 kann man sehen, an welche »Ordnungen« der Prophet denkt.

weist auf einen Unterschied im innersten Wesen dieses Propheten. Nicht nur in der Scheltrede zieht er die alte Sakralordnung heran; noch gravierender ist, daß er auch bei der Strafankündigung ohne weiteres der alten Ordnung und der von ihr angedrohten Strafe das Wort gibt. Er verzichtet darauf, aus seiner prophetischen Schau ein Gericht anzusagen; es ist ihm in diesem Fall genug, die seit je angesetzte Strafformel der Bannung — es handelt sich um eine alte sakrale Formel — nach der alten Ordnung zu zitieren. Damit hat sich für die Frage der überlieferungsgeschichtlichen Verankerung, die das Verständnis der Propheten entscheidend fördert, etwas Wichtiges ergeben: Hesekiel wurzelt in der priesterlich-sakralen Überlieferung; ihr entnahm er die Grundkategorien alles sakralen Weltverständnisses, die des Heiligen und des Profanen. Ihr entnahm er aber zugleich einen breiten Grundstock von nie veraltenden Normen, die das Leben regelten, das der Mensch in der Nachbarschaft des Heiligen zu führen hatte. Hesekiel war in seinen Funktionen gewiß kein Priester; was Hesekiel verkündete, ging weit hinaus über das, was ein Priester im Bereich seines Amtes einem Laien zusprechen konnte, und es läßt sich leicht zeigen, wo und inwiefern seine Botschaft die Fundamente dieser priesterlichen Theologie sprengte. Er steht dieser sakralen Überlieferung in einem merkwürdigen Gemisch von Gebundenheit und Freiheit gegenüber, aber doch so, daß sich dieses sakrale Weltverständnis bei diesem Propheten bis in die Weissagungen von dem neuen Israel hin gestaltend auswirkt.

2. Aber dieser priesterlichen Überlieferung verdankt Hesekiel auch sein *Geschichtsbild* von den Anfängen Israels. Auch Hesekiel hat zum Aufweis der Verlorenheit und sündigen Verderbtheit Israels die Geschichte aufgeboten. Dreimal hat er zu solchen Anklagen mit breiter geschichtlicher Unterbauung ausgeholt (Hes 16; 20; 23). Von besonderem Interesse ist vor allem die Rekapitulation der Geschichte von dem Augenblick der ersten Erwählung an bis zu der Inbesitznahme des verheißenen Landes in Hes 20, weil der Prophet hier einerseits einem hergebrachten altbekannten und traditionell längst feststehenden Schema der Heilsgeschichte entlanggeht (es scheint aber nicht das einer unserer hexateuchischen Quellenschriften gewesen zu sein), und doch andererseits durch eine höchst eigenwillige Interpretation und Gliederung dem Überlieferten eine völlig neue Tönung gibt. Die Erwählung, also der Beginn dieser Geschichte Israels mit Jahwe, geschah in Ägypten mit der Offenbarung des Jahwenamens und dem ersten Gebot. Aber hier schon stoßen wir gleich auf neue Züge in dem Geschichtsbild. Das Volk hat nämlich schon in Ägypten dieser Jahweof-

fenbarung den Gehorsam versagt; es hat sich von den dortigen Kulten nicht getrennt, und es hat nicht viel gefehlt, daß Jahwe dieses Volk schon in Ägypten verworfen hätte (v. 5–10)! Nun folgt eine zweite Phase: Jahwe führt Israel in die Wüste und offenbart ihm die Gebote. Aber auch dieser Versuch Jahwes, das Volk an sich zu binden, ist fehlgeschlagen (v. 11–14); es folgt die dritte Phase. Auch der zweiten Generation hat Jahwe seine Gebote eingeprägt, allerdings wieder, ohne Gehorsam zu finden (v. 15–17). In der vierten und letzten Phase gibt Jahwe seinem Volk Gebote, »die nicht gut waren«, vor allem das Gebot des Opfers der menschlichen Erstgeburt, durch das sich Israel vor Gott verunreinigen mußte (v. 18–26). Hier endet die Geschichtsdarstellung; Hesekiel hat ja auch ungefähr den Punkt erreicht, den die traditionellen Summarien mit der Landnahme bezeichnen. So wenig wir bei ihren Einzelheiten sicher sagen können, ob sie der Prophet nicht schon in der Überlieferung vorgefunden hat, so kann doch darüber kein Zweifel sein, daß diese Verkehrung und Umdeutung der Heilsgeschichte in eine Kette von göttlichen Mißerfolgen und Strafen ausschließlich das Werk Hesekiels ist. Das, was der Prophet aus der altgeheiligten Überlieferung gemacht hat, ist ungeheuerlich und läßt ein ganz paradoxes Ineinander von Gebundenheit an die Tradition einerseits und verwegenster Freiheit in der Ausdeutung andererseits erkennen. Ihm gliedert sich die Heilsgeschichte in 4 Phasen, von denen jede viertaktig ist (1. Selbstoffenbarung Jahwes, 2. Ungehorsam, 3. Zorn, 4. Verschonung). Man kann leicht erkennen, daß der Prophet mit einem Überlieferungsmaterial arbeitet, welches das, worauf er eigentlich hinauswollte, nicht recht hergibt. Das gilt natürlich vor allem von dem Passus über die »unguten« Gebote, in dem die Freiheit der prophetischen Interpretation etwas Äußerstes gewagt hat.[7] Daß hier dem Überlieferungsstoff ein fremdes Schema gewaltsam aufgepreßt wurde, wird aber besonders auch da deutlich, wo Jahwe jedesmal seinem Zorn Einhalt gebieten muß, »um seinen Namen vor den Völkern nicht zu entweihen« (20,9.14.22). Die drei ersten Phasen dieser Geschichte laufen ja auf den Satz hin, daß Jahwe aus

7 Theologische Interpretationen dieses Gebotes finden sich auch in der priesterlichen Überlieferung (Nu 3,12 ff; Nu 8,16). Bei Hesekiel ist diese Deutung eines Gebotes, das man zwar als Jahwegebot kannte, das aber längst nicht mehr wörtlich befolgt wurde, von äußerster Kühnheit. Da aber auch Hesekiel die Sinaigebote als lebenspendende Gebote verstand (20,11), läßt sich aus dieser Interpretation eines vereinzelten Gebotes nichts Grundsätzliches über die theologische Bedeutung der Gebote in Israel entnehmen. Hesekiel bezeichnet die Sache ja selbst als eine Ausnahme.

»Mitleid« mit seinem Volk seinem Zorn Einhalt geboten und sich zu einer weiteren Führung Israels entschlossen hat (v. 9, 14, 17). Damit hat der Prophet wieder den Anschluß an die älteren Summarien gefunden, die ja nur die Fakten der Führung aufgezählt haben. Bei der letzten Phase fehlt dieser »Refrain«. Diese Phase, die eigentlich bis in die Gegenwart des Propheten reicht, ist also noch offen.

So also versteht Hesekiel die kanonische Gottesgeschichte: als eine Kette von Mißerfolgen Jahwes und als ein fortgesetztes Scheitern Israels an dem göttlichen Willen. Das einzige, was der Sache Bestand und Dauer gab, war eine fortwährende göttliche »Inkonsequenz«, nämlich die Rücksicht auf die Ehre seines Namens bei den Völkern. Das aber will Hesekiel durch diesen Exkurs in die Geschichte sagen: Was ist von einem Volk mit solcher Vorgeschichte zu erwarten, das schon seit langem die Geduld seines Gottes bis auf den letzten Rest erschöpft hat! Ja noch mehr: Diese Geschichte Jahwes mit Israel hat eigentlich weissagende Kraft; denn so wie sie eine Geschichte göttlichen Gerichts war, so wird Jahwe sein Volk noch einmal in die »Wüste der Völker« führen, um mit ihm noch einmal ins Gericht zu gehen (v. 35 f). Aber auch dieses Gericht wird Israel nicht vernichten; es wird ein Läuterungsgericht sein.

Hesekiel hat auch die Geschichte der Königszeit dargestellt. Aber während ihm für die Rekapitulation der »kanonischen« Heilsgeschichte reichliches Material zu Verfügung stand, war das bei dieser Geschichtsperiode nicht der Fall. Er bedurfte einer Gesamtschau, die auch diese Epoche nicht politisch, sondern als eine Geschichte Jahwes ansah, und die – das deuteronomistische Geschichtswerk ist erst nach Hesekiel entstanden – gab es damals noch nicht. So war also Hesekiel in diesem Fall viel mehr auf sich gestellt und auf das angewiesen, was an Erinnerungen bei ihm und im Bewußtsein seiner Zeit noch lebendig war. Demgemäß stoßen wir auf die uns schon vertraute Tatsache, daß die Darstellung dieser Epoche im Blick auf die realen Fakten sehr viel blasser und geschichtlich viel weniger konturiert ausfällt als die der alten Heilsgeschichte. Der Prophet hat in beiden Fällen die Form der »Allegorie« gewählt, wobei er freilich immer wieder die Bildrede verläßt und unmittelbar von den geschichtlichen Vorgängen spricht. In Kap. 16 stellt er die Geschichte Jerusalems als die Geschichte eines Mädchens dar, das nach der Geburt ausgesetzt war, aber von dem vorübergehenden Jahwe zum Leben berufen wurde und zur Ehe mit ihm heranwuchs, das dann aber durch fortgesetzte Untreue den Bund mit Jahwe gebrochen hat. Auch dieses Geschichtsbild ist denkbar düster. Mag man bedenken, daß man sich in dieser Zeit der Unwürdigkeit vor Jahwe besonders bewußt war (»du bist das geringste aller Völker« Dt 7,7), so geht doch Hesekiel in der schneidenden Schärfe, mit der er die Paradoxie des göttlichen Auswahlaktes darstellt, über alles bisher Erhörte hinaus: Jerusalem-Israel war wie ein verschmähtes Findelkind, dem man die geringste Fürsorge vorenthalten hat; allein Jahwe, der es »in seinem Blute zappeln sah«, hat es zum Leben berufen; er hat es gewaschen, gelabt, gekleidet und geschmückt; aber als es herangewachsen war, verfiel es der Buhlerei. Nun wird Jahwe die Buhlen zusammenrufen; sie werden an der, die einmal die Braut Jahwes war, ein schauerliches Gericht vollstrecken. Noch vernichtender ist das Fazit der anderen Geschichtsallegorie, der von den beiden Schwestern Ohola und Oholiba, d. h. von den beiden Reichen Israels mit ihren Hauptstädten Samarien und Jerusalem (Hes 23). Obwohl sie sich schon in Ägypten als Dirnen benommen haben, hat sie doch Jahwe zur Ehe genommen; sie haben ihm Kinder geboren, aber von ihrer hurerischen Art nicht gelassen. Am schlimmsten trieb es Oholiba-Jerusalem. Aber nun ist Jahwe auch ihrer überdrüssig, und das Ende ist wie in Kap. 16: Die Buhlen werden kommen und das Strafgericht vollziehen.[8]

Diese drei geschichtlichen Rückblicke haben in der Geschichte der Geschichtskonzeptionen Israels ihren besonderen Ort. Sie haben ihn schon deshalb, weil sie der langen Reihe der Geschichtsbilder Israels – wenn man vom chronistischen Geschichtswerk absieht – noch eine letzte und gänzlich neue Auffassung hinzufügen. Wohl war Israels Geschichtsschau zu allen Zeiten unheroisch; Israel hat sich nicht in seiner Geschichte verklärt, sondern die Taten Jahwes gerühmt; aber so radikal wie bei Hesekiel ist in Israel noch nie schlechterdings alles Menschliche unter das Gericht Jahwes gestellt worden. Hier ist es um den Menschen, und zwar um den in die Gemeinschaft mit Jahwe gerufenen Menschen, völlig Nacht geworden. Über das hinaus, was Hesekiel von Israels Untreue, von seiner Stumpfheit der Liebe Gottes gegenüber, von seiner Unfähigkeit zur geringsten Gehorsamsleistung gesagt hat, kann schwerlich noch etwas gesagt werden. Um dies recht zu verstehen, muß man aber den theologischen Ort sehen, an dem diese Botschaft steht. Zweierlei ist dazu zu bedenken: Hesekiel spricht so, um ein Gottesgericht zu begründen, das sich in ganz naher Zukunft ereignen wird. Er spricht aber auch angesichts eines sich jetzt schon vor dem Propheten abzeichnenden Heilsgeschehens, das sich

8 Hesekiel gebraucht den Ausdruck »huren« hier und in Kap. 16 in einem doppelten Sinne. Er versteht darunter den kultischen Abfall zu den Naturgottheiten, dann aber gelegentlich auch das politische Schutzbegehren bei den Großmächten.

Israel zuwenden wird und für das auf der Seite Israels nicht die geringsten Voraussetzungen vorhanden sind. Schon diese dunklen Texte präludieren in gewissem Sinne die Herrlichkeit eines Heilshandelns Jahwes, das um so herrlicher ist, als ihm jegliche Anknüpfung an irgendein Verdienst Israels fehlt.

So setzt also Hesekiel den alten prophetischen Beruf, die Sünde aufzudecken, durch neue Aspekte fort. Vielleicht mehr noch als seinen Vorgängern geht es ihm um den Aufweis ihrer totalen Herrschaft über den Menschen. Diese Exkurse in die Geschichte wollen doch zeigen, daß es nicht um einzelne Verstöße geht, auch nicht nur um das Versagen einer Generation, sondern um eine tiefe Unfähigkeit zum Gehorsam, ja um einen Widerstand gegen Gott, der schon am ersten Tag, da Israel ins Dasein trat, offenbar wurde. Das macht ja die Monotonie dieser Geschichtsdarstellung aus, daß Hesekiel vom Anfang nichts anderes sagen kann als vom Ende; da ist kein Unterschied, kein Spannungsmoment, der Befund ist in jeder Epoche Israels immer derselbe. Aber nun macht Jahwe dem ein Ende; er nimmt seinen Geschichtsplan zurück. Und wie ernst es Jahwe mit diesem Ende ist, wird in einem für die Heilsgeschichte katastrophalen und zugleich grandiosen Ereignis anschaubar: Der Prophet sieht die »Herrlichkeit Gottes«, jene geheimnisvoll in Israel einwohnende Erscheinungsform Jahwes, in aller Form den Tempel verlassen und nach Osten entschweben (Hes 10,18 f; 11,22 ff).

3. Bei alledem — so könnte man wohl meinen — sei der Beruf Hesekiels bei aller Schwere doch im Grunde einfach gewesen, eben weil es galt, diesem Volk seine Verlorenheit anzuzeigen. Überraschenderweise stoßen wir aber hier auf eine sehr komplizierte Funktion des Propheten; denn gerade Hesekiel ist derjenige unter den Propheten, dem es aufgetragen war, in großer geistiger Beweglichkeit auf die jeweils ganz besondere religiöse Situation seiner Hörer einzugehen. Seine Berufung zum Propheten hatte nämlich gewissermaßen eine Zusatzklausel, kraft deren sein Amt nach einer besonderen Seite hin erweitert wird: er wird zum *Wächter* für das Haus Israel ernannt.[9] Sein Beruf wird also dahin modifiziert, daß er ein göttliches »Wort« nicht nur auszurichten hat, sondern nach dem Empfang einer Unheilsbotschaft wie ein Späher auf der Stadtmauer beim Drohen einer Gefahr die Bewohner zu »warnen« hat. Indessen hinkt der Wächterver-

9 Der Abschnitt von dem Wächteramt des Propheten (Hes 33,1–9) ist erst im Zuge der redaktorischen Ordnung der Stoffe an den von der Berufung angehängt (Hes 3,16–21). Die Betrauung mit dem Wächteramt sollte als ein Teil des Berufungsgeschehens verstanden werden.

gleich gerade an der entscheidenden Stelle; denn der Beruf des Wächters ist ein einfacher: er warnt vor dem Feind. Beim Propheten ist er insofern komplizierter, ja fast widersprüchlich, als Jahwe, der Israel bedroht, zugleich derjenige ist, der die Bedrohten gewarnt haben will, um sie zu retten! Hier wird also dem Ausrichten der Botschaft noch ein zweiter prophetischer Arbeitsgang vorgeschaltet, eben derjenige, der dem Betroffenen noch die Möglichkeit der »Umkehr« gibt. Versäumt es der Prophet, den »Gottlosen« zu warnen, so muß dieser sterben; sein Blut aber wird Jahwe vom Propheten einfordern. Was für Tätigkeiten dieses Amt des »Warnens« im besonderen umschloß, ist aus Kap. 33,1–9 (3,16 b–21) nicht unmittelbar zu entnehmen. In der Überlieferung finden sich aber zwei ausgeführte Beispiele dieser ihm besonders aufgetragenen Funktion, die uns deutlich genug erkennen lassen, wie der Prophet dieses Amt aufgefaßt hat.

In Kap. 18 hat er es mit solchen zu tun, die unter dem Unpersönlichen der göttlichen Schickungen leiden und die gegen die alte Kollektivauffassung aufbegehren, derzufolge die Generationen einen großen Lebensorganismus bilden, der auch vor Gott ein Ganzes ist. Sie bestreiten Gott das Recht, sie um der Sünde ihrer Väter willen zu bestrafen. Der Prophet durchdenkt mit ihnen diese Probleme und kommt den Angefochtenen mit dem Satz entgegen, daß jedes Leben seine Unmittelbarkeit zu Gott habe. Weder kann die Gottlosigkeit des Vaters dem Sohn den Zugang zu Jahwe verstellen, noch der gottlose Sohn die Gerechtigkeit des Vaters nutzen. Ja auch innerhalb eines Einzellebens findet keine Verrechnung statt; Jahwe zieht aus dem Leben des Menschen nicht die Quersumme; dem Gottlosen steht die Umkehr zu Jahwe immer offen, und wenn er umkehrt, so wird ihn alle seine frühere Gottlosigkeit nicht mehr belasten. Auch der andere Text (Hes 14,12 ff) geht von Glaubensfragen aus, von denen die Menschen (auch im Exil?) angesichts der unvermeidlichen Katastrophe Jerusalems umgetrieben wurden, wobei sich allerdings die Frage in entgegengesetzter Richtung bewegt zu haben scheint: wird es demjenigen, den Jahwe verschont, möglich sein, auch seine Kinder aus dem Zusammenbruch zu retten? Hesekiel antwortet darauf, daß selbst so vorbildliche Gerechte wie Noah, Daniel und Hiob in einer solchermaßen bedrohten Stadt nur ihr eigenes Leben retten könnten. In beiden Fällen entledigt sich Hesekiel seiner Aufgabe, indem er das Problem von allem Persönlichen abstrahiert, es auf eine rein theoretisch-lehrhafte Ebene hebt und an ganz extremen Modellfällen exemplifiziert. Dies entspricht an sich durchaus priesterlicher Denkgewohnheit, wird aber doch keinen darüber hinwegtäuschen, daß diese Darlegungen einen sehr selbständigen Umgang mit den an ihn herangetragenen Problemen voraussetzen und daß Hesekiel im Blick auf ein bevorstehendes Gottesgeschehen diese Fragen einer Lösung zuführt, wie das nur einem Propheten möglich war. Damit aber hat Hesekiel einen ganz neuen Bereich prophetischen Wirkens betreten. Die Propheten der klassischen Epoche haben ihre Botschaften an Israel gerichtet, allenfalls an bestimmte Gruppen im Volk, also an eine breitere Öffentlichkeit, und haben es dem einzelnen selbst überlassen, das, was ihn betraf, herauszuhören. Auch der individuell sehr differenzierte Jeremia hat es genau so gehalten. Erst bei Hesekiel wird das anders. Man kann dies erst von ihm bewußt betretene neue Wirkungsfeld mit dem Wort »Seelsorge« bezeichnen, wenn man bedenkt, daß diesem Wort hinwiederum der neutestamentliche Begriff der Paraklese, des Zuspruchs, der warnenden und tröstenden Anrede, entspricht. Denn diese Erwägungen des Propheten sollen kein theoretisches Bedürfnis befriedigen, sondern wenden sich an den Willen des Menschen und gehen gelegentlich am Ende in einen ganz persönlichen Appell über (Hes 18,30 f; 33,11). Die Voraussetzung eines solchen seelsorgerlichen Wirkens war mit einer Verselbständigung des Individuums ganz von selber gegeben, die in der letzten Königszeit besonders aggressive Formen annahm. Damals erst, als sich nicht nur eine Generation von der ihrer Väter geschieden wußte, sondern als auch die Frage nach dem Anteil des Einzelnen an Jahwe in bisher nicht gekannter Schärfe gestellt wurde, – damals kam das erste Mal die Aufgabe an den Propheten, auch dem Einzelnen nachzugehen, seine Fragen mitdurchzudenken und ihn auf seine persönliche Lage vor Gott anzusprechen. Dabei war es insbesondere Hesekiels Bestreben, den Menschen in seinen verborgenen religiösen Sicherungen und erborgten »Gerechtigkeiten« aufzuspüren. Bei diesem Bestreben kam ihm der moderne Individualismus gerade recht, weil er ihm dazu half, den Menschen dem lebendigen Gott zu konfrontieren. Was aber sein seelsorgerliches Walten im ganzen trug und ihm Richtung gab, das war das königliche Wort Jahwes: »So wahr ich lebe, ich habe nicht Wohlgefallen am Tode des Gottlosen, sondern an der Umkehr des Gottlosen von seinem Wege, und daß er am Leben bleibe« (Hes 33,11).

Dieses Seelsorgeamt bedeutete für Hesekiel viel mehr als nur eine Ausweitung oder Nuancierung seines prophetischen Berufs. Daß er für den anderen da sein, daß er ihm nachgehen und ihm mit seinem prophetischen Wort zur Verfügung stehen mußte, diese Aufgabe griff ja mit einem tödlichen Ernst nach seinem eigenen Leben, denn Jahwe hatte die Verantwortung für diese Vereinzelten ihm auf die Seele gelegt; er hat ihm gedroht, daß er das Leben jedes Gottlosen, den der Prophet ungewarnt umkommen ließ, von ihm, dem Propheten, fordern werde und hatte damit die Last eines besonderen, ja schon eines leidenden Mittleramtes auf ihn geworfen. Aber das steht nicht als Ausnahme für sich; es ist auch an anderen Stellen zu sehen, wie das Prophetenamt dem Hesekiel an Leib und Leben ging, wie sich der Stoß der ihm aufgetragenen Botschaft zuerst gegen den Propheten selbst richtete und von ihm gelegentlich auf die seltsamste Weise in Symbolhandlungen erlitten werden mußte.

> »Und du Menschensohn, stöhne! Mit bebenden Hüften und mit Betrübnis sollst du vor ihren Augen stöhnen« (Hes 21,11).

Derlei waren keine billigen Schaustellungen. Hier sendet das zukünftige Unheil der Zerstörung Jerusalems seine Strahlen voraus und schlägt Geist und Leib gleichermaßen in einen Bann schweren Leidens. So aber hat es Jahwe gewollt, denn Hesekiel sollte »zum Zeichen für Israel« werden (12,6b), er sollte also nicht eine Zeichenhandlung außerhalb seiner selbst veranstalten, sondern er sollte in seinem eigenen Lebensstand das Leiden des kommenden Gerichts schon darstellen (so auch Hes 12,17 ff). Noch tiefer mußte jene andere Zeichenhandlung in den innersten Lebensraum des Propheten eingreifen, die ihn zwang, erst auf der einen Seite eine lange Zeit zu liegen und dann auf der anderen, um »die Schuld des Hauses Israel zu tragen« (Hes 4,4–8). Von einem stellvertretenden Tragen der Schuld wird man hier noch nicht sprechen können, denn was an Hesekiel geschieht, ist ja vor allem eine Weissagung, ein Ereignis als Ansage des Kommenden. Aber es ist doch sehr bezeichnend, daß sich der Vorgang der Weissagung nicht auf die Mitteilung des Mundes beschränkt, sondern daß Jahwe den Propheten mit seinem Leib und Leben zeichenhaft in das Unheil hineinzieht und ihn in den »Tagen seiner Bedrängnis« als ersten das Kommende erleiden läßt. Es wird an anderer Stelle noch davon die Rede sein müssen, wie nahe der Mittlerdienst Hesekiels dem des Gottesknechtes von Jes 53 kommt, und wie er doch hinter ihm zurückbleibt. Hesekiel hat selbst einmal, in seiner Auseinandersetzung mit falschen Propheten, sehr klar ausgesprochen, worin er das Eigentliche des prophetischen Dienstes sieht. Er wirft jenen vor, daß sie in der Zeit der großen Bedrohung durch Jahwe »nicht in die Bresche gestiegen« sind und keine »Mauer um das Haus Israel gebaut haben« (Hes 13,5). Das Bild weist auf Krieg, Belagerung und höchste Gefahr des Gottesvolkes. Das ist nach seiner Meinung die Aufgabe des Propheten: sich an vorderster Stelle Jahwe auszusetzen, um mit seinem

Leben das Volk zu decken. Auch mit dieser Auffassung vom Prophetendienst berührt sich Hesekiel mit dem Mittlerdienst des deuterojesajanischen Gottesknechtes.

4. Das schroffe Nebeneinander von *Unheils- und Heilsweissagung* bei der klassischen Prophetie, das mehr als einer Forschergeneration so problematisch erschien, findet sich bei Hesekiel nicht in gleichem Maße, denn er hat auch vor der Katastrophe Jerusalems von der Möglichkeit des Gerettetwerdens gesprochen. Es war vor allem sein theologischer »Individualismus«, der seine Verkündigung dadurch viel beweglicher gestaltete, daß er doch auch der menschlichen Entscheidung für oder gegen Jahwe einen weiten Raum der Selbstbestimmung ließ. So scheint sich also der Übergang vom Unheil zum Heil bei diesem Propheten logisch viel klarer zu vollziehen: Die Empfänger des Heils sind diejenigen, die sich zu Jahwe gehalten haben, die »geseufzt und gestöhnt haben über alle Greuel«, die in Jerusalem verübt wurden (Hes 9,4), oder allenfalls diejenigen, die noch in letzter Stunde auf den Warnruf des Propheten hin umgekehrt sind. Die Tatsache, daß Hesekiel das Gericht gelegentlich ausdrücklich als ein Läuterungsgericht versteht (Hes 20,37 f; 22,17 ff; 24,11), scheint dem nur entgegenzukommen. Aber so begreiflich für die religiöse Vernunft liegen die Dinge bei Hesekiel nun doch nicht. Man kann im Gegenteil sagen, daß kein anderer Prophet die Kluft zwischen Unheil und Heil so tief aufgerissen und so radikal formuliert hat. Die bewahrende »Herrlichkeit Gottes« hat den Tempel ostentativ verlassen (Hes 11,22 f); Israel ist im wahren Sinne des Wortes gestorben (Hes 37,1 ff). Das sind die theologisch entscheidenden Ereignisse, die für die Sicht des Propheten zwischen dem Unheil und dem Heil liegen. Angesichts eines solchen Endes kann die Aussicht, daß das Leben Israels in Palästina alsbald wieder seinen Fortgang nehmen wird (und die für den Historiker so wenig Verwunderliches hat!), nur unter die Kategorie des Wunders fallen.

Wo immer Hesekiel von den Zuständen des neuen Israel spricht, rechnet er durchaus mit einer innergeschichtlichen und auch politischen Existenz des Gottesvolkes in seinem angestammten Lande. Seine Glieder werden in der Bürgerliste Israels eingetragen sein und wieder in das Land Israels kommen (Hes 13,9). Jahwe wird dann das Volk vermehren und das Land mit Fruchtbarkeit segnen (Hes 36,9.29 f. 37). Wenn in diesem Zusammenhang das ehemals verödete Land mit dem Garten Eden verglichen wird (Hes 36,35), so widerspräche es gewiß den Vorstellungen des Propheten, wenn man an mythisch-»paradiesische« Zustände, an ein Gefilde der Seligen denken wollte.

Die Erde wird weiterhin von Bauern bestellt werden (Hes 36,34), und die Städte werden sogar wieder befestigt sein (Hes 36,35). So wichtig und unerläßlich diese äußeren Umstände für das neue Israel sein werden, – das Entscheidende des Heilsgeschehens wird Jahwe im Inneren der Menschen wirken.

>Ich werde euch aus den Völkern holen und euch aus allen Ländern sammeln und euch in euer Land bringen. Ich werde euch mit reinem Wasser besprengen, daß ihr rein werdet von all euren Verunreinigungen, und von all euren Götzen werde ich euch reinigen. Ich werde euch ein neues Herz geben und einen neuen Geist werde ich in euer Inneres geben. Ich werde das steinerne Herz aus eurem Fleisch entfernen und euch ein fleischernes Herz geben. Meinen Geist werde ich in euer Inneres legen, und schaffen, daß ihr nach meinen Satzungen wandelt und meine Rechte gehorsam beobachtet. Dann werdet ihr in dem Lande, das ich euren Vätern gegeben habe, wohnen und werdet mein Volk sein und ich werde euer Gott sein< (Hes 36,24–28).

Die Interpretation dieses Textes geht am besten von dem letzten der hier zitierten Sätze aus, denn er enthält – ihr, mein Volk, ich, euer Gott – die alte Bundesformel und erhebt es über allen Zweifel, daß Hesekiel von einer Setzung Jahwes redet, die dem alten Bundesschluß analog ist. Daß die Vokabel »Bund« hier fehlt, besagt gar nichts (an anderen Stellen hat Hesekiel das Heilsgeschehen als Bund bezeichnet: Hes 34,25; 37,26); denn seinen Inhalten nach erweist sich der Text Zug um Zug als eine enge Parallele zu der Perikope Jeremias vom neuen Bund (Jer 31,31 ff). Das Ziel des Heilshandelns Gottes ist auch hier die Neuschöpfung eines Volkes, das imstande ist, den Geboten vollen Gehorsam zu leisten. Auch hier verbindet sich damit ein reinigendes, vergebendes Abtun der bisherigen Sünde (Jer 31,34b = Hes 36,25); vor allem aber besteht das Heilswerk bei beiden Propheten darin, daß Gott gewissermaßen durch einen Eingriff in das menschliche Herz die Menschen zu dem vollkommenen Gehorsam befähigt. Hier allerdings geht Hesekiel anthropologisch sehr viel mehr ins einzelne: Gott entfernt das verhärtete Herz und gibt dafür ein »neues«, ein »fleischernes Herz«. Hinzu kommt noch die Verleihung des göttlichen Geistes. So ausgerüstet wird Israel in den göttlichen Ordnungen wandeln können. Die Entsprechungen zu Jer 31,31 ff sind, wie gesagt, schlagend; man hat den Eindruck, daß Hesekiel die jeremianische Fassung (vor allem auch die von Jer 32,37 ff) irgendwie vor Augen hatte. Die jeremianische Formulierung »ich werde meine Tora in ihr Inneres legen« wirkt allerdings angesichts der theologisch differenzierenden Präzision, mit der Hesekiel den Vorgang der Erneuerung beschreibt, fast allzu unbestimmt. Noch in einem anderen Zug, der allerdings nicht mehr den Vorgang der Erneuerung selbst, sondern schon seine Folgen betrifft, geht Hesekiel über Jeremia hinaus: Wenn dann Israel in diesem von Grund auf verwandelten Zustand zurückschauend seiner bösen Vergangenheit gedenken wird, dann wird es vor sich selber Abscheu empfinden (v. 31).

5. Aber damit ist das Bild Hesekiels von dem neuen Israel noch nicht vollständig nachgezeichnet; denn das Gottesvolk wird auch wieder eine monarchische Spitze haben. Auch die tiefe Entstellung, die das Amt des Königs durch die letzten Träger der Krone erfahren hat, haben dem Propheten die Hoffnung nicht beeinträchtigt, daß Jahwe die dem *Thron Davids* beigelegten Verheißungen noch einmal einlösen wird, »bis der kommt, dem das Recht zusteht« (Hes 21,32). So geheimnisvoll – mehr verschweigend als aussprechend – hat Hesekiel einmal von dem kommenden Gesalbten gesprochen. Ein anderes Mal hat er sich in der Bildrede von dem Reis, das Jahwe auf dem hohen Berg Israel einpflanzen wird, etwas deutlicher ausgesprochen: Dieses Reis (vgl. Jes 11,1) wird zum großen lebenspendenden Baum werden, und Jahwe wird den verdorrten Baum wieder sprossen lassen (Hes 17,22–24). Aber zweimal hat Hesekiel ganz direkt das messianische Thema aufgegriffen. In Hes 34,23–24 ist von dem einen Hirten die Rede, den Gott über sein Volk setzen wird, von seinem »Knecht David«, und ganz ähnlich spricht der Prophet in Hes 37,25 ff wiederum von dem Hirten, dem Knecht David, der über die endlich wieder zu einem Volk vereinten Teile »Juda und Joseph« herrschen wird. Es läßt sich freilich nicht verkennen, daß das messianische Thema mit seinem spezifisch traditionellen Vorstellungskreis auch bei Hesekiel nicht so recht zum Zuge kommt. Er ist eigentümlich unfähig, die davidische Überlieferung zu entfalten. Man wartet bei Hesekiel auf die Entfaltung dieses Vorstellungskreises vergeblich; statt dessen gleitet er in beiden Texten in die Formulierungen der Exodus-Bundestradition über. In Hes 34,23 f folgt die Sinaibundesformel – ich ihr Gott, sie mein Volk – dem Satz von dem messianischen Kommen des Königs auf dem Fuß; in Hes 37,23 geht sie ihm unmittelbar voraus. So könnte man hier fragen, wie denn die Bundesvorstellung, die hier wie dort anklingt, traditionsgeschichtlich zu verstehen sei: als eine Erneuerung des Davidbundes oder des Sinaibundes? Sicher des letzteren! Wir sahen ja, wie wenig bei diesem Propheten die ehemals breite messianisch-davidische Tradition zur Entfaltung kommt. So sind bei Hesekiel Sinai- und Davidtradition, die noch bei Jeremia in allem Wesentlichen voneinander getrennt waren, miteinander verschmolzen; aber die Sinaitradition ist gegenüber der messianischen entschie-

den im Übergewicht: Unter dem neuen David wird Israel den Geboten gehorsam (Hes 37,24).

Hesekiel hat dieses ganze Heilswerk gelegentlich unter einen theologischen Gesichtspunkt gestellt, der für seine ganze Botschaft höchst
charakteristisch ist. Damit, daß Jahwe Israel sammelt und in sein
Land zurückbringt, »heiligt sich Jahwe vor den Völkern«.[10] Dieses
»Sichheiligen« ist also doch viel mehr als nur etwas Innerliches oder
nur Geistiges; es ist ein Geschehen, das sich in der breitesten politischen Öffentlichkeit ereignen und das von den Völkern dann auch
wahrgenommen wird. Jahwe ist es seiner Ehre schuldig, daß der von
allen Heiden geschändete Bund wieder zurechtkommt. In dieser Argumentation liegt etwas unverkennbar Rationales. Hesekiel macht das
ganze Heilswerk theologisch begreiflich, indem er es äußerst radikal
aus der Ehre Jahwes, die vor den Völkern wiederhergestellt werden
muß, deduziert.

»Darum sprich zum Hause Israel: So spricht der Herr Jahwe: Nicht um
euretwillen handle ich, Haus Israel, sondern um meines heiligen Namens
willen, den ihr entweiht habt unter den Völkern, wohin ihr kamt. Ich will
meinen großen Namen heiligen, der unter den Völkern entweiht ist, den ihr
unter ihnen entweiht habt, und erkennen werden die Völker, daß ich Jahwe
bin, — Spruch Jahwes —, wenn ich mich vor ihren Augen an euch heilig er-
weise« (Hes 36,22–23).

Man wird bei diesen Worten daran denken, daß Jahwe durch Hesekiel viele seiner Weissagungen von kommenden Ereignissen in dem
Satz ausmünden läßt: »damit sie erkennen, daß ich Jahwe bin«. Das
also ist das letzte Ziel des göttlichen Waltens, daß Jahwe von denen
anerkannt und angebetet werde, die ihn bisher noch nicht oder noch
nicht richtig erkannt haben.

10 Hes 20,41; 28,25; 36,23.

17 Deuterojesaja

Den Propheten, durch dessen Mund Jahwe in Worten von bisher noch nie gehörter Großartigkeit und zugleich von betörender Lockung gesprochen hat, weiß die Wissenschaft nur mit einem behelfsmäßigen Namen zu benennen; seine Botschaft ist überhaupt erst im Zuge der kritischen Bibelforschung als die eines Propheten von besonderer Art erkannt worden, weil sie anonym ist (Jes 40–55). Der Botschafter selbst – ein Mann, dem sich unser ganzes wissenschaftliches Interesse zuwenden würde – tritt völlig hinter seiner Botschaft zurück, und zwar so stark, daß wir weder seinen Namen noch den Ort seines Wirkens kennen (man denkt meist an Babylonien), noch sonst irgend etwas von seinen Lebensverhältnissen wissen. Auch bei seinem Stil liegen die Dinge etwas anders als etwa bei Jesaja, wo wir vom Stil glaubten auf den außergewöhnlichen Menschen rückschließen zu dürfen; denn das hohe Pathos, in dem Deuterojesajas Rede einhergeht, die rhetorische Fülle, unter deren Bann jeder Leser geraten muß, lehnt sich stark an die Diktion des Hymnus und anderer kultischer Formen an und hat in dem Maße doch etwas Überpersönliches. Dagegen läßt sich, und das ist wiederum bezeichnend für einen Jahwepropheten, deutlich die neue geschichtliche Stunde erkennen, in die Israel einzutreten im Begriffe war und die zu deuten sich dieser prophetische Mund anschickte: Es ist die Zeit des Aufkommens des Persers Kyros, dessen Siegeszug die ganze damalige Welt erschütterte und der gewiß auch die Deportierten in Babylonien aufhorchen ließ. Kyros hat ja dann auch tatsächlich dem neubabylonischen Reich ein Ende gemacht.[1] Mit diesem Ereignisschub, der nach einer Zeit leidlicher politischer Ruhe den Raum der damaligen Weltgeschichte veränderte, ist die Verkündigung Deuterojesajas aufs engste verzahnt.

Aber bevor wir in diese seine Botschaft eintreten, ist es wohl nützlich, daß wir auch hier den theologischen Überlieferungskreis kennenlernen, in dem Deuterojesaja stand und lebte. Es ist ja nun deutlich geworden, daß die Propheten nicht unmittelbar, sozusagen aus dem Stegreif, von den zukünftigen Ereignissen sprachen, sondern daß sie

1 Ein Ereignis von besonders weittragender Bedeutung war die Niederwerfung des lydischen Reiches (Krösus) um 547/46, in dessen zeitliche Nähe man das Auftreten Deuterojesajas schon immer angesetzt hat. Daß seine Verkündigung vor dem Zusammenbruch des neubabylonischen Reiches um 538 lag, wird man als sicher bezeichnen dürfen. Alle spezielleren Datierungen bleiben dagegen hypothetisch.

sich bei ihrer Weissagung an bestimmte Überlieferungen, die ihnen vorgegeben waren, gebunden zeigten, daß sie sich also auch bei ihren Worten von der Zukunft merkwürdig dialektisch im Raum alter Zeugnisse des Jahweglaubens bewegen, von ihrer Legitimität borgend und sie doch durch neue Inhalte überhöhend oder gar sprengend, jedenfalls auf breiter Basis damit argumentierend. Die drei für die gesamte Prophetie konstitutiven Erwählungstraditionen (Exodus-, David- und Ziontradition) finden wir alle von Deuterojesaja aufgenommen und in markanten Dichtungen ausgestaltet. Aufs Ganze seiner Zukunftsschau gesehen steht aber ohne Frage die Exodustradition im Vordergrund.[2] Sie steht als das Heilsgeschehen, das Jahwe Israel zugewandt hat, derart im Zentrum, daß sich dieser Prophet auch das kommende Heilsgeschehen nur als einen Exodus vorstellen kann. Davon muß gleich noch mehr die Rede sein. Hat Deuterojesaja die Exodustradition gekannt, so kann es nicht verwundern, daß er gelegentlich auch auf die Erwählung Abrahams (Jes 41,8; 51,1 ff) zu sprechen kommt oder die zwielichtige Gestalt Jakobs berührt (Jes 43,22), denn mit den Vätern begann ja jene Heilsgeschichte, die auf den Exodus zuführte. Neben dieser ältesten und wichtigsten aller »Erwählungstraditionen« Israels ist Deuterojesaja auch der Ziontradition verpflichtet; denn der Exodus führt ja auf eine Stadt zu, für die Jahwe sich verbürgt hat, die wieder aufgebaut werden soll (Jes 44,26; 45,13; 49,14 ff; 54,1 ff. 11 ff u. ö.) und in der die Zerstreuten des Gottesvolkes, ja die Weihegaben der Völker zusammenkommen werden (Jes 49,22 ff; 45,14). Unentwegt kreisen die Gedanken dieses Propheten um den Zion. Unter diesem Wort, also mit einem Städtenamen redet er gerne das Gottesvolk im Ganzen an.[3] In seinen Weissagungen von einer Völkerwallfahrt zu der heiligen Stadt hat Deuterojesaja, wie sich leicht zeigen läßt, einen Überlieferungsstoff von eigener Art aufgegriffen (Jes 45,14 f; 49,14–21.22–23; 52,1–2). Gerade diese Weissagungen gehören einem übergreifenden traditionsgeschichtlichen Zusammenhang zu, denn sie finden sich da und dort in der jüngeren Prophetie. Charakteristisch für sie ist die Vorstellung von dem eschatologischen Kommen der Völker, die in auffallender thematischer Geschlossenheit in der Prophetie weitergegeben wurde. Sie soll deshalb später in einem besonderen Zusammenhang erörtert werden. Sehr seltsam dagegen ist Deuterojesajas Verhältnis zur Davidtradition. Er nennt sie einmal feierlich mit einer traditionellen Bezeichnung »die verlässigen

2 Jes 43,16 f.18–21; 48,20 f; 51,10; 52,12. Von Abraham ist Jes 41,8; 51,2, von Jakob 43,28 die Rede.
3 Jes 41,27; 46,13; 49,14; 51,3.11.16; 52,1.7.8.

Gnadenverheißungen Davids« (Jes 55,3 vgl. 2. Chron 6,42), aber er versteht darunter keineswegs die Zusagen Jahwes, die Jahwe am Thron Davids und dem Gesalbten Israels verwirklichen wird; er hat den Sinn der alten Verheißung umgedeutet und versteht die Davidverheißung als eine Zusage an das Volk. An ihm, also an ganz Israel werden sich die Zusagen der Davidverheißung verwirklichen: Israel wird zum »Fürsten« der Völker werden (Jes 55,4). Mit dieser »Demokratisierung« hat Deuterojesaja der Überlieferung faktisch ihren spezifischen Inhalt genommen. Tatsächlich hatte die messianische Hoffnung in seinem prophetischen Vorstellungskreis keinen Raum. Die kühne Umdeutung der alten Davidtradition ist gewiß ein extremes Beispiel für die Freiheit, die sich die Propheten bei der Interpretation alter Überlieferungen nehmen konnten.[4]

Sehr überraschend ist es nun aber, daß man bei Deuterojesaja auf noch eine Überlieferung stößt, und zwar eine, auf die sich bisher noch kein Prophet berufen hat, nämlich auf die von der Weltschöpfung durch Jahwe. Weil Jahwe die Macht hatte, das Chaos zu überwältigen, darum darf man ihn auch in den Bedrängnissen der Geschichte anrufen, seinem Volk zu helfen (Jes 51,9 f); und weil Jahwe die Enden der Erde erschaffen hat, ist auch die Botschaft, die er jetzt an Israel ausrichten läßt, glaubwürdig (Jes 40,27 ff). Nun hat es freilich mit Deuterojesajas Gedanken über die Schöpfung eine besondere Bewandtnis, insofern er die Schöpfung nicht neben Jahwes Geschichtshandeln als ein Werk für sich ansieht; ja er scheint hier gar nicht deutlich zu unterscheiden; die Schöpfung ist ihm das erste der geschichtlichen Wunder Jahwes und ein sonderliches Zeugnis seines Heilswillens. Den schlagenden Beweis für diese »soteriologische« Auffassung von der Schöpfung liefert Deuterojesaja, indem er einmal von Jahwe, dem Schöpfer der Welt, ein anderes Mal von Jahwe, dem Schöpfer Israels reden kann.[5] »Schöpfer« Israels ist Jahwe in dem Sinn, daß er dies Volk seinem ganzen kreatürlichen Bestand nach ins Dasein gerufen hat; aber doch vor allem, weil er Israel »erwählt« und »losgekauft« hat. Mit dem Wort von der Erschaffung Israels meint der Prophet aber die Geschichtstaten, die die alte Exodustradition dem Gotte Israels zugeschrieben hatte, sonderlich das Schilfmeerwunder. »Schaffen« und »erlösen« können bei Deuterojesaja geradezu gleichsinnig gebraucht werden.[6] Wenn er sich Jahwe in hymnischen Prädikationen als den

4 In Ps 105,15 (»rührt meine Gesalbten nicht an!«) findet sich die gleiche Umdeutung ins Kollektive.
5 Jes 43,1.7.15; 44,2.21.
6 In Jes 44,1 f ist die Erschaffung Israels mit der Erwählung koordiniert.

Schöpfer und Erlöser Israels vorstellt, so wird damit nicht auf zwei voneinander getrennte Tätigkeiten, sondern auf eine angespielt, nämlich auf die heilsgeschichtliche Loskaufung aus Ägypten (Jes 44,24; 54,5). Davon, daß jene Heilstat nie um ihrer selbst willen zur Sprache kommt, sondern nur darum, weil sie der Typus und das Modell einer zukünftigen ist, muß noch die Rede sein. Wir sehen also bei Deuterojesaja eine merkwürdige Vermengung zweier Traditionen, die von Hause aus nichts miteinander zu tun hatten. Der Grund für diese plötzliche Einschaltung der Schöpfungstradition in die prophetische Verkündigung wird in der neuen Lage zu sehen sein, in der sich Israel befand. In der starken Auseinandersetzung mit den Babyloniern und mit der Macht eines so großen Reiches mußte die Berufung auf Jahwe und seine Macht weiter ausholen, als das in den Zeiten nötig war, da Israel noch mehr oder minder mit sich selber allein war. Ist diese Erklärung zutreffend, dann setzt auch sie bei dem Propheten ein ziemliches Maß von Freiheit den Überlieferungen gegenüber voraus. Bei ihm scheint das Verhältnis zu den alten Heilstraditionen ein noch freieres gewesen zu sein. Deuterojesaja konnte auswählen, er konnte verbinden und gelegentlich auch uminterpretieren. Dieses geradezu eklektische Verhältnis zu den alten Heilsüberlieferungen ist wohl auch etwas Neues, und es bekommt eine Bestätigung vom Formgeschichtlichen her. Deuterojesaja hat sich, wie schon lange feststeht, bei seiner Heilsverkündigung mit besonderer Vorliebe der Gattung des priesterlichen Erhörungsorakels bedient, jener kultischen Redeform, vermittels derer dem einzelnen Beter die göttliche Hilfe zugesprochen wurde. Zu ihr gehören jene für Deuterojesaja so charakteristischen Worte »fürchte dich nicht«, auch jenes »ich erlöse dich, ich stärke dich, ich helfe dir, ich bin mit dir«, oder »du bist mein« (Jes 41,10.13 f; 43,1.5; 44,2 u. ö.), aber gewiß nicht jene Prädikationen Jahwes als des Schöpfers der Welt und Israels, mit denen sie jetzt verbunden sind. Deuterojesaja hat also die Inhalte der alten Traditionen in eine ihnen ursprünglich fremde und beliebig gewählte Form umgegossen. Auch hier ist ein Rückblick auf Jesaja lehrreich, der seine Heilsverkündigung für den Zion auch in der Form der alten Ziontradition ausgesprochen hat.

Aber war Deuterojesaja wirklich ein Prophet in dem besonderen Sinn des Wortes? War dieser Anonymus, den man sich so schwer in der Öffentlichkeit sprechend vorstellen kann, nicht eher ein religiöser Schriftsteller von höchstem Rang, aber doch kein Prophet?[7] Indessen

7 Die Erklärung der Anonymität der deuterojesajanischen Überlieferung aus der Gefahr der damaligen politischen Situation kann nicht recht befriedigen. Sollte man sich wenige Jahrzehnte nach seinem Auftreten und nach der

löst sich diese Frage doch schnell, denn die Achse, um die sich seine ganze Verkündigung dreht, ist das Wissen um die Wirklichkeit des schöpferischen Jahwewortes. In der Stunde seiner Berufung wurde er vom Himmel her auf das Wort Jahwes gewiesen, das für immer »besteht«. Es ist ihm wichtig, sich in der Nachfolge früherer Propheten verstehen zu können (Jes 44,26; 45,19). Was sie vor Zeiten geweissagt haben, beginnt sich jetzt zu erfüllen (Jes 43,9 ff; 44,7; 45,21), und den Worten, die ihm in den Mund gelegt sind, wird ihre Verwirklichung auf dem Fuße folgen (Jes 55,10 ff). Deuterojesaja sieht ja das ganze Geschehen der Weltgeschichte auf sein Korrespondenzverhältnis mit dem ergangenen prophetischen Wort hin an. Darin erinnert er stark an die Theologie der mit ihm etwa zeitgenössischen Verfasser des deuteronomistischen Geschichtswerkes, nur daß der geschichtstheologische Aspekt bei ihm viel mehr an praktischen Bedürfnissen ausgerichtet ist; er verwendet ihn apologetisch gegen die Sorge, die Götter der Babylonier möchten sich letztlich doch mächtiger als Jahwe erweisen haben. Tatsächlich stellt Deuterojesaja die Frage, wer denn nun in der Weltgeschichte zu bestimmen hat, mit aller Schärfe, und es ist fast überraschend, wie er sie beantwortet: Der ist Herr in der Weltgeschichte, der das Künftige vorhersagen lassen kann.[8] Das aber können die Götter der Heiden nicht, und darum sind sie »Nichtse«. Der Weissagungsbeweis ist die differentia specifica in der Auseinandersetzung Jahwes mit den Götzen. Allerdings, auf dem Plan der Geschichte, auf dem diese ungeheure Auseinandersetzung ausgetragen wird, ist Jahwe auf sein Volk angewiesen, denn Israel ist sein Zeuge. So armselig dieser Zeuge ist (Jes 42,19), – diesen Dienst kann er leisten:

»Alle Völker sind versammelt zumal und zusammengetreten die Nationen.
Wer unter ihnen hat dies verkündet, und läßt uns das Frühere hören?
Sie sollen ihre Zeugen stellen, daß sie Recht bekommen,
    sie mögen es ›hören lassen‹, daß ›wir‹ sagen, so ist es.
Ihr seid meine Zeugen, spricht Jahwe, und mein Knecht,
    den ich erwählt habe« (Jes 43,9–10).

Vor allem aber wird sich die Geschichtsmächtigkeit des Jahwewortes

großen Wende nicht vielmehr seiner erinnert und dann um so pietätvoller seine Botschaft an seinen Namen geknüpft haben? Die Frage, ob Deuterojesaja öffentlich aufgetreten ist oder nur mittelbar als »Schriftsteller« gewirkt hat, ist nicht selten im letzteren Sinne entschieden worden. Näher liegt die Annahme, daß die Botschaften Deuterojesajas, besonders seine Heilsorakel, in Volksklagegottesdiensten ihren Ort hatten, die die Exulanten veranstalteten.

8   Jes 41,25 ff; 48,14.

bei der Gestaltung der Zukunft des Gottesvolkes erweisen (Jes 55,10 ff).
Nein, wer so auf das Wort Gottes schaut, daß ihm in einer fast schon
gnostischen Schau dieses Wort Jahwes als das allein Schöpferische
auf die eine Seite, aber die Geschichte mit allen Völkern als der Bereich des Vergänglichen auf die andere Seite zu stehen kommt (Jes
40,6–8), wer derart die Geschichte sieht als den Bereich echter, sich ver-
wirklichender Weissagung, als das Kampffeld, in dem das Zeugnis der
Diener des wahren Gottes wider das der angemaßten göttlichen Mächte und deren angemaßte Weissagungen (Jes 44,25) steht, wer einfach
alles derart auf die Sache des Wortes Gottes gestellt sieht, den dürfen
wir getrost als einen Propheten bezeichnen. Daß auch bei Deuterojesaja die theologische Reflexion und die gelegentlich fast umständ-
liche rationale Argumentation einen breiten Raum einnehmen, das
entspricht der geistigen Situation seiner Zeit und verbindet ihn mit
Jeremia und Hesekiel.

1. Das neue Heilsgeschehen

Den Inhalt seiner Botschaft hat Deuterojesaja in seiner ersten Audition
in gedrängter Kürze erfahren: Jahwes Kommen steht unmittelbar
bevor; aber er wird sich nicht nur Israel offenbaren, diesmal kommt
er zu einer letzten Welttheophanie; vor allen Völkern wird sich seine
Herrlichkeit offenbaren. In Israel weiß das erst ein Mensch, aber im
Himmel sind die Engelwesen schon in Bewegung; ihnen wird der
Auftrag schon zugerufen, die Wunderstraße für dieses Kommen des
Königs Jahwe zu bauen (Jes 40,3–5). Mit der neuen Bewegung, die
Kyros in die Weltgeschichte gebracht hat, kommen Dinge ins Rollen,
die schnell zum Ende führen. »Nahe ist mein Heil, meine Hilfe tritt
hervor« (Jes 51,5; 46,13). Jahwes Arm ist schon entblößt vor den
Augen der Völker (Jes 52,10); Wunderbares wird geschehen. Auf
den neuen politischen Anstoß der Geschichte, der von Kyros ausgegangen ist, spielt Deuterojesaja verschiedentlich an, zweimal nennt
er ihn – entgegen der Gepflogenheit der älteren Propheten – mit
Namen.[9] Jahwe selbst ist es, der Israel und darüber hinaus die

9 Daß Jahwe den Kyros »seinen Gesalbten« nennt (Jes 45,1), ist gewiß auffällig, aber doch nicht mehr als eine aufrüttelnde, vom Augenblick eingegebene rhetorische Spitze. Wie sollte Deuterojesaja damit mehr gemeint haben
können, da Kyros kein Davidide war und der Prophet die Davidverheißung
schon an das Volk vergeben hatte (Jes 55,1 ff). Ein Werkzeug Jahwes war
Kyros, und zwar grundsätzlich nicht anders als der Assyrer für Jesaja. So hat

Weltöffentlichkeit darauf hinweist. Jahwe hat ihn »erweckt« (Jes 41,2.25), er redet ihn in der Form des altorientalischen Hofstils an als den, dessen Hand er ergriffen hat, den er als Freund begleitet, den er bei Namen gerufen und den er lieb gewonnen hat.[10] Ihm hat Jahwe jetzt freie Hand in der Weltgeschichte gegeben; eiserne Riegel wird er zerschlagen und ungeahnte Schätze werden ihm zufallen (Jes 45,2 f). Bei diesen Worten wird man erinnert an Jeremias Gedanken über die Weltherrschaft, die Jahwe damals dem Nebukadnezar übertragen hatte (Jer 27,5 ff). Diese Stunde ist vorüber; als Weltherrscher vollstreckt jetzt Kyros Jahwes Willen. Aber der eigentliche Gegenstand auch dieser weltweiten Geschichtsplanungen Jahwes ist und bleibt Israel; um seinetwillen wurde Kyros »erweckt«, um seinetwillen mußte er mit einem Weltreich ausgestattet werden (Jes 45,4). Denn er, Kyros, ist es, der Babylon besiegen und die Gefangenen heimkehren lassen wird »ohne Kaufpreis und ohne Bestechung« (Jes 48,14; 45,13).

Dies könnte man als das eine Thema der Weissagung Deuterojesajas bezeichnen, jedenfalls als einen einigermaßen geschlossenen Vorstellungskreis von den bevorstehenden geschichtlichen Ereignissen. Aber hier handelt es sich doch nur um die Vorbereitungen, durch die Jahwe die Geschichte auf das Eigentliche zurüstet, und um die der Prophet weiß. Das eigentliche Heilsgeschehen ist der Auszug und die Heimkehr der Verbannten und das Kommen Jahwes selbst, der die Seinen begleiten wird. Hier erst kommt seine Botschaft auf ihre Höhe und hier erst ersteigt seine Diktion den höchsten Grad von Leidenschaft. Die pathetische Bewegtheit, die zitternde Erregung in diesen Texten hat in der ganzen Prophetie kaum ihresgleichen. Einmal ruft er die Exulanten an, nichts Unreines anzurühren, sich auf diesen Auszug rituell vorzubereiten, weil Jahwe selbst diesen Zug begleitet (Jes 52,11–12; 48,20); ein anderes Mal ist von den wunderhaften Umständen die Rede, unter denen dieser Zug durch die Wüste geschehen wird.

> »Nicht hungern und nicht dürsten werden sie,
> weder Glutwind noch Sonne werden sie schädigen,
> denn ihr Erbarmer wird sie geleiten
> und an Wasserquellen wird er sie führen« (Jes 49,10).

ihm Deuterojesaja im Pathos seiner Rede einmal jenen Titel beigelegt, der durch seine Verkündigung herrenlos geworden war. Will man von einem Charisma des Kyros reden, so bleibt seine Betätigung ausschließlich auf den politischen Raum beschränkt.

10 Jes 45,1–3; 48,14. Die Parallelität der höfischen Stilisierung der Aussagen über das Verhältnis des Gottes Marduk zu Kyros auf dem sog. Kyroszylinder ist schon immer aufgefallen, AOT S. 368 ff, ANET S. 315 f.

Die Ausziehenden werden nicht dürsten und nicht hungern (Jes 48,21). Der Weg wird ihnen nicht beschwerlich sein, weil alle Hindernisse eingeebnet werden, so daß sie auf ebener Bahn ziehen werden (Jes 49,11). Statt der Dornen werden Myrten wachsen und das Dunkel wird Jahwe licht machen (Jes 42,16), ja die ganze Natur wird an der Seligkeit dieses Heilsgeschehens teilnehmen; die Berge werden in Jauchzen ausbrechen und die Bäume in die Hände klatschen (Jes 49,13; 55,12), wenn die Erlösten Jahwes wiederkehren, »ewige Freude über ihrem Haupte« (Jes 51,11). Ein anderes Mal zeigt uns Deuterojesaja dieselben Ereignisse vom Standort der heiligen Stadt aus, nämlich wie der »Freudenbote« dem Zug vorauseilt, und wie ihn die Wächter der Stadt sehen und in Jubelchöre ausbrechen.

»Wie lieblich sind auf den Bergen die Füße des Freudenboten,
der Heil verkündet, gute Botschaft bringt, Rettung verkündet,
der zu Zion spricht: König geworden ist dein Gott!
Horch, deine Späher erheben die Stimme, insgesamt jubeln sie,
denn Auge in Auge sehen sie ihre Lust an der Heimkehr Jahwes.
Brecht aus und jubelt insgesamt, ihr Trümmer Jerusalems,
denn Jahwe hat sich seines Volkes erbarmt, hat erlöst Jerusalem« (Jes 52,7–9).

Das also ist nach dem Verständnis des Propheten ein »Evangelist« (Jes 52,7 LXX): ein Freudenbote, der dem Kommen des Herrn vorauseilt und den Anbruch der Königsherrschaft Gottes verkündet! Wieder ein andermal betraut Deuterojesaja Zion selbst mit diesem Amt des Siegesboten. Noch ist ja das Wunderbare gar nicht bekannt; nur auf dem Zion weiß man es; darum hat man dort die Pflicht, die Botschaft von Jahwes Kommen weit ins Land hinaus zu rufen (Jes 40,9–11).

Jedoch die eigentliche Bedeutung des Geschehens wird erst sichtbar, wenn man es im Rahmen der heilsgeschichtlichen Zusammenhänge sieht, in die es Deuterojesaja eingeordnet hat. Es kann ja kein Zweifel darüber aufkommen, daß Deuterojesaja den Exodus der Erlösten aus Babylon als ein heilsgeschichtliches Gegenstück zu dem uralten Auszug Israels aus Ägypten versteht. Ja er betont seinerseits die Parallelität der beiden Geschehnisse: So, wie damals gegen die Ägypter, wird Jahwe als ein Kriegsmann ausziehen (Jes 42,13), und auch bei diesem neuen Exodus wird Jahwe sein Volk wunderbar durch Wasser aus dem Felsen tränken (Jes 48,21). Aber dieser neue Exodus wird zugleich den alten an Wunderbarkeit weit überbieten, denn diesmal werden sie nicht in »Hast« ausziehen – diese Vorstellung war ein wichtiges Element der alten Überlieferung (Ex 12,11; Dt 16,3) –, sondern Jahwe wird sie persönlich geleiten (Jes 52,12). Man mache sich klar, was damit ausgesagt ist: Mit diesem Hinweis auf den neuen Exodus hat Deuterojesaja das »Urbekenntnis Israels« angetastet; ja, er bietet alle Möglichkeiten der Überredung auf, um seine Zeitgenossen von dem Blick auf dieses Ereignis, auf dem bisher ihr Glaube ruhte, abzuziehen und ihren Glauben auf das neue und größere Ereignis zu richten. Dann zerfällt also für Deuterojesaja das Heilshandeln Gottes an seinem Volk in zwei Phasen? Tatsächlich hat das der Prophet geradeheraus gesagt, indem er scharf »das Neue«, das, was »hernach eintreffen wird«, von dem »Früheren« absetzt.[11] Unter dem »Früheren« kann schwerlich etwas anderes gemeint sein als diejenige Heilsgeschichte, die mit der Berufung Abrahams und dem Auszug aus Ägypten begann und die mit der Zerstörung Jerusalems endete. Deuterojesaja legt großes Gewicht darauf, daß die Ereignisse dieser Geschichte alle geweissagt waren und dementsprechend eingetroffen sind; denn an diesem Ablauf kann man sehen, wie ernst es Jahwe mit seinem Wort ist, und man kann Zutrauen gewinnen zu der Weissagung des Neuen. Im übrigen sehen wir an dieser Argumentation, daß auch Deuterojesaja an der Vorstellung seiner Zeit – vgl. die des Deuteronomisten – Teil hatte, daß nämlich alle Heilsgeschichte eine von Jahwe geweissagte Geschichte war. Mit dem »Neuen« meint er das Heilshandeln, das sich dem Propheten nach langer heilsgeschichtlicher Pause in der Bewegung der Geschichte ankündigt. Es ist merkwürdig: Einerseits malt Deuterojesaja den Auszug der Exulanten aus Babylon in solchen Farben, daß jeder zugleich an den ersten Exodus aus Ägypten und seine seltsamen Begleitumstände denken muß, andererseits weiß er, daß das, was Jahwe nun offenbaren wird, jenseits jeder Vorstellungsmöglichkeit liegt; keiner soll sich einbilden, er habe solches aufgrund des Früheren gewußt und vorausgesehen (Jes 48,7 f). Und weil das, wozu sich Jahwe jetzt anschickt, so wunderbar wird und alles Frühere hinter sich lassen wird, darum ist Deuterojesaja der Meinung, daß sich seine Zeitgenossen mit allen Sinnen darauf einstellen und daß sie sich abwenden sollen von dem, was früher ihren Glauben ausgefüllt hat. Einmal hat er das in großer Schroffheit ausgesprochen, in Worten, die gerade für die Frommen etwas von Lästerung enthalten haben mußten:

> »So spricht Jahwe, der im Meer einen Weg machte, in gewaltigen Wogen einen Pfad,
> der ausziehen ließ Wagen und Rosse, Streitmacht und Gewaltige zusammen
> – sie liegen da, stehen nicht auf, sind ausgelöscht, wie ein Docht verglommen! –:

11 »Das Frühere« Jes 43,18; »das Anfängliche« Jes 41,22; 42,9; 43,9.18; 46,9; 48,3; »das Neue« Jes 42,9; 43,19; 48,6; »das Hernachkommende« Jes 41,23.

Gedenket nicht an das Frühere, und des Vergangenen achtet nicht!
Siehe, ich wirke ein Neues, jetzt sproßt es, merkt ihr es nicht?
Ja, in der Wüste schaffe ich einen Weg . . .« (Jes 43,16—19a).

Der Text zeigt zunächst, daß Deuterojesaja unter dem Früheren die heilsbegründende Rettungstat am Schilfmeer und den Auszug Israels aus Ägypten versteht. Der Traditionsträger, durch den die Kunde von der Heilstat zu Deuterojesaja gekommen ist, war, wie man aus der Stilisierung von v. 16. f schließen darf, offensichtlich der kultische Hymnus. Aber von dieser altgeheiligten Jahweüberlieferung soll sich Israel von jetzt an abwenden. Was heißt das anderes als dies: Der Kreis der ersten Geschichte Jahwes mit Israel ist geschlossen. Das Exil war im Sinne der prophetischen Geschichtsbetrachtung ein Ende; es war als das erfüllte Drohwort das Ende eines Weges von einer Weissagung zur Erfüllung. Aber nun beginnt für Deuterojesaja das »Neue«, denn seine ersten Ansätze kann man schon sehen. »Das Erste ist vergangen« und hat seine Gültigkeit nur noch als ein Typos des Neuen. So schroff hatte bisher noch kein Prophet den Anbruch des Eschaton markiert und ihn von dem bisherigen Geschichtswalten Jahwes abgerückt. Tatsächlich lag in dieser schroffen Auseinanderhaltung auch eine große Gefahr. Mußte damit das Walten Jahwes für die Zeitgenossen des Propheten nicht völlig auseinanderbrechen, so daß berechtigte Zweifel an der Glaubwürdigkeit der neuen Weissagung aufkommen mußten? War es denn der eine und derselbe Jahwe, der hier wie dort am Werk war, wenn gar keine Kontinuität zwischen dem Alten und dem Neuen bestand? Solche Anfechtungen bestanden aber für Deuterojesaja nicht; denn auch das Neue war ja schon seit langem geweissagt. Darin lag die Legitimität seiner Botschaft; sie war durch die Kontinuität der Weissagung legitimiert.[12]

Aber dieser Weissagungsbeweis, den Deuterojesaja mit einem bemerkenswerten Eifer führt, hat keineswegs nur eine innerisraelitische Bedeutung. Von seiner schlagenden Gültigkeit hängt, wie wir schon sahen, das theologische Urteil über die Macht oder die Ohnmacht aller heidnischen Götter ab. Es ist ja überhaupt etwas ganz Neues, wie bei diesem Propheten das gesamte Heilshandeln Jahwes immer zugleich auch im Blick auf die Heiden, auf »die Völker« dargestellt wird, d. h. im Blick auf die Auswirkung, die jene Heilstaten an Israel auf

12 Jes 44,7 f; 45,21. Es ist nicht leicht zu sagen, woran Deuterojesaja denkt, wenn er von dieser schon vorhandenen Weissagung spricht. Denkt er an ältere Babelorakel wie Jes 13 oder 14? Oder verstand er, wie vor ihm vielleicht schon Hosea, die alte Heilsgeschichte als Weissagung? Offensichtlich ist er der Meinung, selbst in einer Weissagungstradition zu stehen.

die politische Umwelt Israels haben werden. Deuterojesaja ist fest davon überzeugt, daß diese Wirkung eine weltweite sein wird. Wenn Jahwe sein Werk an Israel ausgerichtet hat, dann wird sich bei den Völkern eine universale Götzendämmerung ereignen, denn die Heiden werden der Ohnmacht ihrer Götter inne. Sie werden sich schämen (Jes 41,11; 42,17; 45,24), sie werden zu Jahwe kommen, ja sie werden selbst die Zerstreuten des Gottesvolkes herbeibringen, weil sie von der Größe und Herrlichkeit des Gottes Israels überführt sind (Jes 45,24; 49,22 f). »Könige werden es sehen und sich erheben, Fürsten, und sich niederwerfen« (Jes 49,7). Wohl kann Jahwe dann die Völker auch einmal durch Deuterojesaja direkt anrufen, diese jetzt anbrechende Stunde des Heils wahrzunehmen: »Laßt euch erretten, alle Enden der Erde« (Jes 45,22); »auf Jahwe sollen die Gestade hoffen und auf seinen Arm harren« (Jes 51,5). Aber von einem »Missionsgedanken« sollte man nicht sprechen, denn wenn Deuterojesaja Israel als einen »Zeugen« für die Völker bezeichnet (Jes 43,10; 44,8; 55,4), so denkt er doch nicht daran, daß Israel Boten aussenden solle. Israel wird von dem Propheten mehr als ein Zeichen verstanden, dessen die Völker gewahr werden und auf das sie im Zuge der eschatologischen Ereignisse selber zugehen. Sie werden zu Israel kommen mit dem Bekenntnis: »Nur bei dir ist Gott und nirgends sonst, keine Gottheit außerdem«; »nur bei Jahwe ist Heil und Stärke«; »fürwahr, du bist ein verborgener Gott, du Gott Israels« (Jes 45,14 f. 24).

Hat man dem Propheten das geglaubt? Diese Frage führt uns noch einer besonderen Seite seines Wirkens näher, einem Gespräch mit den Kleingläubigen und den müde Gewordenen, denen sich die Wirklichkeit ganz anders darstellte, weil sie sich von Gott verlassen fühlten und nicht glauben konnten, daß Jahwe sich um ihren »Weg« kümmere.

»Warum sagst du, Jakob, sprichst du, Israel:
verborgen ist mein Weg vor Jahwe und meinem Gott entgeht mein Recht«
(Jes 40,27).
»Fürchte dich nicht, denn ich bin mit dir, blicke nicht ängstlich, denn ich bin
dein Gott« (Jes 41,10).
»Aber du, Zion, sprichst: Jahwe hat mich verlassen, mein Herr meiner vergessen. Vergißt denn ein Weib ihren Säugling, ohne sich zu erbarmen des Sohnes ihres Leibes?
Und wenn diese vergäßen, so vergesse ich dich nicht; siehe, auf die Hände
habe ich dich gezeichnet . . .« (Jes 49,14—16a).
»Einen kleinen Augenblick habe ich dich verlassen,
aber mit großem Erbarmen will ich dich sammeln.

Denn Berge werden weichen und Hügel wanken.
Meine Gnade wird nicht von dir weichen
und der Bund meines Heils wird nicht wanken« (Jes 54,7.10).

So hat Jahwe noch durch keines Propheten Mund gesprochen. Noch nie hat er sich in seinen Worten so tief zu seinem Volk herabgeneigt, hat sich so alles Schrecklichen entäußert, um keinen der Verzagten zu verscheuchen. In diesem Dialog läßt der Prophet alle Mittel der Überredung spielen; einmal wendet er sich an den Verstand, ein anderes Mal an das Gefühl, er argumentiert, er beweist; und in dem Locken und Werben um das in übergroßem Leiden hart gewordene Herz Israels findet Deuterojesaja Formulierungen, in denen er in einer fast erschreckenden Weise das Herz seines Gottes preisgibt. Er bagatellisiert fast den göttlichen Zorn über Israel und das ergangene Gericht. Israel hat schon zu viel gebüßt (Jes 40,2); oder: es war ja nur ein kleiner Augenblick, der nun vorüber ist (Jes 54,7). Wohl hat Jahwe geschwiegen, während die Feinde über sein Volk triumphierten. Aber wie mußte er an sich halten und seinen Schmerz verbergen (Jes 42,14)! Keiner soll denken, Jahwe habe im Zorn sein Volk endgültig verstoßen; »wo ist der Scheidebrief«? Es gibt ihn nicht (Jes 50,1)! Und fragt man, warum denn Jahwe immer noch an diesem Volk festhält, so lautet die Antwort: »Weil du teuer bist in meinen Augen, wertgeachtet, und ich dich lieb habe« (Jes 43,4). Und fragt man weiter, woher es kommt, daß die Anklagen, die bei den vorexilischen Propheten so sehr im Vordergrund stehen, bei Deuterojesaja zurücktreten, und warum denn gerade bei diesem Propheten die Botschaft von Jahwes unbesieglicher Liebe so überwältigend hervorbricht, so liegt das daran, daß Jahwe seinem Volk vergeben hat. Diese Vergebung versteht der Prophet als ein Ereignis, und zwar als ein gänzlich unerwartetes, von dem zu sprechen ihm in dieser besonderen Stunde der Geschichte aufgetragen war.

2. Der neue Gottesknecht

Wenn wir von den Gottesknechtliedern gesondert handeln, so hängt das vielleicht mit einer Grenze unseres Verständnisses zusammen. Wohl sehen wir sowohl hinsichtlich der Diktion wie auch hinsichtlich der theologischen Themen hier und dort viel Gemeinsames; denn daran, daß auch diese Lieder von Deuterojesaja stammen, sollte man nicht zweifeln. Aber es will uns noch nicht gelingen, diese Lieder so ohne weiteres dem prophetischen Vorstellungskreis, wie er oben nachgezeichnet wurde, einzuordnen. Sie stehen für uns bei aller Verbundenheit doch auch wieder in einer gewissen Isolierung in der Verkündigung dieses Propheten und sind auch von besonderen Rätseln beschattet. Nicht wenige Fragen, die zum Verständnis wichtig sind, lassen sich nicht mehr beantworten; mindestens sollte der Ausleger zugeben, daß da und dort mehrere Antworten möglich sind.

»Siehe, mein Knecht, den ich festhalte, mein Erwählter, an dem ich Gefallen
    habe.
Meinen Geist habe ich auf ihn gelegt, er wird die Wahrheit zu den Völkern
    hinausbringen.
Er schreit nicht, nicht erhebt er, nicht läßt er draußen seine Stimme hören.
Das geknickte Rohr wird er nicht zerbrechen und den glimmenden Docht
    nicht verlöschen.
Getreu trägt er hinaus das Recht, nicht erlischt er, nicht ›zerbricht‹ er,
bis er die Wahrheit auf Erden gegründet hat; und auf seine Lehre harren die
    Gestade« (Jes 42,1–4).

Dieses erste Lied ist durchweg als Gottesrede stilisiert. Jahwe stellt seinen Knecht vor, und zwar in einer Form, die dem höfischen Lebenskreis entlehnt zu sein scheint. So könnte ein Großkönig in feierlicher Stunde einen seiner Vasallenkönige oder einen Statthalter seinen Großen präsentiert und die Aufgaben und Vollmachten des neuen Amtsträgers rechtsgültig bestimmt haben.[13] Auf die Präsentation selbst folgt ein Wort über die Ausrüstung, die der Amtsträger zur Bewältigung seiner großen Aufgaben mitbekommen hat, d. h. sein Charisma; dann wird die Aufgabe selbst umrissen: Er soll die »Wahrheit« zu den Völkern hinaustragen, die ja schon auf seine Lehre warten. Schließlich wird noch etwas über die Art seines Wirkens mitgeteilt: Es hat nichts Gewaltsames, sondern etwas Schonendes, Rettendes. Ziemlich entscheidend für das Verständnis dieses Abschnittes ist die Deutung des dreimaligen hebräischen Wortes für »Recht« oder »Wahrheit«. Man könnte es als »Urteilsspruch« verstehen, also als das Begnadigungsurteil, das der Knecht den Völkern zu bringen hat. Näher scheint aber doch die Auffassung zu liegen, die in jenem Wort sehr allgemein die von Gott erlassene Kult- und Lebensordnung sieht, man könnte geradezu sagen: die rechte Religion.[14]

»Hört auf mich, ihr Gestade, merkt auf, ihr Nationen von ferne!
Jahwe hat mich von Mutterleib berufen, von Mutterschoß an meinen Namen
    genannt.
Er hat meinen Mund zum scharfen Schwert gemacht, im Schatten seiner Hand
    hat er mich verborgen;
Er hat mich zum spitzen Pfeil gemacht, in seinem Köcher mich versteckt;

13 Man wird an einen Akt denken dürfen wie den der Präsentation des Regierungsnachfolgers Salomo durch David 1. Chron 28,1 ff.
14 So z. B. 2. Kön 17,27; Jes 58,2; vgl. Jer 5,4; 8,7. Unser Wort »Wahrheit« käme dem näher als »Recht«.

und er sprach zu mir: Mein Knecht bist du ›   ‹, an dem ich mich
verherrlichen werde.
Ich aber dachte: vergeblich habe ich mich gemüht, fruchtlos und nichtig meine
Kraft verschwendet.
Doch mein Recht ist bei Jahwe, mein Lohn bei meinem Gott.
Aber jetzt spricht Jahwe, der mich von Mutterleibe an sich zum Knecht ge-
schaffen hat,
Jakob ihm wiederzubringen, daß Israel nicht hingerafft werde.
So bin ich wert geachtet in Jahwes Augen, und mein Gott ist meine Stärke.
Er sprach: Zu wenig ists, daß du mein Knecht bist, herzustellen die
Stämme Jakobs
und die Bewahrten Israels wiederzubringen, —
ich mache dich zum Licht der Völker, daß mein Heil gehe bis ans Ende der
Erde« (Jes 49,1–6).

In diesem zweiten Lied spricht der Knecht selbst. Der von ihm zum Zuhö-
ren aufgerufene Partner ist das Universum der Völker. Er spricht ganz im
Stil eines prophetischen Selbstberichtes zunächst von seiner Berufung. Wie
den Jeremia, so hat Gott auch ihn schon vor seiner Geburt berufen und ihm,
noch bevor er von seinem Dienste Gebrauch gemacht hat (als er noch im Köcher Gottes verborgen war), seinen Plan, sich an ihm zu verherrlichen, mitgeteilt.[15] Auf die Klage des Knechts, daß sein Wirken ja doch ein vergebliches
sei — sie erinnert mit der darauffolgenden göttlichen Antwort stark an die
formale Struktur der Konfessionen Jeremias —, hat Jahwe seinen Auftrag
wiederholt, und zwar in einer spezifizierten Form: Der Knecht hat einerseits
eine Aufgabe an Israel: die Bewahrten heimzubringen und die Stämme Jakobs wieder aufzurichten. Aber hinter diesem noch gar nicht ausgeführten
Auftrag erscheint schon der zweite, nämlich ein Licht zu sein für die Heiden
und Jahwes Heil bis an die Enden der Erde zu vermitteln. Diese beiden Aufträge haben ursächlich keinen sichtbaren inneren Zusammenhang, ja sie liegen weit auseinander. Das Wort von der Aufrichtung der Stämme scheint
auf eine Restitution des alten Stämmebundes und nicht auf eine staatliche
Form des neuen Israel hinzuweisen.

»Der Herr Jahwe hat mir gegeben die Zunge eines Jüngers,
daß ich verstehe, den Müden zu ›weiden‹;
der Herr hat mir das Ohr geöffnet, das Wort zu ›wissen‹.
Morgen für Morgen weckte er mir das Ohr, zu hören wie ein Jünger,
und ich war nicht widerspenstig und wich nicht zurück.
Meinen Rücken bot ich denen, die mich schlugen, meine Backe denen, die
mich rauften.
Nicht habe ich mein Angesicht geborgen vor Schande und Speichel.
Aber der Herr Jahwe hilft mir, darum werde ich nicht zuschanden,

15 Das »Israel« in v. 3 wird mit der Mehrzahl der Exegeten auch von uns
für eine nachträgliche Interpolation gehalten.

darum mache ich mein Gesicht wie Kiesel und weiß, daß ich nicht
  zuschanden werde.
Nahe ist, der mich rechtfertigt; wer will mich verklagen?
  Er nahe sich zu mir!
Wer hat einen Anspruch gegen mich? Der stelle sich mir!
Siehe, der Herr Jahwe hilft mir; wer ist, der mich verdammt?
Siehe, sie alle zerfallen wie ein Kleid; die Motte frißt sie.
(Wer unter euch Jahwe fürchtet, der höre auf die Stimme seines Knechtes.
Wer im Finstern wandelt, keinen Schimmer hat, der traue auf den Namen
  Jahwes und stütze sich auf seinen Gott.
Doch ihr alle, die ihr Feuer anfachet, Brandpfeile ›entflammt‹,
geht in die Glut eures Feuers, in die Brandpfeile, die ihr entzündet!).‹
  (Jes 50,4–11a).

Auch dieses dritte Lied erinnert wieder formal und inhaltlich an jeremianische Konfessionen und wird seinem Wesen nach am besten als »prophetischer Vertrauenspsalm« bestimmt. Das Verhältnis des Gottesknechtes zu Jahwe ist ganz das eines Propheten: Er hat eine gehorsame Zunge, die sich sonderlich in der Tröstung der Müden betätigt, und er hat ein Ohr, das unabläs-
sig bereit ist zum Offenbarungsempfang. Dieser Offenbarungsempfang unterscheidet sich hinsichtlich seiner bruchlosen Kontinuität von allem, was früheren Offenbarungsempfängern widerfuhr: der Gottesknecht steht in einem
ständigen Gespräch mit Jahwe. Sein Dienst hat ihn freilich in schwere Leiden
geführt; aber die Gewißheit, in Jahwe geborgen zu sein, ist ihm nicht abhanden gekommen. Sie hat ihn gestärkt, auszuhalten und seiner Rechtfertigung
entgegenzusehen. Die stark forensische Sprache muß nicht auf eine besondere
gerichtliche Situation des Knechts hindeuten; sie gehört zur Bildsprache dieser Vertrauensäußerungen (vgl. Hi 13,18 f). Die Zugehörigkeit von v. 10 f
zu dem Vorausgehenden ist problematisch; denn jetzt spricht plötzlich ein
anderer, also doch wohl der Prophet (oder Jahwe selbst?) von dem Knecht.
Aber angesichts der Aussagen über das Leiden und den Glauben des Knechts
möchte man auf diese Verse nicht verzichten. Sie enthalten dann eine Mahnung, ja geradezu eine Drohung, die an die gerichtet ist, die den Knecht
übersehen oder womöglich gar ihm selber Leiden bereitet haben.

»Siehe, meinem Knecht wird es gelingen,
  er steigt auf und wird aufs höchste erhoben;
wie viele über ›ihn‹ sich entsetzten,
  so entstellt, unmenschlich war sein Aussehen, seine Gestalt nicht wie die
    von Menschen,
so wird er viele Völker entsühnen,
  Könige werden vor ihm ihren Mund verschließen.
Denn was ihnen nie erzählt, das werden sie sehen,
  was sie nie gehört, werden sie verstehen.

Wer glaubt der Kunde, die uns ward?
  Und Jahwes Arm, wem ist er offenbart?!

Er wuchs auf vor ›uns‹ wie ein Sproß
   und wie ein Wurzelschoß aus trocknem Land.
Keine Gestalt hatte er, keine Hoheit,
   wir sahen ihn, doch keine Erscheinung, daß wir ihn liebten.
Verachtet war er, verlassen von Menschen,
   ein Mann der Schmerzen, mit Krankheit vertraut.
Wie einer, vor dem man das Gesicht verbirgt
   — verachtet war er —, wir zählten ihn gar nicht.
Aber unsere Krankheiten, er hat sie getragen,
   und unsere Schmerzen hat er aufgeladen,
und wir rechneten ihn als einen Geschlagenen,
   von Gott getroffen und geplagt.
Doch ist er von unseren Verbrechen durchbohrt,
   von unseren Missetaten geschlagen.
Strafe zu unserm Heil liegt auf ihm,
   und durch seine Strieme ward uns Heilung zuteil.
Wir alle irrten wie Schafe umher,
   jeder von uns sah auf seinen Weg.
Aber Jahwe ließ ihn treffen unser aller Schuld.

Gepeinigt duldete er demütig
   und öffnete nicht seinen Mund;
wie ein Lamm, das zum Schlachten geführt wird,
   und wie ein Schaf, das vor seinen Scherern verstummt ›   ‹.
Aus Haft und Gericht ward er weggenommen,
   und sein Geschick, wer denkt noch daran?
Denn abgeschnitten ward er vom Land der Lebendigen,
   wegen ›unserer Vergehungen‹ ward er ›zu Tode getroffen‹.
Und man gab ihm bei Frevlern sein Grab
   und bei ›Übeltätern‹ seine Stätte,
obwohl er Gewalttat nicht übte
   und kein Trug in seinem Munde war.
Aber Jahwes Plan war es, ihn zu zerschlagen (mit Krankheit).

Wenn ›er‹ sein Leben als Schuldopfer einsetzt,
   soll er Nachwuchs sehen, lange Tage leben.
Und Jahwes Plan wird in seiner Hand gelingen.
Nach der Mühsal seines Lebens ›wird er ihn Licht sehen lassen‹,
   ›ihn sättigen‹ mit seiner Erkenntnis.

Gerecht macht mein Knecht ›   ‹ die Vielen
   und ihre Schuld lädt er auf.
Darum will ich ihm die Vielen zuteilen,
   und Gewaltige kann er als Beute austeilen,
dafür, daß er ausgoß in den Tod sein Leben
   und den Übertretern zugezählt wurde,

während er doch die Sünde der Vielen getragen hat
und für die Verbrecher eintrat.« (Jes 52,13—53,12).

In Anbetracht dessen, daß dieses vierte Lied in der Abfolge Gottesrede
(Jes 52,13—15) — Chor (Jes 53,2—10) — Gottesrede (Jes 53,11—12) disponiert
ist, kann man es eine prophetische Liturgie nennen; nur muß man sich bewußt bleiben, daß sowohl einzelne Formelemente — etwa die Präsentation
des Knechts vor allen Königen der Welt —, aber erst recht die spezifischen
Inhalte des »Leichenliedes« alles das weit hinter sich lassen, was in einer
gottesdienstlichen Begehung Raum hatte. Die eröffnende Gottesrede lenkt
den Blick auf die Zukunft des Knechtes, auf seine Erhöhung; sie konfrontiert
ihn der gesamten Völkerwelt; und zwar visiert diese Gottesrede gerade den
Augenblick an, da die Völker innewerden, welche Bewandtnis es mit diesem
verachteten und unmenschlich Entstellten hat. Mit höchstem Erstaunen nehmen sie etwas zur Kenntnis, »was ihnen nie erzählt war«. Dieser Anfang
des großen Textes ist deswegen so seltsam, weil er beim Ende des ganzen
Geschehens einsetzt, bei der Verherrlichung und der Anerkennung der Weltbedeutung des Knechtes. Aber damit spricht sich etwas vom Wichtigsten des
ganzen Liedes aus, nämlich daß es sich bei dem Gottesknecht um ein Geschehen handelt, das grundsätzlich nur von seinem Ende her zu verstehen ist.
Erst von da aus kann das, was vorausgegangen ist, im rechten Licht gesehen
werden.

Demgemäß schildert das nun folgende Chorlied das Geschehen, in dessen
Mittelpunkt der Knecht stand, im Sinne einer Rückschau; es spricht also Erkenntnisse aus, die erst an jenem eschatologischen Ort aufgebrochen sein
können. Wer die Sprecher des Chorliedes sind, ist strittig. Geht man vom
Kontext aus, so muß man doch zuerst an die ehemals heidnische Völkerwelt
denken; andere meinen, das Lied, das einem Totenlied ähnelt, könne doch
nur von Israel gesprochen sein.[16] Einem Leichenlied gemäß ergeht sich der
Chor in der Schilderung des Gewesenen. In schärfstem Kontrast zu der in solchen Liedern herkömmlichen Rühmung des Toten wird aber die Armseligkeit
und das Verächtliche und nicht der Ruhm im Leben des Knechtes hervorge-
hoben. Der Chor klagt sich seiner Blindheit an; das, was sich in Wirklichkeit
vor seinen Augen vollzogen hat, war er unfähig zu begreifen: Der Knecht
hat für andere gelitten; der, dem man die Gemeinschaft versagt hatte, war der
wirklich Solidarische. Der Chor wird nicht müde, in immer neuen Aussagen
die eine Tatsache zu umkreisen, daß der Knecht eine Stellvertretung übernommen hat, daß er ergeben und widerstandslos, also in vollem Bewußtsein,

16 Die Entscheidung hängt z. T. auch von dem Verständnis von v. 1b ab.
Die Frage »über wem ist Gottes Arm offenbar?« ist wohl auf den Knecht zu
beziehen (also im Sinne von »über was für einem«). Eine andere Deutung bezieht das Offenbarwerden auf eine Gruppe von Menschen, der wiederum eine
andere Gruppe, welcher sich Jahwe nicht geoffenbart hat, gegenübersteht.
Aber die Vorstellung von einer sich dem Knecht verschließenden Gruppe
klingt sonst nirgends in dem Text an.

diesen Mittlerdienst bis zum Tod übernommen hat und daß er damit einem Plan Jahwes gehorsam war.[17] Auch über die Tiefe seines Leidens spart das Lied nicht an Aussagen; aber etwas Bestimmtes läßt sich darüber deswegen nicht aussagen, weil hier nach der Art der Klagepsalmen vielerlei Leiden auf den Knecht gehäuft sind: seine äußere Erscheinung, seine Herkunft, Mißachtung, Krankheit (alt ist die Deutung, daß er aussätzig war), Leibesstrafen; er war gefangen, verunstaltet, durchbohrt (v. 5a), zerschlagen und wurde entehrend begraben. Das Chorlied bemüht sich also, das Leiden des Knechtes als ein totales zu schildern. Aber es weiß auch, daß Jahwes Plan mit ihm nicht scheitert, daß der Knecht — offenbar jenseits des Todes — Leben und »Nachwuchs« haben wird (10b).[18]

Die abschließende Gottesrede führt zur Beschreibung des Heilswerkes des Gottesknechts noch einen gewichtigen Begriff ein: Er »macht die Vielen gerecht«, d. h. er führt sie in das rechte Verhältnis zu Gott zurück, und zwar dadurch, daß er ihre »Schuld wegschleppt«. So ist also das Vokabular auch für die rettende Funktion des Knechtes ziemlich vielseitig: Er »reinigt«, er »trägt« die Krankheiten, »schleppt« die Schmerzen, die Strafe »liegt auf ihm«, seine Strieme »heilt«, er »setzt« sein Leben »als Ersatz ein«, er »macht gerecht«, er »goß sein Leben aus«, er »trat ein für« andere.

Jede Interpretation dieser »Lieder« muß sich von vornherein der Grenze bewußt bleiben, die ihr durch die Diktion solcher Texte gesetzt ist, denn sie ist überaus bilderreich. Aber auch da, wo die Bildersprache zur direkten Aussage übergeht, wird sie nicht präziser, denn der Verfasser häuft die Ausdrücke derart, daß seine Aussagen zwar an Kraft und Pathos gewinnen, aber dann doch ohne begriffliche Schärfe in einer gewissen Schwebe verharren. Ähnliches gilt für die zur Anwendung kommenden Formen. Gewiß, der Verfasser greift bestimmte Gattungen auf und steigert sie durch seine Inhalte zu großer Form; aber er verfährt dabei durchaus eklektizistisch, so daß der exegetischen Auswertung auch dieser Formen fühlbare Grenzen gesetzt sind. Mehr

17 In die Variation des Stellvertretungsthemas gehört auch der Satz, daß der Knecht sein Leben »als Schuldopfer« (v. 10) gegeben hat. Sollte damit speziell auf den kultischen Opferbrauch angespielt sein, so käme der Aussage eine besondere theologische Bedeutung zu; denn der Hinweis auf die Überbietung des Opferkultus durch das Opfer des Knechtes wäre ja im AT ohne Beispiel und widerspricht vielleicht auch Deuterojesaja selbst (Jes 43,22 f). Vielleicht liegt es doch näher, das Wort »Schuldopfer« in einem allgemeineren rechtlichen Sinne als »Ersatzleistung«, »Pfand«, zu verstehen (1. Sam 6,3).

18 Viermal spricht das Lied von den »Vielen« (Jes 52,15; 53,11.12a.12b), die dem Knecht gegenüberstehen und denen zugute er gelitten hat. Der Ausdruck ist im inklusiven Sinne von »alle« (also nicht exklusiv: viele, aber nicht alle) zu verstehen.

oder minder sind sie alle »desintegriert«, d. h. ihrem eigentlichen Sitz im Leben entfremdet und durch die besonderen Inhalte, zu deren Träger sie hier geworden sind, gesprengt. Diese Feststellung enthält aber schon einen Hinweis für das Gesamtverständnis: So – in einer nach allen Seiten ins Extreme ausbrechenden Diktion – spricht man nicht von einer dem hellen Licht der Gegenwart oder gar der nahen Vergangenheit zugehörigen Person. Wäre der Knecht ein zeitgenössischer Prophet, also etwa Deuterojesaja selbst, so bedürfte es nicht der Rückgriffe auf traditionell höfische Formen; und wäre er ein König der Vergangenheit, so gilt dasselbe von der ausgiebigen Verwendung prophetischer Formen. Dieses Transzendieren alles menschlich Gegebenen und Bekannten ist eine Eigenschaft der weissagenden Rede.

Da das Prädikat »Knecht Jahwes« zu vieldeutig ist, so geht der Weg zu einem umfassenden Verständnis der Lieder nur über die Frage, welches Amt denn dem Knecht hier zuerkannt wird.[19] Daß er Träger eines bestimmten, wenn auch noch so neuartig verstandenen Amtes ist, und nicht als eine Phantasiegestalt jenseits all der bekannten und herkömmlichen Ämter steht, darf von vornherein angenommen werden. Dann aber kommen nur zwei Möglichkeiten in Frage: entweder hat der Knecht eine königliche oder eine prophetische Funktion. Die Entscheidung kann u. E. nur im letzteren Sinne fallen. Gewiß, es finden sich einige Aussagen, die wir als typische Königsprädikationen ansprechen müssen (wenn auch nicht so viele, wie manche meinen); aber wenn wir sie als gelegentliche Ausweitungen des herkömmlichen Prophetenbildes hinnehmen, sind sie ausreichend erklärt.[20] Die Grundfunktion des Königs, die herrscherliche, fehlt; die Grundfunktion, die das Prophetenbild damals konstituierte, die des Verkündigens und des Leidens, ist das Thema der Lieder. Kann denn das Amt, das dem Knecht in dem »Präsentationsorakel« Jes 42,1 ff zugesprochen wird,

---

19 Als Knechte Jahwes werden im AT bezeichnet: die Erzväter, Mose, David, Propheten, Hiob. Die Auffassung, daß Deuterojesaja an Kyros eine Enttäuschung erlebt und daraufhin den Titel auf einen ganz anderen, eben den Gottesknecht übertragen habe, scheitert schon an der Allgemeinheit dieses Titels. Hat Jahwe nicht viele Knechte? Aber diese psychologische Deutung überschreitet vor allem unsere exeg..ische Kompetenz. Wir sind außerstande, von einem Propheten, von dessen Humanum wir schlechterdings nichts wissen, so delikate psychologische Tatbestände zu erheben. Diese Deutung kann etwas Richtiges treffen; es kann sich aber auch ganz anders verhalten haben.
20 Hierzu gehört vor allem die Präsentation durch Jahwe (Jes 42,1 ff), die Freilassung der Gefangenen (Jes 42,7) und die Erhöhung des Knechtes vor den Königen, die den Mund verschließen (Jes 52,13 f).

anders denn als ein prophetisches verstanden werden? Im zweiten Lied weist der Knecht als erstes auf seinen Mund, den Jahwe zum Schwert gemacht hat (Jes 49,2), und im dritten versteht er sich – wiederum als erstes – als gehorsamen Sprecher und Offenbarungsempfänger (Jes 50,4). Dafür, daß sich schon im 7. Jahrhundert das Prophetenbild nach der Seite des leidenden Mittlers gewandelt hat, haben wir genug Belege. Wo aber sind solche für einen leidenden König?

Mit dieser Auffassung vom Amt des Knechtes ist nun freilich die andere Frage noch nicht entschieden, nämlich die, ob der Knecht als ein Individuum vorgestellt, oder ob nicht vielmehr das Volk Israel im ganzen in seinem weltgeschichtlichen Auftrag symbolisiert sei. Diese Deutung ist uralt; ja sie ist, wie die Interpolation von Jes 49,3 und die Übersetzung von Jes 42,1 in der LXX zeigen, die älteste Interpretation, die wir kennen.[21] Sie kann für sich geltend machen, daß Deuterojesaja die Bezeichnung »Knecht Jahwes« außerhalb dieser Lieder tatsächlich dem Volk Israel beilegt,[22] ja daß überhaupt manches, was Deuterojesaja von Israel aussagt, in den Liedern auf den Knecht angewandt wird. Und doch führt diese »kollektive Deutung« in unüberwindliche Schwierigkeiten. Der alte Einwand, daß der Knecht ja nach Jes 49,6 an Israel eine Aufgabe habe, besteht nach wie vor zu Recht. Außerdem hat die Übertragung einer so individuellen Gattung wie die der prophetischen Konfession (Jes 49,1 ff; 50,4 ff) auf eine Kollektivität etwas Gezwungenes. Vor allem aber ist es unmöglich, das kleingläubige, unwillige Israel bei Deuterojesaja mit dem willigen und ganz ergebenen glaubensstarken Knecht der Lieder zu identifizieren. Am wenigsten war das Leiden Israels nach der Auffassung Deuterojesajas ein so schuldloses (Jes 40,2; 43,24; 50,1), wie es im letzten Lied von dem des Gottesknechtes ausgesagt wird. Trotzdem hat gerade die neuere Forschung gezeigt, daß auch mit einer extrem individuellen Auffassung nicht alles aufgeht, weil tatsächlich in einigen Punkten die Grenzen fließend sind. Man kann schon sagen, daß sich Israels Existenz vor Jahwe im Gottesknecht zu exemplarischer Gestalt verdichtet. Es bestehen also theologische Querverbindungen zwischen dem Knecht einerseits und Israel andererseits; von beiden sagt Jahwe, daß er sie erwählt habe (Jes 42,1; 41,8), daß er sie festhalte (Jes 42,1; 41,10), von Mutterleib an berufen habe (Jes 49,1; 48,12). So sehr diese Gemeinsamkeiten bei der Auslegung bedacht werden sollen, – zu einer

21 Diese Kollektivdeutung war aber im Altertum keineswegs allein herrschend. Im palästinischen Judentum ist die individuell-messianische Deutung zu belegen.
22 Jes 41,8; 42,19; 44,1.2.21; 45,4; 48,20.

Verwischung und Verschleierung dürfen sie nicht führen: Der Knecht dieser Lieder ist eine mit einem universalen prophetischen Auftrag betraute Person. Aber welcher Zeit gehört sie an? Die Deutungen, die mit ihren zum Teil abschreckend zügellosen Phantasien auf irgendwelche Gestalten der Vergangenheit rieten, dürfen wohl als abgetan gelten; aber auch die längere Zeit beliebte Auffassung, der Knecht sei kein anderer als Deuterojesaja selbst, läßt zu viele Fragen offen, vor allem in bezug auf das letzte Lied. Diese biographische Deutung scheitert an einem besonders wichtigen Zug, über den die Auslegung allzulang hinweggegangen ist, weil sie die Lieder in einen für sie viel zu engen Rahmen gestellt hat: Die Aussagen der Lieder transzendieren doch auf Schritt und Tritt das Biographische ebenso wie alles im geschichtlichen oder gegenwärtigen Raum Mögliche. Das Bild von dem Gottesknecht, von seinem Auftrag an Israel und an der Welt und von seinem sühnenden Leiden ist Weissagung und gehört, wie alles, was Deuterojesaja weissagt, in den Bereich der äußersten Wunder, die sich Jahwe vorbehalten hat.

Damit soll nicht bestritten sein, daß auch ein gerütteltes Maß von persönlichen Erfahrungen, die Deuterojesaja in seinem eigenen prophetischen Dienste gesammelt hat, in das Bild von dem Gottesknecht eingegangen ist; aber darum ist der Gottesknecht noch lange nicht mit Deuterojesaja gleichzusetzen. Ähnliches läßt sich von dem Leiden Jeremias und seinen Aussprachen mit Gott sagen; auch sie haben das Bild von dem Gottesknecht mitbauen helfen; und doch ist der Gottesknecht nicht Jeremia. Aber einem Traditionsstrom müssen wir nun doch eine besondere Bedeutung für die Entstehung dieser Lieder zuerkennen, nämlich dem von Mose, sonderlich wie er im Deuteronomium Gestalt gewonnen hat. Auch dieser Mose wird als Gottesknecht bezeichnet,[23] ja er gilt im Deuteronomium als das Urbild eines Propheten; auch seine Aufgabe war es, den Stämmen Jakobs ihren endgültigen Lebensbereich zuzuweisen (Nu 32,33; Jos 13,8. 15 ff; 14,1 f). Auch er waltet mittlerisch zwischen Jahwe und Israel, er hat gelitten und hat seine Klage zu Jahwe emporsteigen lassen und ist schließlich stell-

---

23 Mose wird im AT vierzigmal als Gottesknecht bezeichnet. Von diesen Belegen sind 11 nachdeuteronomisch (sie finden sich fast alle im chronistischen Geschichtswerk und stehen damit in Abhängigkeit von der deuteronomischen Phraseologie), nur 5 Belege sind vordeuteronomisch (Ex 4,10; 14,31; Nu 12,7.8; 11,11). Die weit überwiegende Zahl der Belege fällt also auf das Deuteronomium und das dtr Geschichtswerk. Das kann für die Deutung der beinahe gleichzeitigen Texte vom deuterojesajanischen Gottesknecht nicht gleichgültig sein.

vertretend für die Sünde des Volkes gestorben.[24] »Die Strafe lag auf ihm«; sind das nicht Züge, die alle beim Gottesknecht wiederkehren? Und nun bedenke man weiter, daß der Gottesknecht beauftragt ist, die Stämme Jakobs aufzurichten und die Bewahrten heimzubringen. Hier klingt die Botschaft von dem neuen Exodus an, bekanntlich eines der Hauptthemen Deuterojesajas. Fordert sie nicht geradezu die antitypische Weissagung von einem prophetischen Mittler, der in demselben Maß größer sein wird als Mose, als der neue Exodus den ersten überbieten wird? Von einem »zweiten Mose«, von einem Moses redivivus sollte man freilich nicht sprechen, aber doch von einem Propheten »wie Mose«. Es besteht u. E. eine große Wahrscheinlichkeit, daß auch Deuterojesaja wie das Deuteronomium in einer Überlieferung stand, derzufolge man einen Propheten wie Mose erwartete.[25] Daß Deuterojesaja aus dem Deuteronomium geschöpft habe, soll nicht behauptet werden; wahrscheinlicher ist, daß beide aus einer ihnen vorgegebenen Tradition von Mose, von seinem Mittleramt und von dem kommenden Propheten geschöpft haben. Deuterojesaja hat freilich diese Überlieferung unvergleichlich reicher ausgestaltet. Das ungeheure Neue, das er – hinausgehend über alle bisherige Prophetie – brachte, war doch der geschichtsuniversale Horizont seiner Weissagung; und dieser neuen Dimension hat Deuterojesaja auch die ihm gewiß schon überkommene Überlieferung von dem kommenden Propheten angepaßt. Im Gegensatz zum Deuteronomium steht bei ihm die Weltbedeutung des prophetischen Mittlers im Vordergrund. Besteht die Deutung des Gottesknechtes auf »einen Propheten wie Mose« zu Recht, dann würde sich auch die Lücke zwischen diesen Liedern und der übrigen Botschaft Deuterojesajas schließen, die man als so beunruhigend empfindet.

24 Dt 3,23 ff; 4,21; 9,9.18 ff.25 ff. Die Entsprechungen zwischen diesem Mosebild mit den Gottesknechtliedern hat man schon lange gesehen.
25 Es wird mir immer zweifelhafter, ob es richtig ist, die berühmte Stelle Dt 18,18 im distributiven Sinne zu verstehen (»je und je einen Propheten«). Vielleicht enthält sie doch die Verheißung eines neuen Mose. Aber auch wenn das herkömmliche Verständnis die Meinung des Satzes recht wiedergäbe, liegt es immer noch nahe, die Gottesknechtslieder mit dieser Erwartung in Verbindung zu bringen. Wie die Zusage der Dauer einer Institution aussieht, kann man an Jer 33,17 sehen!

18 Das Neue in der Prophetie der babylonischen und frühpersischen Zeit

1. Die Frage nach dem, was den drei großen Propheten der neubabylonischen und frühpersischen Epoche gemeinsam ist, wird schon vom zeitlichen Ablauf nahegelegt. Hesekiel war ein jüngerer Zeitgenosse Jeremias; die beiden müssen sich gekannt haben, und als Hesekiels Weissagung erlosch (nach 571), kann Deuterojesaja schon gelebt haben. Vor allem aber verbindet sie dies, daß sie in der Epoche lebten, in der die chronische Krise, die sich seit dem Erwachen des Interesses der mesopotamischen Reiche für Palästina angebahnt hatte, in ihre spannendste akute Form übergegangen war. Daß sich Ereignisse von weltgeschichtlichem Format vorbereiteten, konnte um 600 in Jerusalem keinem verborgen bleiben; aber wer wußte, was Jahwe damit plante? Ja, war es denn so sicher, daß hier Jahwe noch die Führung in Händen hatte, wo mancherlei Zweifel die Sinnhaftigkeit des Geschichtswaltens Jahwes und wohl auch seine Macht in Frage gestellt hatten? Zephanja kennt Leute, die sagen, daß Jahwe »weder Gutes noch Böses tue« (Zeph 1,12); sie waren wohl keine Gottesleugner, aber mit aktuellen Gottestaten rechneten sie nicht mehr; und als die Katastrophe hereingebrochen und auch die Oberschicht des Südreiches nach Babylonien abgeführt war, da war die Frage nach Jahwes Verhältnis zu seinem Volk vollends problematisch geworden. Ja, für viele schien sie damals schon im negativen Sinn beantwortet zu sein (vgl. Jer 44,15 ff). Insofern gehört also auch Deuterojesaja in die Epoche dieser akuten Krise, als er in einer Zeit, da andere Antworten für die Menschen damals wahrhaftig näher lagen, mit der Botschaft von Jahwes brennendem Interesse an Jerusalem hervortrat und mit der Weissagung, daß eben jetzt Jahwe ein Weltreich aufbieten werde, um sich zu seinem Volk zu bekennen und sich selbst in der Geschichte zu verherrlichen.

Andererseits muß man bei der Frage nach dem Gemeinsamen bedenken, daß die drei Propheten einer Zeit angehören, in der die Lösung der Menschen von den religiösen Bindungen noch sehr viel weiter vorgeschritten war. Dieser Prozeß ist auch an den Propheten dieser Zeit nicht spurlos vorübergegangen. Damit soll nicht gesagt sein, daß ihre prophetische Leidenschaft infolge der religiösen Aushöhlung ihrer Zeit schwächer geworden ist; aber doch dies, daß sich auch in ihrem Verhältnis zu den Glaubensüberlieferungen etwas gewandelt hat.[1] In jener letzten Königszeit hat sich das Individuum aus der Kollektivität herausgelöst und nach seinem Recht gefragt. So sind auch die Propheten dieser Epoche viel mehr Einzelne; sie sind in einem viel höheren Maße religiöse und schriftstellerische Individualitäten als noch Amos und selbst Jesaja es waren. M. e. W.: Das spezifisch Menschliche mit all seiner Problematik fordert nun einen viel größeren Raum. Demgemäß ist auch das Verhältnis dieser Propheten zu den sakralen Überlieferungen lockerer und mehr eklektizistisch. Wie eigenwillig konnten Hesekiel oder Deuterojesaja mit der altgeheiligten Überlieferung umgehen (vgl. Hes 20; Jes 55,1 ff)! Jeremia gilt allgemein als der in seiner individuellen Isolierung am weitesten Vorgeschrittene, so daß ihm gegenüber Hesekiel wiederum als viel traditionsgebundener erscheinen möchte. Und doch zeigt gerade Hesekiel in seiner so reichlichen Heranziehung sakraler Traditionselemente nicht nur den Wandel der Zeit im allgemeinen. Die Vermutung liegt nahe, daß Hesekiel dieser seiner Zeit sogar vorausgeeilt ist in der »modernen« Art seiner Interpretation und in der Betätigung seiner scharfen, ja gewaltsamen Rationalität, mit der er sich der Stoffe bemächtigt. Gerade bei Hesekiel ist es mit Händen zu greifen, daß er einer ganz anderen geistigen Welt angehört als die von ihm so leidenschaftlich aktualisierten Überlieferungen selbst. Also erst von diesem Aspekt einer weit vorgeschrittenen Individualisierung der Propheten kann die Frage nach dem Gemeinsamen sachgemäß beantwortet werden. Neu ist bei diesen Propheten – um bei einer äußeren Wahrnehmung zu beginnen –, daß ihre Verkündigung in formaler Hinsicht auf einer ungleich breiteren Basis steht als die der älteren Propheten. Das Bild von der prophetischen Überlieferung ist viel bunter geworden. Neben den herkömmlichen Gattungen (Botenspruch oder Völkerorakel) stoßen wir bei den Propheten unserer Epoche auf breit ausladende allegorische Dichtungen (Hes 16; 23), auf einen theologischen Traktat (Hes 18), auf einen Seelsorgebrief (Jer 29), auf Zwiegespräche des Propheten mit Gott, auch auf umfangreiche monologische Klagen usw. Zweierlei ist daran charakteristisch: Das prophetische Ich tritt jedenfalls bei Jeremia und Hesekiel mit einemmal ungleich stärker in den Vordergrund; das Buch Hesekiel ist ja fast als ein einziger großer prophetischer Selbstbericht stilisiert. Diese Männer sind tatsächlich in einem viel höheren Maße Individualitäten, sie sind isolierter und in ihrer geistig-theologischen Lebendigkeit mehr als ihre Vorgänger

1 Neben dem skeptischen Wort der Jerusalemer: »Es stimmt nicht mit dem Verfahren Jahwes« (Hes 18,25.29) steht doch das in Hes 12,22 zitierte: »Nichts ist's mit allen (prophetischen) Gesichten.«

auf sich gestellt.[2] In demselben Maß waren sie auch in der Wahl des Ausdrucks, in der Formgebung ihrer Botschaften, aber auch in ihrem ganzen Verkehr mit Jahwe freier. Nichts ist dafür charakteristischer als die Tatsache, daß sie sich gelegentlich auch mit Beschwerden und Vorwürfen gegen Jahwe wenden konnten (Habakuk, Jeremia). Mit dieser individuellen Beweglichkeit hängt nun ohne Frage das andere eng zusammen, daß sich auch ihr Verhältnis zum Du, zu ihrem hörenden Gegenüber, gewandelt hat, denn es ist viel intensiver geworden. Ihre Botschaft geht viel mehr auf die religiöse Situation der Zuhörer ein, ja sie geht ihnen geradezu nach; d. h. also, daß diese Propheten viel mehr in einem inneren Gespräch mit ihnen stehen. Sie haben ja weithin mit kritischen, wenn nicht geradezu mit skeptischen Hörern zu tun und müssen, wenn sie überhaupt zu Gehör kommen wollen, sich darauf einstellen. Demgemäß ist also ihr Bemühen noch mehr darauf gerichtet, von ihren Zeitgenossen auch wirklich verstanden zu werden. Sie suchen Mißverständnisse auszuräumen, sie entfalten eine große Leidenschaft im Überreden und sind auf die beweiskräftige Treffsicherheit ihrer Argumente bedacht. Höhepunkte erreicht diese Bemühung etwa in den Diskussionsworten Deuterojesajas oder in seinem theologisch breit fundierten Weissagungsbeweis (Jes 41,26 f; 43,9 f; 48,14). Damit ist gesagt, daß die Verkündigung dieser Propheten sehr stark von der theologischen Reflexion ihr Gepräge empfing. Es ist gewiß kein Zufall, daß sich erst bei den Propheten dieser Epoche ein Bemühen erkennen läßt, das Phänomen des Wortes Jahwes nach der Seite des Grundsätzlichen hin zu bestimmen und deutlich zu machen. Man merkt, wie sie sich nicht nur mit den einzelnen Worten beschäftigen, die sie jeweils auszurichten haben, sondern mit dem Phänomen der Jahweoffenbarung im allgemeinen. Jeremia nennt »das« Wort Jahwes, im Zusammenhang einer durchaus theoretischen Erwägung über den Wert der Offenbarungsformen, einen Hammer, der Felsen zertrümmert, und konfrontiert es mit der weniger gewichtigen Traumoffenbarung (Jer 23,28 f). Eine unverkennbar theoretisch-theologische Note haben auch die Aussagen Deuterojesajas über das Wort Jahwes. Die Art, wie ihm die Erfahrungswelt auseinanderfällt in zwei Bereiche, hat fast etwas Schematisches: Auf der einen Seite

2 Die unmittelbare Folge dieser Individualisierung der Prophetie war die Häufung der Zusammenstöße mit solchen, die die Lage ganz anders ansahen und die wir »falsche Propheten« nennen. In demselben Maß, in dem diese Vereinzelung fortschritt, mußten sich solche Zusammenstöße unter den Propheten steigern. Erst in dieser Epoche trat das latente Problem der Autorität des prophetischen Wortes in seine letzte Schärfe.

steht die Welt des »Fleisches« mit der Hinfälligkeit ihrer Abläufe; auf der anderen steht das Wort Jahwes, das allein schöpferisch ist und Heil wirkt (Jes 40,6–8; 55,10 f). Im Zuge dieser nicht mehr zu überbietenden Schätzung des Jahwewortes wuchs natürlich das Selbstbewußtsein dieser Propheten: Sie, als die Träger und Sprecher dieses Wortes, haben geradezu eine Schlüsselstellung zwischen Jahwe und seiner Weltlenkung.

2. Ein zentraler Gegenstand ihrer Reflexion war die »Gerechtigkeit« Gottes, d. h. die Frage nach der Verwirklichung der Bundestreue Jahwes; eine Frage, die eben nicht nur den Zeitgenossen zur schweren Anfechtung geworden war, sondern die auch die Propheten nicht mehr so beantworten konnten, wie sie vom älteren Israel beantwortet worden war. Bei Habakuk waren es die übermächtigen politischen Gewalten, deren Willkür und Anmaßung Zweifel darüber aufkommen ließen, ob Jahwe seinem Volk noch gnädig war. Jeremia und Hesekiel sahen dasselbe Problem von einer anderen Seite: Wie verwirklicht sich Jahwes Heilswillen am Einzelnen? Liefert sein Walten nicht den Beweis, daß er den Einzelnen nicht beachtet und sich weder um das Maß seiner Verschuldung noch um seine Hingabe und seinen Gehorsam kümmert? Hat dieses Walten Jahwes für den Glauben eine Logik? Niemand wird sich darüber wundern, daß die Antworten der Propheten auf dieses schwere Zeitproblem nicht nach einem Rezept erfolgen; es waren ja auch die Fragen von Fall zu Fall verschieden formuliert. Auf den Vorwurf, daß Jahwe in pauschalen Gerichten die Generationen vereinerlei, antwortet Hesekiel mit der schroffen Gegenthese, daß jeder Einzelne unmittelbar zu Gott sei und daß Jahwe mit höchstem Interesse dem Einzelnen und seinen Entscheidungen zugewandt sei, weil er ihn am Leben erhalten will (Hes 18). Mit diesen Sätzen hat Hesekiel das alte Kollektivdenken hinter sich gelassen. Wie modern, wie revolutionär gibt sich hier der Prophet, der zugleich so stark in sakralen Ordnungen denkt! Auch Jeremia ist der Rede von der Schuld der Väter begegnet, die die Nachkommen zu tragen hätten, und auch er hat ihr eine radikal individuelle Auffassung entgegengestellt (Jer 31,29 f). Anders war der Bescheid, den Habakuk und Jeremia auf die Warumfrage erhalten haben. Während sich Hesekiel nicht gescheut hat, da, wo es sich um die verantwortliche Entscheidung des Einzelnen handelte, von einer klaren Logik des göttlichen Waltens zu sprechen, ist der Bescheid auf die Frage nach dem Warum so großer und so unbegreiflicher Leiden bei Habakuk und bei Jeremia merkwürdig verschlüsselt, ja dunkel, so daß man den Eindruck hat, als zöge sich Jahwe vor der andringenden Frage eher noch tiefer in seine

Verborgenheit zurück. Jedenfalls darin gleichen sich die beiden Bescheide, daß sie auf die Warumfrage keine Antwort geben, sondern einen Horizont von noch größeren Leiden und Anfechtungen sichtbar machen. Jeremia muß sich sagen lassen, daß er ja noch ganz am Anfang steht und daß ihn Jahwe nicht brauchen kann, wenn er schon »im sicheren Lande« verzagt (Jer 12,5). Während sich dieser Gottesspruch darauf beschränkt, den Blick des Angefochtenen auf größere Probleme und Leiden zu richten, ist der, den Habakuk empfing, tröstlicher, weil er von der Verheißung spricht, die dem Durchhalten der Treue des Gerechten gilt (Hab 2,4).

Aber noch in anderer Hinsicht war den Menschen dieser Zeit das Verhältnis Jahwes zu Israel fraglich geworden. Nicht nur Jahwes Bundesgerechtigkeit war ihnen zum Problem geworden; es muß damals Kreise gegeben haben, die, je länger je mehr, überhaupt daran zweifelten, ob das von Jahwe angebotene Bundesverhältnis von Israel, also vom menschlichen Partner, durchgehalten werden könne, denen also das, was wir Heilsgewißheit nennen, durch den Zweifel an der Möglichkeit der menschlichen Bundesgerechtigkeit erschüttert wurde. Damit kommen wir zu den Anfechtungen, auf die Jeremia mit seiner Botschaft von dem neuen Bund und Hesekiel mit der von den neuen Herzen geantwortet haben. Aber hier soll es nun zunächst mehr um die großen theologischen Zusammenhänge gehen, in die sie gehören. Jeremia und Hesekiel waren nämlich in dieser Sache keineswegs einsame Rufer in der Wüste. Im Gegenteil, es läßt sich unschwer zeigen, wie aufgepflügt das religiöse Denken – mindestens gewisser Kreise – in jenen Jahren war und wie es sich konzentriert zu haben scheint auf die Frage nach dem Bund, nach seiner Glaubwürdigkeit und seiner Tragkraft. Hier wäre zunächst das Deuteronomium zu nennen und die Kreise, die ihm seine letzte aktuelle Gestalt gegeben haben; denn dieses Deuteronomium ist ja der Entwurf einer weitausladenden Bundestheologie, und zwar einer Theologie, deren einziges Bestreben darauf gerichtet ist, ihre Gültigkeit eben für diese Zeit, für hier und jetzt, glaubhaft zu machen. Sie schlägt einen ungeheuren Bogen von Mose und dem Sinaiereignis bis in ihre eigene Zeit und ruft diesem späten Geschlecht zu: Jetzt ist die angenehme Zeit, jetzt ist der Tag des Heils! Vor allem wären hier die beiden Stellen Dt 5,2 f; 29,4 ff zu erwähnen, weil sie deutlicher als alles andere das Bemühen zeigen, die »Gleichzeitigkeit« des Sinaibundes der damaligen Zeit glaubhaft zu machen. Wohl vernehmen wir in der Emphase des deuteronomischen Heilsangebotes auch einen Unterton der Sorge, es könnte Israel diesen Ruf, der tatsächlich etwas Ultimatives hat (Dt 30,15 ff), überhören; aber es lebt in ihm doch die Zuversicht, daß Israel, wenn es auf die Stimme Moses hört und wenn es den Geboten gehorsam ist, »Leben« haben wird.

3. Einige Jahrzehnte nach der großen Stunde des Deuteronomiums unter dem König Josia ist die deuteronomistische Geschichtsschreibung entstanden. Diese gewaltige geschichtstheologische Konzeption beschäftigt sich zwar nicht in sonderlicher Weise mit dem Bundesproblem, aber sie rechnet mit faszinierender theologischer Präzision vor, daß Israel mit seinen Königen allein an Jahwe und seinen Geboten gescheitert ist. Nirgends ist diese niederschmetternde Erkenntnis so gültig ausgesprochen wie in dem Wort, das dem Josua anläßlich des Landtags zu Sichem in den Mund gelegt ist und mit dem er die Bereitschaftserklärung Israels, Jahwe zu dienen, wie mit einem Hammer niederschlägt:

»Ihr könnt ja Jahwe gar nicht verehren, denn er ist ein heiliger und ein eifriger Gott« (Jos 24,19).

Dieses Wort – es steht ja im Hexateuch völlig vereinzelt! – muß aber ebenso wie das Fazit der deuteronomistischen Geschichtsschreibung mit den Erkenntnissen der Propheten, sonderlich denen Jeremias und Hesekiels, in irgendeinem Zusammenhang stehen; es liegt ja bereits auf der Linie des Jeremiawortes von dem Mohren, der seine Haut nicht wandeln kann (Jer 13,23), und auch des Menschenverständnisses Hesekiels. So wie Hesekiel hatte ja noch niemand in Israel die Unfähigkeit des Menschen, mit Gott zu leben und ihm zu gehören, erkannt. Die Art, wie er die Heilsgeschichte als eine Kette von völlig mißglückten Versuchen Gottes darstellt (Hes 20), grenzt ans Blasphemische und berührt sich ebenfalls mit dem Wort Jos 24,19.

Aus alledem wird deutlich, daß sich in dieser Zeit und besonders bei den Propheten dieser Zeit in der Erkenntnis des Willens Jahwes etwas tiefgreifend Neues ereignet hatte. Die gegenüber den älteren Propheten gründlich veränderte Lage wird schon daran erkennbar, daß sich Jeremia und Hesekiel diesen Willen (und zwar das an Israel gerichtete Willensganze) begrifflich verobjektivieren, indem sie summarisch von »der Tora« Jahwes oder von »den« Satzungen reden.[3] In dem Maße nun, in dem sie nicht mehr nur einzelne Übertretungen an Hand einzelner Gebote richten, sondern Israel an dem Willensganzen Jahwes messen, in demselben Maße haben sie die totale Unfähigkeit

3 Charakteristisch für diese summarische Heranziehung »der« Tora sind etwa Jer 6,19; 8,8; 9,12; 16,11; 31,33; 32,23; Hes 5,6; 11,12.20; 18,5 ff; 20,5 ff; 36,27. Bei einigen dieser Belege ist allerdings die deuteronomistische Prägung der prophetischen Worte in Rechnung zu setzen.

Israels zum Gehorsam erkannt. Für diese Propheten lag das schwerste Problem auf dem Gebiet des Anthropologischen: Wie können dieses »Haus der Widerspenstigkeit«, diese Menschen »starren Gesichts und harten Herzens« (Hes 2,3 f), die sich so wenig wandeln können wie ein Mohr seine Farbe (Jer 13,23), wie können sie Jahwes Volk sein? Hier also sind Jahwes Gebote zum richtenden und vernichtenden Gesetz geworden. Man kann diesen Umschlag an einem prophetischen Text erkennen, der ungefähr aus dieser Zeit stammen könnte. Er gibt sich in der Form einer Torliturgie, d. h. jenes Frage- und Antwortzeremoniells, das beim Eintritt in den Bezirk des Heiligtums begangen wurde. Aber die herkömmliche Frage lautet jetzt ganz anders: Sie ist fast zur rhetorischen Frage geworden, die sich »die Sünder« selbst beantworten:

> »Wer kann weilen bei dem fressenden Feuer?
> Wer kann weilen bei den ewigen Gluten?« (Jes 33,14).

Was ehedem liturgisches Zeremoniell war, das ist zum unlösbaren Problem geworden!

Um die Antwort zu verstehen, die die Propheten auf dieses schwerste Problem ihrer Zeit gegeben haben, müssen wir uns noch einmal die Auffassung von Jahwes Bund mit Israel vergegenwärtigen, wie sie in großer Klarheit und Eindringlichkeit vom Deuteronomium vorgelegt wird: Das von Mose angeredete Israel war doch faktisch das Israel der späten Königszeit. Es war das Israel Josias, das nach der Fiktion des Deuteronomiums eben vom Bundesschluß mit Jahwe herkam und das der Erfüllung der großen Zusagen Jahwes noch entgegensah; dieses Israel war noch gar nicht zur Ruhe gekommen, d. h die Einlösung des großen Heilsversprechens Jahwes stand noch aus. Vergleicht man diese theologische Grundkonzeption des Deuteronomiums mit der Weissagung Jeremias vom neuen Bund, so muß einerseits auffallen, wie nahe ihr das Deuteronomium kommt. Auch das Deuteronomium blickt hinaus in die Zukunft, auf einen Zustand, in dem Israel, den Geboten gehorsam, im verheißenen Lande leben wird. Besonders hinsichtlich der Wunderlosigkeit der äußeren Lebensbedingungen dieses zukünftigen Israels decken sich die Vorstellungen des Deuteronomiums und Jeremias völlig. Israel wird nach dem Deuteronomium als ein wirkliches Volk die natürlichen und geschichtlichen Segnungen Jahwes genießen. Nach Jeremia wird Jerusalem wieder aufgebaut; man wird wieder kaufen und verkaufen, man wird wieder Wallfahrten veranstalten, und in den Ortschaften wird man wieder das Lachen fröhlicher Menschen hören (Jer 24,5 ff; 33,4 ff; 30,18 f); das entspricht Zug um Zug dem Bild des Deuteronomiums bis hin zu der deuteronomischen Aufforderung, fröhlich zu sein (Dt 12,7.12.18; 14,26; 16,11 u. ö.). Nur in einem Punkt besteht ein Unterschied; darin nämlich, daß Jeremia von einem neuen Bund spricht, während das Deuteronomium an dem alten Bund festhält, indem es dessen Gültigkeit bis an die Grenze des theologisch Möglichen hin auf die Gegenwart der späten Königszeit ausdehnt. Dieser Unterschied trifft nun freilich das Entscheidende der prophetischen Botschaft; denn bei Jeremia gründet sich alle Zuversicht auf die Erwartung einer neuen Heilstat, mit der Jahwe den Sinaibund überbieten, während das Deuteronomium darauf hofft, daß Jahwe die Verheißungen des alten Bundes verwirklichen werde. Dieser Unterschied ist merkwürdig, denn er geht sehr tief. Er muß damit zusammenhängen, daß dem Deuteronomium der Gehorsam Israels noch gar nicht zum Problem geworden ist, während Jeremias und Hesekiels Weissagungen gerade von der Erkenntnis der totalen Unfähigkeit Israels zum Gehorsam ausgehen.

Wir sahen nun freilich, daß dieses von Jeremia erwartete Neue nicht den ganzen Sinaibund nach allen seinen Inhalten veralten läßt. Jeremia hat nicht erwartet, daß Jahwe sein Verhältnis zu Israel auf eine schlechterdings neue Basis stellen werde. Das Neue ist etwas Partielles, denn an dem Angebot des göttlichen Partners an Israel, Jahwes Volk und den Geboten gehorsam zu sein, hat sich bei Jeremia nichts geändert, und in dieser Hinsicht erwartet er, wie gesagt, nicht mehr und nicht weniger als das Deuteronomium von seiner Aktualisierung des Sinaibundes. Das Neue wird sich allein im Bereich des Anthropologischen ereignen, nämlich in einer Wandlung des menschlichen Herzens. Hesekiel ist in seiner Perikope von der inneren Erneuerung Israels schwerlich unmittelbar von Jeremia abhängig; seine Begrifflichkeit wäre wohl nicht so eigenständig, wenn sie direkt aus Jer 31,31 ff entnommen wäre. Um so wichtiger ist es, daß er mit dem Ziel seiner Aussagen in Hes 36,25 ff ziemlich genau mit Jeremia zusammentrifft, nur daß er den Vorgang der anthropologischen Erneuerung noch wesentlich präziser und eingehender beschreibt. Jahwes erneuerndes Werk am Menschen zerlegt sich ihm – darin geht er über Jeremia hinaus – in eine ganze Folge von einzelnen Akten: Die Verheißung einer Reinigung Israels von allen seinen Sünden, die bei Jeremia erst am Ende und nur in Gestalt eines Nebensatzes anklingt, eröffnet die Reihe der göttlichen Taten. Dann wird Jahwe das steinerne Herz entfernen und Israel ein fleischernes Herz eingeben, und endlich – was das meiste – wird er ihm seinen Geist eingeben und dadurch Israel in den Stand setzen, die göttlichen Gebote zu halten. Übrigens spricht auch Deuterojesaja von einem neuen Bund, den Jahwe mit Israel schließen wird. Die futurische Aussage in Jes 55,3 läßt deutlich erkennen, daß es sich nicht um die Aktualisierung eines schon bestehenden Bundes handelt. Hier ist es der Davidbund, der in seiner neuen Form dem ganzen Volk gelten und dieses Volk verherrlichen wird (Jes 55,3 ff). Geht Deuterojesaja gegenüber Jeremia und Hesekiel auch einen eigenen Weg, so sieht man doch, wie sehr in dieser ganzen Zeit das Bundesproblem die Menschen beschäftigt hat und wie sich von ihm auch die Propheten zur Stellungnahme aufgerufen sahen.

Jedoch das bestürzend Neue, das die Botschaft Jeremias, Hesekiels und Deuterojesajas für ihre Zeitgenossen haben mußte, ist damit immer noch nicht in seiner revolutionierenden Tragweite umschrieben. Das Adjektiv »neu« in Jer 31,31 enthält ja ein negatives Urteil über die Heilsordnungen, auf die sich Israel bisher gründete, so schroff, wie es bisher, soweit wir sehen, noch nie ausgesprochen wurde; denn es wurde von ihm die Gültigkeit des Heilsgrundes, auf den sich das damalige Israel berief, auf der ganzen Linie bestritten. Diese Propheten haben die Blickrichtung des Glaubens – man möchte sagen um 180 Grad – verändert. Die Heilskraft der alten Ordnungen ist erloschen; Heil kann Israel nur in neuen zukünftigen Heilssetzungen Jahwes finden. Indessen, diese Botschaft von dem Ende des bisherigen und diese Hinwendung auf ein zukünftiges Jahwehandeln war an sich nicht neu; sie findet sich auch bei den Propheten des 8. Jahrhunderts. Aber bei den Propheten unserer Epoche ist die Kluft zwischen dem Alten und dem Neuen viel tiefer geworden; der Neueinsatz des zukünftigen Heilsgeschehens ist markanter, ja geradezu mit polemischer Schärfe abgesetzt von dem Ende des bisherigen; man denke nur an Sätze wie: »nicht wie der Bund war, den ich mit den Vätern schloß« (Jer 31,32), oder an das: »gedenket nicht des Früheren!« (Jes 43,18) oder an den Hinweis auf eine Zeit, in der das Bekenntnis: »so wahr Jahwe Israel aus Ägypten geführt hat«, abgetan sein wird (Jer 23,7). In diesen Zusammenhang fügt sich auch das Wort über die Lade bei Jeremia aufs beste ein (Jer 3,16 f). Man hat damals offenbar erwogen, eine neue Lade anzufertigen. Aber Jeremia weist das schroff zurück, denn vor seinem Auge steht eine Zeit, da »man nicht mehr sagen wird: Die Lade des Bundes Jahwes«; man wird ihrer nicht mehr gedenken oder gar sie neu anfertigen; denn nicht die Lade, sondern Jerusalem wird man »Thron Jahwes« nennen. Bedenkt man, daß die Lade seit Jahrhunderten die sakrale Mitte der Gottesdienste Israels war, so wird wieder die heilsgeschichtliche Kluft sichtbar, die zwischen dem Vergangenen und dem Kommenden liegt. Darin, aber auch in der Phrase von dem »nicht mehr gedenken« berührt sich das Wort mit dem von Jes 43,18. Auch von Jerusalem heißt es, daß Jahwe es »noch einmal erwählen wird« (Sach 1,17). Hierher gehört endlich wohl auch die (nichtjesajanische) Weissagung Jes 11,11, derzufolge Jahwe »ein zweites Mal« zu einer »Erlösung« seines Volkes (wie damals aus Ägypten) seine Hand erheben wird. Wer unter ihren Zuhörern konnte den Propheten bei solchen Aussagen, die blasphemisch das Heiligste bestritten, noch folgen? Aber die, die so sprachen, waren in einem Eifer Jahwe ergeben und sprachen in einem Ernst und einer Glut von Jahwe, wie niemand sonst in ihrer Zeit. Es muß das eine jener Zeiten gewesen sein, in der eine ganze Generation von einem merkwürdig einheitlichen Geschichtsgefühl beherrscht war: Wir stehen an einem Ende. Etwas Großes ist unwiederbringlich abgelaufen. Ist das nun ein endgültiges Ende? Kann es überhaupt einen Neuanfang geben?

Die Propheten geben diesem Gefühl zunächst recht. Auch sie reden von einem tiefen Bruch in dem Geschichtshandeln Gottes mit Israel, von einem Bruch, in dessen Tiefe der Tod des Gottesvolkes lag (Hes 37). Der theologische Ort, den sie ihren Zuhörern und Zeitgenossen angewiesen haben, war gerade jene Todeszone, in der sie von dem Heil der alten Setzungen nicht mehr erreicht wurden und in der ihnen nichts anderes blieb, als ihre ganze Existenz hinauszuwerfen in das zukünftige Heilshandeln, das sich eben am Horizont der Geschichte zu offenbaren begann. Sie dazu zu bewegen, mit allen Mitteln der Lockung, der Tröstung oder auch der theologischen Argumentation ihren Kleinglauben und ihre Skepsis zu überwinden, das war doch die Aufgabe, zu der sich etwa Deuterojesaja aufgerufen sah. Keiner unter den Propheten dieser Epoche hat so pauschal, so geschichtstheoretisch die Kluft zwischen dem Alten und dem Neuen, also dem Kommenden aufgerissen wie er (Jes 41,22; 42,9; 43,9.18 f; 44,6–8; 45,21; 46,9–11; 48,3–6). Und doch spürt jeder hinter dieser scheinbar unüberbrückbaren Kontrastierung einerseits des »Früheren« andererseits des »Neuen« (das schon wie junges Grün »sproßt«! Jes 42,9; 43,19) die schwere Frage nach der Kontinuität der Geschichte Gottes mit Israel, die doch mit dem Gottesgericht über Juda und Jerusalem im Jahre 587 ihr Ende erreicht zu haben schien. Letztlich ging es doch um die Frage, ob sich die Zeitgenossen dieses Propheten überhaupt noch als das Israel verstehen konnten, das einmal von Gott ins Leben gerufen war. Gottes Geschichte mit seinem Volk lief doch nicht automatisch weiter, nachdem sie einmal begonnen hatte. Tatsächlich scheint Deuterojesaja die Frage nach der Kontinuität der Gottesgeschichte auf den ersten Blick eben durch seine schroffe Entgegensetzung von dem »Früheren« und dem »Neuen« zu verneinen. Aber schon die Tatsache, daß er dauernd mit dem »Früheren« argumentiert, daß er der Aussage der früheren Geschichte bedarf, weil auch sie geweissagt und eingetroffen war, zeigt doch, daß er die Frage nach der Kontinuität nicht einfach verneint. Es wäre also falsch, bei Deuterojesaja und den anderen Propheten dieser Epoche von einem völligen Abbruch der Heilsgeschichte, von einem Auseinanderfallen in zwei beziehungslose Teile zu sprechen; denn das Neue wird sich nach der Weissagung dieser Propheten nach dem Modell des Alten ereignen, als ein neuer Exodus, ein neuer Bund, ein neuer David usw. Das Alte wiederholt sich also; es ist im Neuen gegenwärtig in der rätselhaften Dialektik von gültig und abgetan. Den Propheten liegt offenbar sehr viel an dieser typologischen Entsprechung, denn sie arbeiten diese allenthalben bei ihren Weissagungen heraus, wobei sie freilich mit Beflissenheit dem Moment der Steigerung, des Überbietenden Raum geben. Der neue Bund wird besser sein, der neue Exodus sich herrlicher ereignen als der erste, und der eschatologische Gottesknecht wird tiefer, aber darum auch wirksamer leiden, als Mose gelitten hat.

4. Merkwürdig verhält es sich bei den Propheten dieser Epoche mit der Davidsverheißung, also mit dem messianischen Vorstellungskreis. Auch bei ihnen erscheint er noch reinlich gesondert von der Verkündigung, die auf anderen Überlieferungen ruht. Das fällt uns auf, denn wer käme etwa bei der breit ausladenden Zukunftsschau von Hes 36, 16 ff auf den Gedanken, daß derselbe Prophet noch einen ganz anderen Aspekt in die Zukunft zu eröffnen weiß, nämlich den einer messianischen (Hes 17,22–24; 34,23 f; 37,24 f)? Trotz ihrer erstaunlichen Freiheit in der Aktualisierung der alten Überlieferung, einer Freiheit, die weit über das hinausgeht, was noch den Propheten des 8. Jahrhunderts möglich war, laufen auch bei ihnen noch die Traditionsströme der Exodus-Landnahme- und der Davidüberlieferung getrennt nebeneinander her. Das Bedürfnis, sie zu einer Schau zu verbinden, das uns so nahezuliegen scheint, haben sie nicht verspürt.

Aber mit der messianischen Hoffnung in dieser Epoche der Prophetie hat es noch eine besondere Bewandtnis, denn diese Propheten sahen das davidische Königtum in seiner damaligen Erscheinungsform schon von der geschichtlichen Bühne verschwinden. Den nächsten Rechtsnachfolger der Davididen, Gedalja, hat Jeremia noch erlebt (Jer 40 f). Der aber war vom babylonischen Großkönig eingesetzt. Dessen Weltherrschaft war aber nach Jeremia keineswegs eine angemaßte. Vielmehr hatte Jahwe selbst die Weltherrschaft an Nebukadnezar delegiert, und auch die Judäer mußten sich ihr unterstellen (Jer 27,6). Mit der eigenstaatlichen Souveränität Judas und seines Königs war es nun vorbei. Man versteht, daß damit die messianische Erwartung in eine schwere Krise treten mußte. Wie war denn die Weltherrschaft des Babyloniers oder des Kyros (2. Chron 36,23) mit derjenigen zu vereinen, die seit alters den Davididen zugesprochen wurde? Wenn Jahwe die Weltherrschaft – und zwar, wie es in Jer 27,7 ausdrücklich heißt – auf Zeit einem Weltreich anvertraut, bis auch dessen Rolle ausgespielt ist, so war damit neben die messianische eine völlig neue Geschichtskonzeption getreten. Hier haftet das Interesse viel weniger an einzelnen Herrschergestalten als an den Weltreichen und deren Abfolge. Man weiß, daß diese Geschichtskonzeption später in der Apokalyptik zu größter Form entfaltet wurde (vgl. Dan 2; 7). Die einfachste Konsequenz aus dieser Unterordnung Israels unter eine Weltmacht hat wohl Deuterojesaja gezogen, denn er hat die messianische Überlieferung dadurch völlig uminterpretiert, daß er die Zusagen des Davidbundes auf das Volk übertrug. Anders verfuhren Jeremia und Hesekiel. Um ihre messianische Verkündigung zu verstehen, muß man wissen, daß es in der Zeit zwischen 597 und 587 zu einer Unklarheit in der Frage der Legitimität des Herrschers kam. War der verbannte Jojachin oder war Zedekia der legitime König? Sowohl Jeremia wie Hesekiel wenden sich gegen alle Hoffnungen, die sich noch an vorhandene Möglichkeiten knüpfen mochten.[4] Beide rechnen mit dem völligen Ende der bisherigen Daviddynastie. So ist also auch hier der Bruch viel tiefer geworden als ihn noch Jesaja vorausgesehen hatte, denn der Zusammenbruch des Davidhauses ist zunächst ein endültiger. Das Leichenlied, das Hesekiel über die Davididen singt (Hes 19), sagt deutlich, daß das Bestehende im Tod untergehen wird. Angesichts dieser Tatsache will es bedacht sein, daß Jeremia und besonders Hesekiel trotzdem von einer messianischen Zukunft gesprochen haben. Bedenkt man das Endgültige des Todesaspektes, auf dem Hesekiel so unerbittlich besteht, und bedenkt man die Dauer, die Jeremia der jetzigen Weltordnung zuerkennt (Jer 25,11; 29,10), so wird man hier – wieder im Unterschied von der Prophetie des 8. Jahrhunderts – nicht mehr von einer Naherwartung, sondern eher von einer messianischen Fernerwartung sprechen müssen.

5. Zum Verständnis der Verkündigung Deuterojesajas vom Gottesknecht muß in dieser Zusammenfassung noch einiges nachgetragen werden. Es läßt sich nämlich zu der Entstehung des ins Übermenschliche tendierenden Bildes von dem leidenden Gottesknecht immerhin einiges wenige sagen; denn es steht doch nicht so isoliert in

4 Vgl. dazu etwa Jer 22,24–30.

der prophetischen Botschaft, wie es zunächst scheinen möchte. Wir gehen dabei von unserer Feststellung aus, daß das Amt dieses Gottesknechtes offensichtlich ein prophetisches ist. Er ist Verkündiger des göttlichen Willens und mit einem mittlerischen Dienst betraut, den man ebenfalls nur als prophetisch bezeichnen kann. So wenig wir von Deuterojesaja wissen, so wird man doch sagen dürfen, daß die Darstellung von dem Amt des Gottesknechtes in besonderem Maße in seine Zuständigkeit fallen mußte; denn es war ja sein eigenes Amt, das er in größter Form darzustellen hatte; es waren ja seine Erfahrungen und Leiden, aus denen heraus er das ungeheure Bild dessen zu gestalten hatte, der größer war als er. Die Zeiten waren ja vorbei, da das Prophetsein etwas so Indiskutables und Selbstverständliches war, da man weissagte, weil Jahwe geredet hatte (Am 3,7 f). In der Zeit, der Jeremia, Hesekiel und Deuterojesaja angehörten, war das prophetische Amt selbst ein Gegenstand der theologischen Reflexion geworden. Konnten wir oben sagen, die Verkündigung der Propheten des 8. Jahrhunderts sei in gewissem Sinne als ein kontinuierliches Gespräch mit der Überlieferung zu verstehen, so gilt das gewiß auch noch für die Propheten der babylonischen und frühpersischen Epoche, nur mit dem Unterschied, daß dieser Überlieferung inzwischen noch ein neuer Gegenstand zugewachsen war: ein Stock von Erfahrungen, aber auch von Problemen, der sich von Generation zu Generation als wachsende Last an das Amt und die Träger des Amtes geheftet hatte. Es wird sich hier um eine Tradition eigener Art gehandelt haben, die sich eigentlich unter ungünstigen Verhältnissen gebildet hat; denn die Propheten, von denen hier die Rede ist, sind nach unserer festen Überzeugung als ein freier Stand anzusehen und nicht als formell beamtete Männer. Aber daß es in der letzten Königszeit eine solche Tradition vom prophetischen Amt gegeben hat, die ihrerseits dann auch wieder die Propheten dieser Epoche geformt haben wird, dafür ist der beste Beweis das Vorhandensein eines einigermaßen geschlossenen – ja beinahe schon typisierten – Bildes vom Propheten, das in verschiedenen zeitgenössischen Fassungen begegnet.

Etwas vom Wichtigsten, das sich bei den Propheten unserer Epoche ereignet hatte, war der Einbruch des prophetischen Amtes in den persönlich-innerlichen Bereich des Propheten. Auch hier wird man sich hüten, den Unterschied von der älteren Prophetie ins Grundsätzliche zu übertreiben. Auch Elia und Amos werden die Widerstände und Kränkungen, die sie erfuhren, bis ins Persönliche hinein erlitten haben. Und trotzdem hat jeder Leser bei Jeremia das Gefühl, es sei an einer entscheidenden Stelle ein Damm gebrochen. Das hat sich schon im

Formalen angekündigt, nämlich in der Ausweitung seiner Botschaft zu lyrischen Dichtungen, in denen sich doch etwas einigermaßen Neues ereignet: Der Prophet eröffnet in diesen Dichtungen eine Dimension des Schmerzes, und zwar eines doppelten Leidens: des Leidens der von dem Gericht Betroffenen, aber zugleich auch des Kummers Gottes über sein Volk. Und dann – das ist erst das Entscheidende – tritt Jeremia selbst ein in dieses doppelte Leiden; es liegt auf ihm, und er spricht es aus als seine ganz persönliche Qual. Hier liegt der Unterschied etwa gegenüber Amos, bei dem wir doch mit aller gebotenen Zurückhaltung annehmen dürfen, daß seine seelisch-persönliche Substanz intakter geblieben ist. Jeremia hat den Standort gewechselt und ist in seinem Mitleiden auf die Seite der Gerichteten getreten. Und nun haben uns ja die Konfessionen Jeremias im besonderen gezeigt, wie ihm darüber sein Prophetenamt zerbrach, wie die Trümmer dieses durchaus erfolglosen Amtes von ihm abfielen, und wie er nur noch als ein von allen Seiten verwundbarer Mensch Schritt um Schritt der entsetzlichen Nacht der Gottverlassenheit näher geführt wurde. Baruch hat dann die Geschichte dieses Leidens und Scheiterns objektiv beschrieben; und diese seine Schrift hat doch wohl vor allem den Zweck, jedem Zweifel an der Prophetie Jeremias zu begegnen: Diese Kette sich steigernder Leiden und zunehmender Erfolglosigkeit ist kein Beweis gegen sie; im Gegenteil, gerade weil Jeremia ein rechter Prophet Jahwes war, darum mußte sein Weg so enden; gerade dieses Scheitern und Zerbrechen ist das Siegel der Echtheit. Man darf wohl fragen, ob Baruch in dieser Leidensgeschichte in einem fast modernen Sinne wirklich nur das beschrieben hat, was er an Jeremia wahrnahm, oder ob nicht auch er schon von einer bestimmten Auffassung vom leidenden Propheten bestimmt war, die sich ihm bei Jeremia bestätigte. So oder so spricht sich auch bei ihm eine tief veränderte Auffassung vom Amt des Propheten aus.

Aber wir stoßen auf sie auch bei Hesekiel. Schon seine Bestellung zum verantwortlichen Wächter hat zur Folge, daß er sein Amt mit dem Einsatz seines eigenen Lebens führen muß (Hes 33,1 ff); und einmal hat er sogar den seltsamen Befehl von Jahwe empfangen, lange Tage hindurch auf der einen Seite liegend die Schuld des Hauses Israel und dann auf der anderen Seite die des Hauses Juda zu tragen (Hes 4,4–8). Symbolhandlungen haben die Propheten seit je ausgeführt; aber hier geht es doch um mehr als nur um die Demonstration einer großen Schuld; es geht um die Aufbürdung dieser Schuld auf einen dafür Zuständigen. Also auch hier greift das dem Propheten auferlegte Amt tief in die persönliche Sphäre und wird ihm zum Leiden, und zwar hier ausgesprochenermaßen zum stellvertretenden Leiden. Der

Unterschied ist bedeutsam: Bei den älteren Symbolhandlungen geschah das Zeichen außerhalb des Humanum des betreffenden Propheten (Hörner tragen, Krüge zerbrechen usw.). Jetzt wird der Prophet selber zum Zeichen (Hes 12,6), und zwar darin, daß er vor allen anderen und beispielhaft von Gott selbst in das Erleiden des Gerichts hineingezogen wird (vgl. auch Hes 21,11). Auf diese stark gewandelte Auffassung von dem, was einem Propheten obliegt, stoßen wir auch in dem Urteil, das Hesekiel über die falschen Propheten fällt. Er wirft ihnen vor, daß sie keine Mauer um Israel gebaut haben und daß sie vor der Bedrohung durch Jahwe nicht in die Bresche getreten sind (Hes 13,5), d. h. also, daß sie Israel hätten schützen, daß sie sich hätten vor Israel stellen sollen. Ohne Frage denkt Hesekiel an die unterlassene Fürbitte, aber vielleicht auch an irgendeine andere Form mittlerischen Handelns. Einen weiteren Schritt führt uns eine Stelle in Ps 106,23, die von Mose rühmt, daß er in die Bresche getreten sei, als Jahwe das Volk wegen der Sünde des Bilderdienstes vernichten wollte und sich nur durch die Fürbitte Moses davon abhalten ließ (Ex 32,9 ff). Gewiß, die Fürbitte gehörte seit alten Zeiten zu den besonderen Funktionen des Propheten. Aber wie mußte sich dieser Dienst wandeln, wenn er von einem Propheten ausgeübt wurde, der sein eigenes Leben in die Bresche zwischen Gott und Israel zu werfen bereit war! So aber verstand die spätere Prophetie, von der hier die Rede ist, das prophetische Amt. Bei Jeremia haben seine Leiden noch keinen besonderen Bezug zu seinem Fürbitteramt. Jeremia weiß ja keine Erklärung für seine Leiden, und der Gedanke, daß sie etwas Stellvertretendes haben könnten oder daß sie ihm geradezu zum Heile Israels von Jahwe auferlegt seien, ist ihm offenbar nie gekommen. Aber es gibt ein Bild von einem leidenden Fürbitter, das mit Jeremia ungefähr zeitgenössisch sein muß, und zwar ist es ein Bild von Ausmaßen, die schon ins Übermenschliche gehen, das Mosebild des Deuteronomiums: Mose stellt sich fürbittend vor Israel; er spricht von der Angst (Dt 9,19) vor dem Zorn Jahwes, die ihn zur Fürbitte für das Volk und für Aron getrieben habe, und teilt das Gebet, das er damals gesprochen habe, im Wortlaut mit. Aber er hat auch für sich selbst gefleht, denn Jahwe hat seinen Zorn über Israel auf ihn geworfen (»er zürnte mir um euretwillen«) und hat ihm um Israels willen eine furchtbare Strafe auferlegt: Er sollte selber das verheißene Land nicht betreten, sondern vorher sterben. Seine flehentlichen Bitten, dies von ihm abwenden zu wollen, hat Jahwe schroff zum Schweigen gebracht; er mußte sich in diesen harten Ratschluß ergeben (Dt 3,23–28; 4,21–27). An der ausführlichen Breite, mit der dies alles einschließlich der geführten Reden und Gegenreden dargestellt ist, kann man schon sehen, wie groß das Interesse damals an dieser Seite des prophetischen Amtes war. Hier ist ja mehr als nur die Notiz einer geleisteten Fürbitte; das Deuteronomium will seine Leser rühren mit dem Bild eines Mannes, der in großer Angst den Zorn aufgefangen hat und der stellvertretend den Tod außerhalb des verheißenen Landes erleiden wird. Und nehmen wir nun noch die von Mose ausgesprochene Erwartung hinzu, daß Israel gerade einen solchen Propheten auch in Zukunft zu erwarten habe (Dt 18,18), so stehen wir unmittelbar vor der Weissagung Deuterojesajas von dem leidenden Gottesknecht, denn ihm wird es Gott selbst vor aller Welt bestätigen, »daß er die Sünden der Vielen getragen hat und (fürbittend) eingetreten ist für die Empörer« (Jes 53,12). Damit soll nun nicht behauptet werden, daß Deuterojesaja unmittelbar von dem Prophetenbild des Deuteronomiums ausgegangen sei und darauf weitergebaut habe; aber doch dies, daß er in Vorstellungen vom Wesen des prophetischen Amtes wurzelt, die damals in bestimmten Kreisen theologisch schon sehr ausgeprägt vorlagen. Jes 53 steht nicht so singulär und beziehungslos in der Botschaft der Propheten, wie man oft gedacht hat; im Gegenteil, was hier gesagt ist, hat sich von langer Hand vorbereitet. Wollte man seine theologische Vorgeschichte schematisch bezeichnen, so könnte man von zwei Voraussetzungen reden: Die eine ist das Amt der fürbittenden Stellvertretung, mit dem sich die Propheten seit je betraut wußten. Die andere ist jener Einbruch des Amtes in das Humanum des Propheten, von dem hier die Rede war. Sieht man Jes 53 so in seiner Abhängigkeit von bestimmten Vorgegebenheiten, dann tritt auch seine Einzigartigkeit erst richtig ins Licht. Fünf Punkte seien genannt, die gegenüber den damals offenbar umlaufenden Vorstellungen das Besondere der Weissagung von Jes 53 bezeichnen: 1. Die Aussagen über die Tiefe und den Umfang dieses prophetischen Leidens überschreiten alles bisher Gesagte. 2. Besonders aber gehen die Gottesknechtlieder über alles Bisherige hinaus in dem, was sie von der Leidenswilligkeit des Knechtes aussagen und von der paradoxen Gewißheit seiner Geborgenheit in Gott. 3. Jes 53 stößt weissagend schon in einen Raum jenseits der Leiden vor, in dem sich die Verherrlichung des Knechtes vor aller Welt ereignet. 4. Jes 53 bringt auch schon die Worte der Erkenntnis und des Bekenntnisses derer, für die der Knecht, ohne daß sie es wußten, gelitten hat. 5. Die Gottesknechtlieder sprechen von einer Bedeutung des Knechts, die weit über Israel hinausgeht; sie konfrontieren ihn mit dem Universum der Völker: Die Könige werden vor diesem Gottesknecht den Mund verschließen (Jes 52,15).

19 Die Propheten der späteren persischen Periode
Tritojesaja, Haggai, Sacharja, Maleachi, Jona

Deuterojesaja hatte von der nahen Heimführung der Exulanten durch Jahwe selbst gesprochen, aber kein Dokument meldet uns etwas über das Ereignis der Heimkehr selbst. Es hat stattgefunden; aber wir wissen nicht, wie, nicht einmal, wann. Es gibt Gründe, die es wahrscheinlich machen, daß die Heimwanderung erst unter Kambyses und nicht aufgrund des Kyrosedikts erfolgt ist. Aber die Tatsache, daß sich das Ereignis dieser Generation und den folgenden nicht besonders eingeprägt hat, ist auffallend. Die Heimkehr hatte sich offenbar nicht unter so wunderhaften Begleiterscheinungen verwirklicht, ja sie ist von den Beteiligten selbst keineswegs als ein Heilsgeschehen aufgefaßt worden; wie hätte sie sonst ohne jegliche Rühmung wie ein Ereignis ohne besondere Bedeutung sogleich in Vergessenheit versinken können! Offenbar hat man sie nicht als die Erfüllung einer großen prophetischen Weissagung gefeiert. Die Verheißungen Deuterojesajas standen also noch unerfüllt über Israel. Aber die Situation Israels hatte sich gewandelt: Die große Not der Deportation hatte den kleineren Nöten des Wiedereinlebens und des Aufbaus Platz gemacht. Jahwe hatte aber auch für diese Zeit Propheten erstehen lassen, die die Botschaft von seinem Kommen weitertrugen. Die theologischen Urteile über diese Propheten der späteren persischen Periode sind herkömmlicherweise zurückhaltend, wenn nicht geradezu negativ. Nun kann darüber gewiß kein Streit aufkommen: Mit Botschaften von so unvergleichlicher Fülle und Breite wie denen eines Jeremia, Hesekiel oder Deuterojesaja – deren jede fast einen theologisch-prophetischen Kosmos darstellt – lassen sich Tritojesaja, Joel, Haggai, Sacharja und Maleachi nicht vergleichen. Trotzdem sollte man mit so summarischen Urteilen wie »Epigonentum« sparsamer umgehen. Abgesehen davon, daß damit ein Begriff von geistiger Originalität absolut gesetzt wird, der unisraelitisch und vor allem unprophetisch ist, kann es doch nur um die Frage gehen, ob diese Propheten dieser ihrer Zeit mit ihrer Botschaft recht gedient haben oder ob sie – nach allem, was wir von Israels Prophetie glauben verstanden zu haben – an ihrer Aufgabe versagt haben. Keiner kann sich der Größe eines Jeremia oder Hesekiel entziehen; aber er wird den Begriff der Größe deswegen noch lange nicht zu einem theologischen Normbegriff erheben und an ihm die späteren Propheten messen. Die letzten Jahre vor der Zerstörung Jerusalems waren durch die Unabwendbarkeit der nahen Katastrophe nicht ohne Größe, und ebenso hatte die Situation der Exulanten in Babylon durch die Eindeutigkeit ihrer Not Größe. Die Zeit nach der Rückkehr war weder eindeutig noch groß. Ihr aber, mit all ihren Problemen, hatten sich diese Propheten zu stellen, und nur an ihr konnten sie sich bewähren.

Die offenbar in keiner Weise eindeutige Situation in der jerusalemischen Gemeinde des ausgehenden 6. Jahrhunderts spiegelt sich in den Botschaften, die für uns unter den Namen *Tritojesajas* gestellt sind, wider (Jes 56–66). Die Berufung spricht zwar ganz eindeutig von einem Trostamt, mit dem dieser Prophet betraut war, einem Amt von stark seelsorgerlicher Prägung, nämlich »zu verbinden, die gebrochenen Herzens sind, auszurufen die Freilassung für die Gefangenen« (Jes 61,1). Aber er hatte es als Prophet doch auch mit schweren Mißständen zu tun, mit nahezu katastrophalen sozialrechtlichen Verhältnissen (Jes 57,1 ff) und mit einer versagenden Regierung (Jes 56,9 ff). Hier dringt er in einer Schärfe auf Recht und Gerechtigkeit, die den Anklagen der vorexilischen Propheten kaum nachsteht. Das gilt vor allem für seine prophetische Kritik am leeren kultischen Betrieb, demgegenüber vor Jahwe eine soziale Barmherzigkeit viel wohlgefälliger sei (Jes 58,1 ff). Aber anders als die vorexilischen Propheten hat es Tritojesaja nicht mit einem äußerlich hoffärtigen, sondern viel eher kleingläubig gewordenen Volk zu tun. So diskutiert er mit ihm über die Frage, ob denn Jahwes Arm zu kurz sei (Jes 59,1); er argumentiert theologisch, indem er die Verzögerung des Heils von der sich häufenden Schuld der Gemeinde her begreiflich macht: »Darum erreicht uns die Gerechtigkeit (Jahwes) nicht« (Jes 59,9). Ja, Jahwe selbst verwahrt sich durch den Mund des Propheten: er ließ sich erfragen und finden von denen, die ihn nicht gesucht haben; er hat seine Hand allezeit nach seinem Volke ausgestreckt. Aber über die, die diese Hand immer noch zurückstoßen, wird ein schreckliches Gericht ergehen (Jes 65,1 ff). So reißt auch Tritojesaja wie die alten Propheten eine Kluft auf, wo bisher keiner eine Kluft sah, und scheidet Israel von Israel. Leider wissen wir von den damaligen kultischen Verhältnissen zu wenig, um über die, die Jahwe »beleidigen« (Jes 65,3), Genaueres aussagen zu können, denn um schwere kultische Greuel muß es sich gehandelt haben. Ihnen stehen Jahwes Knechte gegenüber, denen der Prophet in begeisterten Worten Jahwes Heil zuspricht. In dieser seiner Heilsverkündigung nimmt er nicht nur zentrale Themen der Botschaft Deuterojesajas auf, sondern er zeigt sich auch von dessen Diktion und ihrem Pathos so bestimmt, daß man daraus mit Recht auf eine Art en-

gen Schüler- oder Jüngerverhältnisses geschlossen hat. So klingt das
»bahnet!«, »ebnet den Weg!« auch bei Tritojesaja wieder an (Jes
57,14; 62,10), ebenso das Wort vom Staunen der Mutter Zion über ihren Kinderreichtum (Jes 66,7 f = 49,21). Aber nirgends ist die Tradition in so großer Form wieder aufgenommen wie in dem über-
schwenglichen Text von den Wächtern auf den Mauern Zions, von
der von Jahwe wieder angenommenen Gottesstadt und der Ankunft
der ersten Festpilger (Jes 62). Und doch ist es unschwer zu erkennen,
wie die übernommene deuterojesajanische Sprache nun auf eine Situation bezogen ist, die sich äußerlich und innerlich nicht unerheblich
gewandelt hat. Bei Deuterojesaja war der Zion das letzte Ende der
Weissagung, das Ziel der eschatologischen Heimführung; hier aber ist
der Zion der Ausgangspunkt der prophetischen Gedanken, und zwar
der unerlöste Zion, der immer noch wartende, der Jahwe in den Ohren liegen muß, der ihm keine Ruhe lassen darf, die immer noch aus-
stehende Verherrlichung der Gottesstadt zu verwirklichen. So hat
Deuterojesaja nicht gesprochen. Hinter der Botschaft Tritojesajas
erkennt man die innere Unsicherheit einer Situation, die durch ein
inzwischen überfällig gewordenes göttliches Versprechen gekenn-
zeichnet ist. Aber Tritojesaja nimmt das Wort von dem nahen Kommen Jahwes zu seiner Stadt unbeirrt auf. Ja, seine Botschaft gipfelt
geradezu in dem Bemühen, das zwar verzögerte Kommen Jahwes zur
Verklärung seiner Stadt seinen Zeitgenossen als ein ganz unbezwei-
felbares und weltenwendendes Ereignis warnend vor Augen zu stellen
(Jes 56,1; 58,8.10 f; 62,1–3.11 u. ö.).

Auch die Prophetie *Haggais* und Sacharjas gipfelt in der Verkündigung des nahen Kommens Jahwes und der unmittelbar bevorstehenden Aufrichtung seines Reiches; aber die Botschaft – große Verlegen-
heit vieler Ausleger! – ist aufs engste verknüpft mit dem Wiederaufbau des von den Babyloniern zerstörten Tempels in Jerusalem, dergestalt, daß für diese Propheten der Wiederaufbau des Tempels geradezu
als die notwendige Voraussetzung des Kommens Jahwes und seines
Reiches gilt. Es ist richtig: mit einem Jesaja oder Jeremia kann eine
solche Vorstellung nicht in Verbindung gebracht werden. Aber der
Grund dafür ist schwerlich der, daß jene Propheten so viel »geistiger«
waren als Haggai und Sacharja; denn auch die vorexilischen Propheten haben hinsichtlich des eschatologischen Heils und seiner Verwirklichung erstaunlich realistische Vorstellungen gehabt. Der Unterschied
erklärt sich zunächst einfach aus der völlig verschiedenen inneren Verfassung derer, zu denen die Propheten gesandt waren. Damals lautete
die Alternative: Bündnisse oder Vertrauen auf Jahwe, oder es war

die Frage nach dem gerechten Gericht im Tor zum status confessionis geworden; an ihr entschied es sich, ob Israel Jahwe noch angehörte oder nicht. Jetzt, angesichts einer in »resignierter Sicherheit« dahinlebenden und nur auf ein wirtschaftliches Vegetieren bedachten Bevölkerung war die Frage des Tempelbaus zum status confessionis geworden. Der Tempel war doch der Ort, an dem Jahwe zu Israel sprach, an dem er ihm seine Sünde vergab und an dem er für Israel gegenwärtig war. In der Einstellung zum Tempel entschied sich also die Einstellung für oder gegen Jahwe. Die Leute aber waren an diesem Ort wenig interessiert; sie schoben angesichts der wirtschaftlichen Nöte den Bau des Tempels noch hinaus, weil dafür »jetzt nicht die Zeit« sei (Hag 1,2). Haggai stellt diese Rangordnung der Pflichten auf den Kopf: Israel ist nicht mehr Israel, wenn es nicht am ersten nach dem Reiche Gottes trachtet; das andere, der Segen Jahwes, werde ihm dann auch zufallen (Hag 1,2–11; 2,14–19). Damit hat er im Grunde nichts anderes gesagt und verlangt als Jesaja mit seiner Glaubensforderung im syrisch-ephraimitischen Krieg. Haggai konnte das freilich nur sagen, weil er der Überzeugung war, daß das eschatologische Israel eine sakrale Mitte und nur von dieser Mitte her seinen Bestand haben werde. Es ist sehr fraglich, ob Jesaja dem widersprochen hätte. Liegt es nicht näher, eben darin die Echtheit der Prophetie Haggais zu sehen, daß er gerade in der Kärglichkeit der Verhältnisse Jahwe ein Neues anbahnen sah und seine Zeitgenossen beschwor, sich dem, was Jahwe inmitten Israels werden ließ, zu öffnen und zur Verfügung zu halten, daß er also gegen allen Augenschein die Zeit als eine Heilszeit deutete? Hätte er anders gedacht, so hätte er der grassierenden Verzagtheit Recht gegeben und der Annahme, daß Jahwe mit so armseligen Verhältnissen natürlich nichts zu tun haben könne. Als der Tempelbau endlich in Angriff genommen war und als sich an den Umrissen schon der Umfang des Gebäudes abschätzen ließ, da hat Haggai die Alten angesprochen und ihnen selbst das Wort aus dem Mund genommen, das sie sich wahrscheinlich selbst nicht einzugestehen wagten: »Ist es nicht, als sei es wie nichts in euren Augen?« (Hag 2,3). Diese Szene mit dem Wort von der Unansehnlichkeit des göttlichen Anfangs, das nichts verschleiert, hat prophetische Größe. Haggai hat damit, daß er Israel neu an den Tempel band, nicht Israels Welt verengt; er hat sie vielmehr, wie mit Recht gesagt worden ist, geweitet, indem er seinen Zeitgenossen ein Bekenntnis zu dem eschatologischen Werk Jahwes abrang.

Aber ein heikles Problem war noch offen: Wie weit, wie eng war der Kreis der künftigen Kultteilnehmer dieses Tempels zu fassen und demgemäß ihre Beteiligung am Wiederaufbau zu bestimmen? War es nicht mindestens diskutabel, daß er, wie das alle heidnischen Tempel taten, seine Tore weit offen hielt für alle diejenigen, die sich zu dem hier veranstalteten Gottesdienst hingezogen fühlten? Der Wiederaufbau war ja von der persischen Obrigkeit angeordnet und ebenso waren die Mittel dazu von ihr bewilligt worden. Die für Jerusalem zuständige Provinzialbehörde hatte aber damals ihren Sitz noch in Samarien. So ist es, nachdem der Bau in Gang gekommen war, nicht verwunderlich, daß man sich in den offiziellen Kreisen in Samaria dafür interessierte, daß man sich – und sei es nur, um die Hand im Spiel zu behalten – daran zu beteiligen wünschte. Es ist auch durchaus möglich, daß dieser Wunsch schon aus wirtschaftlichen Gründen auch in der jerusalemischen Gemeinde selbst Unterstützung fand. Haggai beantwortet in der Form einer prophetischen Gleichnishandlung diese schwebende Frage mit einem schroffen Nein. Der Tempel wird vorläufig nur für und von Israel gebaut; nicht jeder, der im Rahmen dieses Kultus Gaben darbringt, wird Jahwe »wohlgefällig« sein. Diese Entscheidung klingt für moderne Ohren hart; vielen wäre wohler, wenn der Prophet im entgegengesetzten Sinne entschieden hätte. Aber es sollte doch nicht schwer sein, zu sehen, daß Haggai nur dem ersten und zweiten Gebot des Dekalogs treu blieb und auf einer Scheidung bestanden hat, wie sie zu ihrer Zeit auch Elia oder das Deuteronomium erkämpft haben. Der Jahweglaube war eben keine Religion, der man sich nach Belieben anschließen konnte, womöglich noch unter Beibehaltung anderer kultischer Bindungen, sondern er führte sich auf einen göttlichen Auswahlakt zurück und blieb an eine ganz bestimmte völkische Größe gebunden. So wird man vielmehr gerade darin die Bedeutung Haggais zu sehen haben, daß er in einer Zeit, in der diese Abgrenzung nach außen, um die sich ehedem die besten Kräfte in Israel gemüht hatten, unsicher geworden war, einem Elia vergleichbar eben an jenem Punkte ein Entweder-Oder sah, wo es andere nicht mehr sahen. Wieder muß man sagen: Hätte er anders entschieden, dann hätte er den ganzen Kampf Jesajas gegen die Bündnispolitik, in dem dieser Prophet das Verhältnis Jahwes zu dem Zion aus allen politischen Praktiken und ihren Maßstäben ausgeklammert wissen wollte, widerrufen. Weder bei Jesaja noch bei Haggai ging es um eine geistig religiöse Entscheidung, sondern vielmehr um die Freihaltung eines ganz bestimmten geschichtlichen Ortes für das Heilshandeln Jahwes.

Denn gerade Haggai hat der Zeit entgegengesehen – und merkwürdigerweise hielt er sie sogar für ganz nahe –, in der alle Völker in den Jahwekult eingekehrt sein und Jahwe ihre Kostbarkeiten bringen werden (Hag 2,6–9). Für die Zeit dieser universalen Entschränkung des Jahwekultes sollte der Tempel gebaut werden; sie ist die messianische Zeit. Eine furchtbare Erschütterung des Himmels und der Erde wird ihr vorangehen; da werden sich die Völker selbst zerfleischen und Jahwe wird das Kriegsgerät vernichten – ein »Tag Jahwes« –; dann aber wird der Gesalbte als der Siegelring Jahwes, d. h. als der Vollstrecker der Beschlüsse Jahwes, sein Amt antreten. Haggai hat aber mit dieser Weissagung nicht vage an irgendeinen Gesalbten gedacht; er hat vielmehr klar und eindeutig den Davididen Serubabel, den Enkel des unglücklichen Königs Jojachin, als den zukünftigen Gesalbten bezeichnet.

Man pflegt an dieser Stelle darauf hinzuweisen, daß sich Haggai damit, daß er einen bestimmten lebendigen Davididen mit Namen als Gesalbten designiert habe, von den vorexilischen Propheten unterscheide, und gibt mehr oder minder deutlich der Frage Raum, ob Haggai sich nicht gerade damit als Schwärmer erwiesen habe. Nun läßt sich, da uns nahezu alle näheren Umstände unbekannt sind, leicht ein suggestives Bild entwerfen von einer großen Freiheitsbewegung, die im Zusammenhang mit den großen Erschütterungen, von denen damals das Perserreich heimgesucht wurde, auch auf Judäa übergriff und in Haggai ihren Sprecher gefunden habe, wobei dann nur noch zweifelhaft bleibt, ob sich Serubabel ihr zur Verfügung gestellt oder entzogen habe. Aber abgesehen davon, daß das Büchlein Haggai ganz und gar nicht den Eindruck erweckt, als sei dieser Prophet von einer Volksbewegung getragen gewesen: für alle derartigen Rekonstruktionen reichen die Quellen einfach nicht aus; wir könr ̣ ̣ uns nur mit der Tatsache auseinandersetzen, daß Haggai Serubabel für den kommenden Gesalbten gehalten hat, daß es aber zu einer Thronbesteigung Serubabels nie gekommen ist. Wollte man nun dem ein Werturteil gegen seine Weissagung entnehmen, so sehe man zu, wie man von diesem Spruch etwa Deuterojesaja mit seiner Weissagung von der wunderhaften Heimführung der Exulanten ausnehmen kann. Vor allem aber bedenke man die Situation der Königspsalmen. Haben etwa die, die diese Psalmen gedichtet haben, denjenigen, den sie zu besingen hatten, jeweils nicht für den Gesalbten Jahwes gehalten? Und wo sind die ersten Adressaten auf dem Thron Davids geblieben, als man diese Dichtungen in der nachexilischen Zeit mit wachsendem messianischem Interesse las und tradierte (vgl. etwa 1. Chron 16,7 ff; 2. Chron 6,41 f)? Bliebe also nur der Unterschied, daß Haggai an einen Thron dachte, den es zu seiner Zeit nicht mehr gab. Aber ist die Tatsache, daß Haggai an eine bestimmte geschichtliche Gestalt gedacht hat, so entscheidend? In irgendeiner Weise muß doch auch Jesaja sich den von ihm für eine nahe Zukunft geweissagten Gesalbten geschichtlich vorgestellt haben. Dann aber ist auch ein Gesalbter wie der des Haggai nur ein Platzhalter für den, in dem alle alttestamentlichen Weissagungen Ja und Amen sind.

Wie wollen wir übrigens feststellen, ob eine Weissagung schwärmerisch oder nüchtern war? Und könnte es nicht sogar sein, daß eine Weissagung, die zu ihrer Zeit vielleicht wirklich als schwärmerisch gelten mußte, dann doch in den großen prophetischen Traditionskomplex aufgenommen wurde, weil sie nach dem Hinfallen ihres ersten Zieles nun gemeinsam mit den anderen Weissagungen auf ein ferneres Gotteshandeln hindeutete?

Der Prophet *Sacharja* steht in seiner Botschaft derjenigen, die Haggai ausgerichtet hat, sehr nahe. Auch seine Verkündigung steht in engem Wechselbezug zu dem wiedererstehenden Tempel und zu dem Davididen Serubabel, dem auch Sacharja im Blick auf das nahe eschatologische Heilsgeschehen ein messianisches Amt in Aussicht stellt. Sacharja ist erst einige Monate nach Haggai im Jahre 520 aufgetreten; den Daten des Buches zufolge hat er 2 Jahre länger als Haggai geweissagt. Zur Zeit seiner ersten Botschaft war also der Bau des Tempels schon in Gang. Es ist mit Recht aufgefallen, daß Sacharja nicht, wie man es sich so leicht vorstellen könnte, die Aufforderungen Haggais, diesem Werk die Treue zu halten und nicht zu erlahmen, fortsetzt. Sacharja spricht keineswegs als Mahner und Treiber; vielmehr stehen in bezug auf die Vollendung des Tempels in seinen Worten durchaus die Indikative im Vordergrund: Die Widerstände, die sich zu Bergen aufzutürmen scheinen, werden sich ebnen und »die Hände Serubabels werden dies Haus vollenden« (Sach 4,6–10). Ein Gegensatz zu Haggai besteht allerdings nicht, denn auch Haggai sah trotz seiner Mahnungen Jahwe selbst als den eigentlichen Initiator des zu unternehmenden Werkes an, nämlich Jahwes Geist, der die Gemeinde zu dem Bau ermächtigt und stärkt (Hag 1,14; 2,5); und Sacharja hat in einem Wort von polemischer Schärfe jeden Gedanken an einen Einsatz menschlich-politischer Machtmittel zum Schutz des neuen Jerusalem abgewiesen:

> »Nicht durch Macht und nicht durch Gewalt, sondern durch meinen Geist, spricht Jahwe Zebaoth« (Sach 4,6).

Das war die Parole, unter der Israel ehedem seine heiligen Kriege geführt hatte; sie sollte auch für die Verwirklichung des letzten Heilsgeschehens gelten.

Der Inhalt der Botschaft auch dieses Propheten ist die Ankündigung des unmittelbar bevorstehenden Kommens Jahwes (Sach 2,14; 8,3). Bezeichnend für Sacharja wie auch für Haggai ist das Bemühen, ihre Zeitgenossen zu einem rechten Verstehen der Zeichen ihrer Zeit anzuleiten. Diese Zeit war unheilvoll gewesen und ist wohl auch in Anbetracht des völlig zerstörten Tempels kultisch geradezu als Fastenzeit begangen worden. Jahwes Segen war ferne, und die Arbeiten mißrieten (Hag 1,5 f). Aber von jetzt an – und diese scharfe Fixierung des Jetzt ist für die Realistik des heilsgeschichtlichen Denkens dieser Propheten charakteristisch (Hag 2,15.18; Sach 8,11) – ist Heilszeit. Diese beiden Propheten sehen sich also genau an dem Punkt des Umschlags der großen Wende stehen. Tritojesaja steht fast noch ganz im Dunkel; man denke an das ergreifende Klagegebet Jes 63,7–64,11, aber auch an Jes 59,9–15. Die heilsgeschichtliche Stunde, aus der heraus Haggai und Sacharja reden, steht unter anderen Zeichen: die Nacht ist vorgerückt, der Tag nahe herbeigekommen. Mit dem Bau des Tempels ist die Heilszeit angebrochen; die Zeit des Unsegens ist zu Ende, der Segen – ganz materiell verstanden als das Gedeihen des bäuerlichen Lebens – wird sich sofort einstellen (Hag 2,15–19), ja er hat sich schon eingestellt (Sach 8,10–12). Es ist wichtig, daß sich für diese Propheten die große Wende zum letzten Heilsgeschehen mit einem sakral besonders qualifizierten Ereignis im geschichtlichen Raum anbahnt. Weder das Kyrosedikt noch die bloße Rückkehr der Exulanten waren Ereignisse von besonderer heilsgeschichtlicher Dignität.

Sahen wir eben, daß Sacharja dem baldigen Kommen Jahwes zu seiner entehrten Stadt entgegengesehen habe, so läßt der Zyklus seiner *Nachtgesichte* viele Einzelheiten der eschatologischen Neuordnung erkennen, die diesem Kommen vorhergeht.

Die äußere Weltlage – das zeigt das erste Nachtgesicht (Sach 1,7–15) – läßt allerdings von dem Kommen Jahwes und seines Reiches noch nichts erkennen. Die himmlischen Boten, die aufmerksam die Erde durchstreift haben, können am Himmelstor nur die entmutigende Meldung erstatten, daß sie die Erde in Frieden und die Völker in Sicherheit dahinlebend gefunden haben. Aber der würde irren, der daraus den Schluß ziehen wollte, daß von Jahwe nichts mehr zu erhoffen sei. Er glüht ja im Eifer für seine Stadt, und sein nahes Heil ist schon bis in alle Einzelheiten hinein vorbereitet. Das weiß man nur auf der Erde noch nicht; man wird es aber bald erfahren. Denn – zweites Gesicht (Sach 2,1–4) – die Mächte, die die Jahwe widerstrebenden Weltreiche zerschlagen werden, sind schon bestellt. Das dritte Gesicht (Sach 2,5–9) ist von dramatischer Bewegtheit: Der Prophet sieht »einen Mann mit einer Meßschnur in der Hand« die Szene betreten, im Begriff, das neue Jerusalem auszumessen, und zwar offensichtlich, um den Mauerbau vorzubereiten. Aber er wird von einem Engelwesen erregt zurückgerufen. Denn die neue Gottesstadt soll selbst unbewehrt sein, allein von der Feuermauer der göttlichen Herrlichkeit geschützt. Zweifellos spiegeln sich in dieser Vision gewisse Pläne der

Rückwanderer betreffs eines Wiederaufbaues der niedergerissenen Mauern. Sacharja ist ihnen entgegengetreten. Die Geschichte ist freilich auch über diesen prophetischen Einspruch hinweggegangen, denn die Mauer ist später, vor allem auf Betreiben Nehemias, dann doch errichtet worden (Esra 4,6 ff; Neh 3). Das vierte Nachtgesicht (Sach 3,1–7) läßt die Umrisse einer himmlischen Gerichtsverhandlung erkennen, die der Engel Jahwes leitet und in der der Verkläger (»Satan«) gegen den Hohenpriester Josua aufgetreten ist. Die Schuld, deren er angeklagt ist, wird zwar nicht genannt, aber die Tatsache, daß er in Trauerkleidung erschienen ist, läßt darauf schließen, daß er zu Recht verklagt ist; doch liegt es näher, Josua hier als den Repräsentanten der vor Jahwe schuldigen Gemeinde zu verstehen, als an eine persönliche Verfehlung Josuas zu denken. Auch hier ereignet sich ein Zwischenfall: der Engel Jahwes schlägt die Anklage nicht ohne Schärfe gegen den Verkläger nieder. Josua wird neu die Tempelgerichtsbarkeit und das Opferwesen in den Vorhöfen anvertraut, ja er erhält sogar freien Zutritt zum Kreis der Himmlischen. (Wie real und wie nahe steht die göttliche Welt den Menschen; wenn Jahwe dazu ermächtigt, ist es nur ein Schritt!) Im Gegensatz zu diesem Gesicht bekommt Sacharja im fünften (Sach 4,1–6a.10b–11.13–14) ein völlig regungsloses Bild zu schauen. Ein Leuchter mit 49 Flammen ist von zwei Ölbäumen flankiert: Das sind »die beiden Ölgeweihten« — Josua und Serubabel —, »die vor dem Herrn der ganzen Erde stehen«. Sacharja sieht also — und das ist einzigartig in der Prophetie — das neue Israel dyarchisch verfaßt; neben dem Träger des königlichen wird gleichrangig der Träger des priesterlichen Amtes stehen. Nachdem — sechste Vision (Sach 5,1–4) — Diebe und Meineidige aus der Gemeinde ausgeschieden sind, ja, das Böse selbst — siebente Vision (Sach 5,5–11) — entfernt ist, kehrt die achte (Sach 6,1–8) zu dem Bild der ersten zurück. Es ist inzwischen Morgen geworden; die Himmelswagen stehen zur Ausfahrt in die Welt bereit. Von den Aufträgen, die sie mitbekommen haben, verlautet nur, daß die nach Norden fahrenden im Nordland, und damit ist gewiß Babylon gemeint, Jahwes Geist »niederzulegen« haben, offenbar, um die dortige Diaspora zur Heimkehr in das messianische Reich zu bewegen.

Sacharja ist aufgewacht, nachdem sich im Laufe einer einzigen Nacht diese Bilder vor seinen Geist gestellt hatten. Was war damit geschehen? Er hat erfahren, daß zu einer Zeit, da sich in der Weltgeschichte noch nichts rührte und die Völker noch selbstsicher dahinlebten, das ganze Gottesreich im Himmel schon vorbereitet war. Er hat vernommen, daß Jahwe für Jerusalem eifert, daß von ihm schon zu seinem Kommen alle Vorkehrungen getroffen sind; die tragenden Ämter sind gestiftet und alle Komplikationen und Widerstände sind in der Vorsehung schon überwunden. Sehr merkwürdig ist ja die scharfe Trennung der himmlischen Welt von der irdischen. In der oberen Welt sind die eschatologischen Heilsordnungen und die eschatologischen Ämter schon urbildlich vorhanden. Ja, es sind sogar die Ereignisse, die dem Kommen des Gottesreichs vorausgehen müssen – z. B. die Entfernung des Bösen – in der Sicht der oberen Welt schon abgeschlossen, so daß sie dem irdischen Geschehen vorausgelaufen sind. So haben weder Jesaja noch Jeremia das eschatologische Geschehen betrachtet. Wohl wußte Israel von einer oberen Welt Jahwes und seines himmlischen Hofstaates; aber neu ist die Betonung des urbildlichen Vorhandenseins der endzeitlichen Dinge im Himmel. Bei Hesekiel schon bahnte sich der Wandel an; er empfing seine Botschaft in Gestalt eines himmlischen Buches (Hes 2,8 ff). Deuterojesaja hört, wie die Prozessionsstraße für Jahwes Heimkehr nach Jerusalem in der oberen Welt schon vorbereitet wird (Jes 40,3 ff) und kommt damit Sacharja schon ganz nahe. Es scheint, daß Israel in dieser späten Zeit gewissen gemeinorientalischen Vorstellungen breiteren Raum gegeben hat, denn für das sakral-mythische Weltbild der Babylonier galt die feste Ordnung, daß alles Irdische, sonderlich, sofern es sakrale Würde hatte, in der oberen Welt seine urbildliche Entsprechung habe. So war ja auch nach priesterlicher Auffassung die Stiftshütte nach einem himmlischen Modell gearbeitet worden (Ex 25,9.40). In der Apokalyptik haben diese uralten Vorstellungen noch einmal eine ganz neue Ausprägung gefunden.

Das Büchlein des anonymen Propheten, das unter dem Namen *Maleachi* steht, enthält nur fünf Reden. Wir hören einen Mann, der ausschließlich gegen innergemeindliche Mißstände angeht, gegen Priester, die es in rituellen Dingen an Sorgfalt fehlen lassen, gegen Ehescheidungen und vor allem gegen müde, religiöse Skepsis, wobei es sich um die Zeit zu handeln scheint, die dem Aufschwung unter Haggai und Sacharja und dem Abschluß des Tempelbaus gefolgt ist. Merkwürdig ist, daß die Botschaft dieses Propheten nahezu keine Anhaltspunkte enthält, sie traditionsgeschichtlich zu fixieren. Vielleicht liegt es an der dialogartigen Polemik, daß er weniger als irgendein anderer Prophet zu einer breiteren Entfaltung eschatologischer Vorstellungen kommt. Nur in zwei seiner Reden kommt er auf das eschatologische Gotteshandeln zu sprechen (Mal 2,17–3,5; 3,13–21): Jahwe wird unversehens kommen, sein Tag wird für die Gottlosen Gericht bringen; den Gottesfürchtigen aber wird »die Sonne des Heils« aufstrahlen. Singulär ist die Vorstellung, daß Jahwe seinem letzten Kommen einen Boten vorausgehen lassen wird (Mal 3,1). Die Frage, ob dabei an einen himmlischen oder einen menschlichen Boten gedacht ist – oder hält der Prophet sich selbst für diesen Boten? –, ist strittig. In einem dem Büchlein angefügten Nachtrag wird unmittelbar vor dem furchtbaren Tag Jahwes die Wiederkehr des seinerzeit in den Himmel entrückten Elia erwartet, daß er die Herzen der Väter und die Herzen der Söhne einander zuwende (Mal 3,23 f).

Vielleicht mehr als ein anderes Buch des Alten Testaments erfordert das *Büchlein Jona* ein besonderes Verständnis für die literarisch-formale Gestalt, in die seine Botschaft gekleidet ist.[1] Jedenfalls von der Zeit an, da man begann, sich von dem Aufenthalt eines Menschen im Leib eines Fisches beunruhigen zu lassen – sei es, daß man daran Anstoß nahm, sei es, daß man sich für die Tatsächlichkeit des Vorgangs ereiferte –, seitdem sich dieser Nebenumstand in den Vordergrund geschoben hatte, war die Kraft einer einfachen Aussage von diesem Buch genommen. Erst die neuere Bibelforschung, die so vielem im Alten Testament die Gestalt zurückgeben konnte, die es einmal hatte, als es noch nicht ein biblischer Text war, hat hier eine Verkrampfung gelöst und das Buch so sehen gelehrt, wie es seinem ganzen Wesen nach gesehen sein wollte, als eine stark lehrhaft bestimmte Erzählung, die man eben anders lesen muß als einen geschichtlichen Bericht. Sie handelt von einem Gottesmann, der – vom Standpunkt des Erzählers aus – in schon fast sagenhaft fernen Zeiten gelebt hat, nämlich zur Zeit Jerobeams II. (2. Kön 14,25).

Der Stoff dieser Lehrdichtung ist sehr kunstvoll disponiert, denn er zerlegt sich in zwei Teile, die sich genau entsprechen: Jona im Schiff und Jona vor Ninive. In beiden Fällen heben sich die Heiden aufs vorteilhafteste von dem Propheten ab. Sie waren es, die während des Sturmes die Initiative ergriffen und bei Jona die Unordnung gewittert haben; und wie erfreulich sind bei ihnen die Dinge in Ninive gelaufen! Sie sind einfach und durchsichtig vor Gott; Jona ist problematisch und psychologisch kompliziert. Am unheimlichsten wird er da, wo er die Dinge seines Glaubens in bekenntnisartigen, kultischen Formulierungen ausspricht. So einerseits bei jenem Religionsgespräch in der Kajüte des Schiffs (»ich bin ein Hebräer und fürchte Jahwe, den Gott des Himmels ...« Jon 1,9), andererseits in dem Gespräch mit Gott über die Vergebung. Am Ende des ersten Abschnittes steht das Opfer, das die Schiffsleute Jahwe darbringen. Damit, daß sie in den Glauben des Gottes Israels eingekehrt sind, war schon einer der Wege Gottes zu seinem Ziel gekommen. Aber das war ja nur ein Vorspiel zu dem, was sich nachher in der Rettung Ninives im Großen wiederholen sollte. So gehört die Erzählung von Jona also der uns wohlbekannten Gattung der Prophetenerzählungen an; nur ist sie mehr als die älte-

[1] Nur an einer Stelle scheint der Text ernstlicher gestört: der Vers 5 in Kap. 4 steht an falscher Stelle; man wird ihn hinter Kap. 3,4 zu setzen haben. Das Danklied in Kap. 2,3–10 ist dem Text erst nachträglich eingefügt.

ren Prophetengeschichten zur Lehrerzählung geworden. Überhaupt scheint sie die letzte und seltsamste Blüte an dem alten und fast schon erstorbenen literarischen Stamm zu sein. Wie ist hier erzählt! Mit einer Anmut und Leichtigkeit, wie wir das in der prophetischen Literatur sonst nicht mehr finden. Und doch geht es um ernste Dinge, um eine Stadt, deren Tage vor Gott gezählt sind, um böse Menschen und vor allem um einen an seinem Amte frevelnden Propheten. Nun war freilich auch in den alten Prophetenerzählungen der Prophet selbst nie der »Held« der Erzählung, sondern vielmehr Jahwe, der sich an ihm verherrlichte. Darin hat sich eigentlich gar nicht so viel geändert; nur daß Gott sich hier nicht an seinem Boten, sondern angesichts des völligen Versagens seines Botens verherrlicht. Der lächerliche, starrsinnige Jona, der den Heiden das Erbarmen Gottes mißgönnt, den aber die Freude über den Schatten der Rizinusstaude ausfüllt und der, als er sie verdorren sieht, sterben will, – kann Gottes Heilsgedanken nicht hindern; sie kommen unter allen Umständen an ihr Ziel. Ja, das ist wohl das besondere Rätsel des Buches: Jona ist in all seinem Ungehorsam eben doch eine Figur, der sich Gott souverän bedient hat; durch ihn sind die Seeleute auf Jahwe aufmerksam geworden und durch ihn sind die Niniviten zur Buße gekommen. So fehlt hier also jede Entrüstung oder Klage über das Versagen des Gottesmannes. Im Blick auf das sieghafte Werk Gottes konnte auch von einem solchen Versagen so untragisch, so heiter erzählt werden.

Bei der Deutung sind Mutmaßungen über zeitgeschichtliche Anlässe möglichst beiseite zu lassen. Von einer »universalistischen« Opposition gegen die »partikularistischen« Maßnahmen Esras-Nehemias wissen wir nichts, und in dem Büchlein finden sich dafür schlechterdings keine Anknüpfungspunkte; ganz abgesehen davon, daß Polemik und Tendenz anders auszusehen pflegen. Im übrigen kann man dem Universalismus des Buches nicht unterstellen, daß er Bund und Erwählung endgültig entschränkt sehen wollte. Er redet zu solchen, die um Bund und Gemeinde wissen; sie gerade redet er auf die große Versuchung an, aus ihrer besonderen Existenz vor Gott Ansprüche herzuleiten, die Jahwes Freiheit in seinen Plänen mit anderen Völkern antasten. Daß die Erzählung eine solche Mißgunst des Glaubens gerade in einem Propheten verkörpert sieht, ist für uns nicht ohne weiteres einzusehen; denn die großen Propheten haben doch ihren Zeitgenossen die Augen dafür öffnen wollen, daß Jahwes Pläne die ganze Völkerwelt umspannten. Das eigentlich Böse an Jona ist doch – bei aller Rechtgläubigkeit – sein Abseitsstehen. So war es im Schiff, so war es vor Ninive: wo es um Tod und Leben ging, befand er sich an einem höchst unheimlichen Ort außerhalb. Gewiß wäre es falsch, aus der Erzählung so etwas wie ein Gesamturteil über die Prophetie in Israel herauslesen zu wollen. Wie wäre sie damit verkannt! Aber in diesem Vermögen, sich selbst vor Gott bis ins letzte in Frage zu stellen, ist noch einmal etwas vom Besten ihres Geistes in dem Büchlein aufgestanden. Merkwürdig aber bleibt es, daß eine der letzten Äußerungen der Prophetie Israels ein Wort von so vernichtender Selbstkritik ist; denn wie sie in diesem Buch alle Ehre von sich ablegt, wie sie den Blick von sich selbst ablenkt, um dem die Ehre zu geben, dem sie allein gebührt, darin wird etwas von dem »Abnehmenmüssen« offenbar, von dem der Letzte in der Reihe dieser Boten gesprochen hat (Joh 3,30).

20 Die Weissagungen von dem neuen Jerusalem

Der Gegenstand der Heilsweissagungen von Haggai und Sacharja war die eschatologische Erneuerung des Tempels und der Gottesstadt. Seiner äußeren Gestalt nach erscheint also das eschatologische Israel bei Sacharja eigentlich nur noch als Stadtstaat verfaßt, und darin spiegelt sich zweifellos die geschichtliche Situation dieser Zeit: denn alles, was damals in Israel lebendig war und Gestalt gewann, sei es an Verzagen oder an Hoffnung, ereignete sich in Jerusalem. Wollten die Propheten überhaupt aktuell sprechen, so mußten sie ihre Zeitgenossen schon auf diesen verengten Bereich hin anreden und ihnen zurufen, daß dieser Bereich für Jahwe eben doch nicht zu eng sei, um in ihm das eschatologische Heilsgeschehen zu beginnen.

Damit wird es auch zusammenhängen, daß Deuterojesaja so oft von Jerusalem oder dem Zion redet, aber doch sichtlich das Volk meint.[1] Kein Wunder also, daß von der Zeit an, da »Israel« auf einen so engen politischen Raum reduziert war, die Ziontradition zu neuem Leben erwachte. Diese Ziontradition war ja ursprünglich eine »Erwählungstradition« neben anderen.[2] Es bedeutete schon eine deutliche Systematisierung und eine Einebnung ihrer Besonderheit, wenn die Erwählungsvorstellung auch terminologisch auf Jerusalem übertragen und außerdem die Ziontradition eng mit der Davidtradition kombiniert wurde. Das wurde erst vom Deuteronomisten vollzogen, nämlich in der Zusage, daß Jahwe Gnade walten lassen wollte »um Davids willen und um Jerusalems willen, das ich erwählt habe« (1. Kön 11,13.32). Zu einer Fusion der beiden Traditionen ist es aber nicht gekommen; David- und Zionstradition laufen noch lange getrennt nebeneinander her, denn zur Ziontradition gehört unablöslich die Vorstellung von Jahwes Königtum.[3] Diese Ziontradition kam also in der nachexilischen Zeit zu einer unerwarteten Entfaltung. Eigentlich alle der diesem Überlieferungskreis zugehörigen Einzelvorstellungen gehörten ihm von Anfang an zu; der hohe Gottesberg,[4] die Wohnung Gottes,[5] das Gotteskönigtum, die Wasserströme,[6] ja auch die

1 Jes 40,2.9; 49,14; 51,3.16 u. ö.
2 Eine Verbindung von Exodus- und Ziontradition ist im Meerlied Ex 15, 17 f vollzogen.
3 Z. B. Mi 4,7; Zeph 3,15; Ob 21; Sach 14,9.
4 Ps 48,3; Jes 2,2; Hes 17,22; 40,2; Sach 14,10.
5 Ps 46,5 f; 76,3; Joel 4,21; Jes 8,18 u. ö.
6 Ps 46,5; Hes 47,1 ff; Jes 33,21; Joel 4,18; Sach 14,8.

erst in der Apokalyptik belegbare Vorstellung von der Präexistenz der Gottesstadt im Himmel geht auf eine sehr alte mythologische Vorstellung zurück.[7] Im einzelnen lassen sich in der Verkündigung der nachexilischen Propheten von der Herrlichkeit des Zion zwei verschiedene Vorstellungskomplexe unterscheiden.

1. Die Kunde von einem Ansturm feindlicher Völker, der am Zion gescheitert ist, scheint zu den ältesten Traditionen des vorexilischen Jerusalem zu gehören; ja es liegen Anzeichen vor, daß diese Tradition aus dem vordavidischen Jerusalem stammt. Davon, wie sich diese Tradition mit einemmal bei Jesaja aufs breiteste ausfächert, wie sie gleich dem Thema einer Fuge von diesem Propheten in immer neuen Variationen aktualisiert wird, war schon die Rede. In solcher Fülle hat kein Prophet mehr diesen Vorstellungskreis ausgebreitet. Ihr gegenüber wirkt Micha (4,11–13) durch die Knappheit seiner Darstellung eigentlich altertümlich. Vor allem auch dadurch, daß hier der Zion selbst zum Kampf gegen die Feinde aufgefordert wird; ein Zug, der in den späteren Abwandlungen des Themas fehlt. Die im Sinne des äußeren Umfangs am breitesten, weithin ins Bizarre ausladende Darstellung von dem eschatologischen Völkersturm ist die Weissagung von dem Kommen Gogs und Magogs und ihrer Vernichtung »auf den Bergen Israels« (Hes 38 f). Von der Schlacht selbst vermag das sonst auf viele Einzelheiten eingehende Gedicht (ganz ähnlich wie Jesaja) fast nichts zu sagen, um so mehr von der Beseitigung der Leichen und dem Sammeln des verstreuten Kriegsgerätes, mit dem Israel 7 Jahre lang beschäftigt sein wird. Interessant ist, daß sich diese Prophezeiung ausdrücklich auf ältere Weissagungen beruft (Hes 38, 17); sie sieht sich selbst in einer älteren prophetischen Tradition stehend. Auch in dem Text Joel 4,9–17 begegnen wir – vgl. Hes 38,4; 39,2 – der schon von Jesaja ausgesprochenen Vorstellung, daß die heranrückenden Völker gar nicht aus freier Initiative kommen, sondern von Jahwe gerufen sind. Auch hier handelt es sich um einen Tag Jahwes mit Erdbeben und Verfinsterungen (v. 14). Im Tale Josaphat wird Jahwe die Völker richten; der Zion wird bewahrt bleiben. Am Ende dieser Abwandlungen des Themas vom Völkerkampf vor dem Zion stehen Sach 12 und 14: Die konstituierenden Elemente dieses Vorstellungskreises sind vollzählig beisammen: Jahwe bringt die Völker zusammen, Kampf und Bewahrung des Zion. Eigenartig ist die Vorstellung, daß nach dieser Weissagung der Feind sogar in die heilige Stadt eindringen und grausam in ihr wüten wird; auch hinsichtlich

---

7 Syr Baruch 4,2–6.

'der Bestrafung der Feinde schwelgt der Text im Grausigen (Sach 14,12). Eigenartig an diesem Text ist aber auch die Verflechtung mit Motiven, die aus ganz anderen eschatologischen Vorstellungen stammen: Diejenigen von der Völkerwelt, die dies alles überstehen, werden künftighin zum Zion wallfahrten und Jahwe verehren. Die äußeren Verhältnisse werden sich wunderhaft verändern; das ganze Land wird zur Ebene, nur Jerusalem wird auf dem Berge liegen, eine Lebensquelle wird von Jerusalem ausgehen; in der Stadt aber wird kein Wechsel von Licht und Finsternis, es wird ewiger Tag sein. Diese Ausstaffierung des überkommenen Vorstellungskreises mit allerlei anderen Erwartungsmotiven ist ein Zeichen für die späte Abfassung dieses Textes. Aber in Anbetracht gewisser Risse in der Darstellung muß man wohl auch mit nachträglichen Interpolationen rechnen.

2. Der andere Vorstellungskreis, der sich an die eschatologische Gottesstadt knüpft und der ebenfalls von den Propheten mehrfach aufgenommen und mannigfach abgewandelt wird, ist der von der Völkerwallfahrt zu der Stadt auf dem Berge. Darin, daß er ein friedliches Geschehen schildert, daß er vom Heil und nicht vom Gericht über die Völker handelt, unterscheidet er sich von dem erstgenannten. Nach der ältesten Fassung, die wir kennen, nämlich der von Jes 2,2–4, steht am Anfang des eschatologischen Geschehens eine wunderhafte Veränderung der räumlichen Verhältnisse: Der Berg des Hauses Jahwes wird zuletzt aufragen und über alle Hügel seiner Umgebung hoch erhaben sein, so daß er allen Völkern sichtbar ist. Die aber werden sich sogleich auf den Weg machen und von allen Seiten auf ihn zuströmen, weil sie es in der Heillosigkeit ihres Zusammenlebens nicht mehr aushalten. So pilgern sie zu Jahwe, »denn vom Zion geht Lehre aus«. So, wie die Pilgerscharen Israels Jahr für Jahr zum Zion wallfahrteten, wo ihnen am Höhepunkt des Festes die Rechtswille Jahwes verkündet wurde, so erwartet die Weissagung, daß die Völker »am Ende der Tage« sich zu einer endzeitlichen Schlichtung aller Streitfälle und zu einem Empfang der heilsamen Lebensordnungen Jahwes auf dem Zion einfinden werden und daß sie dann – wieder heimgekehrt – alles Kriegsgerät in friedliche Werkzeuge umschmieden werden. Wären wir nur auf diesen Text angewiesen, so bliebe es uns verborgen, daß Jesaja einem ihm offenbar schon vorliegenden und wesentlich reichhaltigeren Vorstellungskreis nur einzelne Züge entnommen hat.

Auch bei Deuterojesaja finden sich von Fall zu Fall nur Aktualisierungen von Teilen des ganzen Vorstellungskreises; doch ist es immerhin für das Gewicht und die Selbständigkeit des Gegenstandes bezeichnend, daß der Prophet sich bei diesen Weissagungen nicht auf gelegentliche Anspielungen beschränkt, sondern daß er jeweils mit ihm immer eine ganze Einheit ausfüllt. Interessant ist es nun, zu sehen, wie er den traditionellen Stoff in seine Gegenwart hineingestellt hat. In Jes 49,14–21 hat er ihn zu einem Trostwort für das verzagte Jerusalem abgewandelt. Die, die rings im Umkreis herbeiströmen, sind ihre eigenen Kinder! In der darauffolgenden Einheit (Jes 49,22–23) holt der Prophet das traditionelle Motiv nach: er weissagt das Kommen der Völker. Aber diesmal ist es Jahwe selbst, der den Völkern das Zeichen zum Kommen gibt. Aber schon wieder hat Deuterojesaja etwas von seinem Eigenen dem Stoff eingeflochten: Die Völker werden kommen und die Söhne und Töchter Zions auf ihren Armen herzutragen. »Könige werden deine Wärter sein!« Auch in Jes 45,14–15 sind es die fremden Völker, die mit ihren Kostbarkeiten herbeikommen. Aber das Besondere dieses Textes – einzigartig unter allen Abwandlungen dieses Stoffes – ist das Bekenntnis, das Deuterojesaja den Völkern, die in die Verehrung des Gottes Israels einkehren, in den Mund legt:

> »Nur bei dir ist Gott und nirgends sonst, keinerlei Gottheit« (Jes 45,14).

Die vollste Ausgestaltung dieses Überlieferungsstoffes findet sich bei »Tritojesaja« (Jes 60) und darum ist dieser Text zur rechten Bestimmung der ihm ähnlichen so wichtig. Ähnlich dem Beginn von Jes 2 steht auch hier am Beginn ein Wort von einer Verklärung der Gottesstadt, von einem »Lichtwerden«, wodurch sie aus ihrer bisherigen Unansehnlichkeit heraustritt und damit die Völkerwallfahrt auslöst.[8] Hier hat es sich der Dichter nicht entgehen lassen, dieses Kommen der Völker prächtig darzustellen: Von Westen, auf dem Meer, sieht man die Segelschiffe wie Taubenschwärme herbeieilen, von Osten die Kamelkarawanen Midians und anderer arabischer Stämme. Sie bringen Schafe zum Opfer, Gold und Weihrauch für den Tempel, ja sie bringen die Zerstreuten des Gottesvolkes. Dann werden Rechtsbruch und soziale Bedrückung ein Ende haben. Frieden wird die Obrigkeit und Gerechtigkeit die Regierung in der Gottesstadt sein; die Tage ihrer Trauer werden ein Ende haben.[9] – Am kürzesten spricht Haggai von dieser Völkerwallfahrt (Hag 2,6 ff): Jahwe wird die Völker erschüttern, dann werden sie sich aufmachen und alle ihre Kostbarkeiten nach dem Zion bringen, denn »mein ist das Silber,

8 Diese Aufforderung, »lichtzuwerden« hat schon in Jes 52,1 einen Vorgänger: »Werde wach, werde wach, kleide dich in Kraft, Zion, kleide dich in deine Prachtgewänder, Jerusalem.«
9 Vgl. dazu auch Jes 56,7; 66,18.23.

mein ist das Gold«, spricht Jahwe. Haggai hat aus dem ganzen Vorstellungskreis eigentlich nur einen Zug herausgegriffen, nämlich die feierliche Übereignung der Kostbarkeiten aller Völker an Jahwe. Er allein hat einen Rechtsanspruch auf all die Werte, die jetzt bei den Völkern verstreut liegen; erst im Eschaton wird ihm Genüge getan, und die Kostbarkeiten werden mit der Fertigstellung des Tempels in das alleinige Besitzrecht Jahwes zurückkehren. Andererseits hat aber auch Jesaja nur ein Detail aus dem Vorstellungskomplex herausgegriffen. Bei ihm konzentriert sich das Interesse nicht auf die kultische Seite des Vorgangs, die Einkehr der Völker in die Verehrung Jahwes und die Überbringung der Weihgaben, sondern auf den Empfang der Rechtsordnungen Jahwes, auf Grund derer allein der endzeitliche Friede in der Völkerwelt bestehen kann. In den Überlieferungskreis von der Völkerwallfahrt gehört wohl auch die Erwartung eines Festmahls, das Jahwe den Völkern auf dem Zion bereiten wird, und die Erwartung, daß Jahwe »auf diesem Berge« die Hülle, die über allen Völkern liegt, ja sogar den Tod vernichten wird (Jes 25,6–8).[10]

So erweist sich diese Erwartung der Völkerwallfahrt als eine sehr bewegliche Überlieferung, die von den Propheten jeweils in ganz verschiedener Weise aktualisiert werden konnte. Tritosacharja scheint sie mit der vom Völkerkampf verbunden zu haben.[11] Auch er weiß von dem Aufragen der heiligen Stadt über das zur Ebene gewordene Land und von der Wallfahrt der Völker, »die übrig geblieben sind«, um Jahwe anzubeten, und von der vollkommenen Heiligkeit der Gottesstadt (Sach 14,10.11.16.20).[12] Das Thema von der eschatologischen Völkerwallfahrt nach dem Zion klingt in der apokryphen Literatur noch mannigfach an, so z. B. Tobit 13,9 ff; 14,5 ff; Hen 90,28–33; Sib 3,702–731. In der Apokalyptik kam schließlich die altmythologische Vorstellung von der himmlischen Präexistenz der Gottesstadt wieder auf und die Erwartung ihrer Herabkunft auf die Erde (Apok 21,2; Äth Hen 90,29; 4. Esr 7,26; 10,54; 13,36).

10 Vgl. dazu auch Jer 3,17; Sach 8,22.
11 Ähnlich Zeph 3,8 ff.
12 In diesen Zusammenhang gehört auch die Vision von dem neuen Tempel und der neuen Gottesstadt Hes 40–48. In traditionsgeschichtlicher Hinsicht kann man sie neben Sach 14,10 stellen, wo doch auch von der hochragenden Stadt (vgl. Hes 40,2) und ihren Toren die Rede ist. Auch das Traditionselement von der Tempelquelle findet sich in Sach 14,8 und Hes 47. Der Unterschied besteht darin, daß Hes 40 ff die Beschreibung der Baulichkeiten und der Institutionen des neuen Tempels zu seinem fast ausschließlichen Thema gemacht hat.

21 Das prophetische Wort und die Geschichte

Rückblick

Mit Maleachi und der Weissagung Tritosacharjas – um von kleineren Einheiten nicht zu reden – ist die Prophetie in Israel verstummt. Wenn auch besonders bei Maleachi der Eindruck eines gewissen Erlahmens schwer abzuweisen ist, so verbirgt sich doch hinter diesem Verstummen manche Frage. War es das Zeichen eines wirklichen Erlöschens der eschatologischen Erwartungen, also eines Endes der Kette der prophetischen Überlieferungsträger? Der dem physiologischen Bereich entnommene Begriff der Erschöpfung will dem ganzen Phänomen nicht recht angemessen erscheinen. Eher schon könnte man geltend machen, daß in der Zeit nach Alexander dem Großen keine Ereignisse weltgeschichtlichen Formats, in deren Schatten je und je die Propheten aufzustehen pflegten, Palästina mehr berührt haben. Aber man muß vor allem auch die innere religiöse Struktur der nachexilischen Gemeinde bedenken. Haggai und Sacharja haben die Wiederaufrichtung des Tempels noch ganz im Horizont eines großen eschatologischen Geschehens gesehen. Diese Sicht mußte sich unter dem Gewicht der (von Exulanten nach Jerusalem gebrachten?) Priesterschrift und ihrer uneschatologischen Kulttheologie verlieren. Die Konsolidierung der nachexilischen Kultgemeinde, mit der sich die Restitutionshoffnungen vieler Rückkehrer erfüllt zu haben schienen, war wohl, je länger je mehr, verbunden mit einer immer konsequenteren Verdrängung der eschatologischen Vorstellungen. Nicht daß diese damals keine Träger mehr gehabt hätten; aber die eschatologische Erwartung wurde von der führenden jerusalemischen Priesteraristokratie mehr und mehr an den Rand gedrängt und schließlich zur Separation gezwungen. Es fällt in der Tat schwer, sich den Verfasser etwa von Sach 14 mit dem vielleicht zeitgenössischen Verfasser des chronistischen Geschichtswerkes in einem Glauben und einem Kultus verbunden vorzustellen. Möglicherweise ist in dieser Zeit die prophetisch-eschatologische Erwartung für immer aus der Theokratie ausgewandert. Die letztere mündete dann aus in den Dienst eines heilsgeschichtslosen, zur absoluten Größe gewordenen Gesetzes.

Aber wir müssen uns an dieser Stelle noch einer kurzen theologischen Erwägung zuwenden. Schon zu Beginn beschäftigte uns die Frage, wie denn nun eigentlich das Neue zu bezeichnen sei, das mit der Prophetie innerhalb Israels in Erscheinung trat. In der älteren Prophetenexegese waren es vor allem zwei Grundgedanken, die immer wieder formuliert wurden: In der Verkündigung der Propheten hat sich zum erstenmal der sittliche Monotheismus Bahn gebrochen. Das andere war das Sichtbarwerden der geistigen und gottunmittelbaren religiösen Persönlichkeit. Diese ganze Betrachtungsweise, die wohl allzu schnell auf grundsätzliche religiös-philosophische Wahrheiten hin durchstoßen wollte, haben wir verlassen, denn das Besondere der Prophetie kommt weder von der Besonderheit ihrer seelischen Erlebnisse und Widerfahrnisse aus, noch von ihren für sich genommenen religiösen Ideen aus in Sicht. Uns ging es vor allem darum, die Propheten der Heilsgeschichte wieder zurückzugeben und auf die Aspekte zu achten, die sich von da aus ergeben. Wir gingen von einer Tatsache aus, die als exegetischer Befund einfach feststeht, daß nämlich die Propheten selbst, jeder in einer ganz bestimmten, aber für seine Botschaft entscheidenden Weise, in der Geschichte Gottes mit Israel Stellung bezogen haben und daß ihr ganzes Reden nur von diesem ihrem Standort her zu verstehen ist. Sie wissen sich in einen Geschichtszusammenhang mit weiten Perspektiven nach rückwärts und nach vorwärts gestellt. Innerhalb dieses Geschichtszusammenhanges aber steht jeder Prophet sozusagen an dem Schnittpunkt, da die schon fast zum Stehen gekommene Gottesgeschichte mit einem Mal dramatisch wieder in Bewegung kommt. Der Ort, von dem aus sie ihre Stimme erheben, ist ein Ort der höchsten Krisis, ja fast ein Ort des Todes, insofern die Menschen dieser Krisenzeit von der Heilskraft der alten Setzungen nicht mehr erreicht werden und ihnen Leben nur in der Hinkehr auf das Kommende verheißen war. Gemeinsam war allen Propheten dieses Bewußtsein, geschichtlich genau an dem Ort einer für die Existenz des Gottesvolkes entscheidenden Wende zu stehen. Von da her ist ihr leidenschaftlicher Abbau des Alten, vor allem aller falschen Sicherheiten vor Gott zu begreifen, aber ebenso auch ihr Wort von dem Anbruch ganz neuer, erschreckender und heilvoller Gottestaten. Gemeinsam war ihnen aber auch die Gewißheit, daß das von ihnen erwartete Neue in dem Alten schon vorgebildet war und daß in dem Neuen das Alte in vollkommener Gestalt gegenwärtig sein werde. So scheint für sie das Alte geradezu eine weissagende Bedeutung gehabt zu haben, mindestens insofern, als sie gewiß waren, daß Jahwe das von ihm Begonnene und Begründete nicht liquidieren, sondern daß er daran anknüpfen werde, um es herrlicher zur Vollendung zu bringen. M. e. W.: Gemeinsam war ihnen das gebannte Hinsehen auf das Neue und damit eine Bestreitung der Heilskräftigkeit der alten Setzungen Jahwes, die allerdings in voller Konsequenz erst bei den

Propheten Jeremia, Hesekiel und Deuterojesaja zum Ausdruck kam. Leben und Tod Israels hingen für sie allein von der Begegnung mit dem kommenden Herrn ab. Der philosophisch geschultere Abendländer mag bei alledem bedenken, daß dieses Aufgreifen und Aktualisieren alter Traditionen viel mehr war als nur ein wirksames rhetorisches Mittel. Diese Projektionen der alten Überlieferungen in die Zukunft waren für die Propheten die einzige Möglichkeit, von einer Zukunft Gottes reale Aussagen zu machen.

Diese Seite der alttestamentlichen Prophetie – nach unserer Überzeugung ihr wichtigstes Spezifikum – neu in die Mitte zu rücken, schien die monographische Behandlung der Propheten und ihrer Botschaften immer noch am dienlichsten zu sein, womit nicht gesagt sein soll, daß nur diese Möglichkeit der Darstellung in Frage käme. Allerdings wird sich jede »systematische« Darstellung in Anbetracht des ausgesprochen charismatischen Charakters fast aller prophetischen Äußerungen vor die größten Schwierigkeiten gestellt sehen. Auch dürfte eine solche Behandlung keinesfalls zu einer Verwischung jenes heilsgeschichtlichen Standortes, von dem eben die Rede war, führen. Denn die Botschaft der Propheten ist in ihrer mehr als dreihundertjährigen Geschichte auf eine sehr verschiedene Weise entfaltet worden. Jede der Botschaften war ja genau an eine bestimmte Zeit gerichtet und enthielt ein Angebot, das so, wie es der Prophet damals weitergab, nie wiedergekehrt ist. Die Stunde Nebukadnezars war hinsichtlich dessen, was vor Gott nötig und geboten war, eine ganz andere als die Stunde Sanheribs. Deshalb durfte sich zur Zeit Jeremias, ja eigentlich schon nach der Katastrophe von 701 keiner mehr in dem Sinne auf den Schutz des Zion berufen, wie ihn Jesaja geweissagt hatte. Die Jerusalemer haben damals die Stunde nicht wahrgenommen; die Geschichte ist über den Zion hinweggerollt. Deuterojesajas Weissagung von der Heimführung durch Jahwe galt so nur den Exulanten in Babylon. Schon Tritojesaja konnte sie nur in einer erheblich veränderten Gestalt wiederaufnehmen, weil die geschichtliche Situation eine andere geworden war. Jede prophetische Botschaft war also streng an die geschichtliche Stunde gebunden, in der sie erging, und keine läßt sich nach dieser ihrer Stunde genau in ihrem ursprünglichen Sinne wiederholen. Hier setzt die produktive Interpretation ein.

Aber einer Frage darf in dieser Rückschau nicht ausgewichen werden, nämlich der Frage nach der Erfüllung aller dieser Weissagungen. Gewiß, die Propheten haben nicht immer von zukünftigen Dingen gesprochen. Aber oft haben sie es getan und nicht selten haben sie sehr profilierte Ereignisse im politischen Raum vorausgesagt. Bedenkt man den rhetorischen Aufwand, die Leidenschaft ihrer Hinweise, so hätte man sie wenig ernst genommen, wenn man diese Seite der Sache als unerheblich ansehen wollte. Aber auch da, wo die Voraussagen weniger genau ausfielen, handelte es sich doch auch noch um einschneidende Vorgänge im politischen Raum, denen die Propheten in höchster Konzentration entgegensahen.

Nun muß sich freilich der Ausleger der Schwierigkeiten bewußt bleiben, die sich ihm hier entgegenstellen. Wie gedenkt er denn die Tatsächlichkeit einer Erfüllung festzustellen? Was kann er von sich aus als Erfüllung bezeichnen? Wohl, es gibt eine Handvoll von Fällen, bei denen von Erfüllung einer prophetischen Drohung gesprochen werden kann, bei denen jedenfalls ein Ereignis genannt werden kann, das der Vorhersage einigermaßen entsprechen könnte.[1] Einigermaßen! Denn jeder Kundige weiß, wie sich die Ereignisse bei großer zeitlicher Entfernung vereinfachen und wie viele Aspekte des jeweiligen Ereignisses, die der jeweiligen Gegenwart offen standen, dem Historiker verborgen sind. Wer kennt den Verstehenshorizont der damaligen Hörer? Wie hat sich ihm eine Weissagung eingepaßt, worauf hat sie den Blick der Hörer gelenkt, d. h. in welchem Grad haben sie sie wörtlich genommen?[2] Das Mißliche ist also, daß wir eine Frage verhandeln, ohne die Hauptbeteiligten, die von den Propheten Angesprochenen, hören zu können. Es gab freilich eine Zeit, in der die Frage der Erfüllung wirklich diskutabel wurde; das war die Jeremias. Ja, über die wenigen Belege hinaus, die sich hier anbieten (Jer 28,7 ff; Dt 18,21 f), kann man wohl sagen, daß Jeremias ganzes Prophetenleben weithin unter der Anfechtung stand, daß ihm Jahwe als »Trugbach« erschien, als »ein Wasser, auf das kein Verlaß ist« (Jer 15,18). Hesekiel mußte sich der unverhohlenen Skepsis seiner Zeitgenossen erwehren, die ihm den Satz entgegenhielten: »In die Länge ziehen sich die Tage, und nichts ists mit allen Gesichten« (Hes 12,22). Hier sah sich also nicht nur der Prophet, sondern auch der Hörer mit dem Problem der Nichterfüllung konfrontiert. Von da ab scheint das Problem im Bewußtsein geblieben zu sein, und dementsprechend sehen wir die späteren Propheten mit mehr oder weniger Erfolg gegen Re-

1 Als erfüllt werden z. B. angesehen: Jes 7,7; Jer 22,10–12.24–30; 28, 15–17; 25,11–12. Als nicht erfüllt gelten z. B.: Jes 20,1–6; Jer 22,18 f; 36,29–31; 44,29–30; 43,8–13; Hes 29,17–20.

2 Wollte die unheimlich genaue Schilderung des Anmarschweges der Assyrer Jes 10,27–32 wörtlich genommen sein? Oder ist die Botschaft von den damaligen Hörern von vornherein als eine Form von prophetischer Dichtung verstanden worden?

signation und Skepsis ankämpfen. Der große, von Deuterojesaja mit ungeheurem Aufwand geweissagte Exodus hat jedenfalls unter Jahwes persönlicher Führung und mit all den wunderhaften Begleiterscheinungen nicht stattgefunden. Das gleiche gilt von der großen Völkerwallfahrt nach dem Zion, von der vielleicht schon Jesaja gesprochen hatte. Selbst wenn sich, wie behauptet wurde, erfüllte und nichterfüllte Weissagungen etwa die Waage halten, so bleibt hier doch ein ernstes Problem, das zu bagatellisieren gerade die Ernsthaftigkeit der prophetischen Ansagen verbietet. Hier kann nur eine kurze Erwägung angestellt werden darüber, wie Israel mit dem Problem der Verzögerung fertig geworden ist.

Die Schwierigkeit der Fragestellung Erfüllung–Nichterfüllung, so sagten wir, liegt darin, daß wir das Problem ja nur von unserer Sicht aus, so wie sie von der Geschichtswissenschaft aus angeboten wird, angehen können. Das heißt aber, daß wir das jeweilige geschichtliche Ereignis, das wir allenfalls als Erfüllung einer prophetischen Weissagung bezeichnen können, nur in einer äußersten Isolierung zur Hand haben, völlig herausgehoben aus allen Bezügen, die im religiösen Verstehenshorizont der Zeitgenossen lagen. Damit droht aber die Frage nach der Erfüllung zu einem simplen Rechenexempel zu werden, das aufgeht oder nicht aufgeht. Daß wir damit sowohl am Geist des prophetischen Wortes, aber auch an den Verstehensmöglichkeiten der Hörer vorbeigingen, ist klar. Ein Geschichtsfaktum, das man abstrakt und isoliert nur in seiner Eigenschaft als eingetroffene Vorhersage glaubt anerkennen zu können, – hätte das überhaupt noch die Würde einer von Jahwe gewirkten Erfüllung? Die prophetischen Vorhersagen waren doch nur ein Teil von dem, was Israel täglich von Jahwe her widerfuhr. Weder sie noch die allenfalls zu konstatierenden Erfüllungen standen allein auf sich selber; sie bedurften vielmehr, um das sein zu können, was zu sein sie beanspruchten, eines größeren Rahmens, in dem allein und von dem aus allein sie begriffen werden konnten; und das war der Jahweglaube. Dieses Vorgegebene – im einzelnen schwerlich näher zu verrechnen – war ein allgemeines Wissen, eine allgemeine Erfahrung von Jahwe und seinem Walten, also auch ein Wissen um die einzig mögliche Einstellung des Menschen zu Jahwe. Kurz gesagt: es stand fest, daß alles, was von Jahwe her auf Israel zukam, des Glaubens bedurfte und nicht des nachrechnenden Verstandes. (Und hier ist die Grenze unseres historischen Verstehens!) Wenn die von Israel auch wahrgenommene Verzögerung von Erfüllungen (ebensowenig wie die »Parusieverzögerung« in der frühen Christengemeinde!) in keine Grundlagenkrise ausartete, so lag das einfach daran, daß Israel immer noch genug von Jahwe wußte, daß er der Herr und nicht der Knecht seiner Worte war, und daß es darum auch letztlich nie allein um die verabsolutierte Frage der Erfüllung gehen konnte, sondern um Jahwe selbst und sein Herrsein. Das war doch der Sinn der sogen. »Erkenntnisformel«, in der so häufig, besonders bei Hesekiel, prophetische Vorhersagen ausklingen: »... damit sie erkennen, daß ich Jahwe bin«. Deutlicher kann es nicht gesagt werden, daß der göttliche Taterweis in der Geschichte keinen Selbstzweck, sondern eine dienende Rolle hat; er führt hin zur Anerkenntnis und Anbetung Jahwes. (Damit sind wir am Ende unseres langen Weges wieder zu dem Satz zurückgekehrt, den wir oben schon auf der ersten Seite aussprachen, daß nämlich die prophetische Botschaft tief in den Erfahrungen wurzelte, die schon das ältere Israel mit Jahwe gemacht hatte, und daß sie ohne diese Vorgegebenheit weder von den Zeitgenossen noch von uns verstanden werden kann.)

Bedenkt man so die Charakteristika des Jahweglaubens, so erscheint es doch weniger überraschend, daß Israel mit der Tatsache einer Nichterfüllung, einer Verzögerung der Erfüllung doch leichter fertig geworden ist als wir denken. Wir sehen auch nicht, daß ein Prophet durch derlei ernstlich beschämt worden ist. Anzeichen von Ummodelungen älterer Weissagungen, von Anpassungen an veränderte Verhältnisse haben wir in Fülle. Aber nirgends scheint sich damit der Eindruck des Peinlichen oder Beschämenden verbunden zu haben. Peinlich und beschämend war es, beim Offenbarungsempfang von Jahwe im Stich gelassen zu werden (Mi 3,7), peinlich und lächerlich war es, wenn sich ein Prophet unfähig erwies, einer plötzlichen Sinnesänderung Jahwes Raum zu geben (Jona 4).

Indessen, man sollte das Problem nicht auf die unerfüllten Vorhersagen beschränken. Es ist viel umfassender; denn auch die erfüllten prophetischen Ansagen wurden den nachfolgenden Generationen als prophetisches Wort weitergegeben. Auch sie hörten nicht auf, in die Zukunft zu weisen. War das weniger verwunderlich, daß eine prophetische Botschaft – einstmals präzis an eine bestimmte Gegenwart gerichtet – mit einemmal aus diesem engen Bezug gelöst wurde und dann, ohne daß es einer besonderen Erklärung bedurfte und ohne daß des Früheren überhaupt noch gedacht wurde, zu einer ganz anderen Zeit zu reden begann? *Im Grunde rühren wir hier an das Rätsel des Weges, den Jahwe mit Israel durch die Geschichte gegangen ist, – einerseits an den äußersten Ernst, mit dem sich Jahwe an die Geschichte und an die jeweilige Gegenwart band, und andererseits an jene seltsame Leichtigkeit, mit der er sich daraus wieder zurückzog, um auf neue Weise eine andere Gegenwart zu beanspruchen.* Dieser Umschlag einer prophetischen Weissagung, die einstmals einer bestimmten politischen Gegenwart genau eingepaßt war und die sich mit einem Mal an eine ganz andere Zeit richtet, ist im Alten Testament oft zu beobachten. Nirgends aber ist die Metamorphose, die sich damit in den Texten vollziehen mußte, grundstürzender als in dem Verstehenshorizont des neutestamentlichen Heilsgeschehens, in den die alten Texte zuletzt noch gerückt werden sollten.

Apokalyptik und Weisheit

Auch nach dem Verstummen der Prophetie hat Israel nicht aufgehört, erwartungsvoll in die Zukunft zu schauen und von den immer noch ausstehenden endzeitlichen Erfüllungen zu reden. Einige Gegenstände der prophetischen Verkündigung sind zum festen Bestand der religiösen Hoffnung der Späteren geworden, so etwa die Hoffnung auf ein neues Jerusalem (Tob 13 f) oder die auf das Kommen eines Gesalbten (Ps Sal 17). Aber abgesehen davon, daß die Thematik dieser schon etwas standardisierten Hoffnung einigermaßen monoton geworden ist und nicht entfernt mehr an die Fülle und die Beweglichkeit der prophetischen Zukunftsschau heranreicht, so handelt es sich hier doch auch um eine andere Form von Eschatologie als bei den Propheten. Der Ort, an dem der Horizont eines ganz neuen Heilshandelns Gottes aufbricht, ist nicht mehr der einer äußersten Krise zwischen Jahwe und Israel; nein, diese Hoffnung öffnet ihr freundliches Tor nach einer Zeit, in der Israel sein Leben im Gehorsam der Gebote zugebracht hat. Die Gegenstände einer eschatologischen Hoffnung, die sich von der Verkündigung der Propheten noch erhalten haben, sind nunmehr in den Vorstellungskreis einer konservativen Gesetzesfrömmigkeit einbezogen worden. Man könnte hier von einer Art Fernerwartung sprechen, also einem dem Alten Testament sonst eigentlich fremden Phänomen. Erstaunlicherweise hat sich die religiöse Hoffnung Israels aber doch noch ei mal und zwar unter ganz anderen Voraussetzungen und in Konzeptionen von einer bisher noch nicht erreichten universalen Weite ausgesprochen, in der Apokalyptik.

Wer den Begriff Apokalyptik verwendet, sollte sich der Tatsache bewußt bleiben, daß es bisher noch nicht gelungen ist, ihn auf eine befriedigende Weise zu definieren; und das hat auch seine guten Gründe. Eine erste Hilfe zur Orts- und Wesensbestimmung der Apokalyptik bietet sich an, wenn wir die Titel der Apokalyptiker überprüfen, denn aus den Bezeichnungen, die sie sich beilegen, kann man Hinweise auf die traditionsgeschichtlichen Hintergründe der Apokalyptik entnehmen. Daß Daniel zum höfischen Weisen herangebildet (Dan 1,3 ff) und dann auch als ein Weiser verstanden wird (Dan 2,48), wenn auch gegenüber seinen heidnischen Berufskollegen als ein Weiser besonderer Art, ist klar. Aber auch Henoch wird als »Schreiber«, als »Schreiber der Gerechtigkeit« bezeichnet (Äth Hen 12,3 f; 15,1; 92,1), also als ein

Gelehrter, dessen Weisheit die Weisheit aller Menschen übersteigt (Äth Hen 37,4); und Esra endlich wird »Schreiber der Wissenschaft des Höchsten« genannt (4. Esr 14,50). Und waren sie nicht Wissenschaftler im strengen Sinn des Wortes, ebenso beschäftigt mit astronomischen und kosmologischen Problemen wie mit der Frage nach den Ordnungen der Geschichte? Demgemäß ist ihr Wissen durchaus ein Bücherwissen. Auf Schritt und Tritt wird der Leser auf Bücher verwiesen, in denen dieses weitschichtige Wissen niedergelegt ist.[1] So ergibt schon diese erste Durchmusterung ein ziemlich eindeutiges Bild: Die Apokalyptik scheint vornehmlich in den Überlieferungen der Weisheit zu wurzeln. Wäre die Apokalyptik die Fortsetzung der Prophetie (man hat sie geradezu als das Kind der Prophetie bezeichnet), so wäre es abgesehen von allem anderen sehr auffällig, daß sie traditionsgeschichtlich keineswegs an die großen Namen der Prophetie anknüpft, sondern an die Ahnherren der Weisheit, an Daniel, Henoch, Esra und andere. Am Ende des Danielbuches findet sich etwas wie eine Verklärung der Weisheitslehrer (Dan 12,3). Aber es gibt noch gewichtigere Gründe, die es verwehren, die Wurzeln der Apokalyptik bei den Propheten zu suchen.

Entscheidend ist die Unvereinbarkeit ihres Geschichtsverständnisses mit dem der Propheten. Von der spezifisch heilsgeschichtlichen Verankerung der prophetischen Botschaft, d. h. von ihrer Verankerung in bestimmten Erwählungstraditionen, führt kein Weg zu dem Geschichtsbild der Apokalyptik, ebensowenig wie zu ihrer Vorstellung, daß die endzeitlichen Ereignisse seit Urbeginn festliegen. In dem Geschichtsaspekt der beiden großen Traumvisionen in Daniel, in der von dem Monarchienbild und in der Viertiervision, ist von Israels Geschichte überhaupt nicht die Rede. Hier ist Gott mit den Weltreichen allein; auch der Menschensohn kommt ja nicht aus Israel, sondern »mit den Wolken des Himmels«. Dieses Geschichtsbild scheint jedes Bekenntnischarakters zu ermangeln. Es weiß nichts mehr von jenen heilsbegründenden Taten Gottes, von denen aus ehedem ein Geschichtsbild entworfen wurde. Die Propheten hatten bei ihren Voraussagen ihren Standpunkt ganz offen je in ihrer geschichtlichen Gegenwart genommen; von da aus entrollten sich ihnen die geschichtlichen Perspektiven nach rückwärts und nach vorwärts. Der Apokalyptiker dagegen verschleiert seinen eigenen geschichtlichen Ort. Man kann ihn zwar aus allerlei Anzeichen wissenschaftlich meist ziemlich genau ermitteln;

1 So etwa Äth Hen 14,1; 33,4; 72,1; 81,1; 82,1; 93,1; 108,1; 4. Esr 14,24. 44; Ass Mos 1,16 f u. ö.

aber er selbst will eine Schau der Geschichte bieten, bei der gerade alles darauf ankommt, daß die weltgeschichtlichen Abläufe von Anfang an festliegen. So drängt sich die Frage auf, ob eine solche Konzeption nicht das Signal eines großen Geschichtsverlustes ist, ob hinter dieser Auffassung von den errechenbaren Abläufen nicht ein im Grunde geschichtsloses Denken steht. Jedenfalls müßte die Frage nach dem existentiellen Bezug zur Geschichte, soll es sich nicht um Gnosis oder Spekulation handeln, sehr dringlich an die Apokalyptik gerichtet werden. Sie ist gerade an die Konzeption von der Einheit der Weltgeschichte zu richten, die schon in Daniels Monarchienbild (Dan 2,31 ff), ebenso in der Viertierevision (Dan 7,2 ff) vorliegt. Die Weltreiche haben einen Ursprung, ein Wesen und ein Ziel und es entfaltet sich in ihnen das, was von Anfang an in ihnen angelegt war. Die in symbolischen Bildern veranschaulichte Bewegung der Weltgeschichte zeigt ein Anwachsen des Bösen. Diese Geschichtsschau ist also äußerst pessimistisch. Es muß in der Weltgeschichte ein negatives Ziel erreicht, nämlich das Maß des Frevels erfüllt sein (Dan 8,23). Die Weltgeschichte führt einem »Abgrund«, einem »großen Untergang« entgegen (Äth Hen 83,7). Dieses anwachsende Böse liegt offenbar im Wesen des Menschen und der von ihm erstellten Reiche begründet, wenn es sich auch je auf verschiedene Weise manifestiert.

Ist der heilsgeschichtliche Ansatz der älteren Geschichtsbetrachtung in der Apokalyptik preisgegeben – das Heilsgeschehen konzentriert sich, wie wir sahen, auf die Endzeit –, so war damit die Geschichte freilich noch nicht aus der Verfügung Gottes entlassen. Im Gegenteil: das war ja der Trost des Apokalyptikers, daß sie ganz der Verfügung Gottes untersteht. Was ihn nun im besonderen interessiert, ist die Frage nach der göttlichen Ordnung der geschichtlichen Abläufe. Wir sehen, er findet die Antwort in der Erkenntnis einer strengen Vorherbestimmung des Geschichtsablaufes. Seiner Überzeugung nach geschieht nichts Neues: von Uranfang an »hat der Heilige für alle Dinge Tage bestimmt« (Äth Hen 92,2; vgl. Jubil 32,21). Wie anders reden die Propheten von Jahwes Lenkung der Geschichte! Von Mal zu Mal offenbart sich ihnen Neues und Unerwartetes; ganz abgesehen davon, daß hinter ihrer Verkündigung überhaupt nicht die vom Menschen gestellte Frage nach der Sinnhaftigkeit und Verstehbarkeit der geschichtlichen Abläufe steht. Es ist ein »fremdes Werk«, zu dem sich Jahwe anschickt. Jesajas Bild von Assur war deshalb so beweglich, weil Jahwes Pläne beweglich waren. Israel konnte »umkehren«, Jahwe konnte sich des Unheils »gereuen lassen«. Nach Jeremia entschied sich Jahwe einmal zum Aufbauen eines Volkes, ein andermal zum Niederreißen; – »siehe, wie Ton des Töpfers, so seid ihr in meiner Hand« (Jer 18,5 ff). Und nun stelle man dem die Meinung des Apokalyptikers gegenüber:

»(Gott) hat die Stunden mit dem Maß gemessen und hat nach der Zahl die Zeiten gezählt. Er stört sie nicht und weckt sie nicht auf, bis das angesagte Maß erfüllt ist« (4. Esr 4,37).

So wird man sagen müssen, daß in der Apokalyptik aufgrund von ganz anderen theologischen Voraussetzungen eine Konzeption von dem göttlichen Geschichtswalten auf den Plan getreten ist, die sich von der der Propheten grundsätzlich unterscheidet. Darüber, ob diese Geschichtskonzeption als eine notwendige Gegenaussage und als ein Durchbruch zu neuen theologischen Horizonten zu verstehen sei, oder als eine beeinträchtigende Überfremdung des Jahweglaubens, ist die Diskussion noch lange nicht abgeschlossen.

Mit alledem kann natürlich nicht jeder Bezug der Apokalyptik zu dem Erbe der Propheten in Abrede gestellt werden. Ein solcher Bezug war ja schon damit gegeben, daß sich die Apokalyptiker neben vielen anderen Wissensgebieten auch mit den Schriften der Propheten befaßt und sich auf ihre Weise angelegentlich um die Lösung bestimmter exegetischer Probleme bemüht haben. Eine so angestrengte Beschäftigung konnte nicht ohne Rückwirkung bleiben. So sehen wir, wie sich die Apokalyptik in steigendem Maße prophetischer Stilformen (Visionsbericht, Gottesrede usw.) bemächtigt. Die Vorhersage des Zukünftigen war aber an sich kein Monopol der Propheten; am wenigsten sehen wir sie mit der Kunst der Traumdeutung beschäftigt, die ja im ganzen Orient seit alters ein Vorrecht der Weisen war und die in der Apokalyptik in großer Form praktiziert wird. Andererseits steht es fest, daß sich die Apokalyptiker in ihren Visionsberichten auch an prophetische Formen anlehnen. Am stärksten ist diese Übernahme prophetischer Formen in der Syr. Baruchapokalypse.

23 Daniel

Nach alledem wird, wenn wir jetzt zu Daniel im besonderen übergehen, niemand eine Weissagung erwarten, die wie die der Propheten
von bestimmten Erwählungstraditionen ausgeht. Tatsächlich scheinen
Väter- oder Exodus- oder Zionstradition der Vorstellungswelt Daniels völlig fremd zu sein.[1] Die Hymnentexte, die gelegentlich in die
Textzusammenhänge eingestreut sind (Dan 2,20–23; 3,33; 4,31–34;
6,27–28), unterscheiden sich merkwürdig von den älteren Hymnen
Israels, deren Hauptthemen Jahwes Wundertaten bei der Schöpfung
und bei der Heilsgeschichte waren. Denn hier ist der religiöse Horizont der Beter auffallend entgeschichtlicht: Es wird die Größe seiner
Macht gepriesen, die Könige ein- und absetzen, die retten und befrei-
en kann; auch seine Weisheit wird gepriesen, die Menschen erleuchten
kann, und die Unzerstörbarkeit seines Reiches. Das heißt natürlich
nicht, daß sich Israel in jener Zeit von der heilsgeschichtlichen Überlieferung völlig gelöst hätte. Im Festhalten an den überlieferten Geboten liegt auch nach Daniel Israels Heil; in der Hinderung daran
seine größte Bedrohung. Aber auch diese Gebote sind jetzt merkwürdig absolut gesetzt und von ihren heilsgeschichtlichen Bezügen gelöst.
Sie haben ihren klaren und ein für alle Male feststehenden Sinn; der
Gotteswille ist also nicht mehr, wie es doch früher weithin der Fall
war, für die jeweilige Stunde neu zu verstehen.

Die Daniellegenden (Kap. 1–6), in denen man den relativ ältesten
Überlieferungsstoff des Buches zu sehen hat, machen diese Gebundenheit Israels an die Gebote mit allen Konfliktsmöglichkeiten, die daraus entstehen können, sehr anschaulich. Obwohl diese Erzählungen die
Glieder des Gottesvolkes regelmäßig in auffallender Vereinzelung, ja
Vereinsamung ihrer Umgebung gegenüber zeigen, sind sie doch, was
die Möglichkeit einer Symbiose in einem heidnischen Weltreich betrifft, voller Zuversicht. Sie lassen ihren Helden aufs unbefangenste
auf der steilen Laufbahn eines Berufsbeamtentums konkurrieren und
reüssieren; Daniel nimmt ebenso teil an den Bildungsmöglichkeiten
dieses Staates (Kap. 1) wie an den Ehren, die Nebukadnezar zu vergeben hat (Dan 2,48 f; 6,29). Keine Rede kann davon sein, daß der
Nebukadnezar oder Darius dieser Erzählungen ein Modell des schrecklichen Antiochus IV. sei, des Veranlassers des »Greuels der Verwü-
stung«. In der zuversichtlichen Loyalität, die Daniel und seine Freun-

1 Nur in dem Gebet Dan 9,4 ff wird auf Moses Tora und auf den Exodus
angespielt. Aber dieser Text ist als sekundärer Einschub anzusehen und ist ja
auch keine Weissagung.

de einem Nebukadnezar erweisen, spiegeln sich viel ruhigere Zeiten, als es die Zeit der makkabäischen Erhebung war. Es ist die Judenschaft der persischen Diaspora, zu der die offensichtlich stark lehrhaft ausgerichteten Legenden ursprünglich gesprochen haben. Das Wort, das sie dieser ihrer Zeit ausgerichtet haben, ist die Mahnung, gerade innerhalb dieser engen Symbiose mit Verehrern anderer Götter den Gottesgeboten vollen Gehorsam zu leisten. Es ist aber auch eine Mahnung zur Wachsamkeit, um sich gegebenenfalls für sehr schwere Konflikte gerüstet zu zeigen; denn aus dem Schoß dieser Reiche – und zwar aus der Tiefe ihrer Kulte – kann unvermittelt ein Haß gegen die Glieder des Gottesvolkes und gegen die Art seiner Gottesverehrung aufsteigen. Drei von den sechs Erzählungen (Dan 1; 3; 6) konstruieren Konfliktsfälle, in denen die Gläubigen verloren wären, wenn Gott selbst sie nicht über alle Gefährdungen hinübergetragen hätte. Denn – und dies ist die andere Seite der Botschaft dieser Legenden – die Verstreuten Israels sollen wissen, daß sie dann nicht allein sind; sie sind nicht, wie es wohl scheinen möchte, dem Übergewicht der Machtmittel eines Weltreiches ausgeliefert. Wo sie im Gehorsam verharren, ist die göttliche Hilfe ganz nahe (Dan 3; 6). Hier weitet sich der theologische Horizont: denn hinter dem Problem der Bedrohung und der Bewahrung der Wenigen wird die Hand des Gottes sichtbar, der die Weltgeschichte lenkt, der seiner nicht spotten läßt (Dan 5) und der auch die Weltherrscher absetzen und wieder einsetzen kann (Dan 4). Es war wohl notwendig, dieses denen zu sagen, die so intensiv in den Lebenskreis eines heidnischen Weltreiches einbezogen waren. In der Gewißheit der Treue Gottes ruht also die Zuversicht dieser Legenden. Sie wissen nicht nur zu ermahnen, sondern auch zu trösten.

Es erscheint paradox, daß gerade diese hinsichtlich der Symbiose mit dem Heidentum so ausgesprochen zuversichtlichen Erzählungen doch andererseits unverhüllt von den letzten Konsequenzen des Gehorsams reden, vom Martyrium. Die Anwendung dieses Begriffes auf vorchristliche Martyrien ist bestritten worden, weil nur da von Martyrium gesprochen werden könne, wo das Leiden ausgesprochenermaßen an dem Gedanken des Zeugnisses (und nicht an der Treue gegenüber dem Gesetz) orientiert sei, und vor allem nur da, wo sich der Märtyrer dessen bewußt ist, daß sich in ihm »ein Stück von Gottes letztem Reden mit der Menschheit vollzieht«, wo sich also der Märtyrer in das eschatologische Christusgeschehen hineingestellt weiß (*H. v. Campenhausen*, Die Idee des Martyriums, 1936, S. 3, bes. S. 106 f). Diese Wesensbestimmung des christlichen Martyriums ist sicher richtig und muß im Auge behalten werden, denn sie weist auf die Züge im christlichen Martyrium hin, die erst durch die Erscheinung Christi und sein Leiden bestimmend geworden sind. Auf der anderen Seite rücken das Leiden Jeremias, des Gottesknechtes, aber doch auch die Konflikte von Dan 3 und 6 nahe an das christliche Geschehen heran; denn auch in Israel wurde es in steigendem Maße offenbar und geradezu als etwas Folgerichtiges erkennbar, daß gerade die, die Jahwe am treuesten anhingen, ins Leiden geführt wurden. Und diese paradoxe Situation ist von den Betroffenen nun eben nicht als Zeichen des Endes ihres Gottesverhältnisses angesehen und verweigert worden. Vielmehr haben sie sie angenommen. In diesem Zusammenhang ist es doch wichtig, daß die drei Männer sich keineswegs auf das Wunder verlassen, sondern Gott auch die Freiheit einräumen, seine Bekenner umkommen zu lassen (Dan 3,18). Auch kann man nicht sagen, daß in Dan 3 der Gedanke des Zeugnisses von untergeordneter Bedeutung sei; denn durch ihren Gehorsam den Geboten gegenüber bezeugen diese Männer den Gott Israels, und sie sprechen das auch aus. Noch unmittelbarer und in sich folgerichtiger freilich ist der Zusammenhang von Zeugnis und Leiden bei Jeremia; und er, nicht die drei Männer, ist der paradigmatische alttestamentliche Märtyrer.

Das eigentliche Thema der späteren Apokalypsen, die Geschichtsvollendung, wird von den Danielerzählungen nur präludiert. Das Problem der Weltreiche, ihrer übergroßen Macht, ihres Verschwindens und das Auftauchen neuer Reiche, die an ihre Stelle treten, klingt schon deutlich an; aber der Horizont ist doch noch ein innergeschichtlicher. Erst in den Traumvisionen von Dan 2 und 7 führt uns der Apokalyptiker an den äußersten Rand, wo sich die Geschichte mit der Transzendenz berührt; ja sein Blick schweift darüber hinaus in die Welt des Transzendenten selbst. In dem Gesicht von dem Monarchienbild scheinen sehr alte Vorstellungen von einer Abfolge von Weltzeitaltern (wie sie u. a. bei Hesiod aufgenommen sind) mit solchen von der Abfolge von vier politischen Reichen (wie sie noch bei römischen Schriftstellern zu belegen sind) zusammengeflossen zu sein. Dabei ist es leicht, zu sehen, daß der Bezug auf Antiochus Epiphanes nur durch eine Streckung des Viermetalle-Schemas erreicht wurde; denn in seiner mutmaßlich ältesten Gestalt bezog sich das Bild von den vier Reichen wahrscheinlich auf das Alexanderreich. Die Ausrichtung des Vierreichebildes auf Antiochus IV. und auf die große Notzeit ist – vollends in dem Deuteabschnitt (Dan 2,36–45) – selbst wieder nicht einheitlich, weil der Text zu immer weiteren Ausdeutungen verlockt. Auf die Hauptsache gesehen ist er freilich ganz eindeutig: mit dem schrecklichen Ausläufer des vierten Reiches wird die Weltgeschichte ihr Ende finden. Der Stein, der sich »nicht von Menschenhand« lösen und das Reich zertrümmern und der selbst zum großen Berge werden wird, ist ein Bild für das alles ausfüllende Gottesreich. Ähnlich verhält es sich mit der Viertierevision; auch in ihr ist offensichtlich ein älterer Stoff nicht ohne Umständlichkeit auf die durch Antiochus IV.

über Israel gebrachte Religionsnot bezogen worden.[2] In dieser Vision wandelt sich freilich die Szene: Man sieht einen himmlischen Thronsaal und in allem, was sich nun auf dieser Ebene begibt, geht die Vision weit über den Aussagegehalt der Vision von dem Monarchienbild hinaus. War im ersten Teil der Tiervision gerade noch sichtbar, daß etwas an den Reichen geschah – bezeichnend dafür sind die unbestimmten Passiva »es wurden ausgerauft«, »es wurde aufgerichtet« (v. 4), »es wurde gegeben« (v. 6) –, so wird in der Thronvision der Bereich sichtbar, von dem aus die Verfügung über die Reiche ausgeht. Es ist der Thronsaal Jahwes, in dem Gericht gehalten wird und in dem dann feierlich die letzte Übergabe der Weltherrschaft an den »Menschen« vollzogen wird. So weit wir auch im Bereich dieser apokalyptischen Vorstellungen von der spezifisch messianisch-davidischen Hoffnung entfernt sind – der prophetische Gesalbte kommt aus Davids Stamm und aus Bethlehem (Mi 5,1) und nicht vom Himmel herab –, so kann doch kein Zweifel sein, daß bei dem Menschensohn von Dan 7,13 zunächst an eine messianische Gestalt im weiteren Sinne des Wortes gedacht ist. Die Frage nach der Herkunft dieser Vorstellung ist immer noch ungeklärt. So viel aber kann man sagen, daß die Vision von einer aus der himmlischen Welt kommenden Einzelgestalt redet, die von Gott ermächtigt wird, »Macht, Ehre und Königtum« über alle Völker der Welt zu übernehmen.[3] Im Deuteabschnitt (Dan 7,17–27) wird auffälligerweise die, wie gesagt, ursprünglich sicher individuell verstandene Gestalt des »Menschen« kollektiv interpretiert: er verkörpert »die Heiligen des Höchsten«. Die bisher kaum diskutierte Meinung, daß eben mit diesen Heiligen des Höchsten das Volk Israel gemeint sei, ist neuerdings erschüttert; es liegt sowohl im Blick auf den alttestamentlichen Sprachgebrauch sowie im Blick auf außerkanonische Texte näher, an himmlische Wesen zu denken, also an die Vor-

2 Die vier Tiere vergegenständlichen, wie auch die vier Paradiesströme in Gen 2,10 ff oder die vier Hörner Sach 2,1, die Welt im ganzen. In Dan 7,3 scheint sogar noch eine Auffassung durch, derzufolge die vier Tiere gleichzeitig dem Meer entstiegen sind. Das entspräche dann ganz dem Bild von den vier Hörnern bei Sacharja.

3 Unter den zahllosen Versuchen, die Herkunft der Menschensohnvorstellung zu bestimmen, scheint mir immer noch derjenige Beachtung zu verdienen, demzufolge die Vorstellung von dem mit den Wolken des Himmels kommenden Menschen mit der von dem Kommen der »Herrlichkeit Jahwes«, sonderlich wie sie in Hes 1,26 ausgestaltet ist, zusammenhängt. Auch Hesekiel sieht ja »etwas wie einen Menschen« vom Himmel herabkommen. Übrigens ist das Kommen der göttlichen »Herrlichkeit« mit der Wolke schon für die Darstellung der Priesterschrift charakteristisch.

stellung, daß am Ende der Zeiten die Weltherrschaft in die Hände der Engel gelegt werden wird.[4] Wie dem auch sei, dieses Traumgesicht umgreift inhaltlich einen größeren Raum als irgendeine prophetische Vision, denn sie umspannt das Geschehen von der Schöpfung bis zum Kommen des Gottesreiches. Die Weltreiche entsteigen der Dimension des Chaotischen; ihr Wesen und Treiben erscheint in ganz bizarren Konturen. Abgesehen von dem Auswuchs des vierten Tieres sind sie mehr passiv als aktiv, und über allen, auch über dem Wüten des »Horns«, waltet Jahwe in unendlicher Überlegenheit. Ein Gerichtsspruch genügt, es zu entmächtigen und zu vernichten. Der »Mensch« aber kommt nicht aus dem Bereich des Ungestalteten, sondern aus der oberen göttlichen Welt. Dies alles ist wie aus einer Zuschauerstellung heraus dargestellt; die Vision will nicht vom geschichtlichen Ort des Visionärs aus entworfen sein, der Visionär steht nicht innerhalb des geschauten Geschehens, sondern außerhalb und läßt das gesamte Weltgeschehen wie einen Film an seinem betrachtenden Geist vorüberziehen.

Schon die Viertierevision hat in ihrer letzten Zuspitzung auf Antiochus Epiphanes in v. 25 b geheimnisvoll eine Frist genannt, bis zu der die Not währen wird. Dieses Anliegen, die Dauer der Notzeit und den Beginn der Wende zum Heil zeitlich zu fixieren, tritt aber erst in dem stoffgeschichtlich jüngsten Teil des Buches Daniel, nämlich in Dan 8–12, in den Vordergrund. Daß die verschiedenen Berechnungen, die in diesen Kapiteln vorgelegt werden, nicht ganz miteinander in Einklang stehen, sollte nicht verwundern; denn die Weisheitslehrer haben damals auf diese und jene Weise ihre komplizierten Berechnungen ausgeführt. Ein besonderes Anliegen war die Bestimmung der Endzeit aufgrund der Auslegung älterer prophetischer Texte, für die die Exegese der von Jeremia geweissagten 70 Jahre (Jer 25,12; 29,10) gewiß nur ein Beispiel unter vielen ist, das uns verrät, wie man damals die prophetischen Bücher las. Im Zuge dieser Interpretation altangesehener Texte hat sich diesen Apokalyptikern in hermeneutischer Hinsicht eine ganz neue Möglichkeit des Verstehens eröffnet, nämlich die eines zweiten Schriftsinnes, oder doch jedenfalls die einer Umdeutung des ursprünglichen Sinnes einer in sich ganz klaren Aussage. Die 70 Jahre werden als »70 Jahrwochen« interpretiert, also als eine Spanne von 490 Jahren. Das ist wohl der erste Beleg jener Schriftexegese, die für das Judentum wie das junge Christentum von so großer Bedeutung werden sollte. Es ist durchaus anzunehmen, daß auch die

4 Nur ein Beleg – Dan 7,21 – will sich dieser Deutung nicht fügen.

3 $^1/_2$ Zeiten, die für die Errechnung des Endes eine so große Rolle spielen (Dan 7,25; 12,7), ebenfalls irgendeiner alten Tradition entnommen sind; die Quelle, die Daniel in diesem Fall heranzieht, ist freilich noch nicht gefunden. Es sind ja auch an anderen Stellen die Zukunftsaussagen nichts anderes als Exegesen alter Schriftworte. So tritt in Dan 9,26 bei der Weissagung vom Ende des Antiochus Epiphanes der Begriff »Flut« auf; er ist gewiß nicht zufällig gewählt, sondern geht auf Jes 10,22 zurück; denn schon der nächste Vers (Jes 10,23) ist in demselben Zusammenhang herangezogen, nur daß der »festgeschlossene Garaus« jetzt auf den Seleuzidenkönig bezogen ist (Dan 9,27), und die »Gerüchte«, die ihn schrecken und zu seiner letzten Unternehmung aufbrechen lassen, sind Jes 37,7 entnommen. Die kritische Forschung hat in Dan 11 immer auf den Übergang von v. 39 zu v. 40 hingewiesen, jene Bruchstelle, wo die nachträglich deutende Weissagung in echte Weissagung übergehe. Damit wird aber die Meinung des Apokalyptikers verschleiert, denn für ihn ist alles Weissagung. Die (für ihn schon) abgelaufene Geschichte ist ebenso wie das Zukünftige aus den alten prophetischen Schriften als ein ganzer, von Gott geweissagter Geschichtsablauf offenbar geworden. Zweifellos bedurfte es einer feinen exegetischen Kunst, solchermaßen die alten Prophetenbücher zu deuten; denn die Ausleger gingen von der Voraussetzung aus, daß diese Prophetenbücher sozusagen nur eine Anfangsoffenbarung enthielten, die noch der eigentlichen Schlüsseloffenbarung des exegesierenden Apokalyptikers bedurfte.

Bei einem derart vorherbestimmten Geschichtsablauf kann der Entscheidung der Menschen nur eine untergeordnete Bedeutung zukommen; sie sind ja nur bedingt die Träger des Geschehens, und deshalb entbehrt die Darstellung auch der wirklichen geschichtlichen Spannung. Der Bedroher muß »sein Maß voll machen« (Dan 8,23), und den Bedrohten ist es aufgegeben, zu warten auf »das Ende des Zornes« (Dan 11,36). Hier allerdings weiß die Darstellung zu scheiden zwischen den Abtrünnigen, die »am Bunde freveln«, und denen, »die ihren Gott kennen« (Dan 11,32). Auf der Seite derer, die aushalten, haben »die Weisen« eine führende Rolle; sie »helfen vielen zur Einsicht« (Dan 11,33), »sie führen sie zur Gerechtigkeit« (Dan 12,3); ja selbst ihr Tod hat eine läuternde und reinigende Wirkung, so daß man an die sühnende Funktion des Gottesknechtes (Jes 53,11) erinnert wird. Kein Zweifel, der Apokalyptiker steht auf der Seite derer, die die Notzeit mehr leidend als dagegen ankämpfend bestehen, und darin ist er ja nur seiner Grundüberzeugung treu: Es kommt, was kommen muß. Den Makkabäern und ihrem Aktivismus steht er fern; ihr großer Anhang ist ihm geradezu verdächtig. Es ist nicht ohne Größe, wie er eine ganze Folge ihrer erstaunlichen Siege nur als etwas verhältnismäßig Bedeutungsloses in seine Geschichtsdarstellung einbezieht, nur als »eine kleine Hilfe«, die die Bedrängten in dieser Zeit erfahren (Dan 11,34). Sein Blick ist unbeirrbar auf das göttliche Ziel der Geschichte gerichtet, und das hat ihn davor bewahrt, den makkabäischen Aufstand als Aufbruch großen menschlichen Mutes zu glorifizieren.

24 Das Buch der Erwartung

Die Schriften des alten Israel, sowohl diejenigen, die von seiner schon abgelaufenen, wie auch die, die von seiner noch zukünftigen Geschichte mit Gott handeln, sind von Jesus Christus und jedenfalls von seinen Aposteln und von seiner jungen Gemeinde als ein Buch der Weissagung auf ihn hin gelesen worden, auf den Heiland Israels und der Welt. Wie war das möglich, da das Alte Testament diesen Jesus Christus an keiner Stelle nennt und ihn so, wie die Evangelien und apostolischen Briefe von ihm reden, auch nicht kennt? Wohl, das Alte Testament läßt sich nicht anders lesen als das Buch einer ständig wachsenden Erwartung, die erstmals ausgelöst worden war durch die Landverheißung, die an die vormosaischen Väter ergangen war. Aber merkwürdigerweise war keine Erfüllung in der Geschichte imstande, diese Erwartung zu befriedigen und zur Ruhe zu bringen. Man hat die Erfüllung in der Geschichte – die Landnahme unter Josua – dargestellt und sogar umständlich mit Dokumenten belegt; aber man hat offenbar nicht daran gedacht, diese göttliche Zusage damit als endgültig erfüllt anzusehen. Denn noch in einer so vorgerückten Zeit – etwa 600 Jahre nach Josua – spricht im Deuteronomium ein Israel, das grundsätzlich noch vor der Erfüllung dieser Landverheißung zu stehen glaubt und das eine dem Worte Jahwes wirklich angemessene Verwirklichung erst von der Zukunft erwartet. Inzwischen waren neue Heilssetzungen Jahwes erfolgt: Der Zion war »gegründet«, David war »erwählt«. Diese Setzungen wurden wohl zunächst vom Hymnus in Gestalt von rückblickenden Aussagen gefeiert; aber auf einmal haben sie die Weissagungen von einem neuen Heilshandeln Gottes an Israel aus sich entlassen. Wir sahen das ja an den messianischen Weissagungen der Propheten und an ihren Weissagungen von der neuen Gottesstadt. So ist die Geschichte des Jahweglaubens charakterisiert durch immer neue Zäsuren, durch immer neue Einbrüche von göttlichen Setzungen, durch Neubeginne, die in traditionsgeschichtlicher Hinsicht neue Perioden einleiten. Aber kaum, nachdem sich Israel darauf eingerichtet hat, wird es durch den Hinweis auf neue Taten aufgeschreckt und aus Vorstellungen, in denen es sich gerade eingelebt hatte, wieder herausgeführt. Das rückt noch einmal die völlige Andersartigkeit Israels gegenüber den religiösen Vorstellungen des Alten Orients ins Bewußtsein. Während man in Ägypten oder Babylonien nach allen Störungen, an denen es auch nicht gefehlt hat, kein anderes Heil kannte, als daß die Dinge wieder zu jenen uralten sakralen Ordnungen zurückkehrten, die im Mythus und im Turnus der Feste ihren Ausdruck fanden, besteht Israel immer auf dem Einmaligen. So hat derjenige, der die großen Zusammenhänge überschaut, wirklich den Eindruck von etwas Ruhelosem, von einer großen Wanderschaft des Volkes, und im Blick auf seine fortgesetzten Aufbrüche in immer neue religiöse Vorstellungen den von einer Fremdlingschaft Israels in der Zeit. Ohne Frage wird dieser Eindruck des Irreversiblen von Israels Wanderschaft durch das Bild, das es in seiner literarischen Hinterlassenschaft von sich selbst gezeichnet hat, noch gesteigert. Es wird in Israels kultischem Leben doch wohl mehr Bleibendes und periodisch Wiederkehrendes, also auch »Zyklisches« gegeben haben, als das aus seinem literarischen Nachlaß deutlich wird.[1] Aber gerade in dieser Konzentration auf das Einmalige der jeweiligen Neueinsätze spricht sich der Jahweglaube in gesteigerter Form aus. Jahwes Bund mit den Erzvätern, die Offenbarung seines Namens, das Passahgeschehen, das Schilfmeerwunder, der Bundesschluß am Sinai, die Erwählung Sauls, die Gründung des Zion, der Bund mit David, der Einzug Jahwes mit seiner Lade in den Tempel, – das sind doch alles Aufbrüche Israels in eine neue Form seiner Existenz, und sie enthielten alle schon im Ansatz weittragende göttliche Zusagen. Einige aber wurden, wie wir sahen, von den Weissagungen der Propheten als die Urbilder ungeheurer Weissagungen in die Zukunft hinaus projiziert. So mußte die Erwartung Israels immer weiter ausfächern. Es ist erstaunlich, zu sehen, wie Israel keine Zusage zu Boden fallen, sondern vielmehr die Zusagen Jahwes ins Ungemessene wachsen ließ, wie es ohne jede Sorge um eine Grenze der göttlichen Erfüllungsmöglichkeiten alles bisher Unerfüllte weitergab, um es der noch ausstehenden Einlösung durch seinen Gott zuzuschlagen. Aber auch die Werke, die wirklich keinerlei eschatologische Erwartungen enthalten, wie etwa das deuteronomistische Geschichtswerk oder das Buch Hiob, haben doch auch etwas rätselhaft über sich Hinausweisendes. War denn der unendliche Aufwand an Heilssetzungen in der Königsgeschichte, dieser Aufwand an Führungen und Strafen damit gerechtfertigt, daß am letzten Ende ein armer König seine Gefangenenkleider ausziehen und sich als Vasallenkönig an den Tisch des babylonischen Königs setzen durfte (2. Kön 25,27 ff)? War denn das Ungeheure, das zwischen Hiob und Gott zum Austrag kommen wollte, damit erledigt, daß der Empörer von Gott zum Schweigen gebracht wurde und daß ein alter Mann Kinder und Herden wiedererstattet bekam? Dieses

---

1 Hinter Texten wie Ex 12 (Stiftung des Passa), 2. Sam 6, Ps 24,7–10 oder Ps 132 (Einbringung der Lade in den Tempel) stehen Kultbräuche, die im Zyklus der Feste wiederholt wurden.

eigentümliche Mißverhältnis solcher Abschlüsse zu dem, was im Vorausgegangenen thematisch aufgerührt wurde, zwingt geradezu, das Alte Testament als das Buch einer ins Ungeheure anwachsenden Erwartung zu lesen.

Der hier unternommene Versuch, die Propheten Israels zu verstehen, macht es auch möglich, die Aufnahme des Alten Testaments im Neuen als einen Vorgang zu begreifen, der vom und im Alten Testament schon vorbereitet wurde. Denn die Propheten, in deren Verhältnis zu Israels heilsbegründenden Traditionen ein tiefer Bruch festzustellen war, sind doch wieder in der Auswertung dieser Traditionselemente sehr frei verfahren. Die Freiheit der Apostel und Evangelisten aber hinsichtlich der Aufnahme, Umprägung oder Abstoßung von Überliefertem ist nicht hinter derjenigen zurückgeblieben, die etwa schon Hesekiel für sich beansprucht hat. Wir sehen also, wie sich eine »Gesetzlichkeit« im Vorgang der letzten Neuinterpretation des Heilsgeschehens gewissermaßen wiederholt.

Der Weg, vom Neuen Testament aus das Alte Testament zu verstehen, ist oft begangen worden und behält sein Recht. Der Versuch, den Weg vom Alten zum Neuen Testament nach vorwärts zu skizzieren, muß auch unternommen werden. Denn wohl war das neutestamentliche Heilsgeschehen der »Leitfaden«, an dem sich die junge Christengemeinde im Alten Testament zurechtzufinden suchte und anhand dessen ihr das Alte Testament in einen ganz neuen Horizont gerückt wurde. Aber das Umgekehrte gilt in gleicher Weise: Das alttestamentliche Heilsgeschehen und die alttestamentliche Gottesoffenbarung war ihr ein Leitfaden zum Verständnis und zur Predigt des Christusgeschehens, was etwa in der Darstellung der Passionsgeschichte mit ihren Rückverweisen oder in der theologischen Argumentation vieler apostolischer Briefe mit Händen zu greifen ist. Beide Testamente legitimieren einander! Der erste Satz – das Alte Testament ist von Christus her zu deuten – scheint heute weniger bestritten als der zweite, daß wir nämlich ebenso des Alten Testamentes bedürfen, um Christus zu verstehen. Ist es denn wirklich an dem, daß man so genau weiß, wer Jesus Christus ist, und daß es von da aus – dann eigentlich nur ein sekundäres Problem! – nur noch gelte, die rechte Verhältnisbestimmung des Alten Testaments zu diesem uns vorher schon bekannten Christus zu finden?

Erklärung von Begriffen
Von Eduard Haller

ad hoc nur für einen (gegenwärtigen) bestimmten Anlaß oder (Empfänger-) Kreis geltend.

aktualisieren alte Glaubensüberlieferungen neu geprägt zur Geltung bringen, ihren tröstlichen oder fordernden Sinn gegenwärtig machen und so die Gegenwart vor Entscheidungen stellen, die möglicherweise über den Anspruch der alten Überlieferungen hinausgreifen können: also die Gegenwart im Lichte neuer göttlicher Eingriffe beanspruchen.

Aktualisierung der gläubige Rückgriff auf die tragende Gültigkeit vergangener Heilstaten Gottes. Prophetische A. ist die Ansage künftiger Heilstaten Jahwes, für die jene früheren Heilstaten aber nur noch die Funktion des Hinweises oder der Ansage haben.

Allegorie Bildrede, bei der die Einzelheiten des Bildes auf die mit dem Vergleich gemeinte Sache zu»treffen«.

Amphiktyonie Sakraler Zusammenschluß der israelitischen Stämme zu einem Stämmeverband (der also noch nicht unter königlicher Regierung als Staatswesen geordnet ist).

amphiktyonisch den sakralen Bindungen des freien Stämmeverbandes der vorköniglichen Zeit zugehörig oder ihren kultischen und rechtlichen Ordnungen entsprechend (im Unterschied zur monarchischen Ordnung).

anthropologisch das Bild des Menschen und die Gestalt des Menschseins betreffend.

antitypisch Verwendung typischer Vorstellungen oder Überlieferungen zur Ansage eines eben diese Vorstellungen oder Überlieferungen negativ aufhebenden oder positiv steigernden Geschehens.

Äon wörtlich »Ewigkeit«, große Zeitperiode im göttlichen Plane der Verwirklichung des Heiles.

apokryph (Die Apokryphen) zur außerkanonischen Erbauungsliteratur zählende Bücher (»Die Apokryphen«: 1.–3. Makkabäerbuch, 3. Esra, Tobit, Judith, Das Gebet des Manasse, Zusätze zu Daniel, Zusätze zu Esther, Das Buch Baruch, Der Brief des Jeremia, Jesus Sirach, Die Weisheit Salomos).

Ariel wörtlich wahrscheinlich »Gottesherd« (Feuerstelle des Altars), Bezeichnung für Jerusalem (Jes 29,1 f.7; Hes 43,15 f).

Assoziation (bewußte oder unbewußte, gewollte oder ungewollte) Verbindung von Gedanken und Vorstellungen.

Audition das im Hör-Vorgang eines Offenbarungsempfanges Vernommene.

Baal wörtlich »Herr«: der Gott Syriens und Kanaans; in der nordsyrischen Mythologie der Götterkönig, Sohn des Korngottes Dagon, Wettergott und Geber aller Fruchtbarkeit; aus den Fesseln seines Gegenspielers, des Todesgottes Mot, befreit den Baal seine Schwester-Frau Anath; mit ihr zusammen erzeugt er den göttlichen Stier, das Symbol der naturjahrgebundenen kanaanäischen Fruchtbarkeitsreligion; die

Baalspriester tragen die Stiermaske. In der Abbildung auf Stelen trägt Baal in der rechten Hand die Donnerkeule, in der linken den Blitz, an der Stirne die Hörner.

Charisma Begabung mit einer dem Menschen unverfügbaren Gnadengabe, z. B. der Weissagung.

charismatisch (Charismatiker) bezeichnet im Gegensatz zu dem geordneten Institutionen eingefügten Amt (mit seiner »Macht«) die unberechenbare, freie »Vollmacht« aus unmittelbarer Begnadung oder Beauftragung durch Jahwe.

chthonisch erdgebunden, der (allgemein religiös) »göttlichen Urmutter« Erde eigen.

Davidtradition Überlieferung von der Erwählung Davids und seiner Dynastie zum königlichen Statthalter Jahwes über das erwählte Volk Israel (s. G. v. Rad, Theol. d. AT, Bd. 1, S. 320 ff).

Deuterojesaja Jes 40—55

Deuteronomium (deuteronomisch) 5. Buch Mose, abgekürzt Dt od. Dtn (dem 5. Buch Mose entnommen oder ihm sachlich verwandt, abgekürzt dt od. dtn).

Deuteronomist (deuteronomistisch) Theologe aus der Schule, die nach dem Untergang Jerusalems (587 v. C.) das dtr Geschichtswerk erarbeitet hat (s. G. v. Rad, Theologie d. AT Bd. 1 S. 346 ff) (abgekürzt Dtr, dtr)

Dualismus In der Gnosis wie in der Apokalyptik beherrschend gewordene Spekulation über den Widerstreit eines je selbständigen guten und bösen Prinzips.

E (Elohist) (elohistisch) Quellenschrift des Pentateuch (der Quellenschrift E aus nordisraelitischer Tradition etwa ab 800 v. C. zuzurechnen).

eklektisch (eklektizistisch) auswählend, ausgewählt, herausgepflückt, Einzelnes aus dem ursprünglichen Zusammenhang lösend.

Ephod Priesterkleidung.

eschatologisch auf ein göttlich gewirktes, entscheidendes (und damit End-) Ereignis bezogen und von diesem Neuen her (schon) bestimmt.

Eschaton (Eschata) das entscheidende (und damit End-) Ereignis als Ziel des Geschichtslaufes (Mehrzahl: »die letzten Dinge«, Inhalte oder Abläufe der Endzeit; meist in der Spekulation der Apokalyptiker).

Esoteriker (esoterisch) ins Geheimwissen Eingeweihter (auf einen Kreis von Eingeweihten beschränkt).

Exegese (exegesieren) (exegetisch) die Kunst der Texterklärung (nach den je geltenden Methoden der Wissenschaft einen Text erklären) (den Regeln der Exegese entsprechend).

Exil babylonische Gefangenschaft der Israeliten v. 598 (1. Wegführung aus Jerusalem) bzw. 587 v. C. (Zerstörung Jerusalems und 2. Wegführung) bis 538 v. C.

exilisch während der babylonischen Gefangenschaft entstanden oder sie betreffend (587—538 v. C.; vorexilisch: vor 587; exilisch: zwischen 587 und 538; nachexilisch: ab 538 v. C.).

Exodus Auszug aus Ägypten oder aus Babylon.

Exodustradition Überlieferung von der Erwählung Israels, die ihre Manifestation in der Erlösung aus Ägypten und in der Verleihung des Landes Kanaan hatte.

Exulanten in die assyrische (ab 721 v. C.) oder babylonische Gefangenschaft (ab 598 bzw. 587 v. C.) deportierte Israeliten.

forensisch bezeichnet die Rechtfertigung durch göttlichen Freispruch im Rahmen eines Gerichtsgeschehens.

Gnosis (im Gegensatz zu dem Glauben an das Wort als an das Zeugnis von einer einmaligen Geschichte) geheime Schau und Erkenntnis der höheren Welt, des Sinnes ihrer Gegensätze, des Sieges einer ›geistigen‹ über eine ›fleischliche‹ irdische Welt.

gnostisch schauendes Erkennen durch Einsicht in übersinnliche (zeitlos gültige) Offenbarungswahrheiten (im Gegensatz zum glaubenden Hören des Wortes von geschichtlichen Offenbarungsereignissen).

Heilsorakel im Namen Gottes erteilter priesterlicher Zuspruch der Erhörung und des Heils, gerichtet an die Beter eines Klagegebetes oder an die ganze im Klagegottesdienst versammelte, bußfertige Gemeinde.

Hermeneutik (hermeneutisch) (Voraussetzungen und Regeln der) Kunst der Auslegung der Botschaft, bes. ihrer Übersetzung in Existenz und Verständnis der Hörer (auslegend, auslegerisch, übersetzend).

Hexateuch (hexateuchisch) Einheit der 5 Bücher Mose samt dem Landnahme-Bericht des Buches Josua (den Pentateuch und das Buch Josua als thematisch zusammengehörig zusammenfassend).

historisieren einen im Naturkreislauf des Kultjahres wiederkehrenden Brauch zur Deutung und Feier eines einmaligen heilsgeschichtlichen Ereignisses (Geschichts-Datum) umprägen.

Immanenz (immanent) innerweltliche, innengeschichtliche Gegebenheit, Gegenwärtigkeit, Vorfindlichkeit.

Interpolation (interpolieren) nachträglich erklärende Textänderung (oft durch sinnverändernden oder -erweiternden Einschub in den überlieferten Text).

Interpretation (interpretieren) Verdeutlichung, Erklärung, Anwendung (durch Beispiele, Handlungen, Anwendung oder weitere Ausführungen verdeutlichen und erklären).

J (Jahwist) (jahwistisch) Quellenschrift des Pentateuch (s. G. v. Rad. Theol d AT Bd 1 S 143 ff) (der pentateuchischen Quellenschrift J aus der Zeit Salomos zuzurechnen).

Josianische Reform Reformbewegung des Königs Josia von Juda (639–609 v. C.; 622 beginnend), der Übereinstimmung mit einzelnen Predigten des Dtn wegen auch »deuteronomische Reform« genannt (2. Kön 22 f).

Kanon durch Tradition gewachsene Norm, feststehende Größe (sowohl der Sammlung heiliger Schriften wie der Heilsgeschichte).

kanonisch zu feststehender Norm des Glaubens und abgeschlossenem Glaubensbild gewordene vergangene Geschichte Israels.

Kohelet Der Prediger Salomo: alttestamentliches kanonisches Buch.

Konfessionen des Propheten Jeremia persönliche Klagen (Jr 8,18–23; 12,1–5; 15,10–21; 20,7–9; 20,14–18), die theologisch im Zusammenhang stehen mit Deuterojesajas Gottesknechtsliedern und Hesekiels Passionen

Kyrosedikt Anordnung des Perserkönigs Kyros II. (558–529 v. C.) zum Wiederaufbau des jerusalemer Tempels auf Staatskosten Esr 6,3–5; 1,1 ff.

levitische Bewegung vom Nordreich Israel ausgehende Reformbewegung der Landpriester, nach dem Untergang des Nordreiches (721 v. C.) im Südreich Juda-Jerusalem in Vereinigung mit dem Reformwillen des Landadels zur josianischen Reform (s. d.) anwachsend.

Logienquelle Spruchquelle, älteste literarische Schicht im Jeremiabuch (neben der jüngeren Baruchquelle und der dtr Bearbeitungsschicht).

Logion, Logien (Propheten-)Spruch, Sprüche, Spruchsammlung.

magisch-dynamische Weltauffassung sieht alle Dinge als mit »Seelenstoff« beseelt an (Gegenstände, Pflanzen, Naturphänomene, Personen, Schatten, Namen, Worte) und sucht sich diesem lückenlosen dynamischen Geschehen der Kräfte (Kräftefeld) und ihrer Kraftträger durch Zauberwort, -spruch und -handlung (Magie) aktiv oder passiv einzugliedern.

Mantik (mantisch) Wahrsagekunst, Weissagungszauber (zauberisch).

Mazzot Fest der »Mazzen«, der aus der neuen Kornernte gebakkenen Gerstenbrote (das ursprünglich kanaanäische agrarische Fest verschmilzt bald mit dem nomadischen Fest des Passah zu dem nach der Landnahme im Monat Abib siebentägig gefeierten Passah-Mazzot-Fest, Ex 23,10–19; 34,18–26; Dt 16,1–17).

mythische Kulturstufe (mythische Frühzeit) die Frühzeit der Völker, in der die übersinnliche menschliche Urerfahrung von Bedrohung und Errettung in der Anschauung zeitlos gültiger Bilder und ihrer sinnhaften Wiederkehr Weltverstehen und Weltbemächtigung ermöglicht.

mythologisch zur zeitlosen Wahrheit der Bilderwelt des Mythus gehörig, von der Sprache des Mythus bestimmt, und so als ewig wiederkehrendes Sinnbild des Lebens deutbar.

Mythus Erzählung von Göttern, deren welt-, völker- und lebenbegründendes Spiel oder Ringen im mythologischen Erzählen uranfänglich wiederkehrt, also in der mythologischen Sprache gegenwärtig und auch sinnenfällig und im mythologischen Denken normgebend wird: für die in die Zeitlosigkeit ihrer Bestimmung eintauchende Seele.

numinos einer Gottheit zugehörige Macht, im religiösen Schauder erfahrbar.

P *(Priesterschrift) (priesterschriftlich)*
Jüngste Quellenschrift des Pentateuch (der Quellenschrift P aus exilisch-nachexilischer Zeit zuzurechnen).

Paränese (paränetisch) Tröstung und Mahnung (mahnend, tröstlich).

Paronomasie (paronomastisch) Mitteilung und Sinngebung (oder Sinnanreicherung) durch gleich- oder ähnlich klingende Worte.

Parusie Wiederkunft Christi.

Pentateuch 1.–5. Buch Mose.

pentateuchische Überlieferung die in den verschiedenen Quellenschriften faßbare Überlieferung, die zum Literaturwerk des Pentateuch geführt hat.

Perikope Textabschnitt.

präexistent vor dem Vorhandensein in Raum und Zeit schon als himmlisches Bild vorhanden, welches im bleibenden Sinne (also nicht nur als minder wirkliche Abschattung) Wirklichkeit und Gültigkeit hat.

Präexistenz himmlisches Sein, zeitlich und wertmäßig vor dem irdischen Sein. (Die Vorstellung stammt aus der griechischen Philosophie und der orientalischen Religionsgeschichte).

Pseudepigraphen spätjüdische Erbauungs- und Geheimliteratur, meist belehrenden, weisheitlichen Inhaltes: Der Aristeasbrief, Das Buch der Jubiläen, Martyrium und Himmelfahrt Jesajas, Die Psalmen Salomos, Das 4. Makkabäerbuch, Die Sibyllinen, Das äthiopische Henochbuch, Das slavische Henochbuch, 4. Esra, Die Himmelfahrt Mosis, Die syrische Baruchapokalypse, Die griechische Baruchapokalypse, Die Testamente der zwölf Patriarchen.

Reflexion denkerisches Bemühen um Verstehen und Aneignen von Sachverhalten, die in einem früheren Stadium gläubigen Vertrauens noch unproblematisch bewältigt wurden und erst im Verlauf der zunehmenden Vereinzelung des Glaubenden einer verstandesmäßigen Bewältigung bedurften.

Rekabiter Sippe, die sich auf den Sippenvater Jonadab ben Rekab zurückführt (Jer 35,6 ff) und als Protest gegen die Kanaanisierung des Jahweglaubens durch die Agrarkultur an asketisch-nomadischer Lebensform festhielt (2. Kön 10,15 ff).

Säkularisierung Entbindung des alles umfassenden religiösen (bei uns an den christlichen Glauben gebundenen) Weltverstehens zu selbständigen Ideen, Zielen und Deutungen des seiner Vernunft und Kunst gewiß gewordenen und selbständig die Ordnungen der Lebensbereiche bestimmenden Menschen.

Septuaginta (abgekürzt LXX) Übersetzung des überlieferten hebräischen Kanons des Alten Testaments ins Griechische, ein über hundert Jahre währender Vorgang innerhalb der gelehrten Kreise des griechisch sprechenden Diasporajudentums; die LXX wurde zur heiligen Schrift der Christengemeinden, so daß die LXX schon ab 130 n. C. von den Juden abgestoßen und durch neue griechische Übersetzungen ersetzt wurde.

status confessionis der Punkt, an dem sich die Zugehörigkeit zur Gemeinschaft der Glaubenden (Rechtgläubigen) durch bekenntnishafte Stellungnahme entscheidet.

Stoiker (in Übernahme des Ideals des Gleichmutes der stoischen Philosophie) durch Unerschütterlichkeit die Lebensrätsel meisternde Aufklärer.

synchronistisch die zeitliche Entsprechung betonend.

Synergismus Mitwirken des glaubenden Menschen an der Heilstat Gottes.

Teraphim in der kanaanäischen Religion Schutzbild von Gottheiten (vor allem zum Hausschutz).

Theodizeeproblem aus Leiden verursachte, Erfahrung und Verstand bewegende, nie zu beschwichtigende Frage nach der nirgends einfach ablesbaren Gerechtigkeit Gottes.

Theophanie Gotteserscheinung, -offenbarung, Selbstdarstellung Gottes.

Thronnachfolgegeschichte 2. Sam 6,12–1. Kön 2: gehört (mit der Erzählung vom Aufstieg Davids 1. Sam 16,14–2.Sam 5,12 sowie dem Geschichtswerk des Jahwisten) zu den thematisch einheitlichen, literarisch glänzendsten und theologisch höchst bedeutsamen Leistungen der salomonischen Ära (s. G. v. Rad, Theol. d. AT Bd. 1, S. 320 ff: Der Davidbund in der Geschichte)

Tora literarisch: die fünf Bücher Mose; geschichtlich: der im Bundesschluß am Sinai kund gewordene und Israels Leben verpflichtende Rechtswille Gottes (die mosaische Tradition); kultisch: die »Weisung« Gottes durch priesterlichen Spruch.

Torliturgien z. B. Ps 15,2 ff; 24, 4 ff (vgl. G. v. Rad, »Gerechtigkeit« und »Leben« in der Kultsprache der Psalmen [Ges. Stud. z. AT, 1961, S. 225 ff]): Beim Einzug der Pilger in den Tempel wurde über ihnen von Priestern die Ordnung des Gottesrechtes ausgerufen, der sich der Eintretende zu unterstellen willig zeigte durch Teilnahme an dieser Liturgie. Prophetische Umkehrung der Torliturgie, also Bestreitung ihrer Heilsordnung, durch Jeremia 7,1–15; 26,1 ff.

Transzendenz (Gottes) die überlegene Jenseitigkeit Gottes schlechthin; sein Gegenüber zur Schöpfung (im Gegensatz zur Immanenz).

transzendieren bezeichnet das Hinausschießen von Aussagen über den unmittelbar gemeinten (z. B. biographischen oder geschichtlichen) Sinn hinaus (bes. bei einer Weissagung, die über die geschichtliche Erfüllung hinaus ein noch weiter ausstehendes künftiges Geschehen anspricht).

Tritosacharja Sach 12–14.

Tritojesaja Jes 56–66

Vision (visionär) Schauung, optische Wahrnehmung im Verlaufe eines Offenbarungsempfanges (von der Schauung verursacht, hervorgerufen, durch sie bedingt).

Ziontradition Überlieferung von der Erwählung des Zion als dem Ort der Einwohnung Jahwes in Israel.

Abkürzungen

ANET	Ancient Near Eastern Texts Relating to the Old Testament ed J. B. Pritchard (2. Auflage 1955)
AOT	Altorientalische Texte zum Alten Testament, herausgegeben von H. Gressmann (2. Auflage 1926)
BK	Biblischer Kommentar, herausgegeben von M. Noth
BZAW	Beiheft zur Zeitschrift für die alttestamentliche Wissenschaft
Eichrodt I II III	W. Eichrodt, Theologie des Alten Testaments I—III
RGG	Die Religion in Geschichte und Gegenwart (2. Auflage 1927 bis 1931, 3. Auflage ab 1957)
ThR	Theologische Rundschau
ThWBNT	Theologisches Wörterbuch zum Neuen Testament, herausgegeben von G. Kittel und G. Friedrich
Vriezen	Th. C. Vriezen, Theologie des Alten Testaments in Grundzügen (ohne Jahr)
WA	Weimarer Ausgabe der Werke Luthers
ZAW	Zeitschrift für die alttestamentliche Wissenschaft
ZThK	Zeitschrift für Theologie und Kirche
Äth Hen	Das äthiopische Henochbuch *
Ass Mos	Die Himmelfahrt Mosis *
Dt (Dtn)	Deuteronomium = 5. Mosebuch
dt (dtn)	deuteronomisch
Dtr	deuteronomistische Geschichtsschreibung
dtr	deuteronomistisch
Esr	Esra
4. Esr	4. Esra *
Ex	Exodus = 2. Mosebuch
Gen	Genesis = 1. Mosebuch
Griech Bar	Die griechische Baruchapokalypse *
Jo	Joel
Joh	Johannes
Jon	Jona
Jubil	Das Buch der Jubiläen *
Lev	Leviticus = 3. Mosebuch
Makk	Makkabäerbücher **
Nu	Numeri = 4. Mosebuch
Ps Sal	Die Psalmen Salomos *
Sib	Die Sibyllinen *
Slav Hen	Das slavische Henochbuch *
Syr Bar	Die syrische Baruchapokalypse *
Test Lev	(Die Testamente der zwölf Patriarchen:) Das Testament Levis *
Tob	Das Buch Tobit **

* Pseudepigraphen   ** Apokryphen

GERHARD VON RAD

Theologie des Alten Testaments

Band I: Die Theologie der geschichtlichen Überlieferungen Israels
Band II: Die Theologie der prophetischen Überlieferungen Israels
I: 6. Auflage. 512 Seiten. II: 6. Auflage. 476 Seiten.
Leinen je 43,– DM

In der Geschichte der evangelischen Bibelwissenschaft ein Ruhmes-
blatt ersten Ranges. *Augustinianum, Rom*

Ein wegweisendes Werk, das zur Auseinandersetzung über die
Grundprobleme der modernen alttestamentlichen Forschung geradezu auffordert. *Israelitisches Wochenblatt*

Gesammelte Studien zum Alten Testament

Band I (Theologische Bücherei 8) 4. Auflage. 352 Seiten.
Kartoniert 26,– DM

Dieser Band gestattet einen hervorragenden Durchblick durch die
Themastellung und Arbeitsweise der neuesten Phase alttestamentlicher Wissenschaft. *Reformierte Kirchenzeitung*

Band II. Herausgegeben von Rudolf Smend (Theologische Bücherei 48)
328 Seiten. Kartoniert 26,– DM

Immer wieder kann man beobachten, wie sehr G. v. Rad selbst ein
Fragender bleibt, was im besonderen seine Größe ausmacht und die
Lektüre seiner auch in ihrer stilistischen Form vollendeten Arbeiten
zu einem Erlebnis werden läßt.

Theologische Literaturzeitung, Leipzig

Predigten

168 Seiten. Leinen 19,50 DM

Das Opfer des Abraham

Mit Texten von Luther, Kierkegaard, Kolakowski und Bildern von
Rembrandt (Kaiser Traktate 6) 96 Seiten. Gebunden 9,80 DM

CHR. KAISER VERLAG MÜNCHEN

GTB
Siebenstern

Calwer-Luther-Ausgabe
Herausgegeben von Wolfgang
Metzger.

**Der große Katechismus
Die Schmalkaldischen Artikel**
CLA 1 (GTB 401) 10,80 DM.

**Von der Freiheit eines Christen-
menschen**
Fünf Schriften aus den Anfängen
der Reformation. CLA 2 (GTB 24)
6,80 DM.

**Auslegung des Vaterunsers
Sermon von den guten Werken**
CLA 3 (GTB 403) 10,80 DM.

Von weltlicher Obrigkeit
Schriften zur Bewährung des
Christen in der Welt. CLA 4
(GTB 55) 7,80 DM.

**Predigten über die Christus-
botschaft**
CLA 5 (GTB 76) 7,80 DM.

**Predigten über den Weg der
Kirche**
CLA 6 (GTB 88) 7,80 DM.

Das schöne Confitemini
Sendbrief vom Dolmetschen. Aus-
legungen des 118. und 1. Psalms.
CLA 7 (GTB 98) 7,80 DM.

**Von wahrer und falscher
Frömmigkeit**
Auslegungen des 5. und 22.
Psalms. CLA 8 (GTB 102)
7,80 DM.

**Das Magnifikat
Vorlesung über den 1. Johannes-
brief**
CLA 9 (GTB 112) 7,80 DM.

Kommentar zum Galaterbrief 1519
CLA 10 (GTB 124) 8,80 DM.

Heinrich Fausel: D. Martin Luther
Leben und Werk 1483–1521. CLA
11 (GTB 411) 10,80 DM.

Heinrich Fausel: D. Martin Luther
Leben und Werk 1522–1546. CLA
12 (GTB 412) 12,80 DM.

Gütersloher
Verlagshaus
Gerd Mohn

GTB
Siebenstern

41
Quellen zur Geschichte des deutschen Protestantismus 1871–1945
Hg. von Karl Kupisch. 6,80 DM.

113
Schleiermacher-Auswahl
Mit einem Nachwort von Karl Barth. 7,80 DM.

141
Søren Kierkegaard
Auswahl aus dem Gesamtwerk des Dichters, Denkers und religiösen Redners. 12,80 DM.

149–152
Bonhoeffer-Auswahl
4 Bände mit einer Einführung von Otto Dudzus. Jeder Band 5,80 DM.
Band 1 (149): Anfänge 1927–1933
Band 2 (150): Gegenwart und Zukunft der Kirche 1933–1936
Band 3 (151): Entscheidungen 1936–1939
Band 4 (152): Konsequenzen 1939–1944

159/160
Quellen zur Geschichte des deutschen Protestantismus 1945 bis zur Gegenwart
Hg. und eingeleitet von Karl Kupisch.
1. Teil (159): 5,80 DM.
2. Teil (160): 5,80 DM.

177/178
Karl Barth
Die protestantische Theologie im 19. Jahrhundert
Ihre Vorgeschichte (Band 1; 177) und ihre Geschichte (Band 2; 178). Zwei Bände mit 30 Porträts. Jeder Band 12,80 DM.

185/186
Friedrich Wilhelm Kantzenbach
Christentum in der Gesellschaft
Grundlinien der Kirchengeschichte. Erster Band: Alte Kirche und Mittelalter (185) 12,80 DM – Zweiter Band: Reformation und Neuzeit (186). 14,80 DM.

192
Willem F. Dankbaar · Calvin
Sein Weg und Werk. 8,80 DM.

204
Kurt Aland · Die Reformatoren
Luther, Melanchthon, Zwingli, Calvin. Mit einem Nachwort zur Reformationsgeschichte. 9,80 DM.

Gütersloher
Verlagshaus
Gerd Mohn